圖2 義大利青銅胸針，水蛭形狀，上頭有幾何裝飾，西元前七世紀。

圖1 微蘭諾威雙錐形陪葬骨灰甕，上頭有切割幾何裝飾，西元前八世紀。

圖3 巴拉丁諾山遺址的一座拉提爾二期Ａ型火葬遺址的內容物，西元前九〇〇年至八三〇年。

圖4 刻有銘文的陶器，來自奧斯特里亞．戴爾奧薩，西元前七七五年。

圖5 具有幾何裝飾和題字的希臘杯，被稱為「內斯特杯」。

圖6　羅馬一景，從卡必托里山望去，看到巴拉丁諾山的右側及其下方的廣場低窪區域。

圖7　巴拉丁諾山上的鐵器時代小屋的地基和柱穴，西元前九世紀至八世紀。

圖8　班迪塔恰墓地，位在切爾韋泰里的土丘式墓葬。

圖9　班迪塔恰墓地，裡頭有葬禮躺椅和椅子，在底部有淺浮雕雕刻。

圖11 科林斯式雙耳瓶，帶有東方風格的裝飾，伊特魯里亞，西元前六世紀。

圖10 布凱羅黑陶葡萄酒壺，其上有切割而成的裝飾，伊特魯里亞，西元前六世紀初。

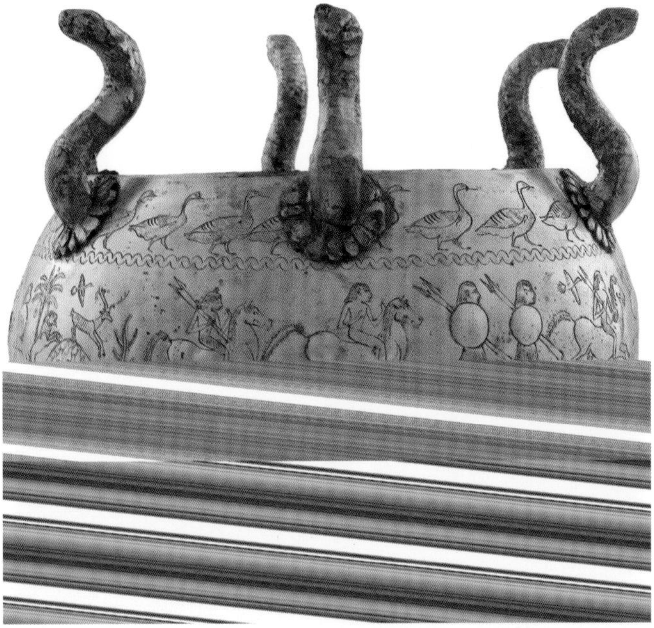

圖12 腓尼基銀碗，有切割裝飾和蛇頭，來自普里尼斯特的巴貝里尼墓，西元前七世紀。

圖13 東方化油／香水球狀油壺，希臘，西元前七世紀。

圖14　帕斯埃圖姆的赫拉聖所，前景中是新神廟（約西元前四六〇年至五〇年），舊神廟（西元前五五〇年）則在後景中。

圖15　阿波羅的赤陶雕像，位在維伊波托納喬的阿波羅神廟，西元前六世紀後期。

圖16　彩繪赤陶建築裝飾，拉努維姆，約西元前五二〇至四七〇年。

圖17　相連成一排的墓葬「街道」，切爾韋泰里，西元前六世紀。

圖18　描繪著臥躺餐廳的墳墓，塔爾奎尼，西元前六世紀。

圖19 廣場銘文的鑄型，這是在公共聚會所黑石下方的神廟發現，一根刻有銘文的石柱。銘文內容可能是一道神聖的法律，西元前六世紀。

圖20 羅馬青銅貨幣條，約西元前二八〇年至二五〇年。

圖21 羅馬銀幣（西元前二六九年至二六六年），正面為海克力斯的頭像，反面為母狼和雙胞胎。

圖22　菲科羅尼青銅桶，普里尼斯特，西元前四世紀。

圖23 銀塔廣場神廟，羅馬，西元前三世紀。

圖25　卡諾卜骨灰甕，克魯希姆（今日的丘西），西元前六世紀。

圖24　赤土陶器花瓶，形狀為公雞，上面刻有伊特魯里亞字母，可能是墨水瓶，南伊特魯里亞，約西元前六五〇年至六〇〇年。

圖26　銅製和象牙製戰車，發現於蒙泰萊奧內附近的墳墓，伊特魯里亞，約西元前五七五年至五五〇年。

圖27　安德里烏洛墓園第五十八號墓的墓畫，描繪一名薩莫奈戰士，帕斯埃圖姆，西元前四世紀。

圖28　潛水員之墓，描繪一場會飲的壁畫，帕埃斯圖姆，西元前五世紀。

名家談古代世界史系列②

從鐵器時代到布匿戰爭

羅馬的崛起

THE RISE OF ROME

FROM THE IRON AGE TO THE PUNIC WARS

1000 BC - 264 BC

凱瑟琳·洛馬斯◎著　陳建元◎譯　翁嘉聲◎審定

KATHRYN LOMAS

目次

第二部　戰爭、政治和社會

第三部　羅馬征服義大利

第四部　從城邦崛起為義大利霸權

為何是羅馬？《羅馬的崛起：從鐵器時代到布匿戰爭》導讀

成功大學歷史學系教授　翁嘉聲

羅馬從西元前八世紀蕞爾小邦，歷經數百年後建立史上最大帝國之一。「為何是羅馬？」因此是最吸引人的歷史謎題之一。凱瑟琳・洛馬斯（Kathryn Lomas）在《羅馬的崛起：從鐵器時代到布匿戰爭》（*The Rise of Rome: From the Iron Age to the Punic Wars (1000 BC – 264 BC)*）提出她的解答。她的書涵蓋從西元前十世紀起到二六四年這段羅馬崛起的歷史。但為何要回溯到西元前十世紀？為何要以二六四年結束？而在這段期間羅馬究竟做了什麼，使它能在統一義大利後，在二六四年為建立橫跨歐亞非三洲的大帝國立下基礎？以下我根據洛馬斯的觀點做更多延伸，將羅馬放在地中海史來了解，並分析羅馬內部改革與對外擴張中所顯示出的政治智慧，來回答何以羅馬能，但當時看似更有發展潛力的希臘（雅典）或腓尼基（迦太基）卻是不能。

為何是西元前十世紀及二六四年？

羅馬在西元前十五世紀便留下人類遺跡，但羅馬出現聚落可能始於十世紀。但為何是十世紀？這故事要往前拉到約西元前一五〇〇年近東的晚期銅器時期。當時在近東出現「列強俱樂部」。其中的新埃及、中巴比倫、米塔尼、西臺及後來加入的中亞述等王國，在西元前一五〇〇年到一二〇〇年期間，各個國勢強盛，彼此相互制衡，力求以外交解決紛爭，促進當時交流及貿易，形成穩定的國際秩序。這情形可由西元前十四世紀埃及十八王朝在阿馬納（Amarna）出土、以當時國際通用外交語言阿卡底亞文（Akkadian）書寫的外交文書看出。文書中經常出現強權以兄弟相稱、結親締盟或禮物交換，構成綿密的網路。另方面，海洋考古學家巴斯（George Bass）在小亞細亞西南角外海發現烏魯布倫（Uluburun）沉船所運載的豐富物品，更確定這活絡的國際體系。希臘邁錫尼文明位居這國際體系西側，是這近東國際體系的延伸，而當時腓尼基及邁錫尼商人透過「銅」金屬（當代戰略物資）交易，從腓尼基，經過賽普勒斯、克里特島、義大利沿岸，建立到薩丁尼亞的貿易路線，甚至連結到大西洋岸及英格蘭康瓦爾的「錫路」（錫是青銅合金的必要成分），建立起橫貫整個地中海的海洋貿易路線。盛產金屬礦的義大利在這航線上，而伊特魯里亞人[1]在歷史上便是以冶金出名的民族，很早就開採外海厄爾巴島（Elba）礦產，在這貿易路線上有一席之地。在那不勒斯灣的皮帖庫塞（Pithekusae）也發現冶金及聚落遺跡，因為靠近義大利礦苗，是理想貿易及製造據點。

但西元前一二〇〇年這體系因為「海洋民族」入侵而迅速崩解[2]，整個近東及地中海世界落入

「黑暗時期」，國際貿易迅速萎縮，影響這條橫跨地中海貿易網路的運作，整個地中海在人員及資源流動上逐漸遲緩，但未曾完全終止。西亞在西元前十世紀首先露出復甦曙光：新亞述帝國（西元前九一一年至六二七年）開始進行為期近三百年的系統性擴張，以政治力建立開發、吸收資源的「徵收系統」（requisitioning system），宛如一部超強吸塵器，以政治軍事力量來徵收貢賦、沒收資產或貿易交流等方式，吸進屬地經濟及人力資源後，轉化為推動下波政治軍事擴張的資本；而這增強的擴張動能及資源需求，促成每個受影響地區必須生產多餘物質來流通，也同時將復甦動能遞延到周圍地區的生產系統，如亞述帝國旁的高加索地區、伊朗高原、小亞細亞、腓尼基及埃及。對亞述這種以政治軍事力進行強徵的徵收系統無論是支持或對抗，都同樣受到巨大的牽引：正面回應者稱臣納貢，抵抗者則付出被入侵占領、資產沒收及人員被強迫遷徙（deportation）的命運。對這些次級徵收中心而言，又更邊陲的再次級中心（如中亞草原、阿富汗、阿拉伯、希臘和更遙遠的西地中海）也受到牽動，重覆相似結構，但最終動能仍歸諸以西亞肥沃月灣為核心的新亞述。

地中海沿岸腓尼基沿岸地區當然也捲入這徵收系統（其中尤以泰爾城最為特出），海路人流物流被系統性地啟動，也間接或直接納入到新亞述的徵收系統中。腓尼基船隻首先再度啟動串聯起從腓尼基、小亞細亞南岸、塞普勒斯、克里特島，更往西延伸到西西里、迦太基（傳統上在西元前八一四年成立）、南西班牙，甚至到大西洋的海洋貿易及殖民活動。稍後的希臘人也受到影響，在西

1 伊特魯里亞（Etruria），在羅馬北方，今日塔斯坎尼（Tuscany），亦即我們常聽到的「伊特拉斯坎人」。

2 相關討論可以參考Eric Cline的*1177 B. C.: The Year Civilization Collapsed* (Princeton UP, 3021)。

元前七七六年進入歷史時期後，啟動海外殖民，與腓尼基人分庭抗禮，但路線及足跡稍微偏北，遍及小亞細亞愛琴海沿岸、亞得里亞海；往西到南義大利「大希臘」、西西里、義大利、薩丁尼亞、法國及西班牙；往東到黑海沿岸、高加索山麓與克里米亞，甚至插足利比亞。伊特魯里亞人也受到影響，在這時期建立著名的伊特魯里亞十二城邦，然後繼續往北向波河流域、往南向坎帕尼亞擴張。羅馬國王塔克文家族源自移居義大利的希臘科林斯貴族，便是人流物流活絡的絕佳例子。羅馬在西元前七五三年建國，將散居各山丘的獨立社區合併成新城邦（*polis*），模仿希臘人「合併成城邦」（*sunoikismos*）的城邦形成過程，也是捲入這動能中。

腓尼基人及希臘人一旦在克服對大海的恐懼後，發現更廣大的可能性，結果便是腓尼基海洋帝國或希臘璀璨的古典文明。這是場由東向西的歷史能量傳遞，結果是整個地中海運動起來，四處出現星羅棋布的城邦。我們若以近數十年來美國經濟興衰牽動全球經濟景氣活絡衰退，或許可以想像遙遠的羅馬是處於這泛地中海的新局面時，所感受到那由遙遠新亞述帝國傳來的力量。西元前十世紀是羅馬開始進入這地中海歷史舞台的時刻。

另方面，羅馬人銜接這樣的動能後，開始在歷史舞台嶄露頭角，連續征服拉丁姆平原、伊特魯里亞文化區，義大利山區的薩莫奈（Sammium）以及南義大利希臘城邦，統一義大利，並在西元前二六四年跨出半島，擊敗迦太基、征服西地中海後，開始逆向由西向東，發展建立雄霸地中海的羅馬帝國，並在東方銜接上由亞歷山大大帝所成就的希臘化東方世界，延伸向伊朗高原及中亞，開啟新的古典希臘羅馬地中海歷史舞台。所以西元前二六四年羅馬統一義大利，即將跨出義大利那一刻，是新局面的關鍵時刻。這羅馬史系列下一冊大衛・波特（David Potter）的《帝國的誕生：從共和到哈德良的羅馬》（*The Origin of Empire: Rome from the Republic to Hadrian (264 BC - AD 138)*）的主題，便是銜接羅馬統一義大利後所蓄積的能量，開始大規模擴張，直到哈德良皇帝放棄前任在兩河流域的擴張，以守成為帝國政策為止，完成建立新的古典地中海歷史舞台（西元一三八年）。西元前二六四年於是是更合理的斷代分割。傳統以西元前二七年的羅馬共和及帝國切點，過度強調羅馬憲政意義，[3]是典型的羅馬中心論，但就地中海大歷史來說，羅馬在西元前二六四年即將跨入「大海」（The Great Sea）或地中海那刻，或許更具歷史意義。

為何羅馬能，而雅典或迦太基不能？

羅馬在建國之初是地中海星羅棋布的城邦世界中的一個。客觀上，地中海各地如蜂巢式的生態系統，容易促成如城邦這種小型社區出現的原因之一。城邦這種基本上以有限人數、強調成員平等以及極扁平化政治組織的社區，可以用極低行政成本及充滿彈性的運作方式，來進行發展。城邦內基本上只有兩群人：公民及非公民。古典雅典採取充分民主，強調公民一律平等，以政治權來控制、榨取非公民勞動力。即使如羅馬或迦太基等權力集中在少數精英公民手中，但城邦基本上仍是公民宰制非公民的格局。雅典公民為握有優勢，對內團結、強調平等、同時高度排外。這點反映在地中海地區城邦社區的空間分割：政治權力機構集中的市區（*asty*），控制相對廣大的經濟生產地

3 例如元首政治的確立，「象徵」羅馬帝國的開始。

帶：鄉村或疆土（*chora*）。地中海城邦文明基本上是城市控制鄉村、城鄉對抗的文明。希臘或腓尼基城邦這種小規模社區之所以能夠順利實現並散播這樣體制，則是得力於掌控源自東方優越的技術（如冶金）及發明（如文字），結果影響到伊特魯里亞及羅馬的城邦發展。

但雅典為何不能？雅典堅持唯有公民才有理性，能做政治判斷、參與決策；公民在面對最富有、最有能力、但無參政權的外僑，遑論奴隸，永遠高高在上。雅典人在政治運作上沒有媒介權力的侍從主義（patronage）來干擾個人的政治判斷及獨立性。每位公民都有權直接參與決策及分享城邦資源，也因此幾乎不開放公民權給外人，以免稀釋特權。這樣扁平組織使得雅典在政策上相當靈活，加上擁有強大海軍，最有潛力建立帝國。但雅典將公民權與血緣綑綁一起[4]，拒絕與外人分享政治權的結果，便是雅典人在政治實作上從未創造出超越城邦層次的更高組織，永遠小國寡民，最高的政治組織層級只是鬆散的聯盟，如提洛聯盟（Delian League）。所謂雅典「帝國」，只是形容雅典人霸道行為的比喻說法。簡單說，古典希臘人若無法創造真正帝國，那是因為「太民主」，使得城邦雖然靈活彈性，但在組織人力及資源能力上，始終非常有限，甚至無法面對更有效積累及運作資源的不同政治組織型態，如腓力二世（西元前三五九至三三六年在位）的馬其頓王國。

但羅馬也是城邦開始，何以能建立橫跨地中海及歐亞非三洲的大帝國？羅馬在基本結構上一樣簡單，但公民在政治權分配不是如此平等、扁平，而是維持有限的階層化，藉此維持組織的精簡彈性，但又有擴充可能。

羅馬共和政治一開始便發生階層（*ordines*）鬥爭。公民分為世家貴族（patrician）及平民（plebeian）兩個階層（*ordo*）。世家貴族或許因為出身而握有占卜吉凶、測知神意的宗教權力，進而占有統帥權職位。[5]這種權力關係更因為羅馬社會上下間的侍從主義（patronage）準法律社會關係，而更形鞏固。這侍從關係可以繼承延續，成為大家都尊重的「祖宗體制」[6]一部分。但這種階層衝突在羅馬並未造成國家分裂，反而提供國家的領導人才庫，以及效忠國家的廣大公民民眾。這其中原因是因為羅馬人願意面對衝突、協商解決的政治性格，將潛在的階層分裂轉化成團結擴張的養分。

平民在西元前四九四年、四五一至四四九年、三六七年及二八七年多次因為債務、債奴、法律不公及分享官職等問題，進行抗爭。[7]平民在沒得到貴族適當回應前，會集體退離羅馬，在賈尼科洛山（Janiculum）另立城邦，迫使貴族退讓。當時地中海世界以民兵（militia）為主的重裝步兵（hoplite）方陣（phalanx）戰術在羅馬已經普遍使用，因此平民對共和國擴張及保衛極為重要。貴

4 例如西元前四五一年伯里克里斯（Pericles）通過法律，強調雙親皆為公民後代的兒子，方能擁有公民權，便是徹底的公民內親制（intragamy），徹底將公民權與血緣綑綁一起。

5 執政官等擁有指揮權（*imperium*）之官職由世家貴族掌控，可能是因為他們與生具有以占卜來測知神意（taking auspices）的宗教特權，因為指揮權的執行必須能獲得神意許可。「世家貴族」宗教特權的重要性可從整個階層鬥爭過程中，有關貴族宗教權力釋放給平民的《奧古尼亞斯法》（*Lex Olgunia*），是最後被通過的法案之一，可見一斑。洛馬斯並未清楚談論何以世家貴族能享有這些官職特權這問題，而以上僅是我自己個人看法。另方面，時常被用來與其對立的「平民」，剛開始時是可能指其他無力、無財富、在政治上受世家貴族宰割的一般人民。但他們可能從西元前四九四年起在歷史上一連串團結對抗世家貴族的集體經驗中，逐漸產生並鞏固「平民」團體意識及認同的概念。

6 *Mos maiorum*或「多數人做法」。

7 這些改革的內容在洛馬斯書裡都有詳細陳述，在此略過。

族被迫協商，最後以西元前二八七年立法規定平民會議（*concilium plebis*）的決議（*plebiscita*），可以約束包括貴族在內的所有羅馬公民，具有法律效力，正式結束階層鬥爭的漫長歷史。在這數百年階層鬥爭的歷史中，雙方都願意求取彼此都能接受的政治妥協，因此在衝突結束後，往往能凝聚更高的社會共識。例如西元前三六七年的《李錫尼烏斯—色克都斯法》（*Lex Licinia Sextia*）通過後，平民獲得至少一位執政官必須是平民的結果，但同時也讓步接受貴族另立一位專責司法、且享有指揮權的法務官（praetor）及兩位新市政官（curule aediles），且皆由貴族出任，部分收回在執政官方面的讓步。這其中取捨充分顯示出貴族與平民互相讓步與妥協，力求共識的努力。但貴族更在與平民協商中，藉著讓步來吸收平民中最具才幹的領導者，被接納入貴族，形成有世家貴族及平民貴族混合的「新貴族」（*nobilitas*），反而活化寡頭統治集團。原先可能會裂解社會的階層衝突，因為羅馬人政治智慧化解，反而塑造更具凝聚力的社區。

羅馬內部政治整合成功與對外擴張順利在時間上攜手並進、相互加強。衝突、妥協所獲得的內部共識是擴張的基礎，而擴張成功促使新衝突出現及新共識建立，而這又促成新擴張，形成良性循環。這整合不僅發生在羅馬城邦內，也發生在羅馬及盟邦之間。例如，在四世紀甫開始時，羅馬成功征服伊特魯里亞地區的維伊城（Veii），但戰利品分配不均引起羅馬與盟邦的衝突，結果盟邦袖手旁觀高盧人在西元前三九〇年入侵羅馬。於是羅馬與盟邦重複羅馬內部貴族與人民那種衝突解決型態。後來「義大利聯盟」的建立便特別著眼於彼此合作及分享：羅馬領導，但出錢出力的盟邦一起分享戰果，結果形成十分堅定的聯盟。

儘管當時羅馬人並未使用「義大利聯盟」來指稱這夥伴關係，但這名詞可以方便用來論述羅馬人如何組織盟友，成為合理且實際的系統，讓盟友願意與羅馬合作，動員前所未見規模的人力及物力資源，一起參與擴張，分享戰果。羅馬與盟友在擴張中也經歷共同歷史經驗，將義大利各民族進一步凝聚一起。但羅馬如何有效組織這些盟邦？

洛馬斯用「一臂之距」（at arm's length）來形容羅馬與盟邦那種既密切、但又非直接兼併的關係，十分貼切。首先，羅馬人定義公民權為一束（bundle）政治、法律的權力，並與希臘人所強調的血緣或甚至文化[8]脫勾，可以透過政治決策或法律判定來授予。羅馬人甚至接受雙重公民權（double citizenships），不擔心對羅馬的忠誠與對自己原先城邦的忠誠會兩相衝突，因為羅馬人堅信能夠證明羅馬的利益必將是盟邦的利益。而羅馬人之所以會如此做，是要將盟邦最寶貴的資源——人，引進到羅馬政體內，因為羅馬人需要軍事武力來進行擴張。

羅馬實際統治權力一直集中在人數有限的元老貴族手中。所謂「羅馬共和」是這些真正權貴的共和。公民權雖包括參政權，但羅馬特殊的投票方式（以「百人團」或「部落」的團票為投票單位），使得新進公民不會對統治階級的權力有明顯影響，因此羅馬能始終維持元老院寡頭統治，但也同時願意施捨外人公民權，增加羅馬自己的兵源。羅馬甚至讓解放後的奴隸逕自成為公民，而這在古代世界是難以想像的。對公民權的不同概念及實際運作，或許解釋希臘城邦何以始終保持著小規模社區形式，無法在政治上升級，但羅馬卻能發展成橫跨地中海的大帝國。

在西元前二六四年第一次布匿戰爭前，羅馬直接、間接控制羅馬義大利約百分之六十五的土

8 如必須會說希臘文，否則是「野蠻人」。

地。所有這些主動與羅馬結盟或因戰敗而臣服於羅馬的國家，會因歷史因素而分為四個由親至疏的類型：

一、相同權利（*isopoliteia*）公民

二、無參政權公民（*civitates sine suffragio*）

三、拉丁權（*jus Latinii*）人民

四、條約盟友（*foederati*）

這樣的結構是羅馬人歷經數百年後慢慢摸索演化出來的，而不是某位天縱英才的羅馬人規劃出來的。不同等級的盟友只能與羅馬簽訂雙邊條約，而不能與其他盟友簽約；這確定羅馬對盟邦的控制不受挑戰。盟邦皆擁有高度自治，但必須和羅馬擁有「相同朋友及相同敵人」。盟邦被規定要承擔一定權利義務，包括徵稅，但特別是提供羅馬兵力。這些盟友國家的統治精英也常受邀加入羅馬統治階級。羅馬更會對各社區因為政治忠誠及表現優劣，而由元老院決議授予不同地位及權力，在上面所列的四種法律地位升降。這種權益分享（privilege-sharing）的政策，特別是公民權的分享，使得羅馬統治階級不斷有新血輪加入而更新，而公民及盟友組成的作戰武力的數量也能不斷擴大。

羅馬盟友經歷對抗、臣服、加盟、參與的過程，最後與羅馬共同承擔擴張、分享戰果，使得所有義大利人民仰望羅馬，追求共同福祉，看待羅馬擴張為義大利盟邦的共業。這些盟邦提供羅馬至少二分之一、甚至在二世紀時到達三分之二戰力。羅馬因為聯盟協助，能夠在伊庇魯斯國王皮洛士（Pyrrhus of Epirus）在西元前二八〇年代入侵義大利、連續承受兩次戰敗後，仍然有力再戰；這讓

皮洛士大惑不解，因為在希臘化世界，戰敗國在如此嚴重受挫後，一定主動求和。而在更慘烈的漢尼拔戰爭三次戰役中，羅馬連續承受三次極其嚴重的敗戰，甚至有場戰敗死亡的羅馬戰士還超過六萬人；其中任何一場都足以讓任何希臘化王國動搖國本，或直接停止運作，但羅馬兵源始終源源不絕。但更重要的是在皮洛士及漢尼拔入侵義大利期間，羅馬盟邦始終堅定不移。這便是羅馬聯盟及資源運作成功的最好見證，也充分顯現羅馬人的政治智慧：接受您擊敗的敵人成為新盟友，而盟友自認戰不勝羅馬，不如加入羅馬，將自己的未來命運與善待它的羅馬綁在一起。羅馬這種將其臣服社區列入夥伴關係，與希臘城邦一旦戰勝，常處死戰敗國所有男人，販賣小孩婦女為奴的極為短視、短線及殘酷做法，大不相同。

羅馬在征服義大利國家時，時常會設立殖民地，或安插公民到戰敗國家屯墾殖民，以策安全。洛馬斯對這些地區的發展是否直接複製羅馬體制，討論詳盡，特別強調不能將這些殖民地一概而論，而是關乎相關社區對羅馬的接受程度。這種細膩觀察必須仰賴考古資料的解讀。但這些加入義大利聯盟的城邦，經過一段長時間，在政治上最後常會模仿複製羅馬的政治結構，即使南部義大利老牌希臘城邦也如此。地方議會轉化如元老院的寡頭權力機構（*decurion*）；這些元老議員階級是承擔領導城邦地方自治的中堅人物，為羅馬徵兵、徵稅。這些地方權貴認同羅馬，而羅馬保障他們利益，維持他們的權勢。這共同利益使得羅馬與盟邦更休戚與共。這情形在西元前二六四年後隨著羅馬擴張而遍及地中海，成為未來羅馬治理帝國的基本型態。

如果我們將羅馬當作成功的創業，那它制訂發展方向、提供ＣＥＯ，以那所向無敵的當代獨門先進技術：羅馬兵團，進行事業版圖的擴張，甚至擴大營業項目（如士兵進行基礎建設），就是整個過程中的最大股東及獲益者。盟邦因為參與而成為小股東，分享利潤。羅馬在軍事上更多的成功，意味更多盟邦的加入。結果這擴張像是滾雪球，動能愈來愈大，最後跨境義大利外，征服迦太基稱霸的西地中海，然後在更短時間內雄霸希臘化的東地中海。這不斷加快的速度及規模。羅馬以政治軍事力換取影響力及經濟利益的規模和強度，若以企業發展觀點來說，堪稱古代最成功的創業。這點令我們想到新亞述。

以羅馬為首的義大利聯盟與現代上市公司不同之處，主要在於它專門從事政治軍事征服，以獲取利潤的創業。這在任何時代都是投資極巨、風險至高的冒險，但羅馬一再成功，成為盟邦信賴的投資對象。另外，共同奮鬥的歷史經驗更將羅馬與盟邦緊密結合，但這未必是現代唯利是圖股民的心態。羅馬即使戰敗，盟邦經常不離不棄，但現代股民則會立即賣股求生。因此羅馬不僅進行軍事征服，也創造新的共同歷史，這些經驗是義大利「羅馬化」的基礎。這「義大利聯盟」系統在西元前二六四年羅馬跨海前已經完成。它的強度提供羅馬足夠人力及物力資源去進行海外征服，能開啟超過一個以上的戰場，並連年征戰，因為羅馬盟邦已將羅馬的戰爭視為自己的戰爭。羅馬的崛起激起希臘化史學家波利比烏斯的讚嘆，並寫書探索其中理由。他的作品便是從二六四年開始。

我們已經討論過為何羅馬能，而雅典不能。這裡我們簡短談一下迦太基為何不能。迦太基能與羅馬進行三次大戰，分別持續二十三年、十六年及三年，堪稱羅馬史上最大勁敵之一，且常在敗戰後，能立即準備下波反攻。這證明迦太基海上帝國在組織及動員上的效率，堪與羅馬分庭抗禮，但我們很可惜對這如何運作，所知有限。但據我們所知，迦太基盟友常在迦太基失利時背棄，甚至造成最後失敗，這令我們質疑盟邦系統的性質。另外，迦太基大量僱用傭兵來擴張及保衛國土，而非像羅馬的民兵制，反而像是現在的武裝保全，是商業契約的安排，或是求利套現的股民，將國家治理當作一件單純生意或公司來經營，不容易有因為共同歷史經驗所凝聚的愛國意識型態，也因此欠缺政治上最需要的「合法性」。相形之下，愛國主題的人物事蹟卻貫穿李維整部歷史！

關於本書的特色

關於這段從西元前十世紀到二六四年的早期羅馬歷史，我們的史料十分有限。我們有兩種資料作為重建歷史的根據：文字史料及考古資料。早期羅馬史文字史料付之闕如，甚至要到二六四年第一次腓尼基戰爭爆發時，我們才有比較可靠的紀錄，如羅馬作家皮克托爾（Fabius Pictor，以希臘文寫作）或希臘化史家波利比烏斯。但對羅馬建國之初，我們必須依賴更晚的西元前一世紀末羅馬帝國作家，如拉丁史家李維或希臘史家哈利卡納索斯的戴奧尼修斯（Dionysios of Halicarnassus）。但他們除了距離所描繪事件更久遠外，在敘述時常將當時的政治經驗給投射到重建的過去，特別是晚期共和激烈的政治衝突，讓過去宛如現在的再現。例如，在階層衝突中常能見到西元前一三三年格拉古兄弟（Gracchi）改革的一些面向。他們也常將過去歷史描繪成一齣道德劇，充滿愛國、叛國、敗德的情節。所以王政之始發生羅馬集體劫掠強暴薩賓（Sabine）婦女；而王政傾覆、共和開始則又是起因於盧克麗霞（Lucretia）被「傲慢」塔克文的兒子強暴。我們要如何看待政權變化與這些敗德、敗行的關係？純然是浪漫的虛構？還是早期歷史在很大程度上仍是家族史或個人史？我們是否能透過適當理解後，從這些富於傳奇色彩背後挖掘出歷史真相？樂觀者如提姆．康奈爾（T. J.

Cornell）的《羅馬的起源》（*The Beginnings of Rome. Italy and Rome from the Bronze Age to the Punic Wars (c. 1000-264 BC)*）。還是傳奇畢竟只是傳奇，毫無歷史價值，最終仍必須回歸考古出土的「客觀」資料？悲觀如蓋瑞・福賽斯（Gary Forsythe）的《早期羅馬批判史》（*A Critical History of Early Rome: From Prehistory the First Punic War*）屬於這看法。但即使考古資料不斷發掘出，目前仍相當片段片面；福賽斯被迫提出許多無法證實的假設，來了解、架構出土資料，但常無濟於事。

就我個人看法，洛馬斯本人在義大利進行考古工作數十年，十分熟悉考古資料，但對文字史料也十分同情理解，在這兩類史料立場上比較中庸，認知到這兩種史料各有特色，以及可能的互補性及可用性，更願意探索何以這些傳奇故事會被述說、被流傳。因此她對羅馬崛起這歷史謎題，盡量提供我們完整、但謹慎的樣貌。她的結論或許不驚人，但論述十分完整、有耐心，在諸多細部上修正地更合乎情理，也會將她的思索過程在行文中說出，十分親切。整個結果是讓最後浮現的圖像更為全貌。這種不過度預設立場，以及不追求偏鋒理論的態度，是引領讀者進入這類議題世界最佳的引導。

洛馬斯為這內容十分豐富的羅馬史提供詳細、並能配合內文的地圖和相關圖片及彩圖，讓閱讀更能精準確實，更能掌握意涵。她也在文後為每章主題的發展近況以及書目，提供適當且有用的介紹。因為文字史料多已經被發現，但考古資料仍不斷出土，因此洛馬斯也介紹義大利主要博物館及考古基地，配合網路資源，十分能符合現在的學習經驗。對「羅馬的崛起」這議題想多知道一些的讀者，洛馬斯這些努力不僅完整，而且會鼓勵進一步到義大利親睹遺跡。中文出版將這些資料完整列出，並給予編年表和人名地名詳細索引，讓這本書更臻完美。

最後，對本書有關人名翻譯，在此做些簡單說明。在翻譯羅馬史的人名時，有時會出現惱人的問題。例如，英國二十世紀初曾提倡社會漸進改革的「費邊學社」（Fabian Society），其命名原取自於漢尼拔在義大利連續擊敗羅馬大軍後，羅馬任命的獨裁官昆圖斯・法比烏斯・馬克西穆斯（Quintus Fabius Maximus）。他放棄之前與漢尼拔直接對戰的戰略，改為堅壁清野的避戰，並趁著敵人疏失時，連續蠶食，消耗敵人戰力，積小勝為大勝。但Fabius這氏族名常被翻為英文形容詞的「費邊」（Fabian），好像與「法比烏斯」無關。類似令人困擾的情形還發生在其他地方，例如以凱撒（Caius Julius Caesar）為例。在提到此人時，時常以氏族名[9]指稱之，因此是Julius（尤利烏斯）；但在指稱這氏族時，會變成複數Julii（Julius的複數），按照音譯則變成「朱利」；若是他所提出的法律，則因為*lex*（法律）為陰性名詞，提案人氏族名變成*lex Julia*（朱利亞法）。這些翻譯容易造成這三者可能沒有關係的印象。因此本書翻譯，一律以單數陽性的「尤利烏斯」為根據，提到氏族名Julii時，會譯為「尤利烏斯氏族」，法律名*lex Julia*則譯為「尤利烏斯法」，讓讀者比較能察覺彼此間的關係。

---

9 羅馬貴族命名（nomenclature）常有三個名字。Caius為「前名」（*praenomen*），Julius為「名」（*nomen*）或「氏族名」，以及Caesar為「別號名」或「家族名」（*cognomen*）。最關鍵是氏族名，因為光光這名號便能指出當事人在社會地圖的位置，因此也是一般史書常用來指稱人的稱呼。

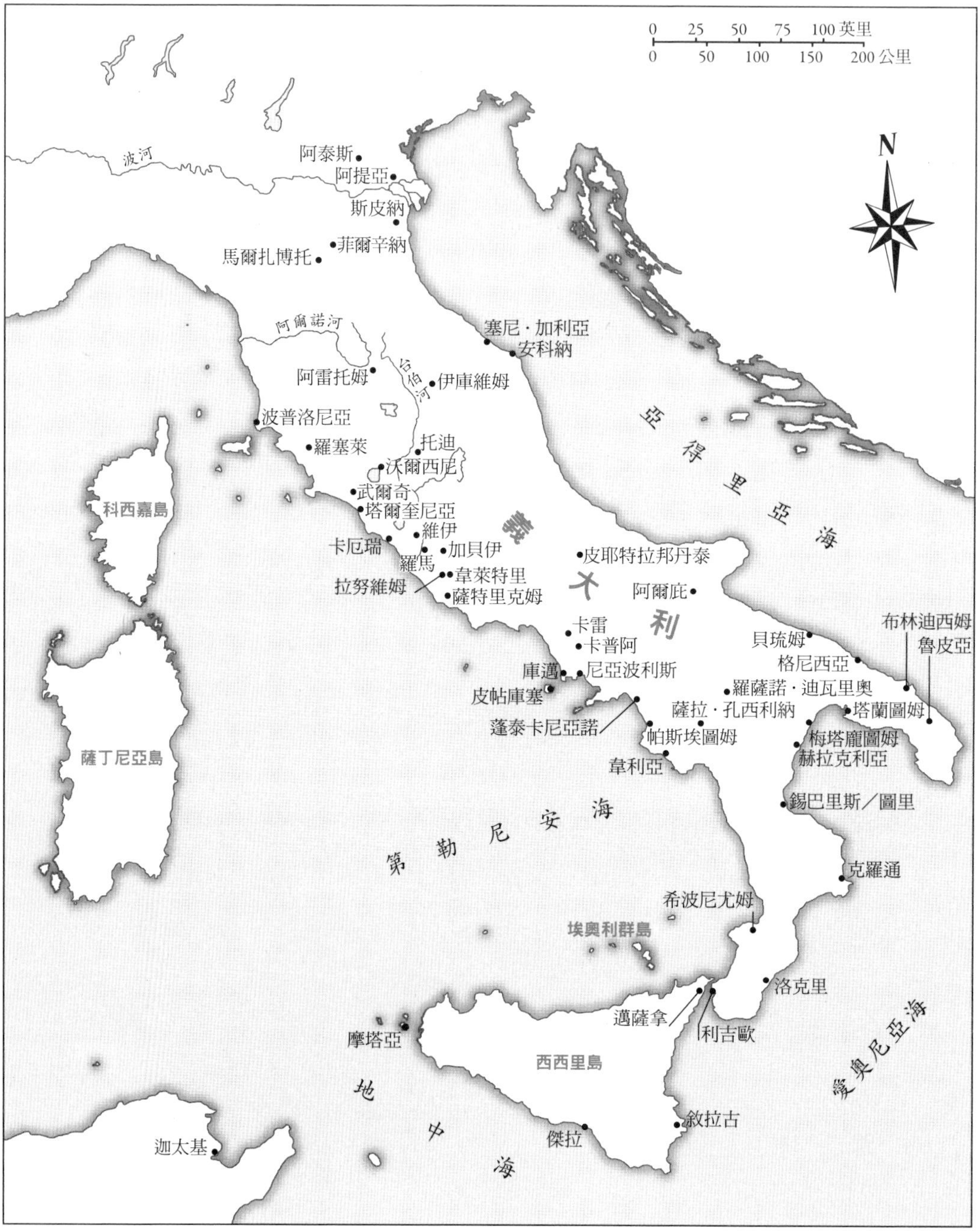

地圖一　古代義大利：主要地點和定居點

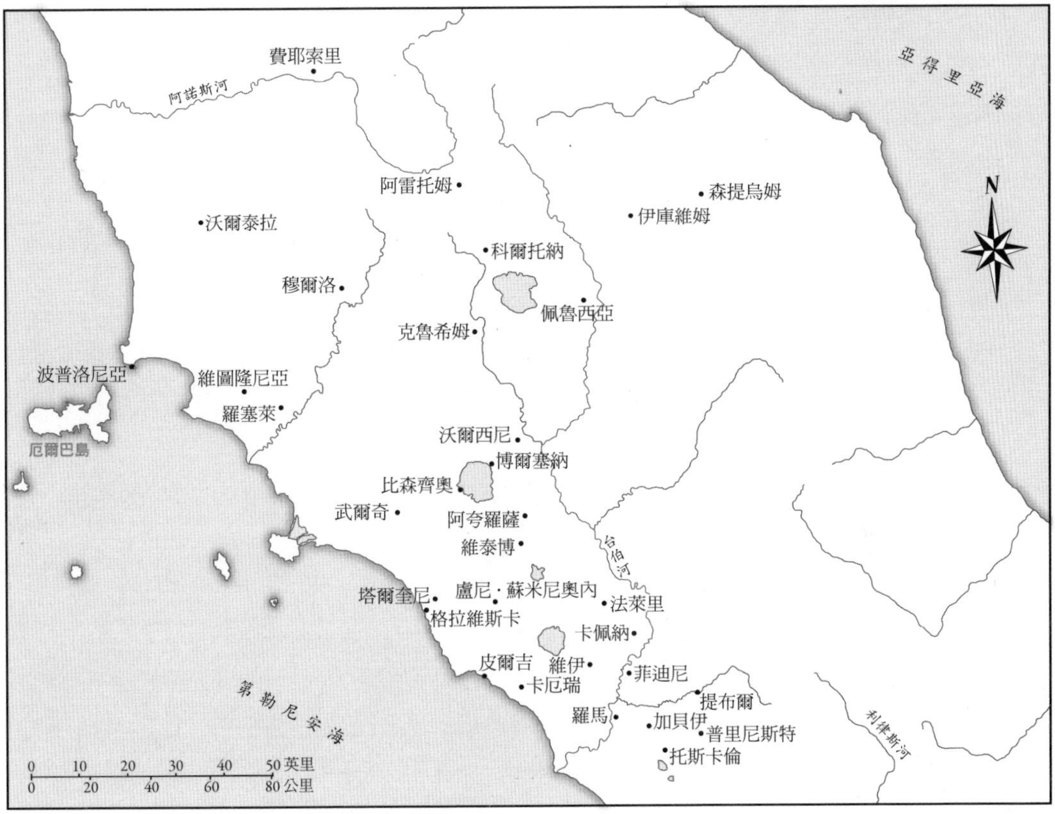

地圖二　伊特魯里亞：主要的古代遺址

N
卡佩納
盧克斯·菲諾尼亞
台伯河
布拉洽諾湖
維伊
諾門圖姆
克魯斯圖美倫
菲庫利亞
提布爾
菲迪尼
安提美
羅馬
加貝伊／奧斯特里亞·戴爾奧薩
勞倫圖姆
拉比西
普里尼斯特
托斯卡倫
菲卡納
卡斯特爾·迪德西瑪
阿爾巴諾湖
▲阿爾巴諾山
奧斯蒂亞
阿納尼亞
阿里希亞
內米湖
菲倫提魯姆
盧克斯·菲雷提納
韋萊特里
希尼亞
拉努維姆
拉維尼姆
科拉
阿迪亞
諾爾巴
薩特里克姆
塞蒂亞
普里沃努姆
安提姆
第勒尼安海
特拉西納
西爾策依
0 2 4 6 8 10 英里
0 5 10 15 20 公里

地圖三　拉丁姆：主要的古代遺址

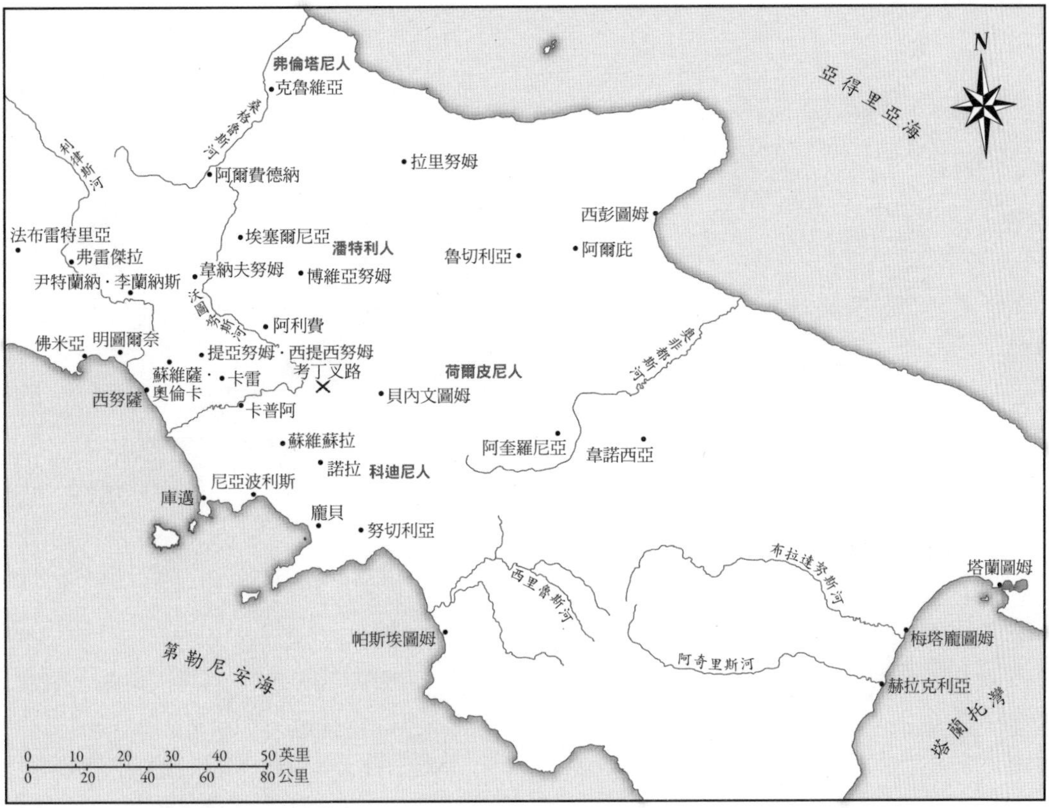

地圖四　坎帕尼亞和薩莫奈：主要的古代遺址和各族群

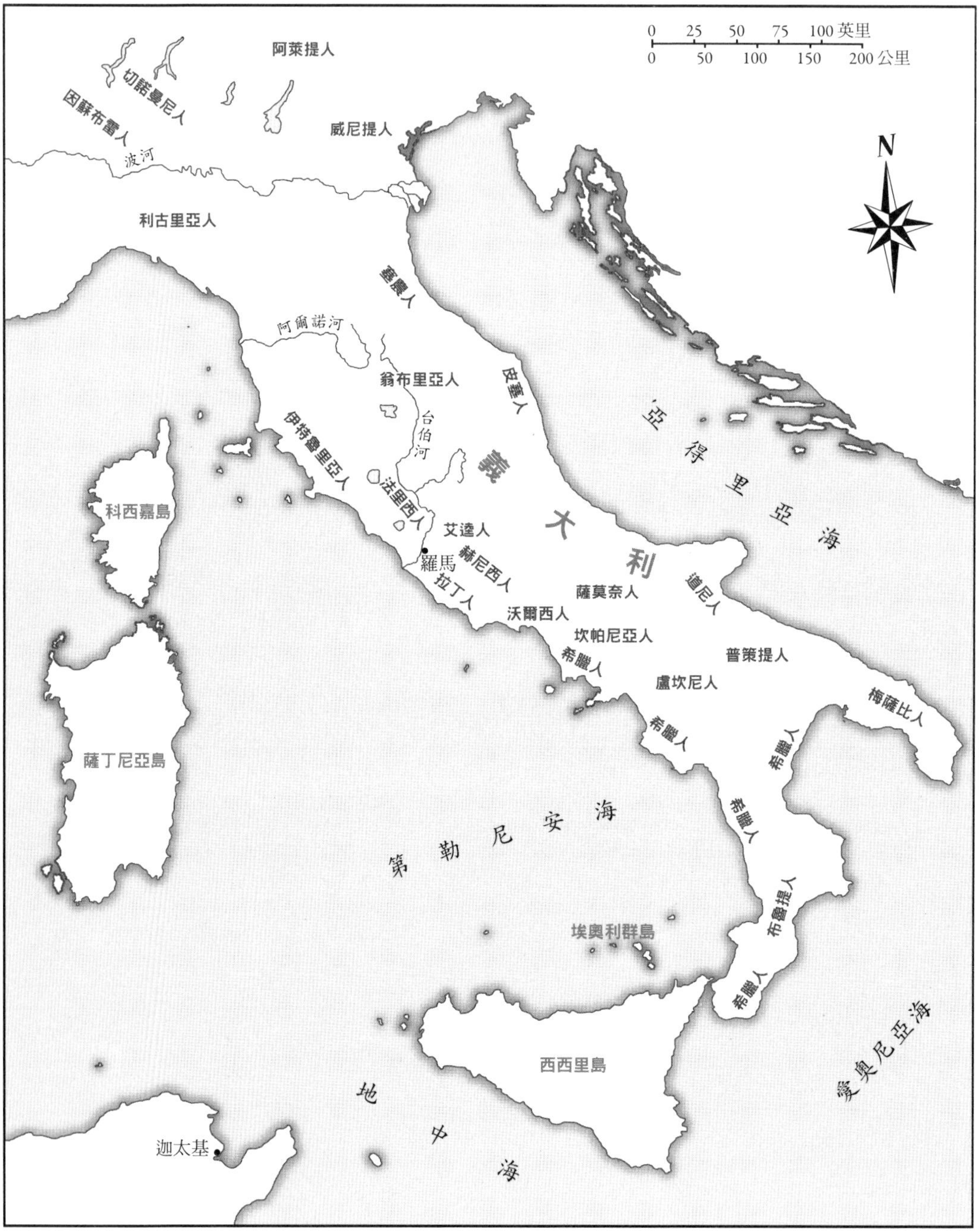

地圖五　古代義大利的各個族群，西元前四〇〇年

地圖六　義大利南部：主要的古代遺址

前言和謝詞

羅馬最常見的形象是帝國權力，一個由閃亮的大理石建築組成的龐大城市統治著世界帝國。這個形象與羅馬甫興起時，作為台伯河岸上一個村莊的模樣有著天壤之別，但是在本書所涵蓋的時期結束時，它是義大利最重要的國家，統治著整個半島，並即將成為世界強國。從小村莊崛起到世界強國便是本書的主題。

羅馬為何變得如此強大是個耐人尋味的問題。它在其發展的早期階段，是一個重要的地方性聚落，但是力量上完全無法與更強大的鄰國比擬。在西元前九世紀到西元前六世紀期間，它只是義大利中部的眾多新興強權之一，在許多方面它比起台伯河以北的伊特魯里亞城市遜色許多，這些城市還有義大利南部的坎帕尼亞人和希臘人社區，都比羅馬更早達成更高程度的文化和政治發展。一位西元前七世紀的政治評論家不太可能把羅馬選為未來可能宰制義大利的國家，更不可能想像它在西元前二世紀時所打下的帝國。本書透過檢視其他義大利文化背景來研究羅馬歷史，主旨在於要根據義大利其他地區的類似趨勢來解釋羅馬的發展，並檢視羅馬究竟有何特殊之處，使其得以建立起日後的霸權。關於羅馬及其鄰國最早期歷史這個主題，首先讓人先想到的問題或許便是，我們該如何獲知這些資訊？我們關於這時期的資料來源是密集的考古資料，還有同樣複雜的許多神話、古代作家流傳下的故事，以及來自銘文和錢幣的其他資訊。透過篩選並創建早期羅馬的連貫畫面是一項複雜的工作，對於我們可能希望提出的諸多問題並沒有明確的答案，而只有大量有趣的可能性。如果早期羅馬的某些方面看起來令人沮喪地模糊，那主要是因為我們的證據所帶來的這些困難，經常會產生大量的矛盾，並要求我們在字裡行間推敲閱讀。我在正文中討論了具體的解釋問題，但不熟悉這段歷史的讀者可能會發現，查閱本書的「關於史料的說明」很有用處。我在那部分會針對與證據相關的問題進行更一般的討論。

出於多種原因，現下寫一本羅馬早期歷史的新概論是恰好的時機。有許多優秀的英文學術研究成果，特別是提姆．康奈爾（Tim Cornell）的《羅馬的起源》（*The Beginnings of Rome*，倫敦，一九九五年），蓋瑞．福賽斯（Gary Forsythe）的《早期羅馬批評史》（*A Critical History of Early Rome*，柏克萊，二〇〇五年），和法蘭雀絲卡．法敏南特（Francesca Fulminante）的考古學研究之作《羅馬和舊拉丁姆的城市化》（*The Urbanisation of Rome and Latium Vetus*，劍橋，二〇一四年）。但是對於一般讀者來說，可供參考的導論作品卻寥寥無幾。除法敏南特的書外，大部分最近的考古學研究，特別是安德烈．卡蘭迪尼（Andrea Carandini）的重要並且引起爭議的著作多以義大利文出版。許多以前的作品也主要集中在羅馬本身。與過去的著作不同，本書的目的是在更寬廣的義大利背景下審視羅馬的崛起，並以非專家可以理解的方式探討羅馬與義大利其他地區之間的異同。

我想感謝約翰．戴維（John Davey）和Profile出版社的編輯團隊，邀請我為本系列做出貢獻，並感謝他們在寫作過程中提供的寶貴意見和支持。我還要感謝杜倫大學、愛丁堡大學、倫敦大學學院和其他地方的同事們的評論和鼓勵。特別要感謝提姆・康奈爾、蓋伊・布萊德利（Guy Bradley）、傑佛里・貝克（Jeffrey Becker）、希拉蕊・貝克（Hilary Becker）、傑米・塞維爾（Jamie Sewell）以及我的夥伴馬丁・哈特菲爾德（Martin Hatfield），他們願意傾聽關於早期羅馬的討論，這遠遠超出他們職責的範圍。我也感謝露絲・懷豪斯（Ruth Whitehouse）和馬丁・哈特菲爾德同意我使用他們的照片，並且向以下單位的工作人員協助我獲取圖像致謝：那不勒斯考古遺產管理局、羅馬競技場特別管理局、羅馬國家博物館和考古博物館、拉齊奧和南部伊特魯里亞考古管理局、羅馬日耳曼考古研究院、泰恩河畔紐卡索大北方博物館和大英博物館。我特別要感謝大北方博物館的文物管理員安德魯・帕金（Andrew Parkin），感謝他允許我翻印謝夫頓希臘和伊特魯里亞古物特藏中的圖片，這個特藏跟我的研究有長期的聯繫關係。

第一部

早期義大利和羅馬的建立

Early Italy and the foundation of Rome

第一章　介紹早期羅馬

在西元前九世紀時，羅馬僅僅是在拉丁姆（Latium）平原上眾多發展中的聚落之一。它的面積可能比許多鄰近的社區要來得大，但即使在該地區內羅馬也沒有特別突出，更不用說在此地區之外了。在這個時期，義大利中部最強大、最具活力的一些社區活躍於台伯河（Tiber）以北的伊特魯里亞（Etruria）。然而到了西元前三世紀時，羅馬已經發展成一個強大的城邦國家，並且已經建立起對義大利其他地區的控制權，蓄勢待發將要建立起征服全地中海的帝國。本書將探討羅馬從其源起到西元前三世紀中葉的發展，它對全義大利的控制的本質為何，以及它為何能夠取得如此強大的宰制力。雖然義大利和羅馬的早期歷史距離我們非常久遠，但出人意料地，這些歷史當中有著一些現代人關心的問題。諸如社會面臨的問題，包括多族群社區的內部壓力和緊張局勢，如何處理社會、政治和法律上普遍性不平等，以及普通公民社會和國際精英所組成的小圈子之間如何共處。到了西元前三世紀時，羅馬同時在竭力處理帝國迅速擴張所帶來的道德和實際問題。

羅馬並不是在與世隔絕的環境中發展的，如果不將更為寬廣的義大利背景環境納入考量，也就無法確切理解羅馬。本書的目的之一，是介紹包含眾多面向的義大利歷史，像是各種族群、各種文化，並且探索他們與羅馬的關係。我們在討論羅馬時所用的證據，當然會比處理義大利其他的社區複雜得多，我們擁有大量關於羅馬的早期發展的古代文獻和考古證據，雖然這兩者也都存在著應該如何解讀的爭論。本書的章節安排原則是開頭的幾個章節討論義大利，介紹幾個大主題，接下來的幾個章節專門討論羅馬，最後是羅馬與其鄰國之間的關係。

有關此段早期歷史的史料是非常棘手的。大部分義大利地區擁有豐富的考古材料，不過羅馬考古紀錄本身是零散而且難以評估的，因為這個地點從自古以來就不曾間斷被不同政權占據。文字紀錄方面也有許多棘手的問題。在西元前五世紀和四世紀的希臘文獻中，有一些關於當時義大利和羅馬歷史的記載，最早的羅馬歷史學家們的著作寫成於西元前三世紀末和二世紀後期，但是流傳下來的只有斷簡殘編。[1]共和時期中期和後期的一些史家的著作則被完整保存，如波利比烏斯（Polybios，西元前二世紀），西塞羅（Cicero）和瓦羅（Varro，兩人都是西元前一世紀），他們作品中包括了對早期羅馬的評論，但是最早針對這一時期的歷史敘述，則是李維（Livy）和哈利卡納索斯的戴歐尼修斯（Dionysios of Halicarnassus），兩人於西元前一世紀所撰寫的著作。缺乏當代文字證據的狀況不可避免地意味著，作品流傳下來的那些史家們，其實對西元前十二世紀到西元前四世紀這段時期

1 作者注：例如，希臘歷史學家提供了一些日期和事件的佐證，如驅逐塔克文家族（Pol. 3.22.1），以及對一些當代義大利文化和事件的評論。最早的羅馬歷史學家法比烏斯・皮克托爾寫作的時代在西元前三世紀後期。編按：本書保留原書的縮略語，欲查詢原書名，可參照本書的「縮略語對照表」。

的認識相當有限，而且從最悲觀的角度來看，他們沒有任何可靠的資料來源。羅馬人保留了官方的國家紀錄和檔案，但是系統性的紀錄究竟從何時開始還尚未有定論，而且在共和時期開始以前，私人或公共的紀錄和檔案相當稀少，或是根本不存在並容易受到損害。關於古代作家如何描述早期羅馬的介紹，還有關於他們所提出的一些問題的討論，請見書末的「關於史料的說明」。

古義大利是一個多樣化的地區，具備多元的氣候、自然資源和地形，從最北方的阿爾卑斯山區到拉丁姆平原及坎帕尼亞（Campania）平原，再到卡拉布里亞（Calabria）的乾旱山脈。肥沃的平原坐落在沿海地區以及某些河谷地，尤其是波河（Po）河谷，平原與平原之間則散布著為數更多的山區。亞平寧山脈（Apennines）構成義大利的脊梁，是一片高聳不宜居住的山脈，貫穿整個半島，將義大利分成兩個截然不同的區域。自然障礙阻礙了亞得里亞海和愛奧尼亞海岸之間的交流，確立了兩個地區在文化和經濟上有著截然不同的發展軌跡。

義大利在其他方面占有優勢地位。它位處建立已久的貿易路線十字路口，在海上交通上，義大利位處希臘和地中海東部以及西班牙、法國和北非之間，在陸上交通上，則是位處穿越阿爾卑斯山的路線和進出歐洲的咽喉。對於來往於希臘西部和達爾馬提亞（Dalmatia）海岸的人員和貨物，以及往來於地中海西部周圍島嶼的人們而言，漫長的義大利海岸線上有著許多良港，是距離近且方便的過境點。義大利及其居民與從中東和埃及到中歐地區的龐大網路連結緊密，這不僅反映在來自希臘和東方的許多進口物品，也反映在義大利文化中許多層面皆受到希臘和東方的影響。這一點也充分表現在羅馬願意借鑑，並去適應義大利和地中海各地的文化風格和習俗，同時從來不會忘記自己在本質上是羅馬人。

沿海平原人口密集，其特點是很早便發展出城邦來作為主要的社會和政治組織，以及高密度的城市聚落（見地圖一）。從西元前九世紀到西元前七世紀期間，原始的城市聚落開始被建立起來。然而，與希臘每個城市的自然領土邊界相當明確的情況不同，亞平寧山脈是義大利唯一的主要地形阻礙。雖有一些地勢較低的地區按丘陵地形範圍劃分，但也有很多區域不存在明確的自然邊界，這是日後領土衝突和國家間爭執頻繁發生的主因。大部分低地地區土地肥沃且富有礦產資源，這些地區中的戰爭愈來愈普遍也就不足為奇，因為發展中的城市間勢必要爭奪更多的土地和財富。

城市化是理解義大利發展的一個關鍵概念，但如何定義它卻是個棘手的問題，而且存在著為數眾多的研究方法。即使在古代世界，城市之間也存在著相當大的差異，例如在古典希臘，一個城市的特徵是由其人民的性格以及其物質形態的性質來決定，但後來的希臘作家則是根據某些具體特徵的有無來定義城市。羅馬人則是從法律角度來定義城市，例如由羅馬授予各個社區的特許狀（charter）。[2]現代的研究方法同樣多變，不過最新和最全面的嘗試是「哥本哈根城邦計畫」（Copenhagen Polis project），此計畫將古代城市定義為人口不少於一千人，領土面積不小於三十平方公里的聚落，並且有著一個共同的名稱，以及共同的法律、社會和政治結構。

所有這些方法都認為古代城市是一個城邦，包括一個中心聚落和由其控制的周圍領土，而這些

2 作者注：修昔底德（Thuc. 7.77）只按照人口數來定義城市，而柏拉圖（Laws 788-9）與亞里斯多德（Arist., *Pol.* 1330b）提到人口和形式。相比之下，西元二世紀的作家保薩尼亞斯（Paus. 10.4.1）認為希臘的小城市帕諾培烏斯（Panopaeus）因為缺乏相關設施而不應該被稱為城市，而像塔西陀（*Agricola* 21, *Germania* 16）等羅馬人，則從具備特定的建築物和具體法律地位來定義城市。

領土負責提供經濟資源給中心聚落。一個聚落要被視為城市必須具有相當的規模，如此才能夠有一定程度的經濟多樣性和專業化，使其超越維生經濟的水平，具備政治組織和社會等級制度，並且開始具備公民或國民資格超越家族或親屬關係的概念。至於諸如城市規劃的正規化或具有地標性建築物等特徵並不是城市的必要屬性，不過它們往往是城市發展中的一部分，而且是有用的判斷標準，因為它們證明了經濟盈餘的存在，也證實主導將這些盈餘用於大型工程上的政治權威與集體意志的存在。在義大利的許多地區，聚落在城市化之前的特色是它的規模明顯比村莊更大、在物質生活上更先進，不過核心區尚未發展完全，並且尚未達到城市所必須具備的複雜程度。這些地區被稱為「原初城市聚落」（proto-urban settlement），往往由相互關聯並且共享公共空間（通常做為宗教用途）的居住群組成，這會被視為將發展出城市的先兆。

義大利亞平寧地區由於地形崎嶇，其發展模式與義大利低地區域截然不同。高海拔的山谷不具備足夠資源來支持大量的人口。山區居民生活於其中的社區，在規模上小於平地地區，並且是依靠小規模農業和畜牧業的混合體維生。這一地區的孤立性促進了一種獨特的社會和文化認同的發展，並且在面對壓力時非常具有變通性。義大利亞平寧山區雖然遍布大量的小型聚落，但直到羅馬人征服之前，大部分地區仍未城市化。小型的社區相當適合這地區的環境，這裡的原生政治組織與社會組織便建立在小型社區之間，鬆散的聯邦組織上。該地區的發展速度與義大利平原地區不同，但這些差異源於對當地環境的適應，而不是因為落後或野蠻。它們在抵抗羅馬擴張時所發揮的效率便清楚說明了這點。亞平寧山區的聚落發展出一種國家形式，在許多方面與城邦相似，不過不具備居住著大量人口的中心區域。

古義大利的民族和文化多樣性與其地理多樣性相比，是毫不遜色的。古義大利由許多不同的群體組成，每個群體都有自己的語言、宗教信仰和物質文化，除了定居在義大利南部和坎帕尼亞的希臘人（見地圖五和地圖六）之外，大多數都是當地的原住民。古代作家認為義大利中部兩個最重要的群體是我們稱為拉丁人（Latini）和伊特魯里亞人（拉丁語為伊特魯西人〔Etrusci〕，希臘語為第勒尼人〔Tyrrhenoi〕，而在他們自己的語言中則可能是拉塞納人〔Rasenna〕）這兩群人。在中部拉丁姆地區以及台伯河和阿爾諾河（Arno）之間的地區都可以找到與這些群體有聯繫的文化，並且從相當早以前便已經存在了。關於伊特魯里亞人的起源還有一些始終未能被回答的疑問，這主要是因為他們獨特的語言與任何其他義大利語言都不相似、而且可能不屬於印歐語系；疑問還來自於希羅多德（Herodotos）認為他們是來自小亞細亞的殖民者，但是這說法與其他古代記載相矛盾（參見 Hdt. 1.93–96; Dion. Hal. 1.30; Strabo, *Geog.* 5.2.2–4）。[3]他們現在通常被認為是原住民，不過針對古代ＤＮＡ樣本的研究揭露了一些有趣的發現。這些發現顯示出古代伊特魯里亞人和安那托利亞中部人群之間的相似性，以及伊特魯里亞人ＤＮＡ與中世紀和現代托斯坎人（Tuscans）之間的差異。然而，把這作為證明希羅多德想法：伊特魯里亞人是來自小亞細亞的殖民者的確證，如此的推斷不免太過跳躍了，因為伊特魯里亞人的ＤＮＡ研究仍然飽受爭議，遑論用爭議來形容已經是最客套的說法了；其他研究則顯示不同時期人群ＤＮＡ之間的不連續性在歐洲是很常見的，這應該歸因於長期

3 作者注：儘管希羅多德的主要焦點是波斯戰爭的歷史，不過他的著作中包含許多關於地中海其他地區的資訊，其中包括西部地區。他對族群起源特別感興趣，並且探討了許多起源神話。

人口流動，而非希羅多德所設想的短期殖民。

義大利南部以及高山地區的民族和文化特徵更為複雜。有關義大利南部希臘聚落所在位置的史料，以及關於薩蘭蒂納（Salentina）半島上居民所屬的文化和民族的史料，這兩種史料的內容大體而言是一致的。然而，除此之外，要精準繪製出在西元前四世紀之前的義大利民族，各自分布於何處的地圖是不可能的。古代史料對這些文化的記載大多寫於這些文化早已不復存在之時，當時究竟有哪些民族，還有他們究竟居住在哪裡，甚至是半島的那些部分可以被定義為義大利，不同史料對於這些問題眾說紛紜。[4]在西元前五世紀的大規模遷徙時期，一些族群消失在歷史和考古紀錄中，同時有新族群出現，使得情況變得更加複雜。雖然從考古紀錄和銘文可以清楚地看到，義大利有許多不同的語言和文化共存著，但要將種族的概念加在這些族群頭上則要困難得多。古代作家經常將義大利描述為散布著許多部落社會的區域，並且給不同社會冠上種族的標籤，但義大利各地的人們是否認為自己屬於有明確定義的民族都尚未有定論，而且考古證據指出城邦是此地區主要的社會和政治組織形式。許多人可能自認為是家庭、村莊或國家的一分子，但並不認為自己屬於某個涵蓋範圍更大的種族，此外集體身分似乎是相當容易改變的。新的族群因為西元前五世紀的遷徙浪潮而出現，而其他族群則擴展到新的區域。對羅馬構成威脅的鄰居，像是沃爾西人[5]、赫尼西人[6]和艾逵人[7]，都是在這時期出現的，但是在西元前四世紀羅馬人四處征服之後，他們便倏地消失了。來自阿爾卑斯山外的凱爾特人（Celts）在義大利北部定居、伊特魯里亞人遷徙進入波河河谷，來自亞平寧山區中部的人們則大批遷徙到坎帕尼亞和義大利南部。[8]到了西元前五世紀末，義大利的文化版圖發生了劇變，更清晰的民族認同也在西元前四世紀時開始出現，但即便在這個時代，大多數人可能仍然認為自己的根本歸屬是某個特定的國家或社區，而不是某個族群，例如作為塔爾奎尼亞人或是沃爾泰拉人[9]，而不是伊特魯里亞人。

在羅馬崛起的時期，它所能夠支配使用的只有城邦。雖然行政機構在西元前四世紀到西元前二世紀期間逐漸變得複雜，但行政資源相當有限。羅馬透過一個鬆散的關係網絡來維持其權力，並且在這些鬆散關係中再穿插著控制更為嚴密的區域，而不是靠直接的統治。義大利的許多社區保留了一定程度的自治權，但羅馬能夠享有他們的一些資源，特別是軍隊的人力。儘管羅馬在西元前二七〇年是當時義大利人無可爭議的共主，並且會非常強硬地回應任何對其共主地位的挑戰，不過羅馬

4 作者注：一些早期的希臘作家特別用伊塔利凱（Italike，即義大利）來指稱義大利南部的幾個小地區。要到了西元前四世紀，義大利（Italia，拉丁語）和伊塔利凱（希臘語）才開始廣泛並且一致地用來指稱整個半島。

5 譯者注：沃爾西（Volsci）是古義大利的一個部落。他們居住在拉丁姆南部半丘陵、半沼澤的地區。沃爾西人是古羅馬最具威脅性的敵人之一，經常跟艾逵人結盟，而他們的鄰國赫尼西人從西元前四八六年起就是羅馬的盟友。西元前三〇〇年時，他們的領土被不斷擴張的羅馬共和國占領並同化。

6 譯者注：赫尼西（Hernici）是古義大利的一個部落。在羅馬共和國早期的大部分時間中，他們與羅馬結盟，並與羅馬並肩作戰，對抗鄰國。

7 譯者注：艾逵（Aequi）是古義大利的一個部落。

8 作者注：考古學家和歷史學家在凱爾特人的命名慣例上存在分歧見解。儘管考古學家傾向於「凱爾特」，但許多（儘管不是全部）古代歷史學家將它們稱為「高盧人」，但實際上他們是同一群人。這種差異來自於希臘文名字（Keltoi）和羅馬文名字（Galli）之間的差異。在某些方面，甚至將凱爾特人視為一種身分的概念也存在爭議，並且被認為是一種現代的建構，儘管這是一種相當極端的觀點。為簡單起見，本書將使用凱爾特人一詞來描述這一群人。

9 編按：塔爾奎尼亞（Tarquinia）和沃爾泰拉（Volterra）都是城市的名字。

所統治的義大利並不是一個直接統治的帝國。區域身分和族群身分依舊十分重要，不過也相當容易變動。希臘、伊特魯里亞和羅馬等地的文化都對義大利其他民族產生了影響，就像羅馬文化本身便受到伊特魯里亞人和希臘人的影響一樣。義大利半島在文化上的「羅馬化」直到西元前二世紀末和西元前一世紀才開始，在此之前，義大利其他地區皆保留了自己的當地語言和文化，有時被稱為「羅馬化」的文化融合現象在此時尚不顯著。鑑於我們的史料大多是在事後相當長的時間才完成的，而且我們多依賴以羅馬的觀點所寫的材料，因此我們很容易忘記一直要到西元前三世紀初羅馬方才控制了全義大利，而這種支配地位的確立絕非不會再有所變動的定局。即使是到了布匿戰爭（Punic wars）期間，羅馬的意志顯然地也只是決定其他義大利人如何行動的眾多因素之一，只有當羅馬擊敗漢尼拔（Hannibal）重新樹立起權威後，羅馬才完全確立其在義大利的支配地位。在本書所涵蓋的時期內，我們可以看到羅馬從僅僅是義大利諸多城邦中的一分子，崛起而占據了支配地位的過程，但更寬廣的義大利脈絡對於理解這個過程是至關重要的。

第二章　布置舞台：鐵器時代的義大利

和後來歷史上的半島相比，史前的義大利是一個截然不同的地方。大約在西元前一千兩百年，這是一個散布許多小聚落的區域，並且是以小規模農業為基礎的自給經濟。在青銅器時代晚期和鐵器時代（約西元前一〇〇〇年至八〇〇年）之間，開始出現更大和更複雜的聚落，一般也稱為原初城市聚落，並且伴隨著經濟多樣化、更高度的社會分化和獨特的地區文化。在羅馬這個地點上的最早聚落便是在這個時期所建立的。

一個關鍵的限制因素是我們沒有這個時期的當代文字史料，因此我們必須完全依賴考古證據。荷馬（Homer）或赫西奧德（Hesiod）的詩歌生動描繪了鐵器時代的希臘，不過義大利沒有可相比擬的詩人，而且最早的銘文（為數甚少而且大多數篇幅短小）直到西元前八世紀中葉才出現。[1]儘

1 作者注：迄今為止發現的最早銘文是來自奧斯特里亞·戴爾奧薩的陶器上的一個塗鴉（見圖三），而它的歷史可以追溯到西元前七七〇年。一些希臘和伊特魯里亞的銘文則可以追溯到八世紀的更晚期，但這些銘文數量很少。

管如此，青銅器時代和早期鐵器時代的考古證據，提供我們相當多關於當時義大利文化和社會狀況的資訊，縱使存在一些局限性。其中之一是我們大部分的證據都來自墓地。因為埋葬是儀式性行為，葬禮證據能夠告訴我們很多關於社會關係和組織、經濟發展，以及社會的文化重心為何等諸多細節，但是關於日常生活的部分則相對較少。幾次墓地挖掘成果的出版，尤其是位於羅馬十八公里以東，奧斯特里亞．戴爾奧薩（Osteria dell'Osa）的墓地挖掘結果，以及維伊（Veil）的早期墓地之一的瓜特羅．豐塔尼利（Quattro Fontanili），相當清楚地說明了鐵器時代的社會，以及它如何與後來的拉丁姆和伊特魯里亞的發展有關。有關聚落的紀錄較少，但最近的實地調查已經揭示了人們居住的地點和生活方式，以及他們如何被埋葬和被紀念。

然而，我們所能做的事情是有限的。例如，我們不知道青銅器時代的義大利人如何界定他們自己的身分，或者他們是否認為自己屬於某個特定的族群。在鐵器時代早期，各個地方在手工業成品的形式和風格，以及埋葬習俗等文化習俗中出現差異，這代表了不同的區域文化的出現。屬於伊特魯里亞微蘭諾威（Villanovan）文化的手工製品，與羅馬周邊地區的拉提爾（Latial）文化風格不同，這種區域差異也可以在其他地區看到，但我們不曉得這些人群是怎麼稱呼自己的，也不知道他們是否有共同的族群身分。在本書中，諸如「微蘭諾威」和「拉提爾」之類的術語指涉的是文化而不是人群。不像這地區後來的人民認為自己是拉丁人、伊特魯里亞人、翁布里亞人（Umbrians）或坎帕尼亞人，我們尚不清楚身處於拉提爾文化或微蘭諾威文化中的人們，是否認為他們具有共同的身分，或者他們是否是基於完全不同的原因，碰巧採用了相同形狀的陶器、金屬製品和其他方面的物質文化。義大利的民族發展將在本書的其他地方討論，但在這個早期階段，我們並未在考古學的可見形式中見到族群身分的存在。

青銅器時代晚期的義大利

在青銅器時代晚期時（西元前十二世紀至十世紀），義大利各地在經濟和社會組織上都發生了變化。聚落擴大了，雖然類型和規模有明顯的區域差異，而且手工製品的數量和種類增加，這代表了這些是專業工匠的作品，而不是在家庭中生產的物品。許多青銅製品由技術熟練的工匠製造而成，其工藝水準相當高。金屬產品的增加背後的條件是要能夠取得作為原料的礦物資源，而進口的陶器和金屬製品（大部分來自希臘）的存在，則代表了一個與地中海世界更多地區交通貿易的網絡。這個時代見證了社會巨變、貿易擴張以及製造業的出現，新的工藝技術和更密集的耕作方式，讓更大且更複雜的聚落得以發展。在青銅器時代晚期的開端時，大多數義大利聚落通常是面積不大的村莊，但是到了鐵器時代，我們則可以追溯出原初城市聚落的最早發展。它們的特點是規模更大、布局更複雜、經濟複雜性和社會等級劃分的程度更高。它們的大小不同，通常跨越了不同的區域，而且並不必然是具備單一核心的聚落，但是與青銅器時代的村莊遺址相比起來，它們都展現出程度更高的政治和社會複雜性。

在伊特魯里亞，我們可以詳細追蹤聚落的發展過程。那些青銅器時代早期的聚落地點與作為車子行走的軌道是一致的，並且存在的時間短暫，這顯示這群人在某種程度上是遷徙的，隨著家畜從冬季牧場移動到夏季牧場。在青銅器時代晚期，定居的農業社區選擇在具有防守優勢和鄰近水源的地點上發展，這些因素對於維持聚落的長期穩定至關重要，是否擁有道路則不是那麼重要。

在維泰博（Viterbo）附近的聖喬維納萊（San Giovenale）和盧尼・蘇米尼奧內（Luni sul Mignone）這兩個密集挖掘的地點（見地圖二），說明了這些變化。兩個地點都位在高地平原上，四周有著陡峭的斜坡有利於防守；盧尼還多了一重人造梯田和防禦工事的保護。青銅器時代聚落的面積通常不大，由一些小型木結構小屋組成，有時分為幾個房間，以及遮蔽著入口的門廊。在包括盧尼在內的一些地方，發現了更大、更雄偉的建築物，面積約為十五到十七公尺乘八到九公尺，並且有石造地基。它們的目的不明，但是它們的尺寸和使用石材（石材是種比木材或泥磚更昂貴和勞動密集的建築材料）來建造建築物的基部，顯現了這些建築物的重要性，有可能是社區領導者的房屋或是用作宗教儀式的建築物。

義大利的其他地方在青銅器時代的聚居模式各不相同。在卡拉布里亞，位於肥沃平原上且被密集耕種土地所包圍的開放式不設防村莊，在西元前十二世紀到十世紀期間被規模約五百至一千人的大村莊所取代。這些村莊位處高地，因此具備著更好的自然防禦條件，而在某些村莊，比如托瑞・德莫迪洛（Torre del Mordillo）已經開始生產大量的武器和盔甲。在義大利北部，一些非常大的村莊在青銅器時代晚期發展起來，例如，在波河平原的佛拉提西納（Frattesina）的面積約為兩百公頃。總體而言，在青銅器時代的最後階段，整個義大利都趨向於發展更大的村莊，並將移民點移到更容易防禦的地點，有時候更以人造防禦工事來強化。許多地區武裝的增加和對防衛的重視，意味著這是一個比前一時期更具侵略性的社會。

與此同時，我們可以看到社會和經濟不平等程度加劇，以及社會和政治精英階層的出現，這在埋葬習俗的變化中最為明顯。火葬是主要的喪葬儀式，在火葬後骨灰會與類型和種類相對簡樸的陪葬品埋葬在一塊。這些陪葬品通常由陶器器皿和青銅胸針（fibulae）組成，這是種形狀類似安全別針的胸針。[2]然而，在青銅器時代晚期，許多墓地中都有少數幾個墓葬的陪葬品更為昂貴且數量更多，通常會有武器或盔甲、編織和織布工具以及珠寶，這意味著這是個在社會、經濟和政治上分層都更加嚴明的社會，也有更多婦女出現在殯葬紀錄中。

伊特魯里亞和微蘭諾威文化

鐵器時代的伊特魯里亞文化被稱為微蘭諾威文化，其名字源於它被發現的地點，這是位在波隆那（Bologna）附近微蘭諾威的一個鐵器時代墓地。它可以追溯到西元前九世紀初，這是伊特魯里亞地區居住模式發生重大變化的時期。聚落在青銅器時代晚期開始增長，變得更大，並且開始聚集

2 作者注：胸針是義大利考古學中的重要研究對象。它本質上是一種安全別針，帶有拱形背部和用於將銷釘固定到位的擋板，但有許多不同的變型。胸針的拱形可以是平的或裝飾的、寬的或窄的、直的或扭曲成裝飾形狀，並且擋板有長有短。它們通常由青銅製成，但在精英階層的墓葬中可以找到銀製或甚至是金製的例子。胸針（例如見彩圖二）被用於固定連衣裙、長袍和斗篷，也是墓葬中最常見的物品之一，無論是作為陪葬品或者是用來固定裹屍布。它們因為無處不在所以對考古學家來說非常有用。許多類型的胸針通常都可以被確定年代，或是說至少相對於不同胸針而言，它們可以用來建立時間順序。不同類型的胸針通常對應到社會的不同階層，例如男性和女性可能會配戴不同的胸針，成人和兒童也有所不同。因此，它們有時可用來確定相關人等的性別或年齡。

成群，通常位處高地邊緣或沿著高地的山脊。許多伊特魯里亞城市的地點上最早有人定居的時代，便是這個早期的微蘭諾威時期，儘管這些定居點在形式上與後來的城市截然不同。

在伊特魯里亞南部，許多較小的村落在西元前九世紀和八世紀時衰落或廢棄，聚落就此集中在少數幾個控制著周邊廣袤地區的大型據點。在西元前十世紀，該地區有大約五十個據點，大部分面積在一到十五公頃之間，彼此間隔數公里。在西元前九世紀初這些據點數量縮減為十個較大的人口區域，各區域之間點綴著依賴著它們的小規模聚落或個體農場。我們尚不清楚這種情況是如何以及為何發生，這不僅是因為該時期遺址的確切年份很難確立（許多遺址的年代只能被確定介於西元前十世紀和八世紀早期），也因為鄰近的聚落之間會爭奪領土和資源，不同的社區很可能會合併，而且強者逐漸吞噬弱者，一直到更大的中心存留下來。在某些情況下，這可能是透過和平手段實現的，但在其他情況下，這可能是種更為暴力的過程，像是某些聚落強行接管其他聚落。在該地區的北部，這種變化不太明顯。在西元前九世紀期間，聚落集中在後來的維圖隆尼亞城（Vetulonia）和波普洛尼亞城（Populonia），以及面對厄爾巴島（Elba）的海岸，但是，與南部的情況相比，有更多的小聚落倖存了下來。

聚落比之前的青銅器時代村莊還大，人口估計數量多達一千人。他們聚集成群，僅相距一到二公里。例如，在卡厄瑞（Caere）已知有八個聚落區域，在維伊則有五個擁有獨立墓葬區的大村莊，它們分散在後來的維伊城領土區域的周圍（見圖一）。在塔爾奎尼（Tarquinii）和沃爾西尼（Volsinii），至少都有兩個比鄰的聚落。塔爾奎尼的卡瓦里歐（Calvario）地區至少有二十五間以木材或泥磚建造的房屋，建立在石造地基上，並且以茅草為屋頂。大多數的房舍都很小，而一些較大

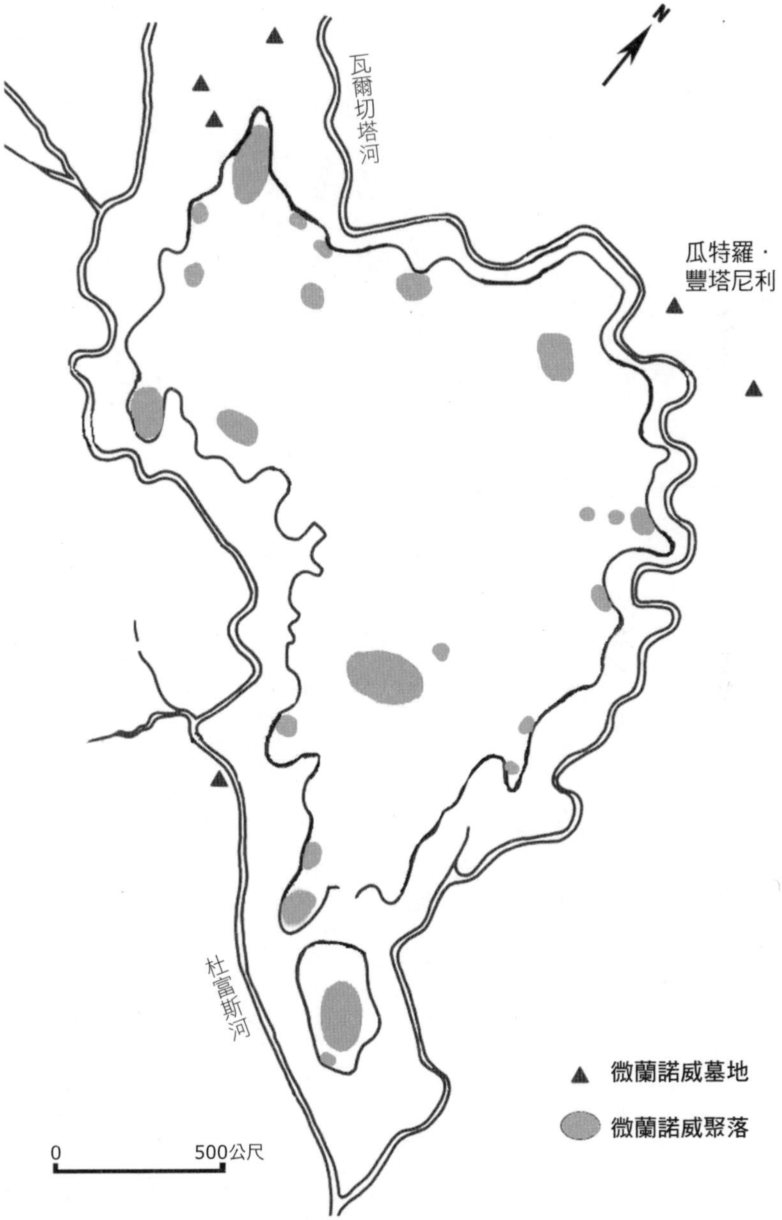

圖1　維伊：微蘭諾威聚落區域

的建築應該是作為公共用途，可能是宗教崇拜用的建築物，或者是富人的私人住宅。無論它們的具體用途為何，這都展現出更複雜的社會等級制度的發展。微蘭諾威地區墓地的挖掘規模比起定居點要大得多。在維伊眾多墓地之一的瓜特羅．豐塔尼利墓地，大約有六百五十處墓葬已被發掘，年份介於西元前九世紀至七世紀之間。時代最早的位於山頂上，時代較晚者則向下延伸到較低的斜坡上，並聚集成群，一般被認為是家庭墓地。葬禮的主要儀式是火葬，而這就說明死者是具有相當地位的人。收集燃料和建造柴堆需要投入勞動力和資源，而且火葬會使葬禮的場面更加壯觀。

骨灰被放置在陶器中（見彩圖一），一般被稱作雙錐形骨灰甕（其形狀類似於兩個錐體）[3]，覆蓋著一個可能用於陪葬的淺碗，並且碗被倒轉來作為蓋子。骨灰甕被埋在地下的一個洞裡，有時候與許多石板排在一塊，並且還有一套簡樸的陪葬品，其中包含了胸針（見彩圖二），或是螺旋裝飾的金屬針和紡錘輪；又或者是胸針、小刀和剃刀。這種差異被認為反映了性別的不同，女性的陪葬品是紡紗設備而男性的陪葬品是刀子，但是幾乎沒有骨骸證據可以證實這一點，而且基於陪葬品所建立的那些過分簡化的性別假設，也愈來愈受到人們質疑。[4]墓地中一些發現物的分布方式，可能表示著骨灰甕被設想為死者的代表或象徵，其上掛滿了珠寶，而且周圍環繞著私人物品。它甚至可能被「穿上」織物，並且被用胸針固定著，儘管這只是基於胸骨分布方式的推測，因為沒有紡織品殘存下來。

少數的墓葬中有著更為昂貴的陪葬品，包括青銅武器、盔甲和從希臘進口的陶器，這種例子從西元前八世紀中葉開始數量愈來愈多。在瓜特羅．豐塔尼利的一個例子中，骨灰被放在一個青銅器皿裡，而不是通常的陶器骨灰甕裡，並且伴隨著大約五十件陪葬品，其中包括陶器、珠寶、銅盾、高尖的頭盔、武器和馬勒（見圖二）。光是武器和馬具就說明了死者的高地位，因為早期義大利只有社會精英有權擁有馬匹。[5]這些埋葬模式顯示，精英階層可能已經出現，由家庭或甚至氏族／大家庭的首領組成，並且擁有象徵地位的符號而格外突出，像是擁有武器和控制更大程度的財富和資源。我們目前見到的這個社會顯然與該地區後來的伊特魯里亞城市社會之間，還有很大的差距，不過這種變化的規模顯示政治和社會上的快速發展。

一些西元前八世紀的微蘭諾威社區的規模，已經符合摩根斯．漢森（Mogens Hansen）對城市聚落規模的定義，儘管它們在形式上與希臘或羅馬城市截然不同。它們由一群聚落組成，這出現在維伊、武爾奇（Vulci）、塔爾奎尼和那些日後發展為城市的地方，而且因為緊密地連在一起，不可能成為完全獨立的社區。[6]英國羅馬學院[7]在上世紀六、七〇年代所進行的考古調查指出，維伊遺址

---

3 作者注：這是當地一種被稱為厚塗（impasto）的陶器，由粗黏土製成，通常手工製作並燒製成中等硬度。這種器皿的名字由來是因為它的形狀類似於倒在較大錐體頂部的較小錐形。

4 作者注：有些情況下，有武器的墳墓（或後來更富裕的時期，會有戰車）後來被證明是女性墓葬，這說明這些物品是通用的地位符號，而不是性別的特定標記。

5 作者注：精英地位與馬匹擁有權之間的聯繫在義大利早期（以及歐洲鐵器時代的其他地方，如Cornell, *The Beginnings of Rome*, p. 250所討論的）中普遍存在。馬蹄鐵僅限於富裕階層的墓葬中，而在西元前七世紀和六世紀，高貴的墓葬中有裝飾華麗的戰車，甚至還有馬的骷髏。在西元前七世紀到五世紀的義大利藝術中，馬匹和戰車是權力和地位的符號。

6 作者注：漢森在執行哥本哈根城邦計畫時發展出來一套標準，城市之間需要至少三十公里的距離才能完全獨立存在。

7 譯者注：英國羅馬學院（British School at Rome）是一個支持藝術、人文和建築的跨學科研究中心。成立於一九〇一年，一九一二年被授予英國皇家特許狀。它的使命是促進來自英國和大英國協的學者和優秀藝術家，對義大利藝術、

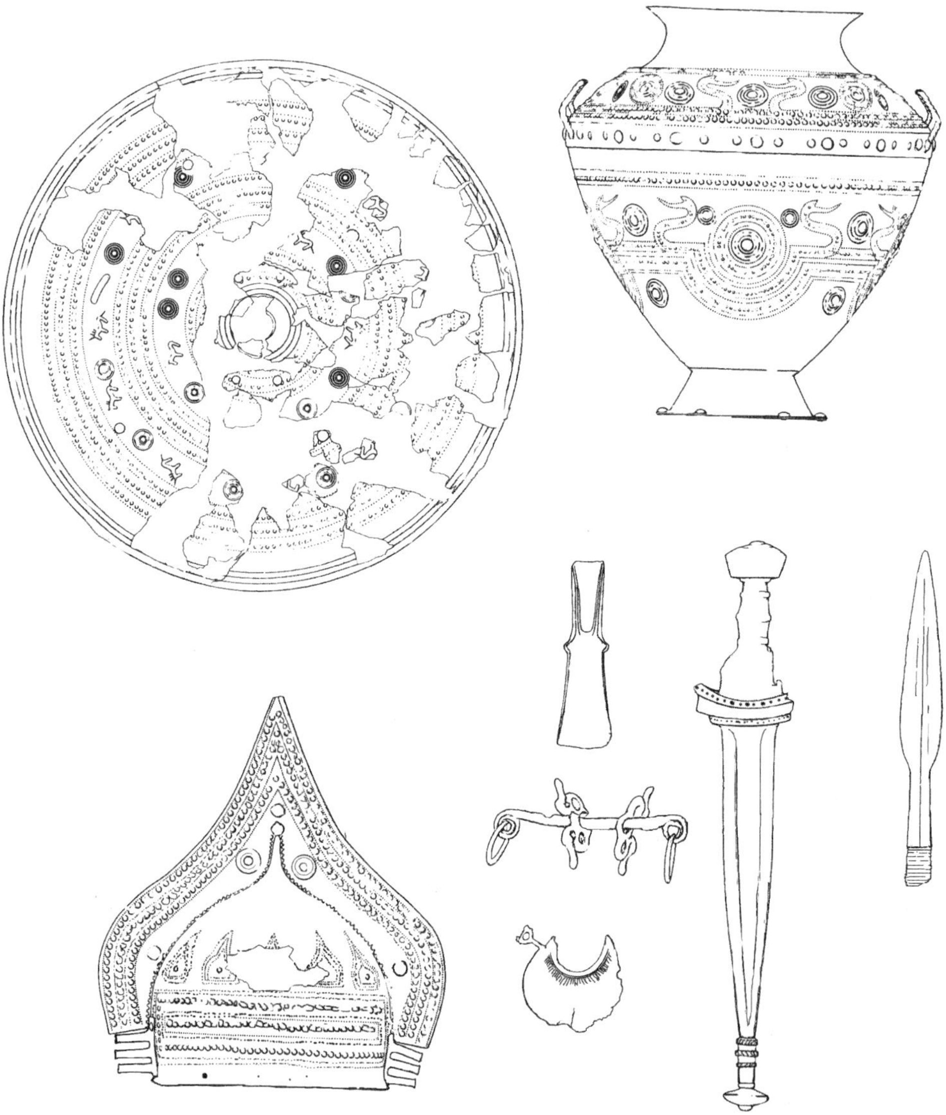

圖2　瓜特羅・豐塔尼利墓地其中一座墓的微蘭諾威風格陪葬品。

上有五個獨立的聚落區，並且在西元前七世紀合併成一個核心聚落。然而，最近的研究發現了五個主要核心聚落之間的區域，在鐵器時代便已經有人居住，以及有座建造於西元前八世紀中葉的防禦工事，這說明了維伊在八世紀下半葉已經發展成一個更大且更複雜的聚落。在武爾奇也有類似的跡象，群聚的村莊正在合併成更大、更統一的社區，並且興建了一座防禦工事，時間點與維伊大致相同。此外，在塔爾奎尼的中心發展出了一個崇拜場所，而且很顯然是供不同的聚落共同使用的。

由烏拉．拉賈拉（Ulla Rajala）和西蒙．史托達特（Simon Stoddart）所執行的，有關內皮（Nepi，古代的內皮特〔Nepet〕）的調查，也許能進一步闡明這些發展。此處的微蘭諾威人社區形成於高地上，其中的各個子群體控制著領土內的一個村莊、幾棟分散的房屋和一個墓地。[8] 一個具說服力的假設（儘管絕不是唯一的假設）指出，每個居住地都隸屬於一個特定的家族或氏族，高地也基於這原理被劃分為不同的地區，這讓每個家族或氏族得以在規模日益擴大的社區當中，擁有專屬於自己的區域。諸如共用的崇拜場所和大型建設計畫（如防禦工事）等特徵顯示，它們正在形成某種共有的身分認同，並形成一個足以落實這些建設的強大社會和政治組織。微蘭諾威聚落並不具備城市化定義中要求的經濟發展水平、社會複雜性或政治集中化程度。將他們視為原初城市社區來理解會比較恰當。在這些社區中，氏族或家庭單位這樣的子群體有著自己的區域，而且比起青銅器

歷史和文化各個方面的了解和深入參與，促進國際和跨學科的交流。英國羅馬學院向大英國協的藝術家和學者頒發為期三至十二個月的住宿獎學金和研究金。得獎者住在英國羅馬學院大樓內，並可使用該樓的專業參考圖書館。藝術獎項的得獎者可獲提供工作室及工作坊設施。

8 作者注：這種定居模式的例子可以在塔爾奎尼、奧維埃托、卡厄瑞、沃爾泰拉、波普洛尼亞、內皮以及維伊找到。

時代的村莊要複雜得多，但尚未發展成城邦國家。

少量的墓葬中包含了更豐富的陪葬物，這顯示到了西元前八世紀中葉，一個精英階層正在崛起。這個精英階層透過不斷增長的炫耀性消費來展示自己的地位，而唯有蓬勃發展的經濟才能讓這種消費成為可能。伊特魯里亞地區主要是農業地區，定居模式的變化需要更加集約化的耕作。動物骨骸和植物遺跡顯示出穀物和葡萄的種植，以及飼養包括綿羊、豬和山羊在內的各種家畜。還有顯示工藝生產和原物料開採的證據。採礦是伊特魯里亞北部（在維圖隆尼亞和波普洛尼亞周圍）經濟的中心，而且在厄爾巴島和薩丁尼亞島（Sardinia）上都發現了伊特魯里亞鐵礦石的蹤跡。流通的金屬製品在數量和種類上都有所增加，包括武器、剃鬚刀、珠寶和胸針，這延續了專業工匠生產高品質金屬物品的既有傳統。伊特魯里亞金屬製品在遠至薩丁尼亞和波隆那附近地區被發現，這代表著其流通範圍相當廣大。其他形式的製造業則尚未如此專業化。大多數陶器仍然是褐陶（impasto），這是種粗糙的手工製器皿，可能是在家中而非由專業陶工製作的，而且是供本地人使用，不會用來對外貿易。與許多古代社會相同，紡織品是在家庭中生產的。諸如織布機的織墜和紡輪的設備普遍存在於住宅和女性墓葬中，這不僅證明紡紗和織布對國內經濟至關重要，而且透露出它們是婦女的家庭地位和角色中的重要因素。這些物品包括由簡樸赤陶製成的織布機織墜和紡輪，以及由象牙等昂貴而獨特的材料精心製成的裝飾物。富有和有特權的婦女以及地位較低的婦女顯然都在生產紡織工藝品。[9]

伊特魯里亞微蘭諾威地區與周圍的地中海世界保持著良好的聯繫並且經常交流。從西元前八世紀起，希臘進口貨物開始出現在伊特魯里亞南部的富人墓葬中，這是來自於與地中海東部的直接聯繫，以及與希臘人在義大利新建聚落的貿易往來。這些希臘進口品中有許多是與會飲（symposion）或稱為飲酒派對相關的陶器，比如杯子、盛酒的壺和用來混合葡萄酒和水的大容器。這並不一定意味著他們接受了像是「會飲」這樣的希臘社會習俗，但這確實顯示伊特魯里亞的精英們逐漸發展出對新型消費品的品味。[10]當地也生產出仿製品。這些拉坯（wheel-thrown）器皿對於技術的要求比手工製作的褐陶陶器要高出許多，並且進一步證實了專業工匠、新工藝技能和技術的擴散、本地工匠和希臘工匠這三者之間的聯繫。該區域的北部地區與希臘人的接觸較少，但與厄爾巴島和薩丁尼亞島保持著密切交流，並且藉此來與腓尼基人建立聯繫。在西元前八世紀時，腓尼基商人與地中海西部許多地區建立了完善的貿易網絡，他們從希臘和中東運來貨物以換取金屬礦石，並且在地中海西部的島嶼上建立了具有相當規模的腓尼基人社區。在伊特魯里亞北部的墳墓中發現的腓尼基陶器和金屬製品不僅證明了新貨物的流通，而且也展示出礦石出口對伊特魯里亞北部經濟的重要性，因為薩丁尼亞島的腓尼基人社區在環地中海的金屬貿易中扮演著重要角色。

綜上所述，伊特魯里亞微蘭諾威地區呈現出動態的經濟增長、不同社區的重組以及資源開發。

9 作者注：在波隆那附近發現的一個青銅宗座鈴（見圖十三）說明了這些活動跨越了社會不同階層，上頭描繪了一個尊貴的女性和她的僕人皆在編織。

10 作者注：希臘人習慣將他們的葡萄酒混合不同比例的水飲用，而一套飲酒器具通常包括一個雙耳大口罐（krater）、一個用於混合飲料的大型深容器，以及飲用杯和分配用容器，如水壺和雙耳瓶。希臘的「會飲」是一個高度儀式化的全男性社交場合，是希臘社會所特有的，不過義大利社會發展出了自己的宴會文化（在很多情況下是男女混合，而不是僅限男性的聚會），並且在宴會上使用希臘酒具。

大型和複雜的原初城市聚落已經形成了；家庭和親屬團體則是社會組織的核心，此外更複雜、更分層的社會等級制度正逐漸出現。微蘭諾威文化在其他方面也相當具有活力。它的變體迅速傳播到義大利的其他地區，特別是波隆那周邊地區和坎帕尼亞的部分地區，這進一步證明了伊特魯里亞與義大利其他地區之間廣泛的聯繫網絡。伊特魯里亞地區的人們在鐵器時代擁有一個活躍及繁榮的聯繫網絡，而且範圍遠遠超出該地區，並大量輸出他們的商品和文化影響力。

鐵器時代的拉丁姆

發展軌跡與伊特魯里亞相似（雖然速度更慢）的拉丁姆，在羅馬的歷史中發揮了至關重要的作用。根據許多版本的羅馬創世神話，羅穆盧斯（Romulus）是阿爾巴隆迦（Alba Longa）公主的兒子，許多羅馬人相信阿爾巴隆迦是一個位於阿爾巴諾山（Alban Mount）的拉丁人聚落，並在拉丁姆中部區域建立了其他幾個國家。雖然目前沒有考古學證據顯示在當時的阿爾巴諾山區，曾經存在著一個強大國家，但這些神話和族群的聯繫對羅馬的身分很重要，而且羅馬人參與拉丁宗教節日便是在紀念這些聯繫。[11]對拉丁姆整體發展的理解是羅馬早期歷史的重要背景知識。

確立各種事情所發生的年代是我們理解義大利史前史的基礎，但是要確立拉提爾文化，即鐵器時代的拉丁姆的年代則有一些特殊的難處。雖然大多數的文物年代的先後都能夠被確立，但是要確立這個區域的確切年代則十分困難，而各個階段拉提爾文化（其實就是羅馬最早的聚落）的年代，都會不斷地被修訂。在附表一中可以看到這種變化的程度，它比較了傳統年代學和馬可．貝泰利

（Marco Bettelli）提出的基於樹輪年代學的修訂版本。[12]出於當前的目的，本書將使用傳統的年代學，不過早期羅馬和拉丁姆的確切年份尚非定論，很可能會隨著新的證據而改變。

拉丁姆的發展軌跡與伊特魯里亞相似，然而，定居模式的變化在早期鐵器時代並沒有那麼劇烈。青銅器時代的特徵在於聚落數量穩步增加，其中大部分的面積約只有一到五公頃，人口僅有幾百人。從西元前十世紀左右開始，聚落的數量和規模開始增加，這顯示出人口不斷增加。

和伊特魯里亞的情況一樣，從陪葬證據中來追溯早期鐵器時代拉丁姆的發展，會比從定居證據切入來得容易。時間最早的拉丁墓地除了位於羅馬當地之外，這將在下一章討論，還位於阿爾巴諾

11 作者注：在某個羅馬神話中，阿爾巴隆迦是由埃涅阿斯的兒子建立，並且由他的後代來統治，直到合法的國王後來被政變推翻，而國王女兒剛出生的兒子羅穆盧斯和雷穆斯被拋棄。這些傳說的錯綜複雜及其與早期羅馬歷史的可能關係將在下一章討論。羅馬人相信阿爾巴隆迦曾經位於阿爾巴諾山附近，但是這種說法幾乎沒有證據，而且阿爾巴隆迦與日後的羅馬城鎮，即今日阿爾巴諾·拉齊亞萊的關聯性也缺乏證據。來自阿爾巴諾山的考古證據顯示，該地區在青銅器時代晚期和鐵器時代早期有小村莊，但這些村莊未能發展成更大的聚落，而且不可能是他們建立起羅馬。

12 作者注：關鍵問題是樹輪年代學和基於人工製品的年代測定之間的不匹配。在過去的二十年裡，來自義大利北部和中歐的青銅器時代晚期遺址木輪的年代顯示，這個時期比以前所猜測的要早五十年，因此義大利青銅器時代文化晚期的年代應該被修訂，好使它們與西歐和中歐其他地區保持一致。這就造成了義大利鐵器時代早期的一個主要問題，因為它與根據陶器的年代測定相衝突。相關陶器的年代（出口到地中海許多地區的希臘原始幾何杯）也已經被修訂，這些物品是在大約西元前九〇〇年到七五〇年之間這麼長的一段時期當中製造出來的。目前還沒有清楚的方法可以解決這衝突。

附表1 拉提爾文化的年表（根據Smith, 2005）。

過去傳統所認為的年代（西元前）	文化階段	修訂後的年代（西元前）
1100-1000	青銅器時代晚期二期	1150-1085
1000-900	青銅器時代晚期三期	1085-1020
900-830	拉提爾文化二期A型	1020-950
830-770	拉提爾文化二期B型	950-880
770-750	拉提爾文化三期A型	880-810
750-725	拉提爾文化三期B型	810-750

山的不同地點（見地圖三）。拉提爾的葬禮形式與伊特魯里亞微蘭諾威地區相似，不過兩者之間仍存在著一些差異，使我們能夠區分拉提爾文化和微蘭諾威文化。火葬墳墓裡有裝著骨灰的甕器，而此甕又被跟其他陪葬品一起放置在一個大罐子中後被埋葬起來。有些骨灰甕是雙錐形的容器，跟伊特魯里亞的形式相同，但另一些則形似茅舍，其形狀與羅馬、菲迪尼（Fidenae）和薩特里克姆（Satricum）的建築遺跡相似。與甕一起埋葬的陪葬品也有所不同，拉提爾地區陪葬品通常包括陶器和青銅器物品，以及諸如刀具和剃刀等物品的小型複製品（見彩圖三）。其他的墳墓採取的是土葬，屍體在這種方式中被完整地埋葬在一個帶墓道的墳墓裡，還有一些種類相似的陪葬物。

我們最強有力的證據來自奧斯特里亞·戴爾奧薩的墓地，其位於羅馬東部十八公里處的卡斯蒂利奧內湖（Lake Castiglione）岸邊，也是義大利早期遺址中被最全面性地挖掘的其中之一。這是古代城市加貝伊（Gabii）前身聚落的墓地，在此已經發現了埋葬時間從西元前十世紀到八世紀不等的六百多座墳墓。雖然人們對它所屬的聚落知之甚少[13]，但它讓我們得以描繪出鐵器時代的拉丁姆所發生的社會和文化變化。墳墓是火葬和土葬的混合物，這除了說明埋葬儀式隨著時間變化，也顯示出新社會階層的發展。在奧斯特里亞·戴爾奧薩的後期階段，火葬墳墓的數量遠少於土葬墳墓，而且似乎是為重要人物預留的。它們被放置在一群土葬墳墓的中心，而且與他們有關的食物殘骸經常會同時出現於其中。這個分布方式標誌著這些墳墓的特殊性，除此之外，火葬本身正代表著更高的花費以及更為鋪張的葬禮。這些墓群似乎是不同親屬群體的埋葬地點，其中位於中心的火葬墓地是家族首領或氏族創始人的墳墓。食物的痕跡顯示有獻祭食物或舉行儀式性盛宴的習俗，後者是作為葬禮儀式的一部分，或是建立在這些墳墓之上的祖先崇拜的一部分。與伊特魯里亞一樣，不同種類的墳墓中有著不同的陪葬品，有些墓中埋著刀和剃刀，另一些墓中則是與紡織和編織相關的物品，像是紡錘和

13 作者注：針對湖邊的調查顯示出其湖岸周圍有許多村莊，至少還有一個墓葬區。

圖3　拉丁姆奧斯特里亞·戴爾奧薩出土的陶器，上頭刻有銘文。

個人飾品，挖掘者解釋這是用來區分男性和女性墓葬。所有的墳墓中都有陶器，特別是飲用器皿和胸針。有些墳墓當中有富裝飾性的陶器和一些未加裝飾的器皿，這可能是進一步區分社區內的不同社會群體的方式，甚至是區分來自不同社區的人們的一種方法，假設這個墓地是幾個社區之間共享的話。

一個特別重要和有趣的發現（義大利第一個已知的書寫證據），在西元前八世紀的一個女性火葬墳墓中被發現。這個簡短的銘文被刻在一個在當地製造的圓形單柄陶器的側面，在容器上部有一個孔（見圖三和彩圖四）。這個銘文被解釋為是一種很早期的希臘字母，或是一種被修改過的腓尼基字母，時間大概是在西元前七七五年左右。[14]這一個字的銘文（寫作eulin或euoin）的涵義，始終是個爭論不休的主題。它可能是一個人名（eulinos的縮寫形式）、一位神的名字（euios是希臘世界經常被用來當作酒神戴歐尼修斯的另一個名字）、一個對戴歐尼修斯的祈禱儀式（euoi），或者是一個用來描述此銘文所有者的說法。由於大多數早期的義大利銘文都是個人名字（無論是物的所有者還是贈與者），這似乎是最可能的解釋，不過有鑑於其不尋常的形式，它還是有可能是個儀式物品。假設題字是用希臘語eulin[os]的縮寫形式寫成的，那麼它便會形成一個希臘詞，涵義為「運轉良好」或「一台好的紡紗機」，這也是說得通的解釋方法，因為在奧斯特里亞．戴爾奧薩的許多女性墳墓中都發現了紡輪。無論實際狀況為其中的哪一種，這個銘文提出了一些關於這個物品究竟如何出現在那裡的有趣問題。這個容器本身是當地製造的，因此必定是由一名造訪該地的說希臘語的人，或者由曾被教導過如何寫希臘語的人所刻錄的。此容器是拉丁姆與希臘世界之間聯繫的一個顯著例證，這或許是透過某個希臘人在伊斯基亞島（Ischia）建立的聚落傳來的，而且這個容器對於此地讀寫能力的發展具有一些饒富意味的涵義。此銘文早於伊特魯里亞開始採用書寫的年代，而後者曾經被認為是義大利最早開始使用文字的地區。再者，此銘文與希臘當地最早的希臘字母銘文在時間上相去不遠。無論接受哪種語言學上的解釋，此銘文的存在就證明了拉丁姆從西元前八世紀初起就與地中海世界中更多地區接觸，而且諸如讀寫能力這樣子的新技術，也是在這個時代開始被採用。

在西元前八世紀時，拉提爾墓地中那些具有較豐富陪葬品的墓葬數量變多了。位於卡斯特爾・迪德西瑪（Castel di Decima，位於今日羅馬南部郊區），年代約為西元前八〇〇至七七五年的女性墓葬中，有著一系列青銅胸針和戒指、琥珀和玻璃珠、陶器杯、碗和炊具，而愈來愈多男性墳墓中開始出現武器或盔甲。這些墓葬顯示了社會和經濟精英階層的出現，以及戰士地位受到尊崇。社會變得愈來愈不平等，少數家庭掌控著更大比例的財富和權力。

有關拉提爾聚落的紀錄與其墓地紀錄相比要少得多，但是它們發展成為大型複雜的原初城市聚落的軌跡，卻與伊特魯里亞微蘭諾威地區相似。在羅馬、菲迪尼和薩特里克姆發現了可追溯到西元前九世紀和八世紀的木造小屋的遺跡。這些與在塔爾奎尼發現的微蘭諾威小屋相似，其中包含了烹飪和儲存容器，以及顯示出家庭勞動的編織器材。在薩特里克姆的衛城裡所發現的四十七個鐵器時代小屋，讓我們有機會了解這些居住場所是如何被使用的。它們在蓄水池的兩池分成兩個不同的居住群。最早的小屋（西元前八世紀）很小（小於十平方公尺），但到了八世紀末時它們被更大的小

14 作者注：確切的日期尚不確定，但大致上介於西元前七七〇年到七五〇年之間。

屋取代，面積約有三十平方公尺。在這兩個階段的小屋中都可以發現儲存容器和編織設備，這代表著這裡是居住區域，不過還散布著一些當中只有火坑的較小建物，而這些火坑可能是專門用來烹飪。克蘭東尼（Colantoni）最近的一項研究將拉丁小屋和伊特魯里亞小屋與民族誌中的數據進行比較，質疑這些屋子（特別是較早和較小的）是否足以容納一個核心家庭。[15]但相反地，克蘭東尼認為這兩組小屋群可能住了兩個大家庭，他們將部分小屋用作專門用途，如烹飪，而其他小屋作為儲存空間，同時也是個人和夫妻的居住空間，小屋外的開放區域則是大部分日常活動的空間。

聚落數量和規模的擴大意味著土地生產力的提高，當地生產的輪製陶器則展現出更專業化的工藝生產。然而，這個地區的發展落後於鄰近坎帕尼亞和伊特魯里亞。拉丁姆既不像坎帕尼亞那樣肥沃，也不像伊特魯里亞那樣富含礦產資源，而且位處西元前八世紀時主要貿易路線的邊緣。我們可以看到許多社會風俗和組織的相似之處，但是它發展的速度較慢。

義大利的希臘人和腓尼基人

西元前九世紀和八世紀是地中海地區商業活動和流動性強烈的時代，東地中海與西地中海之間的經濟聯繫和文化影響在此期間日趨密切。這並不是一個新現象，因為在普利亞（Puglia）、坎帕尼亞和義大利西海岸附近一些島嶼的沿海地區，就發現了來自邁錫尼的希臘陶器，其中一些的時間可以上溯到西元前十六世紀，這些陶器顯示出義大利和愛琴海的世界有著悠久的交流歷史。[16]然而，希臘人與腓尼基人以及西地中海的關係在西元前八世紀時變得更為緊密。希臘人和腓尼基人介入程度的提高，以及他們帶來的商業機會皆對義大利造成了深刻的衝擊，而且整個半島都能感受到這種影響。

腓尼基人是使用閃族語的民族，他們來自地中海東岸的泰爾（Tyre）和西頓（Sidon）周圍地區，並且在鐵器時代的地中海地區的商業活動中扮演了關鍵角色。貿易從很早期便是他們經濟的核心。根據舊約聖經，早在西元前十世紀時，來自泰爾的船隻進行了長達三年的貿易探險，帶著象牙、珍貴金屬和奇異動物返回（參見《歷代誌》九章二十一節、《列王記》十章二十二節），在西班牙和北非所發現的十世紀腓尼基商品證實了這一點。從西元前九世紀開始，腓尼基人在整個地中海西部的貿易和聚落數量都有所增加，並且遍布到西班牙南部、薩丁尼亞島和西西里島西部的摩塔亞（Motya），在薩丁尼亞島的諾拉（Nora）所發現的一個殘缺的腓尼基碑文證實了這點。諾拉的這塊石碑紀念了薩丁尼亞人和腓尼基人之間的戰爭，以及隨後建立的和平，這發生在腓尼基國王普梅（Pummay）的統治時期，他於西元前八三一年至七八五年之間統治著泰爾。這一波活動還包括腓尼

15 作者注：針對非洲和中美洲各種社會的比較數據的研究指出，約四點五到十平方公尺的面積可以容納一個人，約十七平方公尺可容納一對夫婦，約三十平方公尺（薩特里克姆最大的小屋）則足以滿足小型核心家庭的需求。具有專門功能和用於公共活動的開放區域的小屋模型，是基於巴曼瓜人（Bamangwa）和博茨瓦納人（Botswana）對空間的使用情況進行比較得出的。

16 作者注：整個地區通常被用它們的古代名稱（拉丁姆、薩莫奈等）來稱呼，但是提到義大利東南部時，若是有關前羅馬時期會使用現代名稱普利亞，若是討論羅馬征服和統治時期則使用羅馬名稱阿普利亞。原因是大多數羅馬作者使用阿普利亞來代稱整個地區，而希臘史家則區分出薩倫托（即雅皮吉或梅薩比）、普利亞中部（普策提亞）和普利亞北部（道尼亞和／或阿普利亞）。

基城市迦太基的建立，它是古代地中海的主要強國之一，也是羅馬的勁敵。雖然腓尼基對西方的興致勃勃，但他們並未在義大利本土建立聚落。修昔底德說：「他們（腓尼基人）占領了（西西里島）沿岸的海岬和小島，並將它們用作與西庫爾人進行貿易的商業中心。」這意味著他們是刻意不在義大利本土上定居。[17]

皮帖庫塞（Pithecusae）是希臘人最早在義大利建立的永久性聚落（見地圖一），八世紀中葉時建立在伊斯基亞島上，位於今日的拉科．阿梅諾（Lacco Ameno）。李維和斯特拉波（Strabo, *Geog.* 5.4.8; Livy 8.22）相信它是由來自尤比亞島（Euboea）的希臘人所建立的，他們是島上兩個主要聚落埃雷特里亞（Eretria）和哈爾基斯（Chalcis）之間的利蘭丁戰爭（Lelantine war）中的難民，這發生在西元前七一〇年至六五〇年之間。不過考古證據證明伊斯基亞島首次有人定居的時間要來得更早，大約是在西元前七五〇年左右，而以希臘幾何風格裝飾的尤比亞式陶器則證實了至少有一些人來自尤比亞。斯特拉波指出，殖民者正在尋找一個能夠自給自足地的地點，但是這個說法在時代上似乎有點錯亂，而且被後來的希臘對城市以及城市是如何建立的想法所影響。對於想要建立殖民地的殖民者而言，伊斯基亞島是一個奇怪的選擇。這裡是多岩石地形，以埃波梅奧爾山（Monte Epomeo）的死火山地形為主，可耕地面積有限，而且比起種植其他糧食作物，這裡更適合種植葡萄。古植物遺存顯示此地人口的飲食包括了常見的古代地中海小麥、大麥、葡萄和橄欖等作物，證明了這個社區在農業上是自給自足的，但這片土地並不適合耕種，特別是與鄰近的坎帕尼亞相比。任何將開墾農地視為主要目標的希臘人都不太可能選擇定居於伊斯基亞，而不直接前往義大利本土。

最早的希臘定居者之所以選擇這座島，一個更有可能原因是因為伊斯基亞位於將東地中海與薩丁尼亞島、義大利連接起來的貿易路線上，這是交換金屬和金屬礦石重要且完善的路線。希臘沒有豐富的礦藏，但他們與擁有大量金屬礦藏的西地中海地區、愛琴海地區的貿易都很繁盛。薩丁尼亞、賽普勒斯和厄爾巴等島之間有著特別密切的聯繫，這可以透過形狀獨特的「牛皮」狀金屬錠（ox-hide ingot）的發現來追蹤。這些礦石來自伊特魯里亞北部，即所謂的梅塔利費雷山（colline metallifere）或是「含金屬的山丘」，並且被運往厄爾巴島，它在這裡被熔煉成金屬錠接著出口到薩丁尼亞，最後再出口到賽普勒斯。伊斯基亞在這個貿易中所扮演的角色，得到了古代的皮帖庫塞聚落邊界的四座建築的證實。其中三座建築當中有大量的金屬碎片和鐵、青銅和鉛的碎片，以及有可能是冶煉區所在的燃燒區域，這顯示了這三座建築有可能是熔爐，不過在建築遺址的其他地方也發現了一些坩堝的碎片。皮帖庫塞顯然擁有繁榮的金屬產業，並且主要是一個貿易社區，它之所以存在要歸功於港口，以及位處在一條重要貿易路線上。

皮帖庫塞的墓地讓人可以深刻地理解社會組織方式和經濟活動。陪葬品的數量不多，但許多是高品質的物品，它們源自許多不同地方，這顯示這裡是地中海各地奢侈品的集散地。來自包括科林斯（Corinth）、羅得島（Rhodes）和尤比亞島在內希臘世界許多地方的高品質陶器，頻繁地出現在陪

17 作者注：西庫爾人（Sikel）一詞嚴格來說是指西西里島中部和東部的土著居民，但一些古代作家把它當作一個更通用的術語來指稱所有的土著西西里島人。修昔底德將腓尼基人的行為（主要是為了貿易目的而在離岸島嶼上定居）與希臘人的行為（在義大利本土和西西里島定居）區別開來。

葬品中，其中大部分都以幾何風格裝飾。被發現的物品當中包含了一件畫著生動沉船場景的陶器，在此場景中被標準化的人類被大型魚類吞噬（見圖四）。水杯和水壺是相當常見的陪葬品，這說明埋葬儀式包括向神靈或死者傾倒奠酒。球狀油壺[18]，一種小巧、裝飾精美的香水或是香精油瓶，是科林斯特有的出口產品，在許多墳墓中都有發現。其他奉獻物包括埃及聖甲蟲、腓尼基印石以及用青銅或銀製作的各種形式胸針、首飾和個人裝飾品。一個特別令人印象深刻的飲用杯（見彩頁五），被稱為「內斯特杯」（Nestor's cup），上頭刻有目前已知最早的希臘銘文之一。它是在羅得島製造的，年代可追溯到西元前八世紀下半葉，並裝飾有鑽石和V形圖案。它的某一位主人在上頭刻了首希臘短詩或是飲酒歌：

> 我是內斯特的杯子，是你的好酒友。
> 無論誰用了這杯子來乾杯，
> 都立刻會被美麗的阿芙蘿黛蒂的欲望所宰制。
>
> ——《希臘碑文補編》，十四章六〇四節[19]

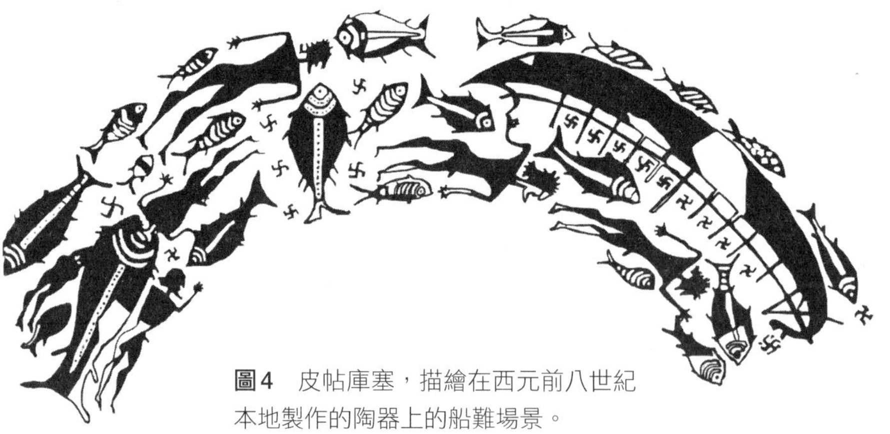

圖4　皮帖庫塞，描繪在西元前八世紀本地製作的陶器上的船難場景。

這首詩提到內斯特便顯現了，對於荷馬史詩和希臘神話的認識在西元前八世紀已經傳播到了義大利，並且正如T．P．懷斯曼（T. P. Wiseman）所說的那樣，可能已經遠遠超出了希臘人聚落的範圍。義大利的許多希臘人聚落都將創始者追溯到荷馬神話中的人物，像埃涅阿斯（Aeneas）將在下一章討論，而他在拉丁姆的起源傳說中所扮演的角色是最廣為人知的；狄俄墨德斯（Diomedes）和安忒諾耳（Antenor）則被認為在亞得里亞海沿岸建立起了聚落；奧德修斯（Odysseus）則被認為跟義大利的許多地區有聯繫。

皮帖庫塞的墓葬可能是家庭墓地這樣子的群體墓形式。不同年齡層的葬禮儀式有所不同：兒童被土葬，而且大部分都有陪葬品，成年人大多是跟陪葬品一塊被火化，不過在某些情況下沒有陪葬品。墓地也展示出島上民族互動的一些有趣之處。在大約介於西元前七五〇年至七二五年之間的一座兒童墓地中，發現了刻著古代中東語言亞拉姆語（Aramaic）銘文的雙耳瓶碎片。[20]這個發現以及大量來自埃及和腓尼基的商品，揭示了皮帖庫塞不僅僅是希臘人的聚落，而且是希臘人和腓尼基人

18 譯者注：球狀油壺（Aryballoi）是古希臘使用的一種帶有窄頸的球形小燒瓶。它曾被用來裝香水或油，經常出現在運動員洗澡時使用的瓶畫中。在這些描述中，有時會用一根帶子繫在運動員的手腕上，或者用一根帶子掛在牆上的釘子上。

19 作者注：參考荷馬對內斯特杯的描述：「這一只做工稀有的杯子，是老人從家裡帶來的，用金釘鉚連；它有四個把手，每一只把手上停棲著兩隻啄食的金鴿，它有兩隻使其能夠直立的支腳。滿斟時，一般人要咬緊牙關，方能把它從桌面端起，但是內斯特杯卻可以輕而易舉辦到。」（《伊利亞德》，十一章六一一六節）。

20 作者注：這種埋葬方式被稱為「瓶內埋葬」（entrychismos），孩子的屍體會被放置在一個大的雙耳瓶中，在古代，這種嬰兒埋葬形式並不少見。

混合居住的地方。墓地的證據證明當地的義大利人繼續和晚近搬來的人群住在一起。大多數女性墓葬中都有直形的飾針，這是典型的希臘服飾固定物，在希臘世界的許多女性墓葬中都有其蹤跡，不過在其他的墓葬中則出現了義大利式腓骨狀胸針，儘管這些墓葬位處於應該是希臘人的家庭群體墓地當中。這些資料該如何詮釋是相當複雜的問題[21]，但它顯示皮帖庫塞是一個蓬勃發展的貿易社群，希臘人和義大利人在其中共存和通婚，並且吸引了來自當地和地中海世界更多地方的居民。這情況並不罕見，因為許多西元前八世紀社區的居民都是多民族混合的，尤其是在港口，像是位在敘利亞的阿爾米納（Al Mina）就是西元前九世紀和八世紀時重要的貿易中心，有來自地中海和近東許多地區的居民，包括希臘、腓尼基和埃及。皮帖庫塞的當地人和各種類型的外來人口混居在一塊，在此時期相當的典型。

義大利南部的希臘人殖民地

在義大利的希臘人殖民地於西元前八世紀末性質發生了變化，從希臘遷徙到這裡的人數在這時候開始增加（見地圖六）。儘管沒有當代的敘述說法，但歷史和考古資料普遍指出，西地中海地區的第一個大規模希臘人殖民地可以追溯到這一時期。希羅多德（Hdt. 1.163-65）提供了相關的一些片段資訊，而修昔底德（Thuc. 6.1-6）則列出了殖民地創立者的年份和名稱，但是這兩位作者是在西元前五世紀寫作的，而其他像是如狄奧多羅斯（Diodorus）和斯特拉波的說法（*Geog.* books 5 and 6）甚至都還要更晚。所有史家都同意希臘人在西元前七二五年至七〇〇年之間，殖民了庫邁

（Cumae）、利吉歐（Rhegion）、錫巴里斯（Sybaris）、克羅通（Croton）、塔拉斯（Taras），以及西西里島的南部和東部，並且於七世紀時在卡拉布里亞和巴西利卡塔（Basilicata）建立了更多的聚落。據說這些殖民者來自希臘的許多不同地區，而根據描述其中人數最多的群體是亞該亞人（Achaeans），不過說法相當模糊。[22]大多數的這類聚落被認為都是來自希臘的某些在古典時期歷史中，相當邊緣的地區。在古典希臘，除了科林斯，很少有著名的城市是大規模的殖民者。

古代史料顯示，希臘殖民地的建立是一個組織嚴密的過程，並且是由最強大的幾個城邦來進行。一旦一個城市決定建立殖民地，特使們就會被派往德爾菲（Delphi）諮詢阿波羅神諭確定最佳的殖民地點。殖民者隨後聚集起來任命出一位領導人（oikistes），隨後便出發尋找神諭指示的地方。一旦找到該地點，殖民者便劃定新城市的邊界，並且設立起主要的幾個宗教崇拜，再主導新城市及其領土的土地劃分，以確保所有殖民者都能獲得公平份額。

這種假設受到了歷史學家羅賓・奧斯本（Robin Osborne）的批評，許多學者現在都拒絕以下這

21 作者注：將特定類型的物體與持有者的族群劃上等號是非常有問題的。因為這假定了一個群體不會去採用另一個群體的喜好，預設了他們就算無法取得喜好物品也不會出於必要去採用其他風格，也預設他們不會出於偏好而去選擇不同風格。這種想法還預先假定了物體總是隨著它們的主人一起移動，然而其實這些物品很容易就可以透過貿易或作為禮物在人們和社區之間轉移。然而，鑑於有許多證據顯示出皮帖庫塞的多元文化性質，從義大利風格陪葬品的存在來推論那裡曾經有義大利人居住，這種說法並不令人難以置信。

22 作者注：在後來的希臘歷史中，亞該亞是伯羅奔尼撒西北部的一個欠發達地區。然而，荷馬使用亞該亞人作為指稱所有希臘人的集體民族名稱，此外當殖民的史料中提到「亞該亞人」時，他們有可能只是意味著希臘人，而不是來自伯羅奔尼撒半島的人。

附表2　在義大利的希臘人殖民地，根據古代史料記載。

殖民地	建立者	年代（西元前）
皮帖庫塞	尤比亞	約770年
庫邁	尤比亞與皮帖庫塞	約725年
利吉歐	哈爾基斯與扎恩可	約720年
錫巴里斯	亞該亞	約720年
克羅通	亞該亞	約710年
塔拉斯（日後的塔蘭圖姆）	斯巴達	約700年
梅塔龐圖姆	亞該亞	約700年
尼亞波利斯	庫邁、敘拉古、雅典	約700年至600年
高隆尼亞	克羅通	約700年至675年
拉歐斯	錫巴里斯	約700年至600年
特墨薩	克羅通	約700年至600年
特里納	克羅通	約700年至600年
波賽頓尼亞（日後的帕斯埃圖姆）	錫巴里斯	約700年至675年
洛克里・艾皮澤菲里	洛克里	約675年
西里斯	科洛封	約650年
希波尼翁	洛克里・艾皮澤菲里	約625至600年
尼科泰拉	洛克里・艾皮澤菲里	約600年
麥德馬	洛克里・艾皮澤菲里	約600年
伊里亞（日後的韋利亞）	福西亞	約535年
皮克索斯	利吉歐	約471年
圖里	雅典／泛希臘殖民地	444年或443年
赫拉克利亞	塔拉斯	433年

樣的觀點：早期希臘人在希臘之外建立的殖民地是一系列由國家主導的行動。城邦國家在西元前八世紀的希臘尚未發展成熟，因此，希臘殖民地的設立不太可能是在複製一種在此時仍處於發展過程中的組織形式。奧斯本和其他人認為義大利的希臘城市在一段時間內逐漸發展，就像義大利的城市一樣，而關於如何建立起殖民地的描述則是後來的合理化說法，其所反映的是西元前五世紀和四世紀的做法。然而，並不是所有人都接受這解釋，以色列歷史學家伊拉德．馬爾金（Irad Malkin）就提出了強有力的反駁論點，他主張創建一個新社區的這個行為本身，就會促進新型組織的發展。我認為根據目前的證據，西元前八世紀的殖民化應該被視為是一個在結構上比修昔底德描述的，更為鬆散的過程，這是在很長的一段時間內單獨個人或一小群人遷移和定居的過程，而不是由國家主導的行動。但建立新殖民地的行為正如馬爾金所說的，有可能迫使移民創造性地思考他們該以何種方式來構建他們的社區。

希臘人大規模遷移到地中海西部的動機也同樣模糊不清。其中一個頗具影響力的觀點是，西元前八世紀希臘的人口增長造成了人口和經濟危機，早期的希臘殖民者的動機是希望取得大量可耕地，因為這在希臘本土已經不復存在了。由於希臘和義大利社會都是以農業為主，而且土地所有權賦予了財富與社會地位，對更多土地的渴望無疑是一個合理的因素，但它不能完全解釋希臘的移民。其中一種反對意見則認為，雖然面積日益擴大的聚落和墓地顯示希臘人口確實在增長，但其成長的速度並不至於造成土地嚴重短缺。

另一個原因是，希臘人在義大利建立殖民地時並不總是只考慮土地。在皮帖庫塞的第一批希臘殖民者考慮的是貿易路線，並且選擇了一個靠近這些路線的地點。後來的殖民者選擇居住在擁有充足農田的地區，但這並不是必然情況。在義大利半島「鞋底」（instep）上的殖民地，如梅塔龐圖姆、錫巴里斯和克羅通，掌握了以希臘的標準而言十分龐大的土地。然而，其他殖民地關注的是不同層面。利吉歐和塔拉斯的領土相對較小，但是它們都擁有宏偉的天然港口和貿易路線上的戰略地位。在西元前七世紀的小殖民地，例如特里納（Terina）、麥德馬（Medma）和皮克索斯（Pyxus），在卡拉布里亞海岸相當貧瘠的地區發展起來，這裡只有一小塊沿海地帶的耕地可以提供它們糧食。土地顯然是一個重要的考慮因素，但海運貿易、礦產資源開採和其他戰略考慮也是重要因素。

如果我們放棄了希臘人在西元前八世紀和七世紀的殖民出於國家計畫的這種論點，那麼我們便需要考察個人或群體以這種方式遷徙的動機。希臘面臨的問題可能不是土地數量的絕對短缺，而是在土地取得上的不平等。有些人只擁有少量的土地，而且幾乎不可能獲得更多的土地，他們可能會覺得為了尋找更多機會而遷徙的想法非常吸引人。政治上的鬥爭經常導致戰敗的派系被流放，而其他位處社會邊緣的群體可能認為有一個能夠全新開始的機會很有吸引力。建立塔拉斯的斯巴達人費蘭蘇斯（Phalanthus）及其追隨者，據說他們都是斯巴達人母親和非斯巴達人父親的私生子，因此沒有資格獲得完整的斯巴達公民權利（Strabo, *Geog.* 6.3.1-3），而且西元前七世紀的希臘詩人赫西奧德（*Works and Days*, 630-40）說，他自己的父親因貧窮而被迫離開位於小亞細亞的家鄉基米（Kyme）。希臘人之所以在義大利和西西里建立起殖民地，不能僅僅歸因於希臘的土地短缺。這是受到一系列因素的驅動，包括社會和政治壓力、交易機會、經濟野心以及逃避戰爭或自然災害（如乾旱或收成失敗）的需要。

我們不應低估人口流動在地中海地區的規模，這種流動是一種很普遍的現象。有些人傾向於主張早期的社區是人口移動不頻繁的農業聚落，但考古發現和古代作家的證詞都說明情況是相反的，在古代地中海周圍地區人群的移動相當頻繁。國際貿易網絡蓬勃發展，技藝高超的工匠似乎在各地之間移動。在義大利的希臘人殖民地只是這個普遍現象中的一個面向。然而，不可否認的是，大多數在義大利西部建立的希臘殖民地都是非常成功的。一些較小的殖民地確實還在竭力改善生計，但義大利的塔拉斯和錫巴里斯，以及西西里島的傑拉（Gela）和敘拉古，則成為了希臘世界中最富有的城邦之一。

希臘人在義大利的殖民地的考古證據，有助於我們深入理解其年代和性質。在西元前八世紀的最後的二十五年，希臘的產品大量出現在庫邁、利吉歐、塔拉斯、克羅通、錫巴里斯等地，而這些地方早先就有少量的希臘原物料存在。一些後來被希臘人宣稱為殖民地的聚落，起初應該是混居的。梅塔龐圖姆的潘塔內羅（Pantanello）墓地，讓我們對於該殖民地的早期發展有了一些更深入的理解。這裡最早的墓葬與當時最早的殖民階段的時代相同，而且這個墓葬是希臘人和義大利人共同使用的。其中大多數都是希臘式的墓葬，其中身體平躺著，並伴有希臘式陪葬品，但是其他的墓葬中則有著義大利式陪葬品。當然，義大利式陪葬品並不一定意味著死者是義大利人，而且這些物品可能是希臘人透過貿易取得的。然而，在這些墓葬中有一部分死者的身體以彎曲的姿勢側身放置，這是義大利人而不是希臘人的習俗，這證明了死者確實是義大利人。

但我們也不能假設這些墓葬是當地人口被希臘人奴役或支配的證據。這些人能夠享有葬禮和陪葬品便標誌著他們具有某種地位，而且希臘人和非希臘人的墓葬之間不存在隔離空間，這說明了早期在梅塔龐圖姆的人們在社會和族群上是混合的。在殖民地中也可以找到支持這種說法的證據，因為希臘式和本地的陶器是一同在這裡生產的。位於梅塔龐圖姆領地深處的重要地點伊科羅娜塔（Incoronata）也發現了相同的模式。在這裡，希臘式和義大利式的房屋類型共存，希臘和義大利的陶器和其他物品也是如此，這都顯示了這是一個不同族群混居的社區。梅塔龐圖姆並不是一個獨特的案例。皮帖庫塞是一個混居社區，西里斯（Siris，即日後的赫拉克利亞〔Heraklea〕）也是如此。

但這種多樣性在西元前七世紀時消失了，而且在大約六〇〇年時希臘的殖民地開始具有更為統一的希臘身分認同。目前尚不清楚這是因為當地義大利人口被驅逐，還是因為他們接受了希臘習俗，而且在考古學上他們與希臘人已經幾乎無法區別。在一些地區，過去那些靠近希臘人殖民地的義大利人聚落被廢棄，這說明希臘人已經開始更加積極地向內陸擴張，並且開始獨占過去與他人共同擁有的領土，但並非所有地方的狀況都是如此。這個更具侵略性的擴張階段可以從希臘記載中找到證據，它們將殖民化視為是一個暴力過程。狄奧多羅斯聲稱希臘人是在神的允許下來迫害義大利人的，並且引用他號稱與塔拉斯之建立有關的德爾菲神諭：「我將薩提里翁（Satyrion）和塔拉斯賜予你，這是一個生活富饒的國度，並讓你成為雅皮吉人（Iapygians）的夢魘。」（Diod. 8.21.3）這是否是西元前八世紀神諭的真實原文是非常值得懷疑的。這種敘述，以及對於衝突的類似敘述，乃是由五世紀和四世紀的態度所塑造的，當時希臘人和他們鄰居之間的戰火四處蔓延，值得注意的是，其他關於殖民的敘述則平和得多。根據修昔底德的說法，西西里的墨伽拉·海布利亞城（Megara Hyblaea）之所以被建立起來，是因為當地的統治者海布隆（Hyblon）邀請希臘人前來定居，並慷慨地提供他們土地。各式各樣的敘述都有能夠相互吻合的考古證據，揭示了不同人群有著不同經驗，這顯示了殖民化對當地人民的影響會因為不同的社區而存在差異。

希臘人在西元前八世紀時抵達義大利，這應該是零星的移民和遷居，而不是有組織的殖民，而且對當地人口的影響隨著地區不同而有相當的差異。在一些地區，希臘人和義大利人和平共處，而在另一些地區，希臘人抵達後不久義大利本土聚落便消失了，這透露出背後的殘酷過程。希臘人對義大利的影響不僅限於他們的近鄰。在義大利各地發現的愈來愈多希臘進口貨物，這透露出他們迅速與義大利南部和中部的其他居民建立了商業關係。除了義大利墓葬和聚落當中所發現的希臘陶器之外，雅典雙耳瓶的發現則顯示出葡萄酒或橄欖油貿易的存在。義大利工匠非常迅速地採用新技術和裝飾風格，並以希臘方式生產當地產品，採用希臘風格來滿足當地人的品味，另外像是購買進口商品，這些都體現了義大利新興精英對於奢侈品的興趣。然而，這並不是希臘化，也不是更先進的希臘人「文明化」了原始的義大利人。從西元前五世紀與四世紀的古典文化來看，希臘人很容易被想像成比他們的義大利鄰居更為先進，但實際上，他們的發展程度大致上相去不遠，兩者都是朝更複雜的社會和政治組織形式發展的原初城市社會。

綜上所述，從鐵器時代的義大利可以清晰地看到後來發展的基礎。墓葬證據證明了在鐵器時代社會中親屬關係和家庭群體的重要性，而且具有貴重陪葬品的墓葬愈來愈多，這也說明了社會精英的出現。此外，我們可以看到愈來愈多的專業工藝品生產、礦產資源的開採，以及與來自地中海各地的貿易者的接觸。然而，來自維伊、塔爾奎尼、內皮和其他地方的證據顯示，在第一波希臘殖民地建立的時候，複雜的原初城市聚落已經開始發展了。我們再也不可能像許多早期的考古學家那樣，把義大利形式的城市生活視為是建立在希臘的城邦形式上。很明顯地，義大利中部的城市起源於義大利鐵器時代的文化和社會，而不是希臘的城市生活。希臘殖民者抵達坎帕尼亞和義大利南部，使得義大利人接觸到新的文化和經濟影響，這些影響無疑改變了精英階層的品味，但並沒有對義大利社會的發展產生重大影響。西元前八世紀的義大利距離它後來達到的高度還有很長的路要走，但它已經是一個正在快速發展的地區。我們必須要在這種背景下思考羅馬最早的發展。

第三章　羅穆盧斯、埃涅阿斯和羅馬的「建城」傳說

神話的定義是對一個社區而言十分重要的故事，這個故事之所以被講述和重述，正是因為它對一代又一代的人具有重要意義。這樣的故事可能（以我們的術語而言）是歷史的、偽歷史的或完全虛構的，但如果它具有相當重要性被人們不斷地重述，那麼它便算是一個神話。

——T．P．懷斯曼（T. P. Wiseman），《羅馬的神話》（*The Myths of Rome*, 2004），頁十至頁十一

根據羅馬人的說法，羅馬城大約是在西元前七五〇年四月二十一日建立的，建城的人是一位名為羅穆盧斯的拉丁人，他成為了羅馬的首位國王。[1]他監督了一座繁榮的城市的建立，然後在三十

1 作者注：後來的歷史學家無法就確切年代達成一致意見。例如，哈利卡納索斯的戴歐尼修斯對於八世紀中期許多事情的年份有著不同的看法。

八年的統治後於七一五年消失無蹤，化為神仙。這篇神話的「前傳」則講述了羅穆盧斯是特洛伊英雄埃涅阿斯的後裔，埃涅阿斯是阿爾巴隆迦王朝的開創者，這座城市被視為是羅馬的淵源所在。這個從西元前一世紀就被普遍接受的神話，只是眾多版本中的其中一個，羅馬建城傳說是好幾種在時間順序上彼此錯綜交雜的傳說的集合，而不是一個單一的神話，這將在本章稍後討論。然而，涉及埃涅阿斯後裔羅穆盧斯和雷穆斯（Remus）的起源故事，構成了羅馬文化和身分的重要一環。

羅馬歷史上最有爭議的一個方面是，這些有關羅馬最早的定居者的故事，是否能夠根據物質證據來進行解釋，又如何與這些證據相互吻合。另一個問題是起源神話的形成時間和詳細過程。這些傳說並不是憑空出現的，但它們的歷史和發展軌跡皆存在著爭議。考古學家安德烈．卡蘭迪尼（Andrea Carandini）認為，許多傳說有其古代的淵源，並且正確地指出它們普遍存在於羅馬文化中。然而，羅馬有許多不同的起源神話，它們便透露出這許多複雜的神話和傳說是隨著時間的推移而發展的，而不是反映某種歷史現實的古老傳統。一些歷史學家，如提姆．康奈爾（Tim Cornell）相信這些傳統早在西元前六世紀就開始發展，而其他學者，如懷斯曼則認為它們是從四世紀開始發展起來的複雜神話，並將其與當時羅馬文化中發生的變化聯繫起來。

卡蘭迪尼指出，羅馬的宗教崇拜和起源神話保存了真正的歷史事件和人們的傳統記憶，他並且認為我們應該更加認真看待羅馬歷史傳統中，對於單一創始人的說法。他的說法引起不少爭議。[2]他對早期羅馬歷史的徹底重建，所根據的是他主張巴拉丁諾山（Palatine）上的早期遺跡，例如羅穆盧斯的小屋便是神話當中的地點與建物。他根據這個推斷便充滿激情地論述道：新的證據支持了古老的傳說，即羅馬的建城是特定個人的作為，發生於西元前八世紀中期左右。然而，一些新發現的相關鑑定是有爭議的，而且這整體理論仍然存在著很大的爭議。

大多數歷史學家和考古學家都反對這種方法，而只採信考古挖掘的證據。姑且不論你是否相信羅馬起源神話是從西元前四世紀或是更早的時代開始發展的，但若說這些神話是在記錄西元前八世紀的事件與人物，則是不可能被採信的。如果我們接受懷斯曼將神話定義為對社區的重要故事的說法，那麼甚至可以說埃涅阿斯或羅穆盧斯等起源傳統的重要性，不在於它們在歷史上是否是真實的。這些傳說是羅馬人自我認同的一部分，而且也是他們讓自己文化和政治生活價值得到認同的方式。羅馬與起源神話有關聯的那些地點都備受崇敬，與創始者崇拜相關的儀式和節日是羅馬祭典曆（ritual calendar）當中的重點，而且後繼的各政權會援引這些創始者來合理化自身。我們若要了解羅馬最早的發展，就必須關注考古資料，不過羅馬的神話傳統也不容忽視。因為神話提供給我們許多訊息，像是羅馬人如何看待他們的歷史和身分，以及這些看法如何隨著時間而改變，但它們無法被用來重建羅馬最早幾個世紀歷史的細節。因此，我們必須得依賴考古學。

早期羅馬的考古學

儘管古老的歷史傳統將羅馬的建城呈現為特定創始者的作為，不過考古紀錄顯示這是個長期發展的過程。在青銅器時代中期便有人居住在後來發展為城市的地點上，這個早期聚落的出現並不令

2 作者注：卡蘭迪尼論點的縮減翻譯版請見 *Rome: Day One* (Princeton, 2011)，而篇幅更長的論文請見 *La Nascita di Roma*。

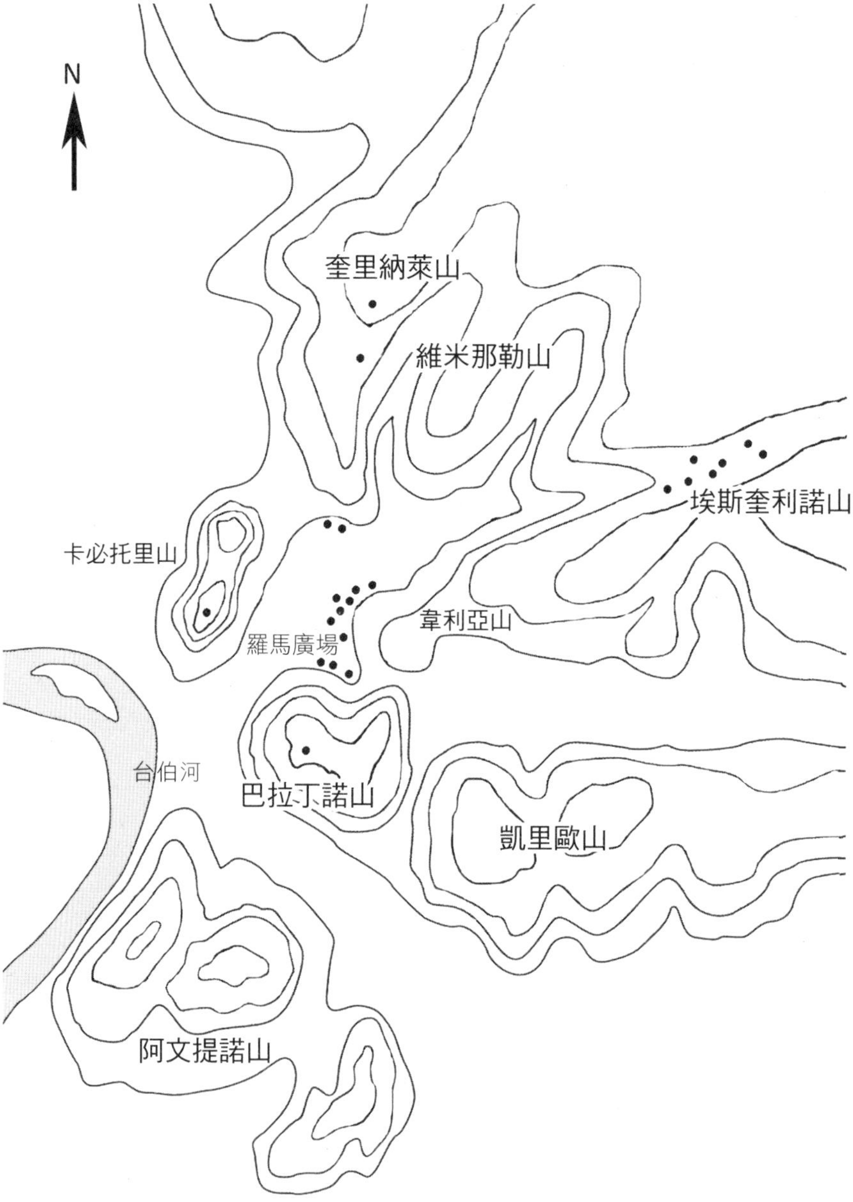

圖5　羅馬：西元前九至八世紀初的墓葬地區。

人驚訝，因為這個地點具有許多自然優勢。這裡起伏不平的地形使後來羅馬的布局相當特殊，但它的七座山（實際上是由大量的高地山脊組成）則提供聚落極佳的防禦位置（見圖五）。缺點是這些山區當中散布著沼澤地區，這些沼澤或許替該地區的村莊提供了額外的防護，但這也讓村莊之間的擴張和交流受到限制。[3]在阿文提諾山（Aventine）下面的台伯河上有一個淺灘，所以位居該地的任何聚落都能夠控制伊特魯里亞和拉丁姆之間的主要通道，而這個地點位處於可航行的河流上，具備了水上運輸的可能，既可以從內陸前來也可以從海上前來。當地的凝灰岩（Tufa）是很好的建材，還有其他有用的原物料，例如靠近巴拉丁諾山和卡必托里山[4]的黏土沉積物以及下游的鹽田。總而言之，羅馬的地理位置具有許多優勢。

根據目前的證據，羅馬所處的地點上至少有三座青銅器時代的聚落。製作於青銅器時代中期的陶器（約西元前一七〇〇年至一三五〇年）在卡必托里山上出土，這是後來整座城市最重要的地區之一，鄰近日後屠牛廣場（Forum Boarium）附近的聖歐莫柏諾（S. Omobono）教堂。青銅器時代

3 作者注：然而，這些問題的程度還有待商榷。直到相對較近的時代，人們一直都假定後來的戰神廣場所占據的大部分區域，就在共和時期羅馬城的北部邊界之外，而廣場所占據的區域直到此區域排水系統在六世紀完成以前是沼澤區域，這項排水工程一般被歸功於塔克文王朝。新的地質研究使人們開始對日後成為廣場的沼澤地區的範圍有了懷疑，這些研究指出這些地區可能比以前認為的要小得多，而且問題可能來自河流的季節性氾濫，而不是因為這裡是大規模沼澤地區。

4 譯者注：卡必托里山（Capitoline）是羅馬城的七座山丘之一，也是最高的一座，是羅馬建城之初的重要宗教與政治中心，介於古羅馬廣場與戰神廣場之間。

新期（Recent Bronze Age）的陶片（約西元前一三五〇年至一二〇〇年）在各處被發現，例如卡必托里山和巴拉丁諾山之間的山谷中，即日後羅馬廣場的位置上（見彩圖六），還有在巴拉丁諾山的東北斜坡上。然而，這些青銅器時代的發現數量相當稀少，而且大多數缺乏考古學意義上的背景脈絡，因此不清楚它們是來自墓地的陪葬品，還是來自人類聚落的日常用品殘骸。青銅器時代晚期（西元前一二〇〇年至九七五年）的證據則更為堅實。出土自廣場、巴拉丁諾山和卡必托里山的陶器遺物證明了這些區域有人居住，而且最近在卡必托里山博物館附近，還發掘出人工梯田和疑似防禦工事的遺跡。安德烈・卡蘭迪尼推測，其他山丘上可能也有聚落，包括賈尼科洛山[5]、奎里納萊山（Quirinal）和阿文提諾山，他推論的根據是，阿文提諾山腳靠近台伯河的淺灘所發現的陶器，以及記錄下與羅馬建城相關的儀式和節日的古代記載。由於證據非常有限，所以我們仍不清楚聚落的確切數量、組織方式以及它們之間的關係。但是愈來愈多的證據證明羅馬在青銅器時代中期之後就有一些人群以某種形式居住於此。

我們對於早期的鐵器時代（拉提爾文化二期A型，約西元前九〇〇年）以降的發展，則有更為堅實可信的證據。在這個時代，日後羅馬城的範圍當中已經有好幾個聚落出現。廣場的一個區域，緊鄰後來的安東尼諾與法斯提娜神廟（Temple of Antoninus and Faustina），在西元前十世紀時被用作墓地，可能作為巴拉丁諾山以及（或是）卡必托里山上聚落的墓地，而且在帝國廣場一帶則發現了更多的墓葬，其中大部分是火葬，這是拉丁姆其他地方常見的類型。裝有死者骨灰的骨灰甕還有陪葬品被一同放在一個大陶罐中，然後埋在一個地面下的洞穴，並且蓋上一塊頂石。與死者一起埋葬的陪葬品當中，最常見的是陶器器皿，既有縮小的尺寸也有與原物相同的尺寸，不過一些墓葬當中擺放著金屬物體，如刀和腓骨狀胸針。其中一個墓葬中甚至包含一個金塊，而另一個墓葬中，死者的骨灰被放置在精心製作的小屋形狀的甕中。此外，有少數的土葬墓地存在，死者的屍體被直接埋葬而不經過火化。

在埃斯奎利諾山（Esquiline）、奎里納萊山和維米那勒山（Viminal）上的其他墓地，建於西元前九世紀，但我們對它們的了解程度則受到目前發現情況的限制。它們在羅馬於十九世紀的重建時期重見天日，目前關於如何理解這些墓地的許多問題，都是因為當時缺乏科學挖掘方式所造成的。當時挖掘出來的物品並未被確實地記錄下來，而且我們所見到的可能只是全部陪葬品中的一小部分。從目前所找到的物品來看，這些墓地是有著陶器的土葬，包括了一些進口的希臘器皿、胸針以及其他青銅物品。不準確的紀錄意味著，大多數發現的物品都無法與任何特定的埋葬聯繫起來，不過這些證據所呈現出的喪葬文化，與奧斯特里亞・戴爾奧薩、卡斯特爾・迪德西瑪和拉丁姆其他主要聚落的風格非常近似。近來，在鄰近卡必托里山博物館的賈迪諾・羅馬諾（Giardino Romano）的挖掘，讓過去已經經過系統調查的卡必托里山上的一些墓葬，重見天日。在這些墓地中，大多數墓葬的財富與陪葬品沒有明顯差異，但廣場中的一些墓葬有更精緻的陪葬品，暗示著較高或特殊的地位。根據現有的證據，廣場上的墓地很有可能在西元前九世紀晚期就不再有新的墓葬了，取而代之的是埃斯奎利諾山墓地採取土葬以及不同的埋葬儀式，這顯示這個墓地在時代

5 譯者注：賈尼科洛山（Janiculum）是義大利羅馬西部的一座山丘。賈尼科洛山並不是羅馬七座山丘之一，因為它位於台伯河以西，在古代羅馬城的城牆之外。

上位於羅馬廣場上的火葬墓地之後。兩者之間可能會有一段重疊的使用時期，在此期間廣場和埃斯奎利諾山是不同社區所共用的墓地區域，而且在羅馬所發現的從火葬到土葬的這種轉變，拉丁姆的其他地方其實也都有相同現象。

在巴拉丁諾山的兩個山脊之一的凱馬路斯山（Cermalus）上，所發現的一組西元前九世紀和八世紀的房屋遺骸顯示出，此時期的建築是帶有茅草屋頂的橢圓形木屋。其中保存最完好的是一個四點九乘五點六公尺的大致方形的建築物，它的建築結構是木造，而且有茅草屋頂和淺門廊（見彩圖七，重建圖則見圖六）。[6]在同一地區發現了一個更大的同類型橢圓形小屋，它的大小約為八乘十二公尺。這些稍大的木屋的時代可能比小木屋早，而且在西元前七七五年至七五〇年左右被後者取代，但是關於這組建築的年代有很多不確定因素。[7]法蘭雀絲卡．法敏南特根據最近對巴拉丁諾山和卡必托里山的挖掘估計，到西元前九世紀晚期，卡必托里

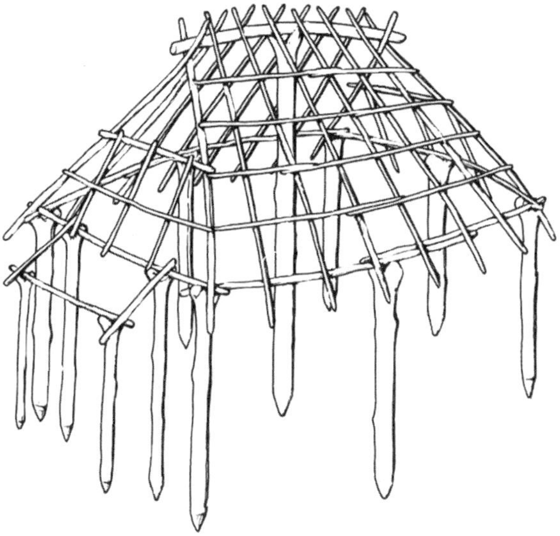

圖6　鐵器時代小屋的重建，年代約為西元前九世紀至八世紀之間。

山／奎里納萊山的聚落占地約為五十四公頃，而巴拉丁諾山上的聚落占地約為三十七公頃。

到了西元前八世紀初，羅馬的發展步伐加快，巴拉丁諾山、卡必托里山以及兩山之間的區域大多都有人定居，儘管人口密度各不相同。至少有四個核心聚落的存在已經被確定了，分別位於巴拉丁諾山、卡必托里山、奎里納萊山／維米那勒山，以及凱里歐山（Caelian）／俄彼安山（Oppian）／韋利亞山區域，而且有證據證明它們之間還散布著稀疏的聚落。西元前八世紀羅馬的面積據估計從一百到兩百零三公頃不等，而且如果這是最大的可能面積的話，那麼便與鄰近的微蘭諾威遺址（如維伊）的發展程度一致。

廣場不再被用作成年人的墓地，儘管後來的安東尼諾與法斯提娜神廟附近的地區被保留作為嬰兒和少年墓葬（圖七）。第一批從重要的公共建築遺址中挖掘出的物品便透露出，從墓地到公共空間的轉變過程。羅馬廣場的一部分已經被鋪平，這證明它具有公共區域的特殊地位。在公共聚會所（Comitium，羅馬人民大會的聚會場所）和毗鄰的伏肯納（Volcanal，供奉火神伏爾甘的神廟）地區所發現的最早物品，是西元前八世紀的祈願奉獻物，這說明了有宗教崇拜曾在這個地方進行。在維斯塔貞女之家（House of the Vestals）地點上所發現的物品和小屋遺跡，以及一座鄰近大祭司官邸

6 作者注：巴拉丁諾山上所有的小屋都與其他拉丁遺址的小屋非常相似，特別是在菲迪尼發現的小屋。本書的第二章曾討論過鐵器時代拉丁姆人對家庭空間的可能利用方式。

7 作者注：一些考古學家認為這組較小的小屋群是屬於同一時期的，而另一群考古學家則認為它們都是同一間小屋，只不過因為經過多次重建，所以留下了連續不同階段的樣子。

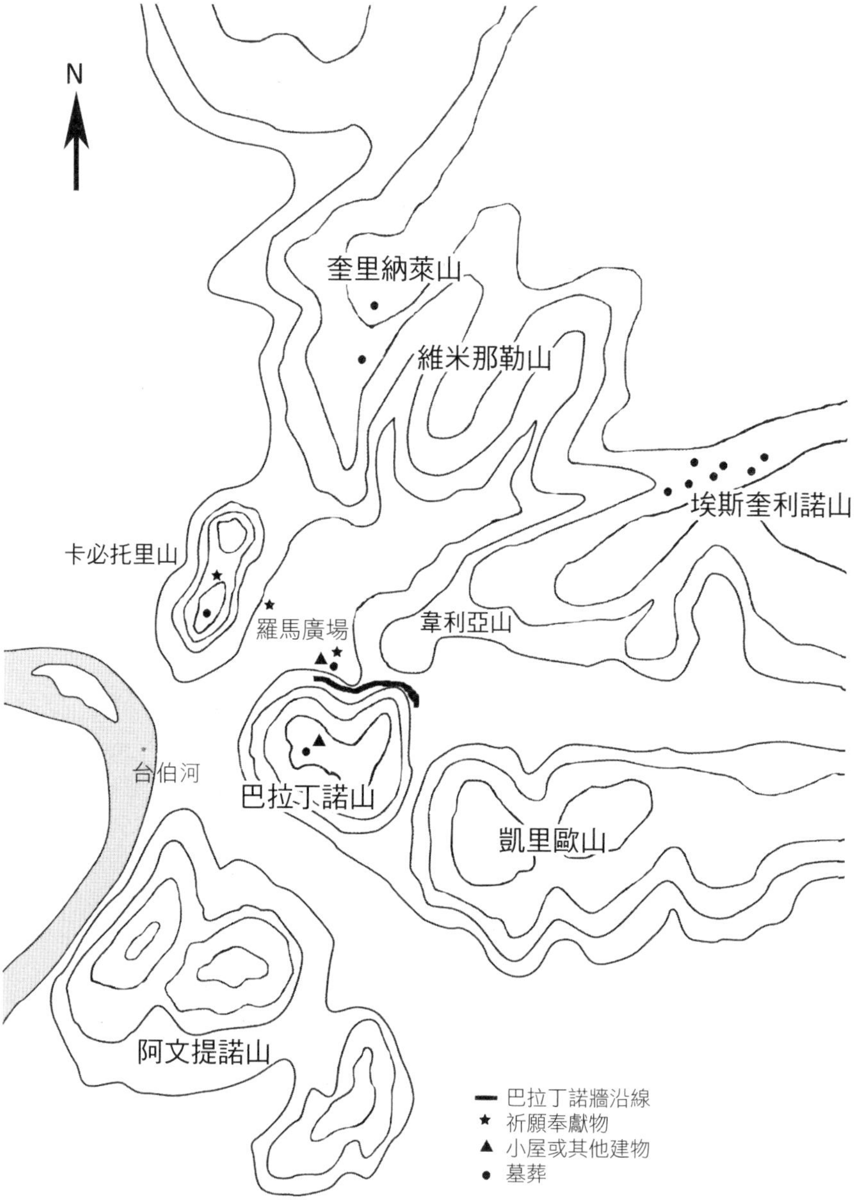

圖7　羅馬：西元前八世紀後期重要的發展區域。

（Domus Publica，首席祭司的官方住所）、長寬約四到五乘八公尺的大屋遺跡，以及屋中物品的遺跡，過去研究認為這些物品與遺跡的時代應該是西元前七世紀，現在則被認為是在七五〇年至七〇〇年左右。如今我們可以根據西元前七〇〇年左右在廣場的幾個區域中所發現的物品，證明廣場與羅馬人的公共生活有密切聯繫，廣場是一個專門為羅馬公民生活所規劃的特殊區域。

羅馬的重要宗教區域之一卡必托里山也經歷了重大變化。它在後來的時期成為了卡必托里山三主神（即朱比特、朱諾和密涅瓦，此祭祀崇拜與羅馬政府緊密相關）神廟的所在地點，朱比特・弗里特利烏斯（Jupiter Feretrius）神廟據說是羅馬最古老的神廟。甚至羅馬人也不明白祭祀崇拜名稱的意思（弗里特利烏斯的意思可能是「武器持有者」或「雷電鍛造者」），不過這個宗教崇拜相當重要，因為奉獻戰利品、簽訂條約以及宣誓莊嚴誓言都是在此進行的。祈願奉獻物的時間點被認為是位在西元前七五〇年至七二五年之間，這也說明了卡必托里山上的宗教崇拜是在八世紀中葉建立起來的。由於朱比特・弗里特利烏斯神廟和卡必托里山三主神崇拜的古老和重要性，所以這些神廟的所在位置也因此格外具有令人聯想的空間。李維相信朱比特・弗里特利烏斯神廟是由羅穆盧斯本人建立的，但這無法被證實，不過古老的祈願奉獻物的存在確實證明，卡必托里山在相當久以前便已經開始具有宗教意義。然而，西元前八世紀的宗教活動並不是只有在卡必托里山上。位於屠牛廣場的聖歐莫柏諾神廟的祈願奉獻物當中有進口的希臘陶器，包括了來自尤比亞、科林斯和皮帖庫塞的物品，這顯示出羅馬在拉丁姆以外地區的來往範圍正在擴大，特別是它與皮帖庫塞的希臘人殖民地有往來，這裡是希臘商品的重要轉口地。

在西元前八世紀中後期，巴拉丁諾山出現了新的發展。在北側的山腳下被挖掘出八世紀的一段城牆，並且一路延伸到廣場。它由一個由石頭和泥土製成的地基組成，頂部有一道約一公尺寬的窄牆，由木頭和壓縮黏土製成，兩側是溝渠。安德烈．卡蘭迪尼把這座牆上的一扇門與李維提到的穆戈尼亞門（Porta Mugonia）聯繫起來，認為它是古羅馬的一扇古老的門。從大門的地基上發現的東西來判斷，最初建造的城牆的年代大約是在西元前七三〇年至七二〇年之間，儘管它在七世紀到六世紀期間經歷了兩次擴展和重建。再往東北方向，挖掘工作發現了一條早期的街道和十字路口，其特徵是兩個包含了西元前八世紀和七世紀物品的祈願奉獻物，以及一個以凝灰岩塊為特徵的開放區域。挖掘者認為這可能曾經是區元老院（Curiae Veteres），這是古羅馬人最早集會的地點。

由於巴拉丁諾山上這段城牆的位置奇特、寬度狹窄並且設有邊界石，再加上可能曾有一個祈願奉獻物擺放於此，這些都讓人對它的用途產生疑問。這相當顯而易見，目的是為了保衛巴拉丁諾山上的聚落。然而，如果這是它的主要功能的話，那麼牆的結構和位置都有些不合理。若是將堅固的建物蓋在巴拉丁諾山頂而不在山腳下，將會是防禦力更理想的防禦工事。更有可能的狀況似乎是它有雙重目的，既是一座防禦建物，同時也是一種標誌聚落正式邊界的方法。這種對儀式性邊界的標記是後來建立一座城市的重要大事，與羅馬建城有關的神話便描述了羅穆盧斯劃定了城市的邊界。與這段城牆有關的一些發現已經引起了極大爭論。卡蘭迪尼認為，在大門附近發現的人類遺骸是作為某種儀式而被埋在門下的祭祀犧牲品，並且證明了這城牆和城門確實是羅馬的儀式邊界。在早期義大利時，人們便已經知道在新聚落的城牆或城門下埋葬人類犧牲的習俗，在巴拉丁諾山腳下的埋葬便可以被這樣解釋，不過在這個地區還發現了其他幾個墓葬遺跡。巴拉丁諾山上的人類遺骸可能是用來標誌城門的一種祭祀犧牲，但它們也可能是被新建物侵擾的一般墓葬。然而，這道城牆的位置說明它不僅是一個防禦工事，同時也標誌著巴拉丁諾山聚落的邊界。羅馬人自己將古羅馬的邊界（Roma Quadrata，羅馬方城）與巴拉丁諾山聯繫在一起，而且認為這是由羅穆盧斯建立的。

正如前一章所討論的，與鐵器時代義大利其他大部分地區相比，拉提爾文化的確切年代更為不固定。這不可避免地意味著存在著一些不確定的領域，而且關於年代先後的紀錄很可能會因為未來的發現而被重新修訂。但儘管如此，西元前八世紀羅馬的演變正變得愈來愈清晰。雖然羅馬的鐵器時代聚落占據的是一群小山而不是一片高地，但發展的模式與當代的伊特魯里亞和拉丁姆非常相似，即許多鄰近的聚落隨著各自的發展逐漸合併成一個社區。在巴拉丁諾山和卡必托里山可能還有其他山丘上有幾個重要的聚落，像是奎里納萊山上的小屋遺跡就支持了不是只有上述山丘有人定居的論點。巴拉丁諾牆的建造、邊界石的放置以及十字路口的存在，這些證據都證明它已經具有明確的邊界和某種形式的街道布局，更證明其中有著水平更複雜的社會和政治組織。位於廣場的墓地在西元前八世紀被廢棄，取而代之的是新的墓葬區，以及廣場的用途被改變為公共空間，這些事實說明這些地區發展成了所有社區居民共享的公民場所和儀式場所，顯現出集中化的程度愈來愈高。羅馬和維伊、微蘭諾威的其他居住中心一樣都是原初城市聚落，可能是以家族或氏族為基礎組成的，每個家族或氏族都有自己的區域，但在西元前八世紀後期這些區域融合成一個單一的聚落。

在西元前八世紀末到羅馬的遊客會發現有好幾群具相當規模的聚落，他們居住在以木頭和黏土建造的小屋裡，占據著幾座山丘。這些不同的聚落都具備邊界和防禦工事、墓地和一個規劃為舉辦公共和儀式活動的區域。它可能是由幾個相互依存的村莊組成，並且可能由特定的家族或氏族主導，不過保留各自不同的墓地也說明了不同的聚落在規模更大的社區中保留了自己獨立的身分。有闢廣場於西元前八世紀後期發展情況的證據愈來愈多，這些都指出這些聚落正發展成為一個單一的社區。八世紀的羅馬與維伊和內皮（當時名為內皮特）一樣，是「原初城市」，這是比村莊更複雜但尚未完全成為城市的社區。

羅穆盧斯、雷穆斯、伊凡德和埃涅阿斯的故事

如果說早期羅馬的考古發現十分複雜，保存著羅馬人如何理解自身的起源，但其他人群的神話和歷史傳統也沒有比較簡單。羅馬的神話傳統中有兩條截然不同的主線，無論哪一條都具有漫長而複雜的歷史：一條是羅穆盧斯和雷穆斯如何建立羅馬城；另一條是「前傳」，重點在他們的祖先特洛伊英雄埃涅阿斯。

羅穆盧斯的故事也許是最著名的起源神話，他是拉丁城市阿爾巴隆迦國王努米特（Numitor）的孫子。這個神話有好幾種版本，最著名的版本是努米特被他的兄弟阿穆留斯（Amulius）廢黜，他的女兒雷亞．西爾維婭（Rhea Silvia）被迫成為一名維斯塔貞女（Vestal Virgin），藉此防止她結婚並且生下競爭王位繼承權的對手。但儘管如此，她還是懷孕了（在某些版本中父親是戰神瑪爾斯），並生下了雙胞胎兒子，羅穆盧斯和雷穆斯。阿穆留斯下令將他們丟棄在巴拉丁諾山上自生自滅，但有一頭母狼餵他們奶，牧羊人浮士德勒（Faustulus）還搭救了他們。他們被浮士德勒和他的妻子阿卡．勞倫緹雅（Acca Larentia）撫養長大，因此直到成年前都過著牧羊人的生活，他們的真正身世直到成年時才被揭露出來。他們將篡位的阿穆留斯趕出了阿爾巴，並且恢復了努米特的國王

身分，隨後便到了後來羅馬的地點上建立了自己的城市。[8]但雷穆斯自此便從故事中消失了，根據故事某些版本的說法，他在一次爭吵中被他的兄弟殺了，儘管還有好幾種不同的說法。羅穆盧斯隨後開始鋪設新城市的邊界，為了增加人口，他宣稱這座城市是個避難所——流離失所或被流放的人、逃離審判的罪犯、逃亡的奴隸都可以在此尋求庇護和定居。雖然此舉增加了聚落的規模，但也造成男性占了絕大多數的人口，為了平衡這一點，羅穆盧斯請求鄰近聚落的人們能同意讓該地的女性與羅馬人通婚。當這些提議被拒絕時，他利用了穀神節（Consualia）賽會為藉口邀請羅馬以外地區的人們參加，藉此綁架鄰居薩賓人（Sabines）婦女。薩賓男性當然對他相當不滿，派遣了一支軍隊要將他們的女人搶回來。根據李維的說法，這場反擊行動被作為當事者的婦女們阻止了，因為她們被夾在原生家庭和新家庭之間的戰爭中間感到十分痛苦，並且堅持雙方應該和平共處。從這個時間點開始，羅穆盧斯便與薩賓國王提圖斯·塔提烏斯（Titus Tatius）共同擔任國王。

羅穆盧斯統治羅馬的時間據稱長達三十八年，這說法令人難以置信，而且羅馬國家的許多關鍵特點都被歸功於他。他建立起這座城市的具體做法包括鋪設一個方形邊界（pomerium），並且以犁

8 作者注：主要的史料是Livy 1.1–7, Dion. Hal. 1.76–88和Plut. *Rom.* 1–11.。J. Bremmer in Bremmer and Horsfall (eds), *Roman Myth and Mythography* (1987)和Wiseman, *Remus: A Roman Myth* (1995)兩本書中討論過其他幾種說法。這兩個名字都與羅馬密切相關。羅穆盧斯的字面意思是「羅馬人」，在這故事的希臘版本中，雷穆斯的名字被稱為羅莫斯（Romos）。有另一個版本確定曾經存在，其中雙胞胎是被一名妓女（盧帕〔lupa〕，這是拉丁文的母狼，羅馬人也經常用這個詞指稱妓女）所拯救。

溝的方式將其標記出來，這邊界對羅馬人始終具有巨大的象徵意義。[9]根據奧維德的說法（*Fast.* 1.25–30），他創建了羅馬曆法，也創建了一些最重要的節日。他還被認為開創了以下做法：將羅馬人劃分為三個部落以及其下三十個名為庫里亞（curiae）[10]的分區組織，制定法律，還有與一個諮詢委員會共同管理國家，這個委員會便是日後元老院的前身。羅穆盧斯最後便消失無蹤了，一般認為他被神明帶走，自己也成了神。在他神化之後，紀念他的各種宗教崇拜和節日就紛紛被建立起來。

羅穆盧斯神話當中的許多方面，都跟地中海和近東許多社會中發現的神話相似，例如神明性侵一位凡人女性、被動物撫養的棄嬰以及由貧窮家庭撫養的棄嬰王子，但是羅穆盧斯和雷穆斯的傳說最早出現在義大利的年代很難確定。狼的傳說似乎存在於許多早期的義大利社會中，在伊特魯里亞藝術中便發現了母狼繪像，雖然著名的卡必托里山狼青銅像，早在西元前六世紀就常被用來作為狼傳說存在的證據，但現在卻成了爭議的主題。這座青銅像通常被認為是在伊特魯里亞製造的，但是藝術史學家安娜．瑪利亞．卡魯巴（Anna Maria Carruba）在其全面性的修正說法中主張，這座青銅像實際上是中世紀的作品，也因此打破了青銅像與神話的關聯性。此外，即便我們接受青銅像是在伊特魯里亞製造的說法，這對雙胞胎人像也是後來添加上去的，沒有辦法作為羅穆盧斯傳說的早期發展的明確證據。有一面生產於伊特魯里亞博爾塞納的青銅鏡，上頭描繪著一頭母狼、一位牧羊人和幾位神靈的場景，這鏡子被解讀為描繪了羅穆盧斯的神話，其中有浮士德勒、母狼和雙胞胎。然而，鏡子上描繪的場景和傳說有很大不同，而且鏡子是製作於西元前四世紀，因此不能作為將傳說與六世紀聯繫起來的可靠證據。然而，到了西元前三世紀，母狼和雙胞胎已被確立為羅馬的象徵。像是奧古尼烏斯（Ogulnius）這對兄弟檔就在西元前二九六年，於傳說中的無花果樹（ficus ruminalis）

附近豎立了一座羅穆盧斯兄弟雕像（Livy 10.32.12）。此外，母狼和雙胞胎也得到了許多人的認同，因此被刻在西元前二六九年發行的最早的羅馬錢幣上頭（見彩圖二十一），但是有關這個傳說在更早期的發展情況，我們目前並沒有太多明確的證據。

古代所流傳的說法還包括了羅穆盧斯神話的「前傳」，這透過追溯他承襲自特洛伊王子埃涅阿斯的血統，來賦予他更高的聲望。至少從西元前五世紀開始，將羅馬建城與特洛伊戰爭的英雄結合起來的故事，就在地中海世界廣為流傳，而內斯特杯也顯示至少在八世紀時荷馬神話在義大利就已經是家喻戶曉了。希臘歷史學家赫拉尼庫斯（Hellanicus）的著作只保留下了斷簡殘編，不過從中可以看出他知道埃涅阿斯、奧德修斯和一位名為「羅馬」（Rhome）[11]的特洛伊女人的起源故事，這顯示在這個時間點上關於羅馬的傳說已經在希臘文學中建立起來。希臘作家有六十種羅馬建城傳說的版本，而且將羅馬建立者的名份安在各個漂泊在外的希臘人頭上，但羅馬人最喜歡的還是埃涅阿斯的版本。

埃涅阿斯作為羅馬建立者的說法，在羅馬歷史傳統中最早可以追溯到西元前三世紀恩尼烏斯

9 作者注：費斯圖斯和維里烏斯．弗拉庫斯等羅馬古文物學家認為，「羅馬方城」既是神聖的疆界，也是巴拉丁諾山上的實際建物，靠近後來的阿波羅神廟。這個術語的確切涵義很難解釋，因為即使對後來的羅馬人來說，它也相當模糊不清。

10 譯者注：又譯為區、庫里亞會堂、元老院議政廳。當時羅馬有三百氏族，每十個氏族組成一個庫里亞，將城市分為三十個行政區域（即庫里亞）。

11 審定注：意為「力量」（strength），符合後來羅馬的形象。

（Ennius）和奈維烏斯（Naevius）的時代。李維簡要敘述了特洛伊人安喀塞斯（Anchises）和維納斯女神的半人半神兒子埃涅阿斯，在特洛伊被希臘人劫掠之後逃離那裡，並在他的兒子阿斯卡紐斯（Ascanius，有時也被稱為尤路斯〔Iulus〕）的陪伴下，和一群同伴航行到西地中海。抵達義大利後，他與當地統治者拉提努斯（Latinus）結盟，並與拉提努斯的女兒拉維尼婭（Lavinia）結婚。埃涅阿斯成為義大利本土人和特洛伊人的領導者，現在集體改名為拉丁人，並建立了拉維尼姆（Lavinium）這座新城市。隨後，他們又與義大利中部的其他君王爆發了一系列戰爭，其中最引人注目的是針對盧圖利人（Rutuli）之王圖努斯（Turnus）和卡厄瑞統治者梅贊提烏斯（Mezentius）的戰爭，在此期間，拉丁人控制了阿爾巴諾山和周邊地區。埃涅阿斯是在戰爭期間或之後不久去世的。阿斯卡紐斯在他死後成為拉丁人的國王，並在阿爾巴諾山建立了阿爾巴隆迦作為他們的主要城市。阿爾巴在經歷了幾代人成為拉丁姆的主要勢力之後，努米特和阿穆留斯這對兄弟才為了阿爾巴隆迦的控制權而鬩牆。最終，努米特被流放，但他的孫子羅穆盧斯和雷穆斯日後建立了羅馬。

像羅穆盧斯的起源神話一樣，埃涅阿斯神話在希臘和羅馬文化中有著悠久的歷史。在希臘文學中有人提到埃涅阿斯的義大利之旅，而且在伊特魯里亞地區的藝術中也有關於此旅程的描繪。最具體的證據也許是西元前六世紀時，在拉維尼姆建立的崇拜埃涅阿斯的英雄聖壇。希臘歷史學家急於證明大部分的義大利人，尤其是羅馬人的祖先是希臘人，藉此將他們納入希臘世界中。哈利卡納索斯的戴歐尼修斯替義大利的許多族群與地名編造出虛構的希臘起源，像是認定羅馬的第一批定居者是希臘的半神海克力斯，以及來自阿卡迪亞（Arcadia）的希臘人伊凡德（Evander）和其追隨者。然而，最著名的版本可能是維吉爾的說法，他的史詩《埃涅阿斯記》描述了特洛伊淪陷後埃涅阿斯前往義大利的旅程，他與拉丁人公主拉維尼婭的婚姻以及他跟伊凡德的聯盟。這首詩預言了阿爾巴隆迦和拉維尼姆的建立，儘管羅馬不是埃涅阿斯建立的，但他仍然被描繪成羅馬強盛的關鍵奠基者，並且形容他是命中注定要來建立羅馬：

> 她（維納斯）也不是為了他（埃涅阿斯）今天這樣，才兩次從希臘人的刀口中把他救出來；她告訴我們，有一天他將會統治義大利，將其拓展成帝國並且武功烜赫，生養具有高貴的圖瑟（Teucer）血統的後嗣，並把全世界置於他的律法之下。如果對這樣光榮偉大的事業他都無動於衷，如果他不肯努力去贏得光榮名聲，當有朝一日羅馬的城堡被交由他的兒子阿斯卡紐斯來統治時，應該要問問他會不會妒忌不滿？
>
> ——維吉爾，《埃涅阿斯記》第四卷[12]

這些關於羅馬起源的傳說顯然全都是神話而不是歷史，但它們很重要，這不是因為它是羅馬建城的歷史證據，而是因為它們能讓我們知道羅馬人對自己的過去抱有的信念。羅穆盧斯神話的某些方面顯然是說不通的，雖然古代地中海的大多數國家都有類似的英雄創立者神話，但幾乎所有這些

---

12 作者注：埃涅阿斯與迦太基女王狄多（Dido）結婚，這個在第一卷和第四卷中引入的戲劇性次要情節，在眾神介入迫使他離開迦太基前往義大利之前，曾幾乎顛覆他未來的命運。狄多和埃涅阿斯的故事很明顯受到羅馬在西元前三世紀迦太基戰爭的影響。維吉爾認為迦太基是羅馬的潛在對手，並暗示狄多對埃涅阿斯的吸引力，差點就導致他當初建立的帝國城市不是羅馬。

國家都將他們的建國歸功於一位極具特色的人，例如像埃涅阿斯或奧德修斯等荷馬史詩英雄，或者像海克力斯這樣的半神半人。相比之下，羅馬起源神話則是在道德價值上有許多矛盾的故事。羅穆盧斯出身貧寒且沒沒無聞地長大，他在建立新城市的過程中殘殺自己的手足，招募外來者和罪犯，並且犯下大規模綁架和強暴。在古代神話中，外來者作為創始英雄的這種想法並不少見，其他文化也有類似的神話，裡頭的英雄不是私生子便是出生於被汙名化的群體，但是羅穆盧斯的神話將這些特點推到了極致，特別是他建立的聚落當中族群混雜的這個特質。

雷穆斯的命運尤其讓羅馬人困擾，他的命運也說明了各種歷史傳統的複雜和多層次。關於雷穆斯在羅馬建城中所扮演的角色，以及他的死有著許多不同版本的說法，但是在共和晚期的暴力時期的背景下，他作為手足相殘受害者的這個想法具有特殊意義。羅穆盧斯的動機，以及他的行為是否正當，被各式各樣的人物如西塞羅和聖奧古斯丁（St Augustine）爭論著。西塞羅的結論是，羅穆盧斯的行為完全是政治上的權宜之計，而奧古斯丁（《上帝之城》三章六節）則承認羅馬人很難替這件事情辯護，他說：「許多人厚顏無恥地否認；許多人羞愧地質疑它；許多人覺得承認太過痛苦。」然而，雷穆斯在其他版本中並不是他兄弟手下的亡魂，而是在兄弟各自的支持者發生衝突時，於混亂中喪命。在這篇不同的陳述當中，他的死象徵著自我犧牲和保護羅馬的必要性，而不是兄弟間的暴力相向。在西元前三世紀初之前，雷穆斯存在的證據很薄弱，但在起源神話的後期版本中，據說他在阿文提諾山上建立了一個聚落，這後來成為了西元前五世紀到三世紀權力鬥爭期間，平民抗議的中心據點，而懷斯曼認為，雷穆斯的地位變得突出是因為他成為這個時期平民反抗貴族權力的象徵。[13]

雷穆斯可能是對早期羅馬重要特徵的戲劇化和合理化呈現。神話中的許多方面都涉及到二元性的概念。羅馬有兩位創始人（羅穆盧斯和雷穆斯）和兩位國王（羅穆盧斯和薩賓人塔提烏斯）；它包含兩個主要民族；羅馬不只建立在一塊地方上，而是在好幾座山上都有聚落。雙胞胎一同建城和雷穆斯在神話中的角色是此二元性中的重要組成部分，替羅馬城內的二元性和權力分配提供了一種合理化根據。但儘管如此，雷穆斯仍然是一個比羅穆盧斯更邊緣化的人物，他的存在也引發了一些令人困擾的問題。

雖然對於一個對自家帝國力量如此自豪的城市來說，羅穆盧斯神話的某些方面似乎消極的有些奇怪，但這則神話仍包含了羅馬人自認對其集體認同至關重要的部分。羅馬藉由讓外來者成為公民來讓他們融入羅馬，這是羅馬文化的一個重要特徵，也是羅馬權力建立的核心。個人和群體的流動程度在古義大利很高，而且似乎很容易跨越城邦和族群的界線，居住在一個在血緣上與自己毫無關係的社區中。然而，當羅馬將羅馬公民的身分擴展到非羅馬人（見第十三章），這也將羅馬提升到了一個更高的層次。正如艾瑪・丹奇（Emma Dench）證明的那樣，羅穆盧斯庇護薩賓人，並且將他們納入新城市，這些做法是對新文化和族群保持開放的有力證明，也是羅馬身分認同當中的核心價值。薩賓人在新羅馬國家中是平等的夥伴，這種關係以羅穆盧斯和塔提烏斯的共主統治為代表，後來的羅馬人會引用他們的結合來證明賦予外來者羅馬公民權的正當性。這種對公民身分的開放態度是羅馬在吸收、融合被征服民族時的優勢之一，但是後來的作家並不是完全同意這種做法。西塞羅在寫給阿提庫斯的一封信中（Cic., *Att.* 2.1.8.3），曾尖酸地將羅馬人稱為「羅穆盧斯的渣滓」

13 作者注：關於貴族和平民之間的社會階層的鬥爭，請參見下文。

（faex Romuli）。然而，這則神話藉由把民族和文化上的高度彈性歸功於羅穆盧斯，強調了羅馬文化中的這些彈性的重要性，並透過這種聯繫來肯定其價值。羅穆盧斯的故事還包含許多暴力和對抗的元素。在一些版本中，羅穆盧斯和雷穆斯的父親是人，但在另一些版本中，雷亞・西爾維婭遭到戰神瑪爾斯強暴，羅穆盧斯在成年之後還綁架薩賓女人，然後對拉丁人和薩賓人發動戰爭。羅馬創建者的父親是瑪爾斯，這樣子的象徵意義在羅馬後來的帝國征服中被充分地利用。羅馬對外侵略和擴張領土的這些作為，由於跟這位受尊敬的創始者有關聯，所以就被默許為正當作為。而如果把瑪爾斯置於起源神話的中心，又會讓羅馬注定要成為統治者的這種說法變得更合理。這些神話對後來的羅馬人來說不僅僅是對古文物的興趣而已。

羅馬人依然在起源神話中找到共鳴之處，但神話並不是一成不變的，它們會隨著羅馬文化或政治環境的變化而改變。例如西元前七五三年這個建城年份，是一直要到西元前一世紀晚期才被眾人廣泛接受；早期的歷史學家如法比烏斯・皮克托爾（Fabius Pictor）和辛西烏斯・阿利曼圖斯（Cincius Alimentus）將羅馬的建城時間定在八世紀的其他年份（例如西元七四八／七年或七二九／八年）。其他人，如恩尼烏斯和奈維烏斯，則是支持較早年份的說法，此外，填補了埃涅阿斯和羅穆盧斯之間空白的阿爾巴隆迦拉丁諸王，則被認為是一種協調建城年份與特洛伊戰爭發生年代的方式。在西元一世紀時，埃涅阿斯的重要性會被格外強調，因為當時羅馬是地中海地區的霸主，並與地中海東部的希臘城邦和王國有聯繫，而有一位英勇的特洛伊開國者會是希臘人能夠承認和理解的，一段如神話般的過去。埃涅阿斯在第一任羅馬皇帝奧古斯都的時代也獲得了其他政治意義。奧古斯都將自己打造為羅馬的再造者，在經歷了漫長的內戰後重建了國家；他甚至考慮過使用羅穆盧斯這個名字。[14]他與這則傳說有著個人的聯繫，因為他所屬的尤利烏斯氏族（Julii，奧古斯都是凱撒的姪子和養子）聲稱自己是埃涅阿斯的後裔。因此，埃涅阿斯成為新政權的有力象徵，奧古斯都時代的藝術和文學中便經常提到埃涅阿斯的傳說。維吉爾的《埃涅阿斯記》和他建立羅馬偉大的命運很清楚地是在預示著——奧古斯都的登基以及長期內戰後他身負重建羅馬的使命。

羅馬的建城傳說不斷地發展變化，而且始終對羅馬人不斷變化的自我認同很重要，既可以被重新詮釋來適應新的情況，也能被引用來驗證羅馬人生活中許多層面的價值。它們可以告訴我們羅馬人認為自己是誰，以及羅馬人對自己的文化和歷史的看法，但它們不能被視為這座城市最早期歷史的真實證據。

歷史和考古學

上述這些羅馬建城的古代傳說也有它們的問題，不僅是因為它們不斷地改變和進化，也因為它們經常自相矛盾，有時甚至被一些羅馬人質疑。[15]如上所述，我認為就羅馬歷史上這個最早時期而

14 審定注：羅穆盧斯這名字在晚期共和十分敏感，因為據說他最後因為專權而被元老集體暗殺身亡，屍骨不存，謊稱封神。這令人想起凱撒被暗殺的命運，所以奧古斯都應該是不會同意使用這名稱才對。

15 作者注：根據哈利卡納索斯的戴歐尼修斯的說法，羅馬建城傳說實際上的內容為何，存在很大的不確定性。諸如雷穆斯出現在一些版本但不存在某些版本中；埃涅阿斯的兒子，也就是羅穆盧斯和阿爾巴隆迦諸王的祖先的身分備受爭議；還有存在很多矛盾之處。

言，我們應該詳加考察羅馬人對自己的歷史、自己的身分和自己在世界上的地位的看法，而不是把這些古代傳說視為羅馬最早聚落的史料來源。羅馬起源神話對於羅馬後來的文化與羅馬人自我認識的重要性，可以從羅馬許多地點都與這些故事的各個方面密切相關來證明。這些神話當中有很多都是重要儀式上和宗教崇拜上的焦點，而且這些儀式與崇拜直到西元四世紀基督教化時代之前都持續地舉行著。羅穆盧斯和建城神話以非常真實和直接的方式融入城市的地景中，而且羅馬人持續地崇拜與他們有關聯的地點。雖然這些儀式中的許多部分似乎都源自古老的時代，但是它們所採用的形式、它們被賦予的重要性，以及與它們相關的地方卻不是一成不變的，而是會隨著時間推移而變化，這展現出了這些神話的力量，以及它們是如何被操縱來藉此滿足不斷變化的需求。

許多儀式和節日都說明了這一點。帕勒里亞節訂在四月二十一日慶祝，是紀念古代牧神帕勒斯（Pales）的節日，但在羅馬，帕勒里亞節也同時紀念羅穆盧斯建立了羅馬。還有其他一些節日能夠往上追溯到羅馬由幾個聚落組成的前城市時期，特別是塞普蒂蒙屯姆節（Septimontium），這是將一系列祭品獻給七座山丘及其居民的活動。阿爾格伊節（Argei）也屬於同一類型，由祭司和官吏組成的隊伍會在這天從城裡的重要地點收集稻草人像，然後按照儀式將它們扔進台伯河裡。[16]然而，這兩個節日似乎都與淨化古代神聖邊界有關。許多節日在整個古代都持續被慶祝著；帕勒里亞節直到西元一二一年時都仍被熱烈慶祝著，也是在此時哈德良皇帝將其改名為羅麥亞（Romaia）。一直到晚期古代[17]以前，與羅穆盧斯和羅馬建城有關的節日和儀式一直在羅馬人生活的各種儀式中，發揮著重要作用。

羅穆盧斯在後來的羅馬城市地景中是一個無法被忽視的存在，與他相關的地點皆與城市的福祉密切聯繫在一起，在巴拉丁諾山上那間歷史悠久的小屋便清楚證明了這一點[18]，而且這座山正是神話中的創立者的英雄聖所。這間房子被哈利卡納索斯的戴歐尼修斯和蒲魯塔克描述為一間帶茅草屋頂的籬笆小屋，被保存在巴拉丁諾山上，並且公認是羅穆盧斯之家（House of Romulus）。這些描述非常類似於拉提爾墓葬中所發現的小屋形狀的陶甕，以及在菲迪尼和羅馬發現的西元前九世紀和八世紀的小屋。如果它有損壞，人們就會依照原本的樣式和材料來修復它，屋子若是受到任何損傷都會被認為是不祥之兆。小屋還被列入西元四世紀羅馬建築的目錄中，這說明它一直到古代晚期都還存在著。

根據目前的證據，羅馬在鐵器時代早期大約有一千兩百人居住，當時附近地區也有其他小型聚落發展起來。到了西元前八世紀中葉，羅馬和其他主要的拉丁地區已經有了發展完整的聚落，但是

---

16 作者注：關於塞普蒂蒙屯姆節的古老敘述充滿相當多的矛盾，每種說法當中都有一組不同的山丘與地區。巴拉丁諾山和凱馬路斯山被視為兩個獨立的社區，這表示它們可能確實可以追溯到這樣的原初城市時代，並且可能起源於羅馬各個聚落人民一同慶祝的共同節日。遊行隊伍在阿爾格伊節期間訪問的二十七個聖所的意義也同樣模糊不清。

17 審定注：晚期古代（Late Antiquity）的概念是認為在希臘羅馬古典世界及中古基督教世界之間，有段漫長的融合及調整過渡期。而非如《劍橋古代史》第一版以君士坦丁大帝在三二五年召開尼西亞大公會議時，宣告古代史結束，而中古史旋即開始，過度強調古典文化和基督教文化的差異。晚期古代大致起於羅馬帝國黑暗時期結束，戴克里先（Diocletian）在二八四年即位，整頓羅馬帝國，重新出發，到六一〇年福卡斯（Phocas）被殺為止。但不同學者對這晚期古代會有不同的起迄時間點。

18 作者注：考古學家確定了羅穆盧斯之家的位置在巴拉丁諾山西南側勝利神廟後方，一個長方形的圍牆中，並且鄰近八世紀小屋遺址。

阿爾巴諾山較小的社區未能發展壯大，並且就這樣被遺棄或是逐漸消失。巴拉丁諾牆意味著該聚落的重新組織，更加強調邊界和領土劃界。這本身就顯示羅馬的社會和政治權威集中在一個人（或更可能是一群人或數個家庭）的手中，這個人的力量便足以發動這樣子的重組。

整個義大利中部和北部的原初城市定居點被劃分成一群一群的房屋，每個房屋群都有各自的墓葬區域，這種發展模式類似於羅馬以及該地區的其他地方的模式，像是奧斯特里亞·戴爾奧薩。特雷納托（Terrenato）認為巴拉丁諾山和卡必托里山上的聚落是不同氏族的領土，這是一個很有吸引力的說法。羅馬根據家族／氏族關係，還有託辭上承自羅穆盧斯的古老傳說，將人民編組進各個庫里亞（區）的做法，被許多人認為是羅馬社會一個非常古老的特徵。如果特雷納托所說無誤，那麼庫里亞很有可能保存了羅馬早期源起的這段歷史記憶（雖然目前的證據無法證明），當時羅馬是由不同氏族組成的一個聚落，這些氏族相互合作並且最終合併成一個社區。

然而，我們不可能只憑西元前八世紀有原初城市聚落存在這個證據，就照單全收地接受傳說，亦即羅馬是在七五三年左右由羅穆盧斯所建立的，或者是把城市的建立歸功於他的所作所為。羅馬的神話傳統是考察羅馬人過去的信仰、以及如何合理化信仰時的絕佳材料，但是這些神話無法被視為羅馬城如何被建立的歷史紀錄。

第四章　國際貴族的崛起：義大利和東方化革命

一八三六年，有一位牧師和當地的兩位地主，亞歷山德羅·雷戈利尼（Alessandro Regolini）和文森佐·加拉西（Vincenzo Galassi）在拉齊奧（Lazio）北部的切爾韋泰里（Cerveteri）附近，靠近伊特魯里亞城市卡厄瑞的地方有一個重大的發現。他們在一處土墩下發現了一座西元前七世紀的伊特魯里亞墳墓（以發現它的人命名為：雷戈利尼—加拉西墓），內藏有三百多件豐富的陪葬品。墓室由四間岩石切割成的房間組成，並有一條走廊相連。裡面有兩個埋葬，主葬者是一名地位很高的伊特魯里亞女性[1]，陪葬品包括鑲嵌家具、儀禮馬車、許多做工精細的金屬器皿和陶器，還有大量的黃金首飾，所有這些都裝飾得很精緻。

這個墓葬說明了所謂的東方化時期（orientalising period，約西元前七〇〇至五七五年）的一些

1 作者注：少數金屬和陶器上刻有mi larthia（意指「我屬於拉絲」，或是「我屬於拉斯」）。至於這是死者的名字或者是捐贈這些物品的人的名字，學者仍有爭論。目前還不清楚命名的奉獻者（受奉獻者）是男性（拉斯）還是女性（拉絲）。在早期的伊特魯里亞語中，Larthia可能是女子名拉絲或者男子名拉斯的屬格。

關鍵特徵。這是一個社會和經濟快速變化的時代，在此期間，義大利、埃及、近東和地中海沿岸更多地區之間的聯繫變得更加緊密。這時期的特點是財富、社會地位和政治權力等級制的發展。如果說西元前八世紀的主要趨勢是原初城市聚落的發展，其中領導者是具有戰士身分的家庭和精英，那麼七世紀最重要的趨勢，則是一個極其富裕和強大國際貴族（international aristocracy）的出現。屬於這個群體的家庭除了在自己的社區中，發揮愈來愈大的支配作用外，還與當時其他城邦與族群的人們建立了社交網絡，形成一個國際性的超級精英群體。義大利的物質文化因他們的財富和對奢侈品的品味而發生了改變，其中一些奢侈品是當地製造的，另一些則是進口的。聚落的變化為城市化提供了進一步的推動力，而前者正與財富的繁榮以及社會和政治權力的重組有關。

這些變化在伊特魯里亞地區最為顯著，但所有聚落（包括羅馬在內）都呈現出類似的繁榮景象，而且資源、社會地位和政治權力在此時集中到一群人數不多、具有支配地位的精英手中。像是雷戈利尼—加拉西墓這樣的豪奢墓葬遍布義大利中部，在建築和陪葬品方面表現出驚人的相似之處。一個泛義大利的貴族文化正在成形，其特徵是奢侈品的普及以及對其的顯著消費。到目前為止，我們擁有的最豐富、最全面的證據來自於伊特魯里亞，但是我們發現的趨勢在義大利的大部分地區都是如此，特別是在拉丁姆和坎帕尼亞。

豪奢墓葬和炫耀性消費

這種社會和政治力量集中最顯著地表現在埋葬方式的變化上。在西元前八世紀，墓地的空間布局強調的是家庭群體。在八世紀晚期時有某些人的墓葬特別昂貴豐富，這顯現了社會和政治精英開始發展，而戰士的地位對這些精英的自我形象至關重要。然而在西元前七世紀，精英的墓葬不再是為了在一個社區中維持社會身分。相反地，它們是在展示炫耀性消費，以及在國際層面上與同時代其他貴族較勁。戰士的地位雖然依舊重要，但是在顯示家庭權力和身分的重要性上卻變得次要。

伊特魯里亞和鄰近地區的精英們，大約從西元前七〇〇年開始興建用於多個墓葬的墓室。一般來說，這些墓室是地下墓室（或者當岩石不適合挖掘地下墓室時，會用石塊建造墓室），被土丘覆蓋住（見彩圖八、彩圖九）。有些是相對簡單的建物，只有一個前廳或入口通道和一個單獨的墓室，但是陵墓當中有兩個或多個墓室的也很常見（見圖八）。墓室內部許多裝飾都是模仿一般居家，天花板上雕刻成

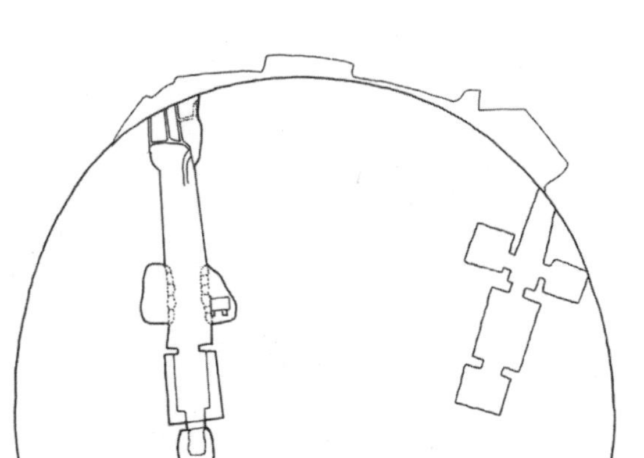

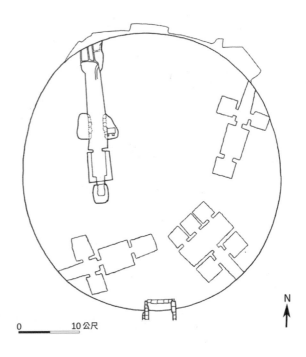

圖8　墓葬土丘二，班迪塔恰（Banditaccia）墓地，出土於切爾韋泰里，約西元前七〇〇年。土丘式墓葬和墓室的平面圖。

類似房屋的橫梁，以石頭雕刻出的家具，甚至還有石製的臥床用枕頭和被單，以及牆上所雕刻的居家用品（見彩圖九）。在以土葬為主要埋葬形式的地區，墓室裡會排列著放置死者遺體的石榻。而在火葬依舊是常態的地區，如在伊特魯里亞北部、皮切奴（Picenum）和威尼托（Veneto），骨灰則會被放置在青銅或陶製器皿中，有時器皿會被塑造成類似死者的頭部和上半身，接著會被置放在儀式用的椅子或長榻上（見彩圖二十五）。這些墳墓以及其中的物品，是高尚地位的家庭的一項重大開支，其巨大尺寸就是要確保有最大的能見度。

這類型的墳墓在整個西元前七世紀和六世紀仍在被使用，在主要城市之外的伊特魯里亞墓地裡也有很多土丘式墓葬，但它們並不局限於伊特魯里亞。在拉丁姆（例如在普里尼斯特和卡斯特爾・迪德西瑪），坎帕尼亞（庫邁、蓬泰卡尼亞諾），薩莫奈部分地區，以及在威尼托地區（埃斯泰）都有類似的墓葬。莎拉・威廉姆森（Sarah Willemsen）針對克魯斯圖美倫（Crustumerium）四十個墓葬所做的一項研究指出，在西元前約六五〇年至五五〇年之間，在舊拉丁姆（Latium Vetus）地區埋葬習俗也發生了類似的變化。在這段時期裡，陪葬品變得不那麼豐富，也不那麼昂貴。但是墓葬建築卻變得更加宏偉和精緻，而且多葬墓成為常態。威廉姆森推測，這些變化可能是受精英家庭之間日益加劇的社會競爭所驅動，這些家庭會花費大量金錢建造巨大的墳墓。相比之下，在義大利南部那些埋在壕溝中的簡陋土葬，有時會用石板襯砌和蓋上，依舊是當地主要的埋葬儀式，而且陪葬品也不那麼具炫耀性。其他證據則顯示義大利南部的社會同樣由富有的貴族占主導地位，但引人注目的葬禮在這個地區卻不是那麼重要的地位象徵。

墓葬土丘與上一時期的墓葬相比，在規模和野心上的差異都很大。雖然一些小型室內墓葬可能是針對單位居住者或一對夫婦，但大多數是為了讓多代人的大家庭重複使用。在薩特里克姆的兩個土丘式墓葬清楚展現出氏族埋葬的發展。墳塚C（約西元前七七五年／七五〇年到六〇〇年）上頭有著圍成一圈的一大群墓葬，其中的位置是以地位來安排的，最富有的人在中心區，最貧窮的人在外圍。墳塚F，年代也是在西元前七世紀，其類型更接近伊特魯里亞人的墳塚。雖然有一個王侯的墓葬在此，不過這些墓葬當中的陪葬品數量較少，而且死者都是被放置在石墓室中。這兩個墳塚似乎都是強大氏族的埋葬地。這時代的首要考量不再是紀念傑出的個人，而是要榮耀整個高貴的家族。西元前八世紀的戰士意識形態並沒有消失，並且繼續被反映在一些陪葬品中，但現在的重點是展示家庭的榮耀地位。

這種類型的貴族墓被設計成慶祝家族歷史、身分認同和重要性宗教崇拜的焦點，同時榮耀家族的創始人。在義大利北部，有在墓葬外展示雕刻墓碑的例子，例如西元前七世紀晚期在維圖隆尼亞的戰士墓上有一塊石碑，上頭有一位手持雙斧的戰士，這可能是在紀念世族的創始人（見圖九）。石碑上面刻著他的名字，阿維利．費羅斯克（Avele Feluske），和他父母的名字，以及奉獻紀念碑的人的名字，名叫佩魯西亞的海勒米娜（Hirumina of Perusia）。在其他地方，我們發現祭壇被設在墓穴外，如西瑪墓（Cima，位在卡厄瑞），但最引人注目的證據是在附近的五椅子之墓（Tomb of the Five Chairs）。在陵墓的側室中，五張寶座般的石椅排成一列，兩側是桌子、祭壇、籃子和較低的座位，所有這些都是用石頭雕刻成的，模仿著一間為宗教儀式所設置的房間。在陵墓中發現的赤陶雕像碎片，最初可能是放在椅子上來代表死去的家人。所有的人都穿著齊腳踝的束腰外衣，上頭裝飾著棋盤圖案，還有固定在一邊肩膀上覆蓋著全身的斗篷，而女人戴著大耳環，頭髮向後梳成一條長長的辮子。這些人物的姿態是伸出一隻手，就好像正在獻祭或準備倒酒一樣。

義大利的許多墳墓是十九和二十世紀初由熱情的業餘愛好者挖掘出來的，他們並沒有像現代優秀的考古學家一樣記錄下發現物，以及發現物彼此之間的關係。其他墳墓則吸引了（並持續吸引）專業盜墓者的注意，他們會在國際藝術市場上出售這些墳墓中的物品。但儘管如此，我們從這樣的墳墓裡獲得的陪葬品仍然令人印象深刻。許多男性墓葬中都有馬勒，以及華麗的武器和盔甲，它們更可能被用於儀式而非戰場。大多數墳墓當中的物品都是陶器或青銅器，這些器皿一般都是用布凱羅黑陶（bucchero）製

圖9 阿維利．費羅斯克的墓碑，出土於維圖隆尼亞，西元前七世紀末。

作的，這是典型的伊特魯里亞陶器，會塗上高光澤的黑色釉料，且通常帶有切割的圖案（見彩圖十），還混合著希臘陶器和以希臘風格裝飾的當地陶器（見彩圖十一）。其他來自異國的物件包括了雕刻的鴕鳥蛋、象牙飾品、彩珠和護身符。胸針、耳環和項鍊等珠寶有時由黃金製成，並鑲有顆粒裝飾。墳墓是死者的房子，裡面裝飾著富麗堂皇的家具和個人裝飾品。一般情況下，只有鑲嵌著象牙或青銅的裝飾物才能保存下來，但還是有一些高背（high-backed）的儀式用椅子被完全包裹在青銅薄板中，所以它們或多或少都保存得完好無損。最令人印象深刻的墳墓裡還有馬車或戰車，它們和家具一樣，裝飾得很華麗（見彩圖二十六）。

位在拉丁姆地區普里尼斯特的貝爾納迪尼墓（Bernardini）和巴伯里尼墓（Barberini），會讓人感覺像是一座奢侈的君王陵墓。墳墓中的陪葬品包含青銅三腳架、大鍋、銀壺、希臘和敘利亞風格的碗（見彩圖十二）、黃金扣針、大尺寸和精心裝飾的釦子、裝飾著白銀和琥珀的武器、大量的雕刻象牙、可能用於未殘存下來木製家具上的裝飾鑲嵌，以及一張用青銅板包裹的高背椅子。陪葬品中還包含許多餐具和充滿裝飾物的長桿，這可能是為數至少一輛的戰車遺骸。

這些墳墓和它們的內容物表現出用炫耀性消費來展現家庭地位的新趨勢。除了給悼念者留下深刻印象，為死者提供舒適的來世外，它們還展示出家族的財富，縱使他們重視奢侈品的象徵價值高於其實際的經濟價值。由於許多物品是從希臘、近東和埃及進口的，擁有這些東西的精英不僅僅是有錢而已，這或者還表現出他們受到東方風格和工藝技術的影響。這群人控制了進入國際貿易網絡的渠道，並可以僱傭來自地中海各地和其他地方的熟練工匠。陪葬品也揭示了社會價值觀的變化。鐵器時代的墓葬是戰士精英階層的墓葬，但是東方化時期的墓葬裡的武器和盔甲是用來展示而非拿來使用的，戰車和馬車不是軍事配備，而是用於儀式性展示的遊行車輛。柯林娜．里瓦斯（Corinna Rivas）對這些墓葬的研究顯示，東方化時期的君主建立起了「文明戰士」（civilised warrior）的形象；他們同時兼有以裝飾性儀式盔甲為代表的戰士形象，以及慷慨接待著同儕與追隨者的君主形象。

聚落、神廟和宮殿

多年來，東方化時期義大利的一個令我們費解的地方是，喪葬證據與聚落證據之間存在著落差，因為前者中有豪奢的墓葬，後者在相比之下則沒有那麼引人注意。這就形成了一個有趣的問題：這些富有精英究竟生活在何處，他們的生活方式為何？這些問題在一九七〇年獲得了部分解答，學者在西耶納（Siena）以南二十公里的穆爾洛（Murlo）附近，發現了一棟巨大建築物。在這個地區有鐵器時代聚落的痕跡，但是在西元前七世紀早期（六七五年至六五〇年）人們建造了一群更大的建築物（圖十）。主建物是興建於石造地基上的泥磚建築，地面上還鋪著夯土。此建築物中有許多彩繪赤陶雕塑和鑄模（moulding），還有屋簷和屋脊上的裝飾，這些都能夠賦予這座建築令人印象深刻的外觀。居住於此的人過著奢侈的生活。出土的物品碎片中，還包括希臘進口的陶製食器和當地生產的陶器、個人裝飾品，以及可能是家具上鑲嵌物的骨頭和象牙製品。

該地點上還有另外兩棟建物。在南面，另一座大型建築被分為三個部分：一座寬敞的中央大廳，兩側有兩間較小的房間。裡頭的發現物還包括精美的陶器，其中一些刻有個人名字，以及祈願慣用句：「我是……送的禮物」（mini muluvanice）。在東南方位置，有一棟包含工業廢料、食品廚

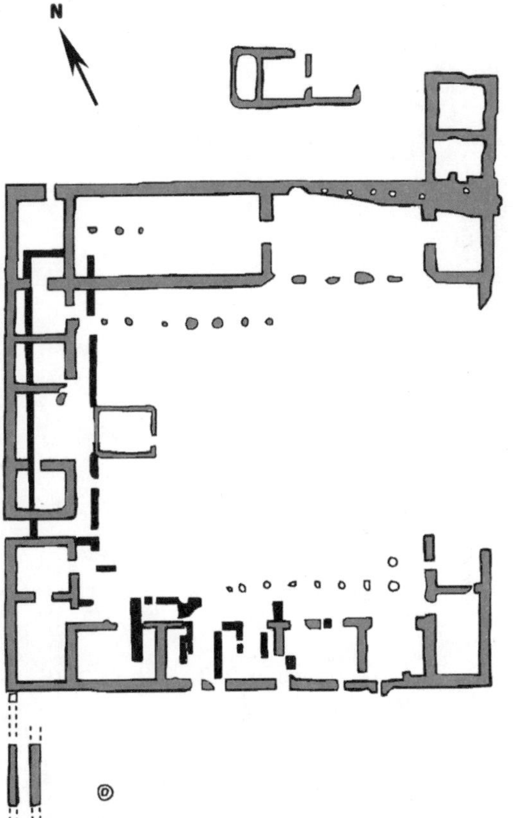

圖10　穆爾洛的西元前七世紀建築平面圖。

餘和工具的更大建物，這可能是一處生產各種食品和供當地消費的手工製品工廠。[2]這三座建築物在西元前七世紀末都被大火燒毀了。工廠裡的一塊瓷磚上覆蓋著足跡，彷彿逃離火災的工人在離開時踏過了它。附近的其他聚落沒有受到損壞，這說明穆爾洛遭逢祝融之災是一場意外，而不是敵人

2 作者注：在穆爾洛發現的物品種類不曾在此地區以外被發現過，這意味著它是為了滿足當地需求而不是為了更廣泛出口而生產的商品。

行動的結果，儘管這兩種情況都是有可能的。近期的挖掘還發現了第四棟建築，可能是此地點上最早的建物。這是一座長方形的建築，有兩個房間，一端是開放式的。它的石牆、瓦片屋頂和發現物（包括精美陶器和紡錘），證明它可能是一處宏偉的精英宅邸。

損失程度雖如此之大，但這並不是穆爾洛的末日。在西元前六世紀，早期的三棟建築被一棟巨大的建築取代，即六十公尺見方的廣場，由四個側翼包圍著一個中心庭院，南邊還有一個由防禦工事保護的庭院。就像它的前身一樣，上頭裝飾著赤陶雕像和浮雕。然而，這庭院的使用時間相對較短，而且似乎在大約西元前五五〇年左右就被捨棄和拆除。

穆爾洛經常被描述為一座宮殿，但它的功能卻不明確，不同人們分別將其定義為宗教聖所、政治集會用的公共建築或貴族宅邸。三方建築的形式與伊特魯里亞神廟相似，其中有一個分成三個部分的中央大廳，而且在一些陶器上還刻著贈送禮物的慣用句，這透露出它們是祈願奉獻物。然而，從主建築中發現的許多高品質的個人和家庭用品，說明這是一位地位崇高的人的住所。這一點也被出土赤陶證實。屋頂上的雕像描繪了戴著高冠和寬邊帽的男人，這種頭飾在義大利中部和北部的藝術中是作為地位的標誌。此外，我們還可以看到從後期建築中修復的赤陶牌匾上飾有淺浮雕，上頭描繪了貴族消遣的場景，如宴會、賽馬和遊行（見圖十一）。這告訴我們在這個時代，宗教、政治和家庭用途並不是互斥的。在一個貴族占主導地位的世界裡，像穆爾洛這樣的複合建築物必須容納政治活動、官方訪客和宗教儀式，並且作為屋主的豪華住所。穆爾洛是這類住宅當中挖掘狀況最完好的，但它並不是唯一的例子。這種具備大庭院的房子同樣出現在伊特魯里亞維泰博附近的阿夸羅薩（Acquarossa），以及拉丁姆地區的菲卡納（Ficana）、加貝伊和羅馬等地。西元前七世紀的精英將資源投注在大型和令人印象深刻的建築上，它們將私人宅邸與公共場所和儀式空間相結合，並且坐落在鄉村，而不是在逐漸開始興起的城市裡。

從大約西元前六五〇年開始，義大利各地的房子都變得更加素樸。大多數房子是茅草屋頂或瓦片屋頂的矩形建物，會在石造地基上以料石（dressed stone）或泥磚當材料來興建。在拉丁姆的菲卡納、伊特魯里亞的聖喬維納萊挖掘出的房子中，有一間內室、一處中庭和一個有柱子支撐的門廊。在卡厄瑞附近的聖喬維納萊小聚落，我們可以追溯一些屋子的發展，它們在西元前七

圖11　赤陶牌匾上描繪宴會和儀式場合，出土於穆爾洛，西元前七世紀。

世紀初（約六〇〇年）時是簡易的茅草木屋，到了大約六〇〇年時才發展成規模更大的石砌房屋，並且帶有瓦片屋頂和中庭。在拉丁姆，薩特里克姆讓人得以深入了解新形式的家庭建築，是如何被用作社會空間的一部分。衛城上的兩組小屋都被一棟帶有石造地基和瓦片屋頂的房子取代，這些房子由一排排小房間組成，它們的門朝著中庭而開。克蘭東尼對這些建物的研究指出，它們的使用方式與它們所取代的小屋相似，夫妻、個人或小家庭使用這些房間，而中庭則用於整個大家庭或家族烹飪的公共活動。有一些考古學家，特別是卡米尼・阿姆波羅（Carmine Ampolo）和加布里埃爾・奇法尼（Gabriele Cifani）則將庭院房屋（courtyard houses）的出現（特別是規模較大的例子，例如穆爾洛和阿夸羅薩的房屋），視為受希臘和敘利亞建築影響，並且是來自地中海東部的工匠所引入的新發展。然而，正如克蘭東尼所指出的那樣，薩特里克姆的發展顯現了比這更高程度的連續性。居住在那裡的大家庭創造了更宏偉的住房形式，但也保留了傳統的空間使用方式，這說明了連續性和創新一樣重要，而且庭院房屋淵源自義大利的部分和來自東地中海的部分，其實不分軒輊。此外，伊特魯里亞全境和拉丁姆兩地房子之間的相似性也顯示精英文化有許多共同的面向，特別是義大利中部的貴族，這說明了羅馬並不是特例，而是義大利中部文化環境的一分子。

聚落的規模和複雜性在西元前七世紀時不斷增加，並開始具備了許多城市特徵。八世紀的原初城市中心發展成擁有數千位居民的大型核心聚落，其中許多都有城市的特徵，像是防禦工事與更有組織性的空間利用（如街道規劃和公共建築）。舉個例，在薩特里克姆衛城上一座用於宗教崇拜的小型建築，在西元前七世紀末被一座更大、更宏偉的神廟取代了，而且已經有可辨識的街道布局。伊特魯里亞地區最受到妥善挖掘的人口中心塔爾奎尼，也出現了類似的模式。房屋變得更大、街道規劃更有系統、人們在一棟有中庭的建築裡頭發現了祈願奉獻物，因此這可能是座神廟。義大利南部部分地區也有類似的發展。到了西元前七世紀末，希臘人的殖民地採取了有組織的城市布局，制定出方正的街道，並且規劃出專門供宗教或公民使用的區域。這一點在已經被大規模研究過的梅塔龐圖姆尤其明顯。雖然這些地點還沒有發展到後來那麼重要的程度，但它們的規模和複雜性都在迅速增長中。正如第一章所討論的那樣，這種形成核心的方式、規模的增長，以及聚落組織和領土組織兩者複雜性的提升，在在都是城市化的指標，並且顯示出更高的社會和經濟複雜性，以及更強的政治權威的出現。

在義大利，重要的宗教中心在西元前七世紀首次出現。雖然我們對某些地區的宗教崇拜和儀式的了解要比其他地區更深入，不過一些總體趨勢是可以確定的。最早的宗教活動的痕跡是遺留的祈願奉獻物，其中有小雕像（雕像的手通常會伸出來表示敬獻）、飲用器皿和用黏土製作的祈願蛋糕模型。這些發現物的年代是從西元前八世紀晚期之後開始出現的，有時還伴隨著動物骨骼的殘骸。神誓（votum，誓言或承諾）的概念是羅馬和義大利宗教的核心，崇拜者在神誓中奉獻或是承諾會敬獻神靈，藉此換取神聖的恩惠。而且，正如這些發現物所透露出的，動物犧牲、食物和飲料的奉獻，以及為了獲得神的幫助或恩惠而捐贈小物品，這些都是很古老的習俗。由於大多數神聖的處所都運作了很長一段時間，因此可以從中追溯宗教的發展和宗教習俗的變化。薩特里克姆的祈願奉獻物顯示出，有座噴泉從西元前八〇〇年開始成為宗教崇拜的焦點。在八〇〇年到四〇〇年之間，噴泉附近修建了愈來愈多的建築群，其中包括一座供奉瑪圖塔聖母（Mater Matuta）的神廟。當中的祈願奉獻物包括陶製器皿、編織工具、武器和小雕像，其中許多（尤其是從西元前六世紀晚期開始）小雕像描繪的是正在哺乳的母親。神廟的位置、規模以及由橫跨相當長時間的成千上萬遺留的奉獻物，再加上神廟的規模和位置，這些都顯示瑪圖塔聖母的崇拜是薩特里克姆的主要崇拜。這個宗教崇拜的性質是模糊的，但是若從祈願物來觀察，瑪圖塔聖母是一位治癒和生育的女神，而武器的存在也顯示她不只保護分娩的婦女，也保護戰士。[3]

義大利的每個地區或民族都有其獨特的神靈，通常都具有非常濃厚的地方色彩。許多神靈與社區生活中的重要大事有關，例如生育、戰爭、醫療、保護作物和動物以及保護邊界。羅馬人的曆法中充滿了要奉獻給各神靈的不同節日，如牧神帕勒斯（保護雞群）、五穀神羅比顧斯（Robigus，防止作物枯萎）、護界神特耳米努斯（Terminus，保護邊界），他們被認為是非常古老的，雖然幾位羅馬作家，像是瓦羅和奧維德對於這些神靈的起源和意義有著不同的意見。其他義大利文化的神靈也扮演著類似的角色：前面提到的瑪圖塔聖母似乎既保護了戰士、又保護了女性；梅費提斯（Mefitis，在坎帕尼亞和盧坎尼亞受到崇拜）是一個與生育有關的陰間神靈；雷伊蒂亞（Reitia，在威尼托之埃斯泰附近的巴拉泰拉受到崇拜）負責醫療和識字。雖然現今遺留的祈願奉獻物可以揭露出神聖之地的位置，有時也能揭示出被崇拜的是哪些神靈，但是我們對宗教組織的知之甚少，也不清楚儀式是如何進行的。

幾乎沒有跡象顯示這些地標性建築與後來希臘和羅馬的宗教有關。大多數宗教場所都是一塊露天區域，通常集中在大自然的景觀上，如山頂、湖泊、泉水或樹木繁茂的地區。像是拉丁姆的內米湖（Nemi）和盧克斯・菲諾尼亞（Lucus Feroniae）這樣的地方有著神聖的樹木，而另一些地方，如拉丁姆的菲雷提納泉（Aqua Ferentina）、羅薩諾・迪瓦里奧（Rossano di Vaglio，位於盧坎尼亞）

的梅費提斯神殿則是神聖泉水的遺址。阿爾巴諾山和梭拉克特山（Mount Soracte）的重要聖所都在山頂，而普利亞的許多宗教場所都位在洞穴中。崇拜並不一定需要建築，聖所的重要特徵是將神聖與世俗空間分開的明確邊界，並且必須要有一個祭壇，祭司方能在其上進行獻祭、傾澆祭奠，並向眾神獻上其他祭品。占卜是在義大利部分地區宗教活動的一個重要方面，所以對於某些宗教崇拜而言，一個能夠看到的地平線的範圍區域是十分重要的，因為占卜師必須要能夠觀察鳥類的飛行，藉此來判斷神的旨意。宗教儀式也可能在其他地方進行，比如穆爾洛的「宮殿」便結合了宗教和家庭用途，而不是專門為了宗教用途而興建的神廟。似乎從西元前九世紀開始，有些聖所上會興建一些小屋，而它們在經過幾個階段的發展後成為了專供宗教用途的神廟，位置還是在相同地點，這是在幾個拉丁遺址（例如拉努維姆和加貝伊）發現的一種模式。然而，出現宏偉的神廟是西元前六世紀才有的現象，聖所上的建築在早期都相當素樸。

義大利的宗教崇拜場所不是只有純粹宗教用途，而是具備各種方面的用途。許多早期和最重要的聖所都不在城市中，而是在其領土上的重要地點。這有時是由宗教崇拜和自然現象之間的聯繫所決定的，但許多聖所被設立於政治或自然的邊界上，則是為了標誌旅人將從一個國家進入到另一個國家，或從城市進入到鄉村區域。河口和海岬也是神廟和崇拜場所的常見地點，例如克羅通境內的拉啟尼溫海岬（Cape Lacinium）上的赫拉．拉希尼亞（Hera Lacinia）聖所，或是帕斯埃圖姆

3 作者注：大多數關於宗教崇拜的證據都來自羅馬人的史料，以及來自羅馬的瑪圖塔聖母神廟，在那裡聖母與幸運女神福爾圖納聯繫在一起。在義大利的其他地區，類似的宗教崇拜會與黎明女神、分娩女神聯繫在一起。

（Paestum）附近塞萊河口（Foce del Sele）的赫拉神廟（Heraion）。儘管位在農村，但這些神廟都是宗教和政治活動的重要中心。它們是進行經濟活動、法律聽證會、政治會議和談判，以及宗教儀式和節日的場所。例如，菲雷提納泉曾是一群拉丁城邦組成的聯盟（league of Latin states）的經常性聚會地點，直到西元前三三八年被羅馬解散為止。其中許多神廟的鄉村性質也加強了它們作為廣大地區人民的集會點的作用。其他的神廟和宗教儀式可能是為了劃定界線並排除其他民族。從我們的角度來看，它們顯示了社會組織和國家發展水準的不斷提高。它們是公共場所，可供來自不同國家的人們造訪，並且作為傳播商品、想法和資訊的重要接觸點。相反地，隨著社區的集體認同感增強，它們的界線也會更加嚴密。

大約在西元前六〇〇年的時候，聚落的面積比八世紀的時候來得更大也更複雜，並且發展出更多的城市特徵。這些聚落由一群以某種風格生活的貴族統治著，他們擁有奢華的宅邸，並將死者埋葬在顯赫的家族陵墓中。神殿和神廟的外觀和重要性都變得更加突出，這進一步說明了聚落之間的領土邊界已經正式化了。

精英的崛起

那麼，生活得如此顯赫的貴族的身分是什麼呢？他們與那個時期社會其他人群的關係是什麼？少數貴族家庭對整個社會的支配程度似乎相當高。豪華的墓葬和大房子顯示了家庭的財富和地位，而陵墓是宗教崇拜和儀式的中心，被用來歌頌家庭身分，甚至也可能是在歌頌這群精英的（真實的或虛構的）創始人或祖先。這些發展與氏族（或大家族）重要性的增加密切相關，兩者成為義大利社會的一個關鍵因素。在這種脈絡下，一個對於氏族（clan）[4]最好的定義或許是聲稱具有共同祖先（無論真實與否）的一群家族，擁有共同的氏族名，並且有共同的宗教崇拜，此崇拜通常是在紀念神話或半神話的家族創始人，藉此來鞏固他們的身分。氏族作為地位和權力來源的重要性體現在個人姓名的改變當中。在伊特魯里亞，這是有關這個改變我們擁有最多證據的地區[5]，在西元前七世紀有一個變化：人們從使用單一個人名字（如拉斯、阿維利或維爾瑟）變成使用由兩部分組成的名字。這包括一個（被給予的）個人名，和一個繼承來的氏族名。例如，卡厄瑞銘文上的拉里斯・維蒂（Laris Velthie）和勞希斯・米珍提斯（Laucies Mezenties）；或者是來自維伊的維爾瑟・塔魯姆斯（Velthur Talumnes）和帕薩納・努西奈（Pasna Nuzinaie）。在西元前七世紀和六世紀的義大利，這種類型的複合人名成為了一種常態。這種變化的意義在於它說明作為特定家庭的成員現在是社會身分的一個重要部分，而作為一個家庭和一個氏族的成員非常重要。

雖然說氏族在義大利東方化時期具有重要意義，但令人沮喪的是我們對它們的組織方式知之甚少。一個氏族由若干附屬的家族組成，這些家族的首領擁有相當大的權力，能夠針對社會聯盟和政治行為下決策，並確保自己氏族的地位能夠維持下去。人們通常認為，其中一個家族的首領會被視

4 作者注：我有時用拉丁術語「氏族」（gens）來指代，不過我將這種用法局限於羅馬大家庭的討論，因為它在羅馬法中可能具有特定的意義。

5 作者注：義大利的其他地區沒有足夠的碑文證據可以追溯到八世紀和七世紀初，因此無法得出任何結論。

為整個氏族的首領，但我們幾乎沒有證據證明這是否為實際狀況（就算真的如此，也無法確定他是如何被選中的，或者他行使了什麼權力）。圖像學和考古學證實了一小群領導者占據了社會支配地位，但是並未證明他們和下屬之間的關係。實際情況可能是充滿變化的，一個統領各個家族的氏族領袖可能在某些時刻或是在某些氏族中出現，但是在其他情況下，氏族下的各家族領袖則採取集體行動。氏族的成員不僅限於直系親屬，也包括了家族的下級分支和較貧窮的親屬及其家人。成員還包括那些氏族侍從（clients）或是其成員的侍從，但是我們不清楚他們是作為氏族這個整體的侍從，認同氏族首領是他們的庇護者（patronus），又或者是作為氏族當中某個家族的侍從，而效忠的其實是這些家族的首領。

庇護者和侍從之間的關係是無孔不入而且相當有力的。這種關係的性質還有許多令人不確定之處，特別是在義大利歷史上最早的時期，因為它本質上是建立在社會關係上，而不是基於法律義務的基礎，但是庇護者似乎對他的侍從擁有類似家長的權力，這使他有支配他們生活各方面的權力。他被期望要提供保護和幫助，作為回報他們也會以各種方式服從和支持他。這些可能包括政治上的支持、代表他進行經濟交易，或甚至為他作戰。穆爾洛的「宮殿」等大房子和別墅，或者是在羅馬附近發現的一座古老的別墅（「禮堂」別墅〔Auditorium Villa〕），這些建築物最有可能的用途便是這些家族領導者的宅邸。土地可能屬於氏族集體所有，這確保了大多數氏族成員要接受氏族首領的公平分配，不過在義大利能夠支持這種說法的證據仍然相當薄弱，而且這已經是最樂觀的說法了。

這種由小而緊密的貴族集團控制的統治，集團透過追溯自己是神話創始者的後裔來獲得社會和政治上的合法性，都不是羅馬或義大利獨有的。這一時期的許多希臘城市都由世襲貴族主宰，他們控制著政治權力、社會影響力和經濟資源的管道。科林斯由巴基阿德（Bacchiad）氏族統治，這個大型貴冑家族在西元前七世紀中被一場群眾起義推翻，但這種社會制度卻被西地中海的希臘殖民地複製。在洛克里（Locri），所謂的「百戶家庭」（Hundred Families），即聲稱是第一批移居者後裔的一群貴族，控制著土地所有權和政治權力，而敘拉古則被一個名為「土地分享者」（Gamoroi）的類似派系統治著。西元前七世紀希臘和義大利貴族所共有的一個關鍵特徵是他們大多是世襲的。成員資格受到嚴格限制，可能只給予那些出生在特定家庭的人，外人很難成為精英階層的成員。因此，他們對於所屬的社區具備高度的支配權力。

這種排他性在貴族階級和非貴族階級之間，創造了一種幾乎無法逾越的界線，但是貴族階級的家庭之間存在著緊密的聯繫，無論是在社區內還是在政治和族群邊界之外。這在一定程度上是建立在通婚上。封閉精英階層的本質是其成員只跟階層內的其他成員通婚，而且，由於每個地區的精英家庭數量很少，所以不同地區來的貴族家庭之間的婚姻和親屬關係相當常見。其結果是出現了地位高家庭之間的聯繫網絡，這不僅將各家庭聯繫起來，而且還將不同的社區和區域連結起來。

貴族之間的友誼關係是精英社會生活的另一個重要特徵。這些友誼主要不是建立在個人情感上，而是正式化的關係，這些關係擔負有成員之間彼此支持和款待的具體義務，並且依靠社會上和宗教上的制裁來加以維持。傷害一個和他有朋友和賓主之誼的人，或者不履行他對他們的義務，會招致恥辱，並且可能引起神靈的不悅。這種類型的朋友（通常稱為賓主之誼）可以是世代相承的，它可以把幾代家庭聯繫在一起，並且連結起來自不同地區的家庭。各地區和各社區的精英們會透過這種方式建立起聯繫網絡。考古挖掘者在穆爾洛的主要建築物的廢墟中，發現了一些象牙材質的牌匾，一面雕刻成獅子的低浮雕，另一面刻著個人名字。這些都是賓主之誼信物（tesserae hospitales）[6]，表示兩個人或兩個家庭之間正式賓主友誼的信物，它們在有需要時會被提出來作為雙方關係的證明，而且也可以作為名片或是介紹彼此的形式。這些信物的存在顯示居住在此地的居民與同時代其他地方的人建立了關係網絡。這些關係增強了社會地位（一個人擁有愈多朋友，他被重視的程度也就愈高），且同時有現實上的功用。大量的賓友讓旅行變得便利（顧名思義，他們有義務提供款待），並充當了外交或政治聯繫的網絡。

這種聯繫的結果是形成了一個由富裕家庭組成的國際精英階層，他們共享著奢華的物質文化和生活方式，但同時代的其他人基本上是被排除在外的。這種相互聯繫在某種程度上解釋了為何義大利所有地區的王侯葬禮的內容物都如此相似。在一般情況下，被埋葬的物品的類型和樣式會因為區域不同而有所變化。東方化時期的君王陵墓發現物所呈現的高度同質性，意味著其奢侈品有相同的來源，而且奢侈品擁有者之間有緊密互動，造成奢侈品在這個階層中相互流通。某些作為禮物相互流通的物品被當成了貴重的陪葬品，因為在這種地位的人之間的任何正式往來中，相互較勁的慷慨和交換奢侈的禮物都是必不可少的要素。在許多社交場合上交換有價值的物品，象徵著友誼和善意，也展示了送禮者的財富和慷慨。其他貴重物品則可能作為嫁妝的一部分，從一個家庭轉移到另一個家庭。

義大利精英家庭之間相互聯繫的另一個影響是共同的貴族文化的發展。象徵高地位的物品在義大利的許多地區都很常見，儘管這些地區在族群和文化上都是截然不同的。義大利中部和北部隨處可見類似的等級標記（例如大帽子、權杖、儀式椅子），飲酒器皿在墓葬中也隨處可見，還有藝術中對宴會的描繪，以上這些都顯示在大多數義大利文化中，儀式化的宴會對貴族來說非常重要。擁有馬匹、戰車和馬車是許多地區的藝術中描繪貴族的常見特徵，而馬或戰車作為一個強大的地位象徵，這種說法得到了在君王陵墓中所發現的馬車、馬的裝飾，甚至是馬匹遺骸的支持。

我們可以從這個時期的藝術和喪葬遺骸中，了解古代貴族的文化和生活方式。伊特魯里亞的浮雕當中具有豐富的訊息，義大利北部出產的一系列青銅器也是如此，這些青銅器上裝飾著精緻的貴族生活場景。[7]東方化藝術是非常公式化的，它是由各種標準化的人物形象組成，我們不能把它看作是現實的自然描述。儘管如此，這些物品讓我們了解這一時期富有的精英是如何生活的，以及什麼樣的活動對他們來說是重要的。在威尼托的埃斯泰墓中發現的青銅罐（圖十二）是最複雜的例子之一。它的年代可以追溯到西元前六〇〇年左右，其中一面描繪了一支勝利的軍隊帶領著一些囚

---

6 譯者注：客人在離開的時候主人會贈送禮物，有時候主人、客人會將一種模具一分為二，一人持有一份。兩個家庭之間在此刻就建立了一種關係。如果客人家的後輩前來拜訪主人，這份信物便能用來證明他的身分。審定注：這種社會關係在古希臘稱為xenia，學術上翻譯為「儀式性友誼」（ritualized friendship），係兩造雙方（通常是貴族或上層人士）透過禮物交換的儀式，建立友誼關係，成為賓主關係。這在荷馬史詩裡已經清楚出現，但在地中海其他地方亦常見其蹤跡。這種友誼關係可以繼承、延續數代，但常需一再透過禮物交換的儀式來確認和延續。希臘城邦後來擴大這種原來屬於私誼的體制，逐漸發展成類似領事的體制（稱為proxenia），由相關個人來代理及保護相關外國人在該社區的種種權益。

7 作者注：這種風格被稱為西圖拉（situla）藝術，得名自這種風格最常出現的桶狀容器（situla）。西圖拉是一個大型桶形青銅器皿，可能用於混合和供應葡萄酒，這是最常見到這種裝飾風格的物品，但一般的裝飾風格也出現在一系列其他青銅器皿上。這種裝飾風格的物品產自西元前六五〇年到五五〇年，大部分來自菲爾辛納（現代波隆那）的工坊。

犯，另一面則描繪了一個可能是勝利慶典的貴族宴會。不同階層的男人以衣著區分：宴會上的侍從頭上沒有任何東西，而用餐者則戴著類似貝雷帽的頭飾，最顯赫的人物坐在高背的禮儀椅上，戴著象徵著權力和地位的奢華寬邊帽。在義大利北部和中部的藝術和雕塑中，這種椅子和大帽子是地位的象徵，標誌著具有權力的人物。穆爾洛的青銅冠展示了以類似風格繪製的貴族生活場景，包括節慶、賽馬、一對夫婦乘坐馬車的遊行，以及一個貴族似乎吸引住觀眾目光的場景。它們展示了一系列對西元前七世紀義大利貴族具有重要意義的活動：戰爭中的英勇，以及諸如節慶遊行、體育競賽、賽馬和宴會等社會儀式的文化，讓他們可以炫耀自己的財富和權力。

婦女通常被認為在古義大利這樣的傳統社會中，沒有什麼權力，但在權力和地位取決於個人是否出身於顯赫家庭的情況下，這些家庭中的婦女實際上擁有相當高的地位和重要性。婚姻是維持各家庭之間聯繫和聯盟的一種方式，因此女性在王朝政治中扮演著重要的角色。矛盾的是，這些高度不平等的社會比較起古典希臘這樣更為民主

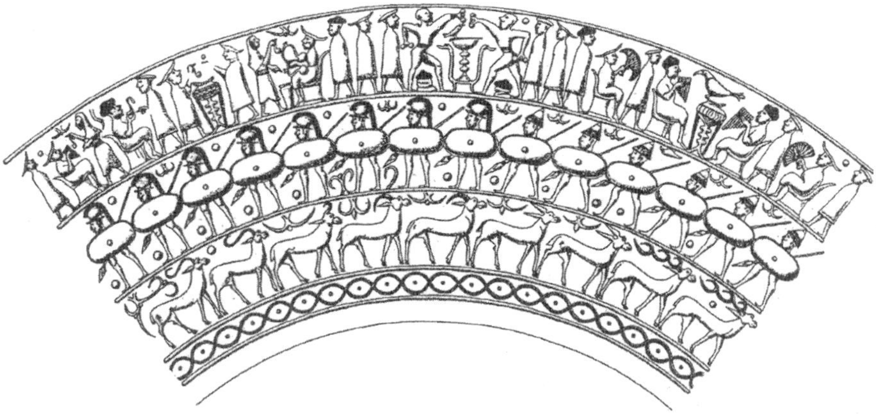

圖12　本溫努提青銅罐，出土於埃斯泰，約西元前六〇〇年。

的社會，反而賦予了精英家庭的女性更多的影響力和更高的地位。一個重要家庭的女性成員能夠擁有潛在影響力的地位，儘管這種地位是來自於身為一個家庭的成員，而不是因為她們擁有自己的權力。羅馬人不給女性取個人名字的做法可能最清楚地說明了這一點，只給她們陰性格的氏族名或家族名，強調她們的地位完全來自於她們在該集團的成員身分。[8]

也就是說，義大利許多地區的婦女享有的能見度和社會地位，要比地中海其他一些地區的婦女高得多。有相當數量的「君王」規模喪葬是為了紀念女性，或者是作為夫婦的一部分，其中包括一些最豪奢的喪葬。當然，給女性親屬舉辦奢華的葬禮和興建大型墳塚是一種展示家庭地位的方式，但無論如何，最重要社會階層的女性被紀念的次數和她們的男人一樣頻繁和奢侈。義大利的藝術可以讓人們對西元前七世紀的貴婦的生活，有一些了解。有一種來自波隆那的青銅風鈴，上面印著桶狀容器藝術風格的場景，展示了一群婦女在編織（見圖十三）。她們都穿著當時義大利北部婦女的特色服裝：一件長及腳踝的束腰外衣，寬大的披肩覆蓋著頭和上半身，但有兩個人的身分較高，坐在高背的禮儀椅上，顯然在指揮她們的僕人。這似乎是一個家庭場景，但其他的一些物品表現出，義大利女性的生活並不像希臘世界的女性那樣隱而不顯。穆爾洛的壁畫和許多墓葬畫顯示了女性

8 作者注：羅馬社會在這方面似乎有些保守。在義大利北部和中部的許多地區，如伊特魯里亞和威尼托，女性至少在西元前六世紀之前就被賦予了個人姓名和姓氏，但羅馬婦女仍然只有陰性格的氏族名稱。即使是在相當晚近時，女性所擁有的額外姓名，也只是作為一種非正式的附加物而不是真正的名字，像是它們只是用來區分一個家庭中的不同女兒，例如數字名普里瑪（Prima）、西提達（Secunda）、特蒂夏（Tertia），或其他暱稱。編按：prima是拉丁文中「第一」的意思，以下類推，有點類似中國的男子名大郎、二郎、三郎的取法。

（顯然是高階層的女性）參與公眾場合，在宴會上斜倚或是與男性一同乘車。後來希臘作家對伊特魯里亞地區婦女及其出現在公眾場合的自由視而不見，認為這是放縱和頹廢的表現，但是東方化時期的藝術和喪葬習俗顯示這個時期的貴族女士不僅不是放蕩的女性，相反的還在社會中發揮重要作用。

在西元前七世紀的義大利，政治權力和政體的性質則尚未明朗。貴族通常被認為擁有王室權力，並以國王的身分統治國家，但我們不知道個人是否以君主的身分統治眾人，或者權力是否由家族集體分享。他們是高貴世族的這種說法，是基於精英階層和其他人之間，在財富和地位上的差距。有時我們會在高貴的墓葬中發現具有君王象徵的物品，而且在義大利藝術中，描繪高地位者時也有這些物品的蹤跡。這些物品包括上述的馬車廂、戰車、高背椅和大帽子，以及其頂部以弧形為特色的指揮棒或權杖。所有這些物品無疑

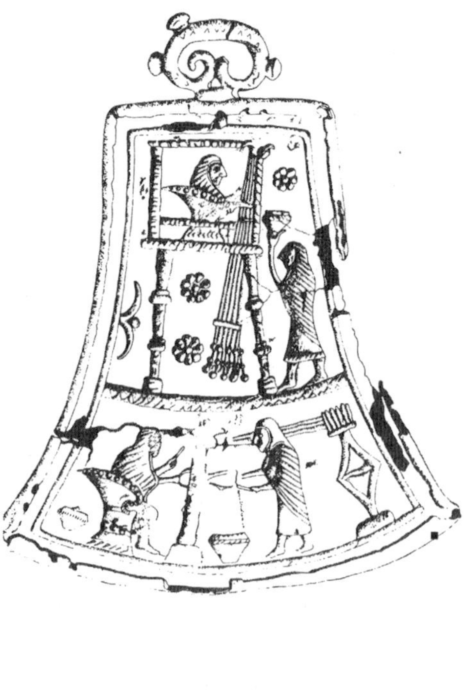

圖13　青銅宗座鈴（tintinabulum）描繪女性織布的情景，出土於波隆那，西元前七世紀末。

都是高地位的象徵，但是卻沒有一個能證明它的擁有者是國王。權杖或杖（lituus）是祭司使用的儀式用棍棒，因此它可能是宗教權威而非政治上官位的象徵。根據目前的證據，我們不能確定西元前七世紀的社區，到底是由一位統治者、或一群彼此之間分享權力的群體來統治的。我們可以確定的是，義大利貴族是統治著義大利社會的一個緊密團結的強大團體。

這些家庭與不屬於這個精英階層的人（占人口絕大多數）之間的關係，是不確定的。希臘作家將伊特魯里亞人的地位比擬作希臘色薩利（Thessaly）的「佩涅斯特」（penestai）的地位，後者是一個不具備完整公民權利的農奴階級，他們是受到束縛的耕種者，必須要依附於他們的地主。[9] 一些希臘城市，包括希臘本身和西地中海，都是由類似的少數精英管理的，這些精英階層在東方化時期使其餘的人處於一種依附和奴役的狀態。西元前七世紀的詩人赫西奧德嚴厲地提到了那些宛如國王的有權有勢貴族，並且對財產糾紛中的腐敗情況有著生動的描述，他在詩中主張對此糾紛有最後仲裁權的執政者——「國王」被收買了：「我們把我們的財產分成兩半，但你攫取了更大的部分，並且向上天稱頌這些接受賄賂的國王，他們鍾愛審判這樣的案子。」（*Works and Days* 38–9, 220–21）

9 作者注：Diod. 5.40; Dion. Hal. 2.44.7。古代史料是使用希臘或羅馬的術語，如上層階級與奴隸或農奴之間的兩極分化，來描述伊特魯里亞社會，因此我們很難評估這是否反映了伊特魯里亞人的風俗習慣，或只是後來的希臘和羅馬的假設。一些伊特魯里亞的銘文把某些人稱為勞特尼（lautni），這個詞似乎意味著一名重獲自由的奴隸，或者是一名僅具備有限法律權利的人，但無論是兩者中的哪一種的出現時代都比西元前七世紀晚得多。羅馬史料生動地描述了由於專橫的精英階層統治著土地所有權和政治權力，所造成的社會緊張局勢，這也與五世紀和四世紀有關，但我們非常缺乏東方化時期的相關證據。

一如既往，阻撓我們了解西元前七世紀的義大利的問題，在於缺乏史料，而且從希臘的情況進行推斷有著不小的風險。由於大部分的資源，包括土地，都是由少數精英擁有和控制的，所以很有可能其餘的人口（或以務農為生的人們），實際上都是這些精英階層的佃戶。然而，當時貿易和工藝生產的繁榮顯示也有相當多的人以商人和工匠的身分謀生，不受土地或土地所有者的束縛。這些群體具有高度的流動性，他們的移動可以透過商品的流動、工藝風格、製作技巧以及偶爾出現的題辭來追溯。這群人不太可能受到農奴制或侍從關係的約束，但他們仍然依賴於尋找富有的顧客來購買他們的商品和服務。西元前七世紀的義大利社會或許最適合被想像成一座陡峭的金字塔，其中底層百分之九十的人口與頂層百分之十的富人，透過一系列的義務網絡緊密聯繫在一起，從徹底的農奴制度到不那麼正式的侍從和庇護關係，這百分之十的人形成了擁有共同品味和生活方式的國際精英階層。

這種陡峭的社會和政治等級制度體現在這時期的軍事組織中。在墓葬中發現的裝備顯示大多數戰士都穿戴著青銅頭盔並配備圓形或橢圓形盾牌、劍、長矛或標槍。馬匹和相關裝備只出現在高地位者的墓葬中，因為在馬背上戰鬥是富人的特權。這與古代作家所描述的內容以及此時期的藝術如何描繪士兵和軍隊是一致的。古代作家描述的戰爭是由全副武裝的步兵進行的步兵戰，縱使這些作家都不是當時的人。有關這時期的戰爭我們掌握的證據裡，時代上最為接近的部分是來自希臘世界。西元前七世紀的希臘詩人阿爾基羅庫斯（Archilochos frag. 5）曾身為一名步兵參戰，他描述到自己在戰敗時為了逃跑而捨棄了笨重的盾牌，他的說法就與義大利出土的證據相符。對軍隊的視覺上呈現給了我們許多訊息。有一個伊特魯里亞—科林斯風格的陶罐出土於卡厄瑞近郊的特拉格利爾

（Tragliatella），上頭刻畫著一組士兵畫像（見圖十四）。[10]他們在編隊中行進，所有人一致裝備著許多矛，以及一個繪有野豬徽章的圓形盾牌。帶頭的領袖赤手空拳，而隊伍最後的一個人手上則拿著一根彎曲的手杖，這是宗教或政治職位的標誌。義大利北部的一些青銅罐上也描繪著軍事場景。本溫努提青銅罐上的其中一面也描繪了裝備著頭盔、盾牌和長矛的士兵團體。

這些零星的證據讓我們了解士兵們如何作戰，但卻沒有提供太多有關軍隊組織方式的訊息。到了西元前五世紀，義大利軍隊是種民兵組織，所有負擔得起裝甲和武器的男性公民都有義務服役，但在七世紀，他們更有可能其實是私人軍隊，像是權勢之家的武裝隨從，或者是聽從庇護者的指揮進行作戰的佃戶和其他依附者。例如說，特拉格利爾壺上所描繪的戰士盾牌上的徽章，就顯示他們隸屬於同一個群體，本溫努提青銅罐上則使用不同的盔甲和武器來區分不同的戰士群體，可能就是用來表示分屬不同領導者的戰士群。

10 作者注：伊特魯里亞—科林斯風格是一種陶器形式，在伊特魯里亞當地生產，但其形狀和裝飾形式都來自科林斯的希臘陶器。

圖14　伊特魯里亞—科林斯風格酒壺（oinochoe），上頭刻畫著行軍中的戰士（引自Spivey and Stoddart 1990），出土於卡厄瑞，西元前七世紀末。銘文上寫著：「我屬於馬瑪斯」（Mi Mamarce），或可能是Mi Amnuarce。

讀寫能力：一種新技術

西元前七世紀是讀寫能力傳播到義大利的時期，它徹底改變了記錄保存、官僚主義和文學的可能性。最早的寫作包括少數八世紀的銘文，包括奧斯特里亞·戴爾奧薩的銘文，但這些都很少見。七世紀羅馬的銘文數量比先前的時代多出許多，讀寫能力在羅馬也愈來愈普及，但是伊特魯里亞人和希臘人仍然是銘文數量最豐富的人群。伊特魯里亞銘文的數量從八世紀左右的二十個例子增加到

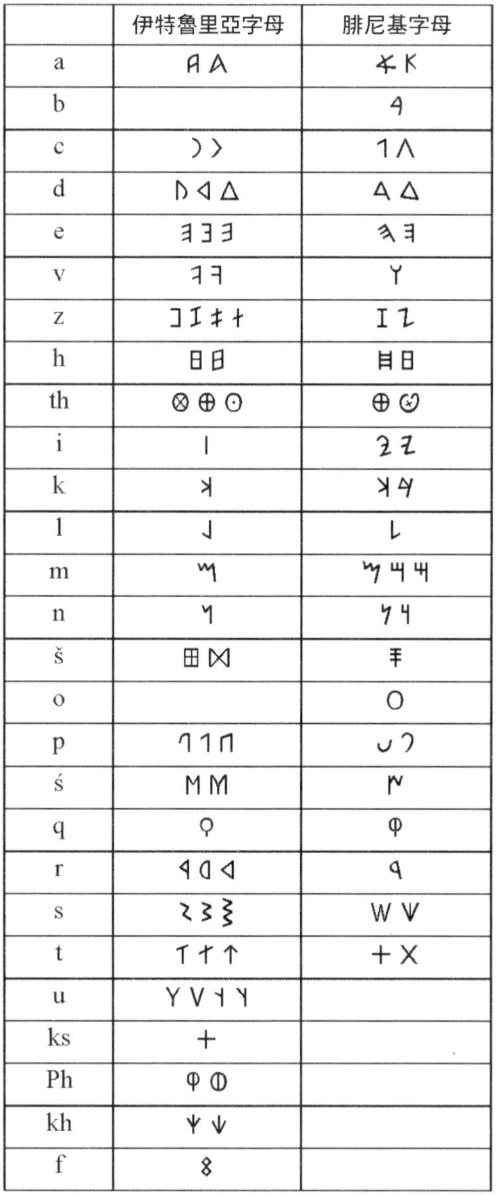

圖15　早期的伊特魯里亞字母，約西元前七五〇年到五〇〇年，以及其所根據的腓尼基原型。

七世紀的三百多個例子，而且我們在希臘人殖民地區域也能看到類似的增加。伊特魯里亞字母（見圖十五）是在希臘和腓尼基字母的基礎上發展起來的，它在八世紀早期變得更加成熟，卡厄瑞和維伊地區銘文的高度集中使得語言學家阿爾多·普羅斯多奇米（Aldo Prosdocimi）推測，這些地方可能有在教授閱讀和寫作，而老師可能是一位或是好幾位神廟裡的祭司。

許多銘文只寫著所有者的名字，有時也寫著被刻上銘文的物品之名。例如卡厄瑞的一塊盤子上寫著「我是努吉娜亞的盤子」（mi spanti nuzinaia）。還有一些是禮物上的銘文，例如同樣來自卡厄瑞的西元前七世紀水壺，上頭寫著紀念「美麗的泰特拉」，又或者是阿蘭斯（Aranth）的葡萄酒罐，上頭寫著獻給羅慕塔·斯蒂西納拉（Ramutha Vestiricinala）。[11]大多數的雕刻物品都是在墓葬中發現的，可能是獻給死者的祭品，或者是跟死者一起入土的生前珍貴財產。也有少部分在聖所裡發現的祈願奉獻物，上面刻有祭品所要奉獻的神祇之名。大多數銘文的簡潔性和公式化性質並不意味著這些書寫物的價值很低。許多銘文都是煞費苦心寫出來的，一些較長的例子還巧妙地被運用到它們所鐫刻的物品的裝飾中，形成了精美的圖案。銘文大多數都寫在一些有價值的物品上，比如布凱羅黑陶、彩陶，或金屬物品。這本身就顯現寫作是具有威信的，寫作會跟高級的物品連結在一起，並且由熟練的工匠生產。

碑銘的內容也把寫作放在精英生活的背景當中。交換禮物是東方化時期義大利社會的一個重要方面，會作為婚禮和葬禮儀式的一部分，或是用來紀念賓主友誼和其他形式的社會和政治聯盟。透

11 作者注：所有這些都是在卡厄瑞的墓葬中發現的，都是作為葬禮禮物或作為死者的珍貴財產而埋葬的。

過將送禮人或受贈人的姓名刻在物品上來讓禮物帶有特色，從而讓雙方都獲得了更多的榮譽，並且還可充作交易紀錄。在皮帖庫塞發現的內斯特杯上的銘文提供了另一個角度。宴會和酒會是貴族生活中常見的一部分。無論是古代描述還是藝術描繪，都有大量證據證明這一點，而內斯特杯上的短詩引用了《伊利亞德》，也展示了主人的學識和教養，這杯子可能就是為了這樣的場合而製造的。

銘文是關於早期讀寫能力的唯一直接證據。諸如木製書寫板或紙莎草等易腐爛的媒介無法被保存到今天，但還有其他證據證明讀寫能力在貴族社會中是相當重要的。書寫工具被作為陪葬品入土，並且作為祈願物被奉獻給神廟，這都說明了它們是有價值的財產。最早的例子是一個象牙材質的書寫板，上頭有裝飾著金箔的痕跡，並且有字母沿著一條邊緣雕刻著，而且有一處凹痕可以用來固定用蠟製成的書寫表面。這份書寫板可以追溯到大約西元前六七五年到六五〇年，是在馬斯利阿納·達貝納（Marsiliana d'albegna）的一處富人墓葬中發現的，主人很可能是一位女性。[12] 字母也被發現被銘刻在小陶瓷容器上，其中有些工藝水準很高，可能當作墨水瓶使用（見彩圖二十四）。由此可見書寫工具可以用來展現聲望。

讀寫能力之所以如此重要，是因為它對古代國家和社會的組織有著許多含意。在這個早期階段識字的人非常的少。西元前七世紀的貴族可能不具備讀寫能力，因此他們需要委託專業的書寫員或祭司來閱讀和寫作，但在他們的資產上的銘文，卻顯示了他們希望將自己與一項享有聲望的新技術連結在一起。雖然大多數七世紀的銘文都是聲明所有權或記錄諸如獻祭等等儀式，但馬斯利阿納的書寫板已顯示出寫作可能被用在更廣泛的目的。讀寫能力的普及使記錄和記帳得以進行，促進了宗教和國家官僚機構的發展。

東方化的經濟

新興貴族的富裕程度取決於各地區的不同因素，不過他們有一些共同點是可以被確定的。在整個義大利，農業用地的開發速度加快了。在伊特魯里亞，土地耕種變得更加系統化。有跡象表明人口在增長，許多小的農村定居點也已經開始發展，但我們對耕種土地或擁有這些農場和村莊的人群知之甚少，也不了解他們與大型聚落之間的關係。農作物的多樣性和農村定居的新模式顯示了新的土地劃分，這也說明了新形式的政治和社會權威的出現，他們有權決定土地應該如何被劃分。鑑於西元前七世紀上下分明的社會等級制度，我們似乎有理由認為貴族控制了大部分土地，將其用作大莊園耕種，無論是透過佃農、農奴或是使用奴隸來耕作。種植更多的土地和更加集約的耕作方式帶來了更大的產量，但大多數人的收成僅能供自己的溫飽而已，但大地主卻能獲取大量的盈餘。在義大利中部，人們種植穀物、豆類、葡萄和橄欖，而且橄欖和葡萄從七世紀中葉開始特別密集地種植。宴會是貴族炫耀性消費文化的核心，宴會使得高品質的食品和葡萄酒需要有穩定的供應，任何多餘的美食和酒都是有價值的出口品。在西地中海發現的大多數七世紀與六世紀的沉船中，都有運

12 作者注：位在象牙之圓的六十七號墳墓（Circolo degli Avori Tomb 67），是一個巨大的墳墓下面的一個墓室，裡面埋葬著一名男性和一名女性。書寫板似乎與女性死者有關。

往西西里島、西班牙、法國南部等地的伊特魯里亞雙耳瓶[13]，其中裝有葡萄酒和油。伊特魯里亞葡萄酒在整個西地中海地區的流行，為那些控制生產和運輸的人帶來了豐厚的利潤。

在義大利南部的希臘人殖民區域，西元前七世紀是他們鞏固統治的時期。希臘人對其聚落腹地版圖的控制愈來愈有系統性，聚落本身也發生了變化。梅塔龐圖姆地區在六〇〇年左右出現了整齊有規劃的土地劃分和邊界，這是土地被有系統地調查並分配給殖民者的標誌。隨著希臘人擴大了對周邊地區的控制，在他們之間進行分配和開發資源，義大利的村莊在同個時期也從這個地區消失了。城市的規劃布局也在此時變得更加整齊劃一。這兩種變化都展現出有一個更強大的城市組織逐漸發展出來。

除此之外，礦產資源的開採規模也在增大，特別是在伊特魯里亞。人們持續開採在比薩（Pisa）附近的富含金屬的山丘，在薩丁尼亞島發現的用伊特魯里亞金屬製作的「牛皮」狀金屬錠也顯現出，連接義大利與薩丁尼亞島和地中海東部的貿易路線繼續蓬勃發展。食品和手工業成品的貿易相當繁榮。在義大利，特別是義大利中部，進口了大量來自希臘和東方的產品，不過伊特魯里亞的貨物和產品也出口到整個地中海和中歐。葡萄酒和橄欖油的貿易可以透過在義大利發現的希臘和腓尼基的雙耳瓶來追本溯源。在奢侈品市場，我們發現了許多用來裝香水或香油的球狀油壺。它們在希臘大量生產，特別是在科林斯（見彩圖十三），因為這地方恰好出產香水。上述這不僅是陶器貿易的標誌，而且是一種更有利可圖的昂貴香水貿易的標誌。穿越阿爾卑斯山進入歐洲中部的貿易路線，提供了義大利原物料來源，包括像是琥珀的一些奢侈品；這條路線也是義大利商品進入歐洲市場的通衢。伊特魯里亞地區生產的青銅器皿在許多地方流通與交易，遍布在整個希臘世界，它們同時也進入了中歐。由於水下考古方面的進展，人們開始研究沉船殘骸，這也為我們提供了一幅關於當時國際商貿引人入勝的樣貌。西元前六〇〇年左右，有一艘腓尼基商船在吉廖島（Giglio）附近的伊特魯里亞海岸沉沒，上頭運載著豐富多樣的出口貨物。這艘船的主要貨物是一批金屬錠，不過它也運載著伊特魯里亞和腓尼基的雙耳瓶（可能裝有橄欖和葡萄酒）、香水瓶，以及希臘和伊特魯里亞的陶器。這些金屬錠、葡萄酒和橄欖等農產品，以及高水準的工藝製品會聚在一塊的情況，也都是其他沉船中物品的典型特徵，讓人可以從中深入了解西元前七世紀末地中海貿易的規模和多樣性。

我們從藝術風格的改變中也可以觀察到工藝生產和技術的進步，以及工匠的國際影響力。「東方化」時期一詞就得名於七世紀希臘世界採用的一種特殊藝術風格，源自埃及和近東文化（參見彩圖十至十二）。這種風格的特色是刻有動物圖案的橫飾帶（frieze），通常是像獅鷲和獅身人面像這樣的神話靈獸，又或者是像獅子和豹這樣的外來種動物。畫面背景則密集地填充玫瑰花和花卉圖案。人類的形象會以僵直的姿勢和手勢來表現，以及標準化的假髮式頭髮，其風格類似於埃及藝術。這些風格和慣例起源於東方，但很快被義大利工匠採用並融入當地的生產物當中。這種風格的無處不在顯示出地中海世界在東方化時期的相互聯繫，以及這個時代工匠的流動性和技術。

13 譯者注：雙耳瓶（amphorae）是一種陶瓷瓶，擁有兩隻把手和細長的頸部結構。雙耳瓶首先在西元前十五世紀出現於今天的敘利亞地區，然後傳播到世界各地，被古希臘人、古羅馬人用來運送與儲存葡萄、酒、橄欖油、食用油、穀物、橄欖和魚類。

遷移和殖民

西元前七世紀的特點是精英和社會其他人群之間缺乏社會流動，但在貿易和工藝生產的新機會的推動下，卻有著高度的地域流動性。工匠的流動性特別高，這一點從新的藝術風格、工藝技能和讀寫能力等技術都很容易傳播這些現象可見一斑。

科林斯的德馬拉托斯（Demaratos of Corinth）的職業生涯，就生動地說明了這種各地的相互連通性。根據歷史記載，他是科林斯的一位貴族，而當他所屬的巴基阿德氏族在西元前六五七年，被僭主庫普塞魯斯（Kypselos）趕下台時，他被迫流亡（Pol. 6.11a.7; Dion. Hal. 3.46.3-5; Pliny, *NH* 35.43.152）。他沒有搬到另一座希臘城市，而是在一群家臣和工匠的陪同下移居義大利，並在塔爾奎尼定居，在那裡他與一個伊特魯里亞貴族家庭結為姻親，並且成為了一位成功的商人。據說他是從與伊特魯里亞人的貿易中累積了個人財富，而且也是從這貿易中奠定了讓他得以在塔爾奎尼定居的人脈網絡，他的同伴們被認為將希臘風格的陶器和繪畫，以及書寫技術引介給了伊特魯里亞人。他的兒子盧庫莫（Lucumo）後來移居羅馬，並且改名為盧基烏斯・塔克文・布里斯克斯（Lucius Tarquinius Priscus），成為羅馬的第五任國王。德馬拉托斯可能是真實歷史人物，但也有可能不是。[14]但這個故事體現了存在於考古紀錄中的幾種趨勢：希臘和義大利工匠之間的密切聯繫，人們如何採用書寫系統，以及大量希臘貨物的進口。它讓我們有機會深入理解，當時那個等級森嚴的社會是如何在某些社會脈絡之中，反而強化了流動的機會。像德馬拉托斯這樣高地位的人可以利用社交和賓主之誼構成的網絡，跨越地區和族群界線，最終還跟具有同等地位的家庭建立聯繫，讓他能夠定居在不同的社區中。如果一個有地位的人決定要遷徙，他並不會獨自一人，而是會帶著同伴和他的眷屬。此外，一個透露出混合族群血統的人名，也可能為當時人的移民模式提供線索。在塔爾奎尼亞出土的一個陪葬品，上頭寫著要獻給一位名叫魯提利烏斯・希波克拉提斯（Rutilius Hipukrates）的人（也可能是他自己刻的），魯提利烏斯是拉丁文，希波克拉提斯則是伊特魯里亞化的希臘姓氏，他在去世時顯然住在（或造訪過）伊特魯里亞。

在更廣泛的層面而言，從更大規模的民族和文化運動中可以觀察到這種流動性的影響。伊特魯里亞與坎帕尼亞之間的聯繫在西元前九世紀和八世紀時已經建立了，但在七世紀和六世紀，伊特魯里亞文化在坎帕尼亞中部和沿海地區變得更加突出。學者對祈願奉獻物和陪葬品的研究已顯示此地區與許多鄰近地區有著密切的聯繫，手工藝品則顯示了拉丁文化和亞平寧文化的影響，不過伊特魯里亞的進口物及其對當地文化的影響日益突出，像是在卡普阿（該地區的主要聚落）和其他重要的中心，如諾拉、努切利亞、弗拉泰・迪薩萊諾（Fratte di Salerno）和蓬泰卡尼亞諾（見地圖四）。但是這並不一定代表他們像一些羅馬人（尤其是歷史學家加圖）所相信的那樣，是伊特魯里亞人的殖民地。就目前的史料證據而言（特別是證明會使用伊特魯里亞語言以及伊特魯里亞人姓名的銘

14 作者注：關於這一點學者的意見有所分歧，福斯托・澤維（Fausto Zevi）認為他是一個歷史人物，而大衛・李奇威（David Ridgway）則認為他是一個展示社會和經濟趨勢的原型，而不是一個真實存在的人。這段流傳下來的故事被後來的希臘思想所影響。流浪的巴基阿德人出現在伊特魯里亞完全合情合理，但是，儘管他與當地精英結婚卻仍然被排除在公民身分之外的這種說法，顯然是基於希臘人，而不是基於伊特魯里亞人或羅馬人對公民身分的看法。

文）[15]，是證明了伊特魯里亞人居住於此，無論他們是作為移居者或是作為商人之類的常客，但這並無法支持伊特魯里亞人曾殖民或統治該地區的論點。當地的坎帕尼亞人普遍接納了伊特魯里亞文化，而在七世紀時它可能是透過伊特魯里亞人和坎帕尼亞貴族之間的交流來傳播的。在羅馬也有類似的模式：伊特魯里亞文化的影響力大約在西元前六五〇年到五五〇年之間相當重要，而且伊特魯里亞貴族與羅馬貴族之間有密切的聯繫，但羅馬並不是伊特魯里亞人的殖民地。義大利北部的情況更為複雜，特別是在波隆那周邊地區。波隆那的葬禮碑銘和墓葬展示了當地人普遍接納伊特魯里亞文化，當地也有伊特魯里亞移居者的存在，但即使是在這裡，所謂的「伊特魯里亞殖民地」實際上是當地居民和伊特魯里亞移民的混居區域。

在義大利南部，有更多的希臘人前來移居。第二波殖民化發生在大約西元前六五〇年至六〇〇年之間，新的殖民地沿著卡拉布里亞和盧坎尼亞（Lucania）海岸被建立起來。其他的變化顯示出他們對當地居民的排他性和敵對態度都在增強。在梅塔龐圖姆，過去曾包括希臘和義大利式埋葬的墓地變成了純粹的希臘人墓地。與此同時，該地區也發生了重大變化。這些可以藉由伊科羅娜塔的命運來說明清楚。該遺址的建築和發現說明了這裡在七世紀的大部分時間裡是一個希臘人和義大利人混居的繁榮社區，但到本世紀末就被廢棄了，不久之後希臘人在這裡建立了村莊和宗教聖所。義大利人在此處則消失無蹤。義大利人聚落突然從希臘殖民地周圍的領土上消失，這樣的現象一樣出現在洛克里和錫巴里斯的腹地。某些地區的義大利人被驅逐出希臘領土，而在其他地區的義大利人可能已被徹底吸收，以至於他們在考古上不再與希臘人口有所區別，但總體上存在一種更為全面性的文化和族群排他性。

總之，義大利各地在西元前七世紀都經歷了社會和經濟的迅速變化。其特點是許多地區的城市化程度的提高，以及愈來愈富裕的精英階層的崛起，這些精英透過炫耀性消費來展示其力量和地位。這可以透過本世紀早期日益尊貴的墓葬來確認，但到了七世紀末，人們優先考量的事項開始發生變化，而且開始用不同的方式來進行自我宣揚和對權位的競逐。大房子、令人印象深刻的新宗教建築和早期的公共建築等建築物的興建，其所呈現的是義大利的精英階層開始投資他們的社區，並且以此作為一種自我推銷的手段。

15 作者注：目前大約有一百篇坎帕尼亞銘文，其年份可以追溯到西元前六五〇年至四〇〇年，其中大部分的年份介於五五〇年至四〇〇年之間，除了一小部分以外，其他的都是以伊特魯里亞字母書寫的。銘文屬於何種語言很難正確地辨識，因為這些物品上的銘文，大多是用來標明這些物品的主人是誰的簡短文字，但是在能夠被辨別出的物品中，其大多是伊特魯里亞語，只有少數是非伊特魯里亞人姓名或語言（根據克勞福德所蒐集的義大利銘文語料，有大約十八個）。

第五章　東方化時期的羅馬和早期的國王

根據羅馬的傳說，這座城市有七位國王，分別是羅穆盧斯、努瑪・龐皮留斯（Numa Pompilius）、圖路斯・荷斯提里烏斯（Tullus Hostilius）、安古斯・馬奇烏斯（Ancus Marcius）、塔克文・布里斯克斯、塞爾維烏斯・圖利烏斯（Servius Tullius），以及塔克文・蘇佩布（Tarquinius Superbus）。他們的統治時期從建城起直到西元前六世紀末期，也就是蘇佩布被廢黜王位和被建立共和政府的那群貴族趕下台的時候。國王不是世襲而是被任命的，每一位國王的統治之間都至少有一年的間隔期，新國王就是在此期間被選出。無需贅言，這種說法當中存在許多難解的問題，尤其是如第三章中所提及的，這些傳說當中有許多不一致之處，而且在年代順序先後上相當難以釐清。早期國王在歷史上是否真的存在是非常值得懷疑的，歷史證據寥寥可數而且可信的也不多。

這些傳說將羅馬國家的許多基本要素都歸功於羅穆盧斯。[1]據說，他成立了一個由領導階層組成的委員會，為國王和羅馬人民的集會提供建議，劃分為三個部落和三十個單位（庫里亞），就關鍵事項進行投票。他也被認為建立起了一支在組織上基於部落和庫里亞的公民軍隊。他的接班人努瑪、圖路斯和安古斯繼續改進這些機構，並讓他們變得更加細緻，並且將羅馬的勢力範圍擴大到比鄰的國家。努瑪據說是薩賓人，他將羅馬國家的法律和宗教基礎發展得更加完善。後人認為他奠定了羅馬曆法的基礎，創設了大部分重要的祭司職位，以及興建雅努斯（Janus）神廟，這座神廟的門只有在戰爭時才會打開，平常時候是關閉的。他創立了一些羅馬最古老的宗教節日，而且他把自己的創新歸功於一位名為厄革里亞（Egeria）的女神，他聲稱所有事情都是女神給他的建議，藉此才確保這些革命充滿神聖的權威。

相比之下，圖路斯應該是拉丁人，他被描繪成一位令人敬畏的戰士，他的目標是確立羅馬對周圍地區的宰制。據說他曾與阿爾巴隆迦人和薩賓人打過仗，並且確立了羅馬在拉丁姆中部地區的優越地位。這些事件構成了賀拉修斯（Horatii）和庫里亞斯（Curiatii）的傳奇故事的背景，在第一次對抗阿爾巴隆迦的戰爭中，兩對三胞胎兄弟彼此決戰，結果是羅馬的賀拉修斯兄弟打敗了阿爾巴的庫里亞斯兄弟。阿爾巴隆迦垮台後，阿爾巴一些主要的家族被吸收進了羅馬貴族，而古老的拉丁宗教節日菲利亞・拉蒂娜（Feriae Latinae，有時也被稱為拉提爾〔Latiar〕），被羅馬納為己有。這個節日是為了紀念「拉丁地區的保護神朱比特」（Jupiter Latiaris），而朱比特有時被等同於拉丁人的同名創始者拉提努斯，而且這個節日是在阿爾巴諾山的最高峰阿爾巴諾山（今日的卡佛山〔Mont Cavo〕）上舉行。這是羅馬和拉丁人共同的儀式，作為他們之間血緣關係的象徵。除去後來史家提

---

1 作者注：關於早期國王統治的主要敘述為Livy, Book i, Dion. Hal., Books 1-3，以及蒲魯塔克所寫的羅穆盧斯和努瑪的傳記。

供的敘述細節，為了稱頌這個範圍更大的社區意識，有一套共同儀式在農村地區的一個地方發展出來，這說法與義大利中部其他地方的神廟的考古證據完全一致。具有諷刺意味的是，圖路斯據說忽視了宗教職責，特別是與他的前任的虔誠形成鮮明對比，並且因雷擊而引發的房屋火災而死，這在羅馬人眼中很清楚是朱比特不悅的跡象。他的繼任者是努瑪的孫子安古斯．馬奇烏斯，據稱他具備了前任君主們的各種優點。據說他成功發起了對抗拉丁人的軍事行動、擴大了羅馬控制的領土、打造戰爭和外交的法律和宗教框架，並且強化了羅馬內部的法律和秩序。他和圖路斯都擴展了羅馬的邊界，使羅馬將凱里歐山與阿文提諾山納入領土的一部分，因此強化了羅馬的防禦能力，並在台伯河口附近的奧斯蒂亞（Ostia）建立了一個殖民地。

這些早期的國王不能被視為歷史人物。羅馬關於七位國王從西元前八世紀中葉一直統治到五〇八年的傳說，在本質上是難以置信的，尤其是平均統治時間長達三十四年或三十五年這樣不切實際的說法。[2]儘管卡蘭迪尼認為羅馬的起源故事當中應該包含了歷史真相，但努瑪、圖路斯和安古斯應該被理解為傳奇的原型而不是真實的人。祭司、立法者和戰士國王都是古代世界的創始故事中經常出現的人物，而這三人令人懷疑地都與這種模式十分吻合。

若要理解流傳至今的這些敘述，最好的方式便是將它視為後來羅馬對自己早期發展的合理化說法。李維描繪羅馬有著多位創始人，他們建立起國家的關鍵要素，諸如邊界和領土、祭司職位和宗教節日、法律和軍事信譽。法律和政治複雜性不斷增長，以及朝向一個更為複雜的社會的演變，這樣的敘事方向大體上是合理的，但是細節和特定人物必須被視為虛構的。這些說法以及其他羅馬歷史傳統，讓我們明白對於後代史家而言早期羅馬的重要性所在，但是他們的觀點深受稍晚時代對城市和國家地位的預設影響，而這些預設都不適用於西元前七世紀。最後的三位國王的情況可能不同（見第七章）。在七世紀或六世紀的某個時刻，羅馬已經發展成為一個組織完善的政治社區，這不僅被羅馬歷史傳統證明，而且也被伊特魯里亞藝術與考古學證據證明，這些考古證據的時代便是兩位塔克文皇帝和塞爾維烏斯·圖利烏斯在位的時期。第一個關於王權的考古證據便屬於此時期，該證據是在廣場上挖掘出的西元前六世紀陶器，上面刻著「國王」（rex）字樣。然而，較早的國王是更加模糊不清的人物，他在歷史上是否存在也必須打上問號，我們甚至無法確定羅馬在七世紀後期是否採行君主制度。

東方化時期羅馬的權力和地位

羅馬在西元前七世紀和六世紀早期的考古學證據，比伊特魯里亞和拉丁姆其他地區的考古學證據要少得多，但這些證據也呈現出類似的發展軌跡，特徵是財富的增加、社會和政治等級的分級趨於嚴密，而且強大的氏族（羅馬當時的用詞是gentes）握有統治權。豪奢的墓葬在羅馬周邊地區被挖掘出土，特別是在卡斯特爾·迪德西瑪，但是在其他地方的上層人士墓葬當中所發現的巨額財

2 作者注：所有的國王都被描述成成年人，而且當他們獲得權力時，他們的年齡已經大到足以成為經驗老到的軍事和政治領導人，如此一來平均統治時間超過三十年的說法變得不太可能。此外，在七個統治時期中，只有兩個（努瑪·龐皮留斯和安古斯·馬奇路斯）以國王的自然死亡而告終。一個二十多歲時成為國王的人確實有可能統治相當長的時間，但是連續七位國王都可以擁有如此長的統治時期的可能性很低。

富，卻無法與羅馬的喪葬證據相符。埃斯奎利諾山上的墓地繼續擴張而成為了主要墓地，但跟鄰近地區發現的墓葬相比，七世紀的墓葬中只有相對較少的陪葬品，而且大多是簡單的土葬。伊特魯里亞人和其他族群所使用的土丘覆蓋型的墓穴，要麼不被羅馬人採用，要麼沒有倖存下來（也許不令人意外，因為羅馬考古證據的保存狀況很差）。但是，在其他方面仍顯示出貴族鋪張消費的跡象。城市不斷擴大的規模和複雜化本身，就是社區財富和權力日益增長的一種表現，而且這也表現在城市擁有足夠發達的政治組織來動員社區的資源，並對聚落的中心區域進行重大改革和重組。

儘管在東方化時期羅馬有關社會組織的紀錄不如其他地方充足，但是類似伊特魯里亞和希臘所發現的那種占據統治地位的少數精英階層，卻很可能已經發展起來了，而且我們目前的證據證明氏族是社會的重要組成部分。在穆爾洛的大型宮殿般的建築，可能就是部落首領的住所和他們的追隨者的聚會場所，西元前七世紀的羅馬並沒有發現類似的建築，不過在羅馬北郊發現的一座時代稍晚的類似建築（六世紀），卻可能有著類似的用途。[3]反過來說，至少對精英來講，家庭認同的重要性日益增加，這可以從個人姓名的變化來證明。直到七世紀末，羅馬男性貴族有兩個名字：個人名（praenomen，例如蓋烏斯、盧基烏斯）和氏族名（例如克勞狄烏斯、尤尼烏斯、塔克文）。[4]和義大利中部其他地區一樣，家庭身分與社會地位和權力密切相關。

雖然古代傳說將七世紀的羅馬描述為君主制，但我們還十分不確定這個時代的權力、社會和政治組織的性質。我們的史料描述了一個由羅穆盧斯建立的體系，其中國王在主要部族首領組成的元老院或理事會的支持下，統治著分為三個部落的人群：拉丁人、薩賓人、伊特魯里亞人[5]，其中每個部落被細分為十個稱為庫里亞的單位，總共有三十個庫里亞。部落和庫里亞構成了軍事和政治組織的基礎。每個部落要派出一百名騎兵和一千名步兵加入羅馬軍隊。庫里亞大會（comitia curiata）是由庫里亞組織的羅馬人民集會，他們會聚集在一起批准法律。

但這些描述大多是時代錯置的，因為它採用後來共和政府的元老院和大會作為框架，但庫里亞本身應該是起源於古代的。庫里亞與特定的地區有所關聯[6]，成員資格除了基於地理位置外，也可能基於親屬關係和特定家庭的成員身分。相比之下，我們必須質疑西元前七世紀的統治者就是君主的說法。我們留存下來的史料顯示（Livy 1.17-18,31）君主政體在某個時期被重要氏族的首領的集體統治打斷，任命其中一位首領擔任攝政（interrex），來挑選下一位國王，而且史料也證明羅馬國王存在的最早確鑿證據可以追溯到西元前六世紀。如前一章所述，祭司、氏族首領和國王之間的區別在東方化時期是不固定的。

庫里亞作為國家的基本要素的角色，以及政治權力由少數精英而非單一君主行使的可能性，這

---

3 作者注：這座建築被稱為禮堂別墅（Auditorium Villa），因為它是在一個新的禮堂和音樂廳建造時被發現的，它的規模很大，而且在形式上與巴拉丁諾山發現的一組古老房屋相似。

4 作者注：隨著大家族被細分為不同的分支，一些家族獲得了額外的姓氏，來顯示他們屬於哪個分支。個人名字經常縮寫，最常見的是盧修斯（L.）、馬庫斯（M.）、色克都斯（Sex.）、蓋烏斯（C.）、普留斯（P.）、昆圖斯（Q.）和馬尼烏斯（M.）。

5 作者注：這些部落的意義和歷史真實性是未知的，而且三個部落是不同民族的觀點在古代史料中也找不到證據。這種解釋流行於十九和二十世紀，可能更多是出自當時的種族和民族主義政治，而不是人們對早期羅馬的合理重建。

6 作者注：庫里亞（curia）這個詞據信源自co-viria，指一群人聚集在一起的意思，因此具有地理因素。它也可能是奎利泰斯（Quirites）一詞的起源（從co-virites衍生而來），這是羅馬公民的古語。

兩點都符合羅馬發展的考古證據，以及義大利其他地區的社會發展。正如尼古拉・特雷納托指出的，羅馬在西元前九世紀至七世紀初的發展，與伊特魯里亞微蘭諾威聚落是相似的，該聚落由分別占據不同地區的數個氏族組成，各氏族的首領便組成了一群統治精英。如果羅馬的發展類似維伊或塔爾奎尼的模式，那麼在這個時期可能是由權力共享的部族首領組成的精英統治，而不是由國王統治，那庫里亞可能就是早期原初城市階段的遺跡，每個氏族在這個階段都與自己所屬的城市區域連結在一起。

早期的羅馬宗教

和所有古代社會一樣，宗教是早期羅馬的一個重要方面。羅馬人崇拜數目眾多的小神明，祂們各自負責特定的層面（例如主掌犁地和播種的神）或特定地點（例如拉爾是每個家庭的守護神），而且一年當中有許多與社區生活重要方面相關的節慶儀式，例如軍隊的安全、邊界、生育和農業生產。節日，如五穀枯萎病神節（Robigalia，時間是四月二十五日，作用是預防作物病害）和帕勒里亞節（時間是四月二十一日，目的是淨化牲畜，後來被認為是羅馬創立的週年紀念）與農業生活息息相關，它們在羅馬歷史的後期仍繼續被慶祝。另一些節日則與劃分邊界或稱頌社區的凝聚力這些需要而聯繫在一起，藉此獲得神的認可。護界神節（Terminalia，二月二十三日）則是與保護羅馬邊界相關，阿爾格伊節（五月十五日）則是有關許多地點的犧牲，而且很顯然與城內的古代分歧以及需要建立自我認同這些需求有關。[7]羅馬人自己認為這些節日源自古代，並且讚揚努瑪創造出這個將一年加以劃分、並且建立起宗教儀式及週期的曆法。

有關這些節日的全部證據都來自於相當久之後的時期，所以不可能去發現這些節日究竟何時成立，以及為何成立。源自於羅馬早期的說法是可信的，但是把某些節日的發展歸因於羅穆盧斯或努瑪，那將會是傳說而不是歷史。與早期聚落所在地有關的農業節日、保護疆界的儀式和節日，如阿爾格伊節和塞普蒂蒙屯姆節慶，很可能是源自古代，並且可以合理地假定，一個具有固定節慶日期的曆法在古代已有初步發展。共和時期曆法的一些銘刻版本仍流傳至今，上頭列出了重要的節日和獻祭，以及它們的日期。所有這些曆法在時間上都比七世紀晚得多，與羅馬早期歷史的關係也無法被證明，但我們有充分理由認為很多宗教禮節和儀式都是相當古老的。[8]然而，羅馬人傾向將許多宗教崇拜和儀式追溯到城市最早期的歷史，這使得羅馬宗教最早期的發展很難被準確地重建出來。

羅馬人還崇拜成群的神明，包括朱比特、朱諾、密涅瓦、瑪爾斯、維斯塔、黛安娜、刻瑞斯（Ceres）、伏爾甘和雅努斯，他們在日常生活的許多方面各顯神通，而這些崇拜在西元前七世紀的存在已經被證實了。伏肯納（伏爾甘的聖所）和灶神維斯塔的聖所最初是位在東方化時期的羅馬廣場上，而且卡必托里山上有一處可能是獻給朱比特的建築物。雖然這些神與希臘的奧林匹亞諸神有許多雷同之處，但羅馬神話的發展似乎是一種相對晚近的現象，可能是四世紀以來與希臘世界更密

7 作者注：牧神節（Lupercalia）和阿爾格伊節當中的種種儀式可能與社區的儀式淨化、劃定邊界有關。

8 作者注：制定一個標準化的書面曆法的目的可能既是政治上的、也是宗教上的。節日和儀式清單若是以口頭傳播，會給祭司或其他精英成員操縱宗教儀式的空間，但制定標準曆法消除了這種可能性。

切的接觸下的結果。

宗教並不僅限於特定場合。宗教對羅馬人思考世界方式的影響無處不在而且至關重要，並且被認為影響了生活的所有方面。維持「人神和平」（pax deorum）[9]以及國家和其人民的健康和福祉，才是最重要的事。宗教是高度儀式化的，要透過正確的儀式在適當的時間準確地進行，才能得到神的恩惠。眾神的旨意要透過各式各樣的占卜來確定，每一個重要的行動或場合（公共的或私人的）都伴隨著適當的獻祭。

在共和國成立之初，羅馬人便已經為了監督公眾獻祭和儀式而設立了幾個祭司團。其中最重要的是大祭司團（college of pontifices），由首席祭司（pontifex maximus）領導。然而，在西元前七世紀的羅馬，關於祭祀或宗教儀式如何進行以及被監督的證據少之又少。一種可能性是，氏族的國王或首領既是宗教領袖，也是政治領袖。後來的羅馬人認為，在早期國王的統治期間，由專門的占卜師來進行占卜的這種做法便已經被確立了：

> 根據傳統記載，這座城市的父親羅穆盧斯遵從占卜結果建立了這座城市，而且他本人就是一位非常優秀的占卜者。接下來，其他羅馬國王也都僱用了占卜者；而且，在國王被驅逐之後，無論國內外的任何公共事務也都要必須進行占卜，方能夠進行。（Cic., *Div.* 1.3）

但是，並沒有其他當代的證據能支持這個說法。到西元前六世紀末時，宗教權威似乎已歸屬於國王，因此在君主政體結束後，必須創建一個名為「祭典之王」（rex sacrorum）的祭司職位來接管國王的宗教職責，但我們對東方化時期羅馬的宗教組織，目前所知仍然甚少。

羅馬的城市發展

許多重要的政治和宗教場所在西元前七世紀的羅馬開始發展。這是一個城市化的時期，各個山丘上的定居點在此期間更清楚地合併為一個社區，並且具備城邦的許多特徵（見圖十六）。法敏南特估計，這座城市在七世紀期間的面積可能達到了兩百二十公頃左右。[10]奎里納萊山的墓地離羅馬中心愈來愈遠，這顯示居住區正在擴大並將墓地區域往外推，而位於凱里歐山附近的墓地則顯示這裡已經有人居住。人口的擴大伴隨著日後作為羅馬廣場的這區域的重大變化，帕巴拉丁諾城牆被重建、一些大型私人住宅首次出現，以及位在兩個重要的宗教場所中（卡必托里山朱比特神廟和聖歐莫柏諾教堂附近的古老神廟）的活動激增。

---

9 審定注：Pax Deorum可譯為「眾神間的和平」（Peace of/among gods）或是「神明對人的和平」（peace of gods towards…）。因為希臘羅馬諸神掌控人類無法掌控的種種現象，如風火雷電、豐饒瘟疫或情欲憤怒，人類必須透過祭祀犧牲來安撫討好神明，儘量不遺漏任何一位，而在執行細節上需要巨細靡遺，以換取神明對人類的善意。宗教祭祀因此攸關社區福祉，而參加宗教活動是顯現個人對社區效忠的重要方式之一，也因此在社區裡具有地位聲望及代表性的人，常在宗教儀式場合扮演重要（如主祭）的角色。宗教特權是羅馬貴族最後才退讓給平民的權力，其重要性因此可見一斑。

10 作者注：正如作者所承認的那樣，這是根據羅馬墓地位置的變化以及同其他拉丁社區（如加貝伊和拉維尼姆的）的發展進行比較，而得出的推論。

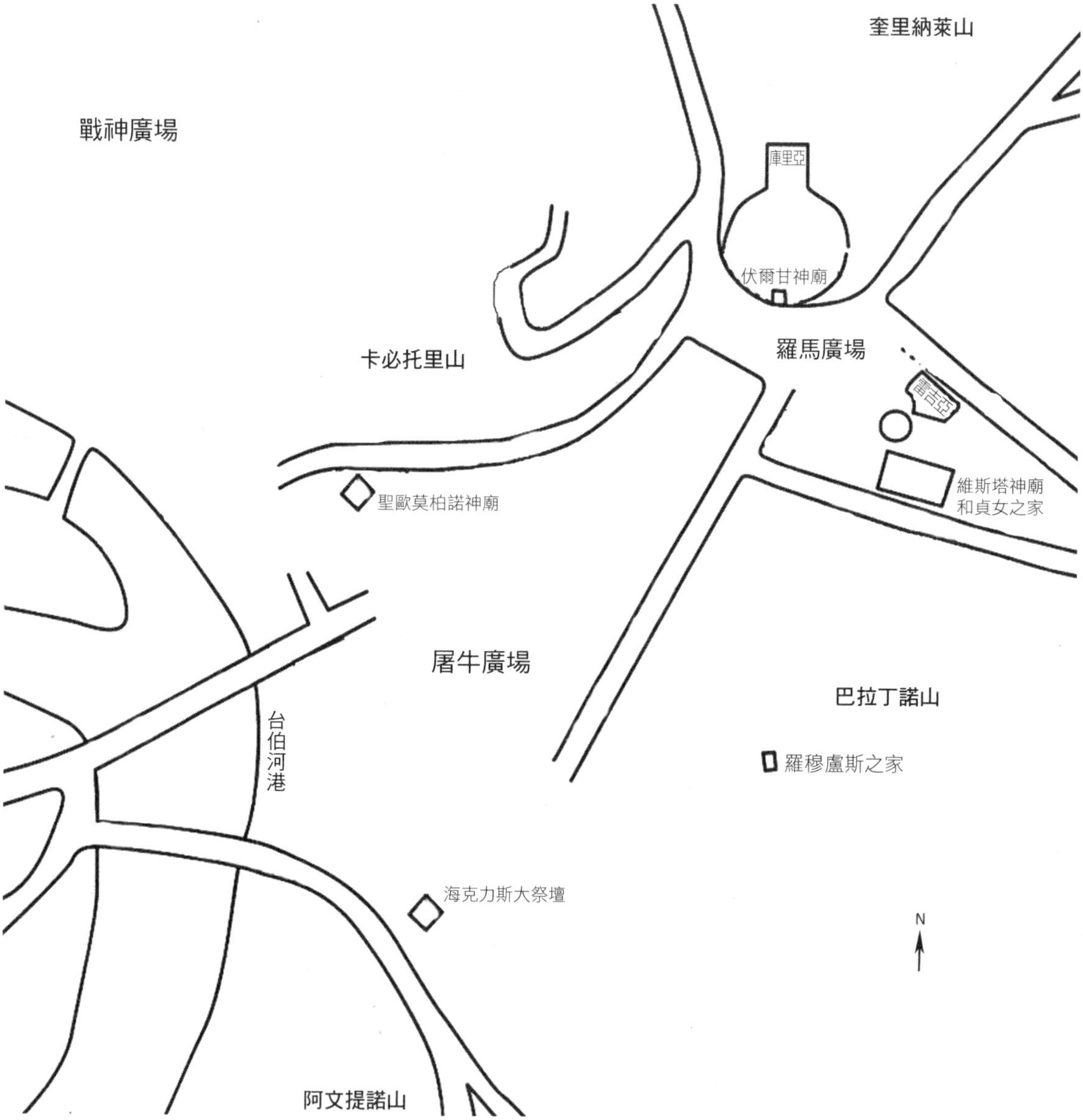

圖16　呈現七世紀發展區域的羅馬中央區域平面圖。

日後羅馬廣場這塊區域的變化格外重要，因為它是城市未來的政治和司法中心，以及主要神廟和公共建築的所在地。它占據了卡必托里山和巴拉丁諾山山腳下的低窪地區，位於西元前九世紀和八世紀的聚落之間。到了七世紀晚期，它已經發展成社區的中心區域，被規劃為供公眾使用的開放空間。羅馬廣場的地面高度在某些地方被大幅抬高了，好克服排水不良的問題，而且在七世紀中葉，聖道（Sacra Via，日後成為通過廣場的主要遊行路線）上的小屋被拆除。廣場區域到本世紀末時已經鋪上夯土的步道，並且幾個關鍵地點也有新的發展。

研究者對該地區的西部，即卡必托里山和巴拉丁諾山下方的調查顯示，在許多後來的建築的位置上都發現了西元前七世紀時的建築。大約在六五〇年至六三〇年時，公共聚會所的地點被挖掘成一個很深的三角形凹地，並已鋪上夯實的土路，幾年後又更換成更堅實的礫石路。這塊凹地甚至可能包含了發言台（Rostra）的前身，這是羅馬官員向人民發表談話的平台。附近還有一個小的長方形坑以及被切成凝灰岩露頭的橢圓形盆地，這裡已被確定為早期的伏爾甘神廟，這是專門供奉火神伏爾甘的古老聖所。[11]這些都是非常重要的，在羅馬人的心目中，這座伏爾甘神廟與城市的早期歷史有著緊密的聯繫，而公共聚會所（羅馬人在此集會投票，並聆聽領導人的發言）是政治生活的核心（見圖十六）。正式的公共空間本身並不是城市化的證明，但這一區域的清理和正規化顯現羅馬正發展出一種需要公共生活空間的集體認同。從古代資料中可以看出這區域對羅馬自我認同的重要性。

11 作者注：古代的史料，特別是哈利卡納索斯的戴歐尼修斯，將伏爾甘神廟描述為裡頭有柏樹和蓮花植物的一個被圍起來的神聖區域。

這些資料將公共聚會所和伏爾甘神廟的建立歸功於羅穆盧斯，以及將神廟附近的第一個庫里亞（元老院）的成立歸功於圖路斯．荷斯提里烏斯。元老院直到西元前一世紀前都一直被稱為「荷斯提里烏斯元老院會堂」（Curia Hostilia）。不可否認地，在羅馬人的心目中，這區域與社區的公共生活有著密切聯繫，而且考古證據證明這地區從羅馬歷史早期開始就是公共空間的重要區域。

在羅馬廣場的東端，在維斯塔貞女之家和灶神維斯塔神廟附近的挖掘揭示了一處重要的七世紀建築群。建築挖掘者認為它們是雷吉亞（Regia，國王之家，見圖十七）、維斯塔貞女之家和大祭司官邸（首

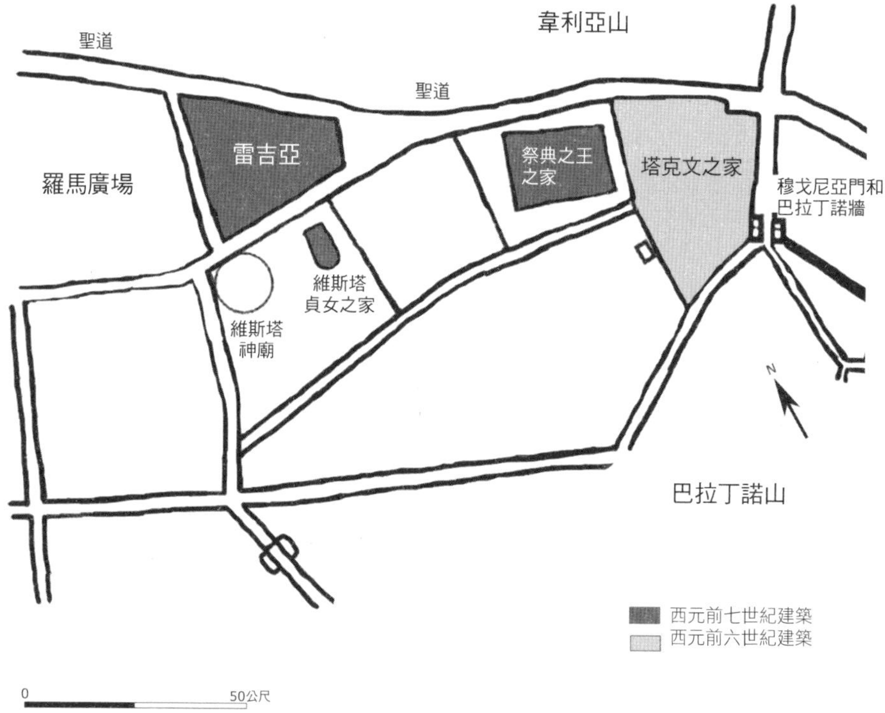

圖17　羅馬：雷吉亞和相關建築物的平面圖，約西元前六〇〇年至五〇〇年。

席祭司的官方住所）的早期階段，但是這些標示仍然是推測性的。不過，這些建築的大小及複雜性證明了它們的重要性。雷吉亞的重要性可以從書面和考古證據證明。最初被認定為雷吉亞的建築是一個楔形結構的建物。它的建築歷史頗為複雜，在西元前七世紀到六世紀期間至少改建和擴展了三次，然後在五〇〇年時進行了更徹底的重建。在七世紀時期，大約可以確定是在六二五年，雷吉亞擁有一個封閉的庭院，後面有兩個房間，入口處有個以磚塊和石頭砌成的柱廊式門廊，而且屋頂鋪著瓷磚。雷吉亞顯然是座具有相當重要性的建築，而七世紀晚期的雷吉亞則以伊特魯里亞的風格，裝飾著彩繪赤陶鑄模。然而，如今研究者認為這似乎不可能僅僅是一棟房子，而是國王舉行特定儀式的地方。

研究者對位在雷吉亞附近的維斯塔貞女之家和大祭司官邸遺址的調查，發現了幾座重要的七世紀建築。[12]在大祭司官邸的位置上，一座建於八世紀的建築在約六五〇年到六四〇年被重建，採用了石造地基和瓦片屋頂，並在六〇〇年前後進行了更徹底的改造，當時它前面的空曠區域形成一個被房間包圍的封閉式庭院（後來改建成了帶屋頂的中庭）。鄰近的維斯塔貞女之家也遵循了類似的發展模式，帶有土牆的小屋在七世紀中後期被結構更大、更複雜的建築取代，並且有石造地基和瓦片屋頂。如今的我們十分困惑於這些建築的用途。根據羅馬的歷史傳統，努瑪將雷吉亞建立為國王

12 作者注：維斯塔神廟的女祭司是羅馬最重要的宗教團體之一。在後來的羅馬歷史中，來自貴族家庭的女孩在很小的時候就被選中（通常在六歲到十歲之間）加入祭司的行列。她們要服務三十年，在那之後她們可以按照自己的意願離開、結婚。她們在服侍期間必須住在維斯塔貞女之家裡，並且嚴格遵守貞節誓言。灶神維斯塔的崇拜對於羅馬國家的福祉至關重要，因為維斯塔的火焰象徵著羅馬家庭的幸福。大祭司官邸位於維斯塔貞女之家旁邊，是首席祭司的官邸。

的官邸。[13]雷吉亞當中在稍晚時期也容納了首席祭司和大祭司團的辦公室與檔案館，以及崇拜戰神瑪爾斯和崇拜耕種女神俄普斯（Ops Consiva）這兩個重要祭典崇拜。直到最近，雷吉亞被認為是維斯塔神廟以東的那棟楔形建築，但這說法受到了卡蘭迪尼的挑戰，他認為位於維斯塔神廟的建築／宴會大樓是第一個王室住所，並且認為它後來被移交給了祭典之王，而位於維斯塔神廟旁邊的一座新建築取代成為國王的官邸。[14]鑑於早期的國王不能被視為歷史人物，以及在六〇〇年之前羅馬政治組織的諸多不確定因素，這種認定是不能被接受的，不過雷吉亞和維斯塔貞女之家／大祭司官邸複合體顯然具有儀式和祭祀的功能。八世紀的大祭司官邸大樓裡有壁凳、炊具和餐具，這顯示它原本是一套宴會套房，在裡面發現的嬰兒埋葬則說明這裡曾進行某種奠基儀式，這又說明這座建築具有特殊地位。宗教儀式用途和貴族住宅的結合與穆爾洛、阿夸羅薩和菲卡納的證據相一致，這些地方的七世紀大型建築既是貴族住宅、氏族崇拜場所，同時也是氏族成員聚會的場所。

羅馬在西元前七世紀時還出現一些重要發展。埋葬區如今被限制在外圍的山丘，像是埃斯奎利諾山和奎里納萊山，而巴拉丁諾山和卡必托里山周圍的中心區域，現在被保留用為公共建築或私人住宅。巴拉丁諾山上建於八世紀的城牆大約在六二五年被拆除，取而代之的是一堵建築風格截然不同且更為精緻的新城牆。這道新城牆由兩個平行的石頭飾面組成，裡面填充了泥漿和碎石的混合物，藉此提供更堅固的防禦工事。羅馬的一些主要宗教場所也繼續在發展。許多七世紀的發現都是在後來的朱比特神廟位置上發現的，這顯示人們已經建立了朱比特的崇拜，七世紀的陶器和祭祀以及早期建築的遺跡，都是在靠近屠牛廣場的聖歐莫柏諾神廟中發掘出土的。

有關這時代羅馬領土的邊界位置都是推測出來的。古代作家把許多古老的宗教崇拜與距離羅馬約五羅馬里（約七公里）的地方聯繫起來。一些宗教節日，特別像是五穀枯萎病神節、護界神節和祈求豐收節[15]（Strabo, *Geog.* 5.3.2）的重點都是在重申羅馬的邊界。這些節日當中都會有一群祭司進行遊行，他們會沿著羅馬古老領土邊界行走一圈，這條路線據估計相當於一百五十到兩百平方公里左右。[16]

眾所周知，我們很難得出人口數的統計，而羅馬早期的人口統計會因為使用的標準及對其解釋方式的不同，而大相逕庭。有人認為西元前七世紀末的人口只有四千五百人左右，但也有人認為這個數字被低估了。這些數字是根據人口統計模型提出的，根據人口密度和每戶人口數量、估計的領土面積和估計的領土生產力，推算出能夠符合聚落區域大小，並且當地糧食生產能夠支持的人數。但問題是，聚落規模、國土面積和人口規模都必須得從不完整的數據中推斷出來，並根據人口密度的變化、耕種的變化、領土的生產力，以及許多其他因素來加權。[17]根據學者對六世紀晚期羅馬人口和領土的估計來推斷，大約一百五十到兩百平方公里的土地可以支持大約八千人的生計，但這只是粗略的估計。最後一點，我們無法確定羅馬在七世紀的確切面積，但是它如今顯然要比一個村莊

---

13 作者注：Ovid *Fasti* 6.263; Tacitus *Annales* 15.41; Plutarch *Numa* 14; Festus 346-348。據信大多數國王在羅馬有其他房屋，雷吉亞則是一個公務場所，不是專門用來居住的地方。關於塔克文之家的可能鑑定結果，可見下文。

14 作者注：提出了這個設想的卡蘭迪尼認為，是塔克文・布里斯克斯將原先的雷吉亞官邸搬遷到大祭司官邸。

15 譯者注：祈求豐收節（Ambarvalia），慶祝農業女神的祭典儀式。

16 作者注：法敏南特最近針對羅馬城市化的研究，比較了羅馬周圍地區神聖場所的地理分布與考古證據，並得出結論認為羅馬在七世紀和六世紀初的領土邊界可能更大，它的半徑可能有九公里，但是羅馬領土的這種估計數字（三百二十平方公里）就七世紀來說，似乎太大了。

17 作者注：法敏南特的研究包含一套全面的表格數據，列出了各種人口估計值，並討論了加權這些數據的各種方法。

更大、更複雜，並且控制了面積不小的領土。七世紀末的羅馬是一個具有相當規模的聚落，它占據了大量的周邊地區，並且比其大多數拉丁鄰邦都要大。

雖然關於西元前七世紀羅馬的證據可能沒有像六世紀那麼多，不過有跡象顯示羅馬正穩步發展成一個具有強烈集體認同的核心城市聚落。在七世紀的最後二十五年，似乎許多發展都開始激增，因為上面概述的許多變化都可以追溯到大約六二五年到六〇〇年之間。[18]羅馬貴族階層所重視的事情似乎也出現了變化，在本世紀末時他們已經不太重視奢華的葬禮和個人紀念活動。相反地，他們似乎將精力投入在開發羅馬的公共區域和投資私人住宅。總的來說，七世紀的羅馬的發展軌跡與新興的拉丁姆和伊特魯里亞城市大致相同，但它在發展上似乎落後於伊特魯里亞中較大的核心城市。陶器和金屬物品的發現則顯示，羅馬與義大利其他地區的東方文化保持著聯繫，聚落中的建築發展與該地區其他地方的發展非常一致。研究者在埃斯奎利諾山墓地中發現了一個七世紀的希臘花瓶，上頭刻有希臘銘文，這說明希臘人居住在羅馬，而且進一步有力地證明羅馬與義大利和地中海其他地區的聯繫。如果再一併考量古代史料中記載羅馬從很早開始便有發展領土的野心，那七世紀的羅馬應該是一個充滿活力的社會，而且聚落的基礎設施開始發展，在在都反映出社會和政治複雜性日益增長。到了七世紀末，羅馬已經從一群相互聯繫的聚落，發展為一個具有相當影響力的城市中心。

18 作者注：這與傳統認為塔克文·布里斯克斯的統治時期（約西元前六一六年至五七九年）大致重合，他被李維和其他史家稱為熱情的建設者。正如前一章所述，我們不能把這些變化歸因到塔克文身上（甚至不能推斷他必然存在），但這是考古學證據與羅馬人歷史傳統大抵相符的另一個例子。我認為問題在於塔克文王朝的傳統紀年顯然是錯的，這將在第七章討論。

第二部

戰爭、政治和社會

War, politics and society: Rome and Italy, 600–400

第六章 城市革命：西元前六世紀義大利的城市與國家

如果說西元前七世紀是權貴統治的時代，那麼六世紀就是城邦成為義大利大半區最重要的社會和政治組織形式的時期。雖然充滿活力和競爭力的精英仍然主導了這時期的政局，但他們的注意力從家族或家庭轉移到範圍更廣的社會，而且這種變化塑造了社會互動、文化變遷以及城市的政治和軍事組織。羅馬的發展將在下一章討論，但它與義大利其他地區城市的發展具有很多共同特點。

在思考不同國家之間的關係和聯繫時，獨立城邦的興起是相當重要的問題。在西元前六世紀時，人們對邦國的認同似乎更強於涵蓋範圍更廣的族群認同，人們基本上會認為自己是羅馬人、塔爾奎尼人、卡厄瑞人、庫邁人等，而不是伊特魯里亞人、拉丁人或坎帕尼亞人等這些涵蓋人數更多的族群的其中一分子。有證據證明彼此相鄰的國家分別組成了幾個鬆散的聯盟或聯邦，慶祝共同的宗教節日，為斷斷續續的軍事合作提供空間，並且培養出親近感和共同的族群意識。然而，建立在語言、文化和共同親屬關係上的區域認同相對較弱，而且幾乎沒有跡象顯示，不同城邦曾經聯合起來組成更大的政治單位。

在西元前七世紀時，義大利大部分地區的聚落在規模和複雜程度上都開始增長，但從五七五年左右開始，速度有了明顯的變化。主要聚落的規模增長加快，成為了掌控龐大領土的中心地區。透過比較不同城市中心之間的規模說明了，義大利各地的城市在此時都在成長，而且羅馬現在已經有能力與伊特魯里亞和拉丁姆的一些大城市爭雄（見附表三）。許多城市在此過程中發展出富有組織的城市布局、地標性建築，而且宗教儀式和政治成為了專業的領域。地標性建築和城市空間的規劃並不是城市化的基本要素，但它們不僅是政治和行政複雜性的清楚標誌，同時也是更多樣化經濟體的象徵，後者可以產出盈餘來資助大型建築工程。如果跟一群部落或家庭相比，能夠支撐這種程度基礎設施發展的社區是更為複雜。

我們很難估算古代時期的義大利人口甚至個別城市的人口規模，但古代城市的規模按現代標準來看是很小的。古代城市的人口很少能夠超過三萬，而且很多城市比這要小得多，但羅馬的人口在這些城市當中則是排名前茅。[1]根據阿姆波羅和康奈爾的估計指出，希臘和伊特魯里亞的城市占據的面積較為龐大（在某些情況下可能高達五百平方公里），但大多數拉丁人社區的規模較小（通常在二十五至一百平方公里範圍內，如附表四所示），只有少數社區的面積要大得多，如提布爾、普里尼斯特和羅馬。根據阿姆波羅的估計，到了西元前六世紀末，羅馬控制了約八百二十二平方公里的土地，可以養活約三萬五千人。

1 作者注：人口數量是根據城市面積的大小、領土的大小（以及其作物可以養活的大概人數）和土地使用密度來估算的。出於比較目的，有時候可以對比中世紀和早期現代義大利的數據。

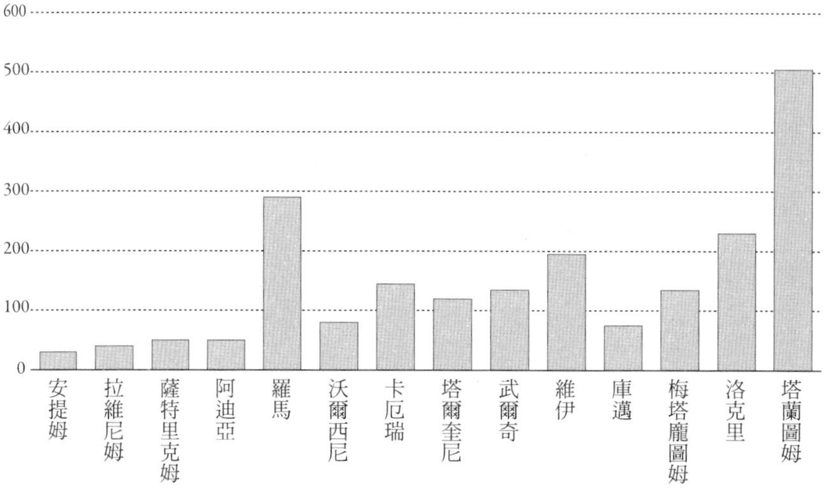

附表3　拉丁姆、伊特魯里亞和大希臘等主要城市地區的估計面積（單位：公頃），時間約西元前500年（根據Cornell 1995）。

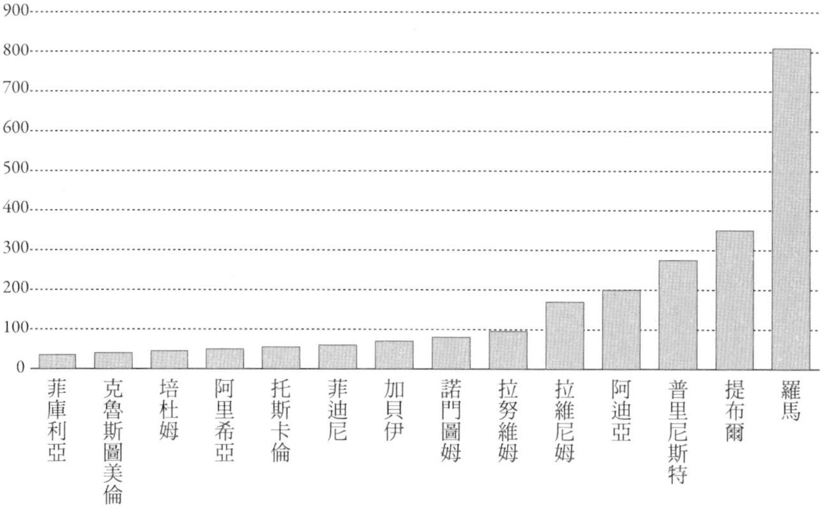

附表4　拉丁城市領土的估計面積（單位：平方公里），時間約西元前550年至500年間（根據Cornell 1995）。

有效拓展廣闊領土的能力對於較大社區的發展至關重要，但是城市和領土之間的關係相當複雜，而且各地區的狀況也不盡相同。例如，義大利南部的梅塔龐圖姆地區被劃分為方正的土地，這顯示出這些土地已經被有系統地分配給所有公民。其中許多人住在城市中，但在他們領土上所發現的許多農舍和幾個大村莊則顯示有相當大部分的人居住在農村。其他城市的土地組織方式則不盡相同，在一些地區，儘管有跡象顯示土地被密集耕種，但是在某些地區的農村中卻少有房屋或村莊的蹤跡。在這些地方，土地所有者大多居住在城市，並「通勤」前往他們的農場。

這時期的一個顯著變化是城市的外觀變得更加宏偉。它們日益擴大的規模產生了的財富和人力，使得大型建設計畫成為可能，而且社會和文化的變遷也反映在城市景觀的變化中。西元前七世紀的貴族將財富投入興建展示其家庭地位和權力的墓葬，而六世紀的精英們則將他們的財富投入了他們的社區中。這一時期的城市儘管在壯觀程度上與羅馬帝國、甚至古典雅典都還有相當距離，不過若與先前七世紀的情況相比起來，給人的印象已經更為深刻、也更為複雜。在整個伊特魯里亞、拉丁姆、坎帕尼亞以及義大利的希臘人地區，石造城牆首次出現，取代了泥土或泥磚所做的防禦工事。它們具有明顯的優點，那便是提供更好的防禦力並且標記出城鄉之間的界線，它們同時也是人們的集體認同和自信的聲明。城牆內的房屋規模愈來愈大與堅固，而且開始在石造地基上興建房子，並且以磚塊和木頭為建築材料。公共建築開始出現，宗教崇拜的核心建物也變得更加宏偉。在伊特魯里亞和拉丁姆全境，用石頭（和／或）磚所建的神廟裡頭，都有著精美、色彩明亮的赤陶鑄模和雕像（見彩圖十五和十六），而南部的希臘人城市則有著地中海地區最大和最早的石造神廟。任何造訪這座城市的人都會清楚地意識到這個地方具有重要意義。

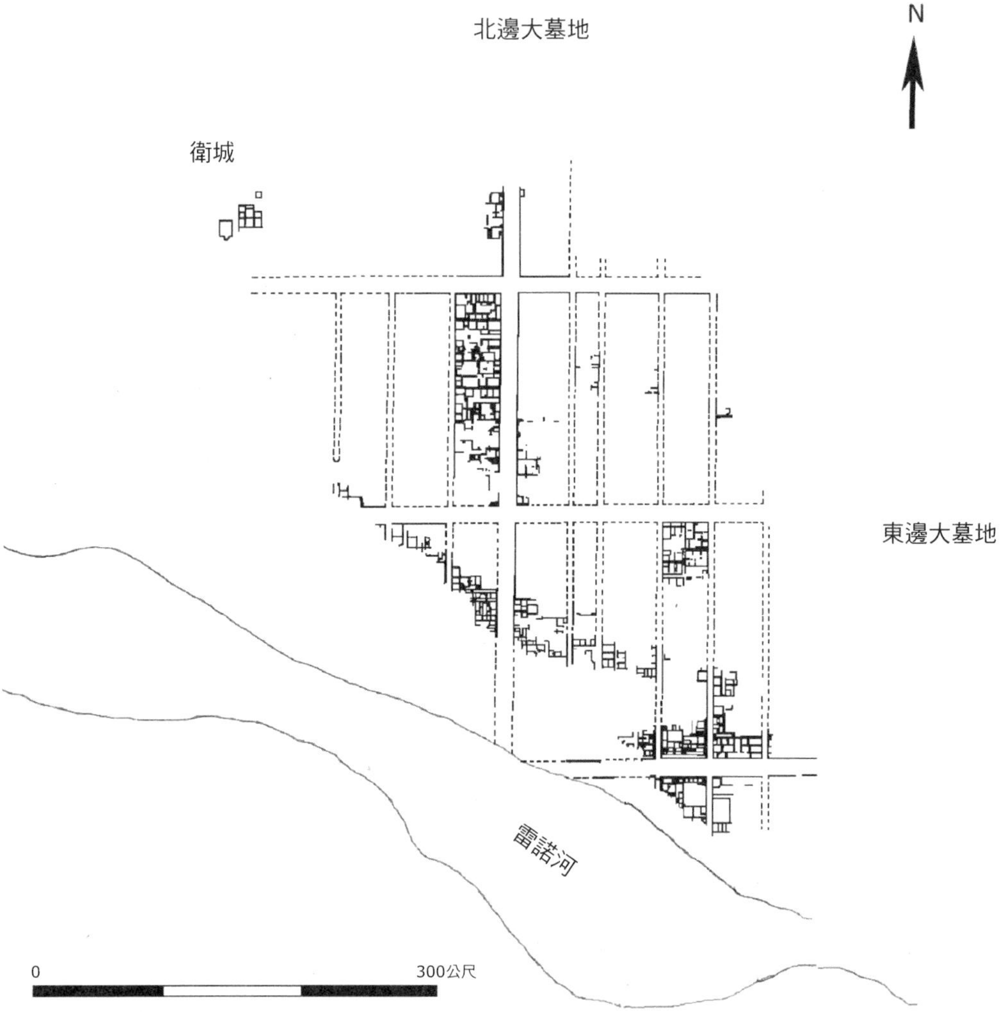

圖18　西元前六世紀的馬爾扎博托平面圖。

這個社區組織水準的新層次反映在城市的布局中。義大利的希臘人城市按照整齊的線條重新組織，以街道網格將城市劃分成矩形街區，中央區域（agora，市民廣場）用作公共事務，還有建有石造祭壇和神廟的宗教聖所，這個所謂「希波達莫斯式的規劃」（Hippodamian plan），被認為是出自米利都的希波達莫斯（Hippodamos of Miletos）之手。希臘人在本世紀末以及整個五世紀期間，投資了多項象徵集體認同的建築，例如公民集會所（Ekklesiasterion）這個帶有階梯座位的圓形建物，用來容納梅塔龐圖姆的公民會議。西元前六世紀在波河河谷建立的伊特魯里亞人新城市（特別是馬爾扎博托），緊隨其後也採用了棋盤式的城鎮規劃，但並未完全照抄希臘人的做法（見圖十八）。[2]相比之下，在義大利中部，許多城市是從鐵器時代以來一直有人居住的地方發展起來的，而且其布局與希臘人城市相比要來得不那麼整齊規則。羅馬在這方面相當典型。不規則的地形、連綿起伏的山丘，以及幾個世紀以來社區的有機發展，使得棋盤狀的城市規劃不可能被強行建立，而且許多伊特魯里亞的城市，諸如維伊和塔爾奎尼也有同樣的問題。這有點諷刺，因為伊特魯里亞人（以及後來的羅馬人）在測量和社區規劃方面的專業知識享有盛名。伊特魯里亞人擁有大量關於如何根據適當儀式來量測和規劃一個社區的知識，這是羅馬人在征服義大利期間之所以能建立起殖民地的基礎知識。

城市化伴隨著對其他基礎設施的投資。特別是伊特魯里亞人是積極的道路和橋梁建設者。後者

2 作者注：克萊兒・容謝雷（Claire Joncheray）令人信服地指出，波河河谷的伊特魯里亞城市並不是簡單地複製希波達莫斯的模型，而是根據希臘和伊特魯里亞的做法發展出自己的城市組織形式。

在這個地區是特別必要的，由於這是個由陡峭的峽谷和河道分隔的崎嶇高地。他們在維伊建造了涵括領土大部分地區的小型水道網絡。大多數是排水渠道，讓先前排水不暢的地區得以種植作物，不過有些則用作水道橋，將飲用水帶入城市。雖然沒有像羅馬後期公路網那樣令人印象深刻的道路，但義大利很多地區都有跡象顯示社區正在投資交通、排水、供水和其他重大建設計畫。

義大利的非城市地區

雖說城市在義大利的許多地區是主要的組織形式，但並非所有地方都是如此。卡拉布里亞、亞平寧山脈、翁布里亞部分地區和波河以北地區等高山地區，基本上仍然是非城市地區，這情況要到相當的時間之後才有所轉變。亞平寧山脈中部和南部是跟後來羅馬的勁敵薩莫奈人有關的地區，但這裡的發展並不快，而且我們對此處五世紀之前的聚落狀況知之甚少。這地區有著高山和富饒的溪谷。根據實地調查顯示，在七世紀和六世紀期間，此處中小型村莊的數量不斷增加，每個村莊都由二十至四十間房屋組成，大多數是以籬笆牆為建材的建築。這些建物通常建於山脊和山頂，充分利用了該地區的防禦優勢，並且倚賴農業和畜牧業為生。古代和現代歷史學家都把義大利的這個地區與畜牧業聯繫在一起，他們會將羊群從亞得里亞海沿岸的冬季牧場，長途遷徙至地勢較高的亞平寧山的夏季牧場，不過這裡也具備一個成熟的農業經濟。[3]在阿爾科拉（Arcora），這個迄今為止唯一被大規模挖掘的聚落，居民種植穀類作物、豆類、藤蔓和橄欖，並且豢養牛羊。

在此時，人們尚未興建這個地區後期富有特色的宏偉宗教神廟，不過神廟的位置可以藉由祈願奉獻物的所在來確立，通常是位在山區。奉獻物主要是小雕像，通常是在這個地區被廣泛崇拜的海克力斯神的形象，不過沒有任何房屋或建築物與海克力斯有關係。其他地區在六世紀出現了與宗教崇拜及其場所有關的地標性建築，不過在這個地區要到很晚之後才發展出來。

我們對亞平寧山區早期歷史的大部分了解來自墓地，其中一些墓地的規模相當大。阿爾菲德納墓地（Alfedena）是其中最大的墓地，內含約有一萬一千座墓葬，只有約一千座被挖掘出來。墓葬採用的是簡單的土葬方式，屍體被包裹在用腓骨胸針固定的裹屍布中，有時則被放在一個木造棺材中。這些墓葬當中有著各式各樣的私人物品，有時還會有裝滿食物殘餘物的碗，這是儀式餐或是來世旅程的餐食的一部分。在墳墓附近發現的大花瓶，當時可能是埋在墳墓的上頭，作為一個標記或是一種祭奠死者的容器。從西元前六世紀中期開始，在義大利亞平寧山區的一些地方，墳墓或墳墓群上都覆蓋著巨大的土丘，這是一種更引人注目、更顯眼的紀念形式。

墓地的布局和墓室內的供品都描繪出一個以家庭團體作為基本組織的社會圖像，但是在西元前六世紀後期社會分層的程度正不斷地提高中。墓葬區被劃分為一組一組，很可能分別都是家族墓地。陪葬物品當中包括當地和進口的陶器、青銅碗和剃鬚刀，女性墓葬中有珠寶，而男性墓葬中則

3　作者注：然而，大部分證據來自羅馬帝國或更晚的時期。現存紀錄指出在西元二世紀、三世紀，游牧民族和他們所途經的社區之間曾發生過糾紛，尤其是一封來自皇室成員的信，指示塞皮努姆城的行政長官不要妨礙隸屬皇帝的羊群的前進。最詳細的資訊並非來自古代，而是來自中世紀的多納塔納（Dogana），內容是有關亞平寧山脈附近羊群長距離季節性遷徙的稅收和行政紀錄。研究者的問題在於是否能確定這些紀錄是從古代沿襲下來的習俗，抑或者是中世紀才有的創新。

有青銅武器和盔甲。埋藏貴重的青銅物品是標誌社會和經濟地位的一種方式。在義大利的其他許多地區，社會和政治精英從六世紀開始崛起，但在亞平寧，這裡仍是一個武士貴族的社會，武器是重要的地位象徵。最後，我們對亞平寧地區此時的政治組織，又或者是該地區的人民是否已經形成了明確的族群認同，了解不多。

聖所、祭司和儀式

在西元前七世紀，宗教聖所上幾乎沒有建築物。此時重要的元素是分隔神聖空間和世俗空間的邊界，以及舉行主要的奠酒、祭祀和燔祭儀式的祭壇。在六世紀時，社區開始投入資金將這些聖所打造成地標性建築群，其中還有令人讚嘆的神廟。

在大希臘地區，多立克（Doric）風格的大型石造神廟在六世紀和五世紀激增。這些建築是建造在一個低矮的平台上，有圍繞整個建築物的柱廊，許多建築物都用鑲嵌在柱子上方的雕刻石板來裝飾。保存狀況最好的例子是帕斯埃圖姆的三座神廟，其中一座位於城市的北部邊緣，專門供奉雅典娜，南部邊緣的另外兩座則專門供奉赫拉（見彩圖十四）。由於神廟對希臘崇拜來說是非必要的，因此神廟的建築不是被舉辦儀式的需求所驅動[4]，而是由當地的自豪感所驅動，這代表著用金錢、勞動力和專業知識的投資來展示公民的雄心和重要性。

在其他地方，我們可以觀察到類似的趨勢，儘管義大利和希臘神廟的形式有所不同。義大利中部的神廟建在升起的裙樓上，前方有台階可以進入，並且有一個深入的門廊，有一排或多排柱子但是沒有環繞的柱廊。較小的神廟中有一個內室，但許多較大的神廟內部分隔成三個平行的房間，讓一群三座神祇可以共同使用此地點進行崇拜，這是伊特魯里亞和義大利其他地區的常見習俗。屋頂通常寬闊而且很低，而屋簷往往很深，並裝飾著赤陶製的排水口，沿著屋簷和屋脊上則有雕塑品。

在羅馬，卡必托里山上的一座巨大的朱比特神廟始建於西元前六世紀，而在維伊的阿波羅聖所上則有一座裝飾著彩陶的神廟。沿著屋脊放置著神祇的赤陶雕像（akroteria），屋簷上則裝飾有覆蓋梁端的彩繪赤陶板（見彩圖十五）。拉維尼姆的兩處主要神廟也有類似的發展。在位於城鎮南部的十三座祭壇聖所（Sanctuary of the Thirteen Altars），其中的第一座建造於約五五〇年。在六世紀後期又新建兩座，到五世紀中期增加到九座，四世紀又增加了四座。該建築群中沒有神廟，而是有一座帶有門廊的L形建築，與一排大型石造祭壇建造在一塊，這必然是令人印象深刻的景觀。榮耀卡斯托耳（Castor）和波魯克斯（Pollux）的古老祈願銘文，讓我們至少知道其中一位被崇拜的神祇的身分。在該建築群鄰近還有一處小型的土丘墓地，與埃涅阿斯的崇拜有關，不過這個聯繫可能是在稍晚的時代（西元前三〇〇年左右）才出現的。位於拉維尼姆東部邊緣的另一處聖所供奉的是密涅瓦。在這裡沒有發現任何神廟，但是大量出土類似於伊特魯里亞和一些希臘城市發現的赤陶俑，則顯示這裡曾經有一座地標性建築（見彩圖十六）。

神廟並不是全部都位在城市之中。兩處保存狀況最好的聖所是皮爾吉（Pyrgi）和格拉維斯卡

---

4 作者注：例如，赫拉神廟中的犧牲和其他儀式都是在兩座巨大的神廟前的祭壇上進行的，而不是在它們內部進行。這些神廟是神的房子，裡頭有崇拜用的雕像、崇拜者的奉獻品以及神廟的財庫。

（Gravisca），分別位在卡厄瑞和塔爾奎尼的領地中，並且靠近這些城市的港口。皮爾吉（今日的聖塞韋拉）是卡厄瑞三個港口中最重要的一個。該聖所中（見圖十九）有三座神廟：伊特魯里亞風格的神廟A有一個門廊和隔成三層的房間，但最大的是神廟B，應該是在西元前五一〇年大規模重建當中的一部分，它有一個單獨的房間和一個希臘式的柱廊。它的裝飾是彩繪的赤陶雕塑，奉獻給伊特魯里亞的女神和她在腓尼基人那裡的別稱：阿斯塔蒂（Astarte）。學者發現一套刻有腓尼基文和伊特魯里亞文的銘文金片，被埋在神廟外頭，上頭紀念著卡厄瑞的統治者塞法利·威利阿納斯（Thefarie Velianas），將這座廟奉獻給尤尼（Uni）和阿斯塔蒂。在地中海其他地方的阿斯塔蒂神廟裡曾有聖妓（sacred prositution）的存在，沿著聖所邊界牆的一組小隔間可能就是用於此目的。皮爾吉崇拜許多希臘、伊特魯里亞和腓尼基的神。除了伊特魯里亞的尤尼和阿斯塔蒂，還有希臘神海克力斯、艾莉西亞（Eileithya）和琉科忒亞（Leukothea），以及伊特魯里亞神伊諾（Ino）、帖桑（Thesan）、卡夫扎（Cavtha），提尼亞（Tinia）和蘇里（Suri）。一些共同的主題可以被確定：提尼亞和蘇里是冥界的神，帖桑和卡夫扎是光明的代言人，尤尼、伊諾、阿斯塔蒂、艾莉西亞和琉科忒亞是保護婦女和兒童的母親女神，但也會庇護水手。根據希羅多德所記述的歷史傳統，神廟A和神廟B的雕塑所呈現的是海克力斯的事蹟，這些雕塑是伊特魯里亞人的建立者第勒努斯（Tyrrhenos）的祖先。

學者在塔爾奎尼港口格拉維斯卡的發掘，並未發現任何像皮爾吉的神廟B一樣重要的建築物，但他們仍發現了獻給伊特魯里亞女神杜蘭（Turan），以及許多希臘神明的祈願奉獻物。製作者的名字大多是希臘人，包括陶器或其他希臘製造的小物件。其中一個最吸引人的是石錨的一部分，它是

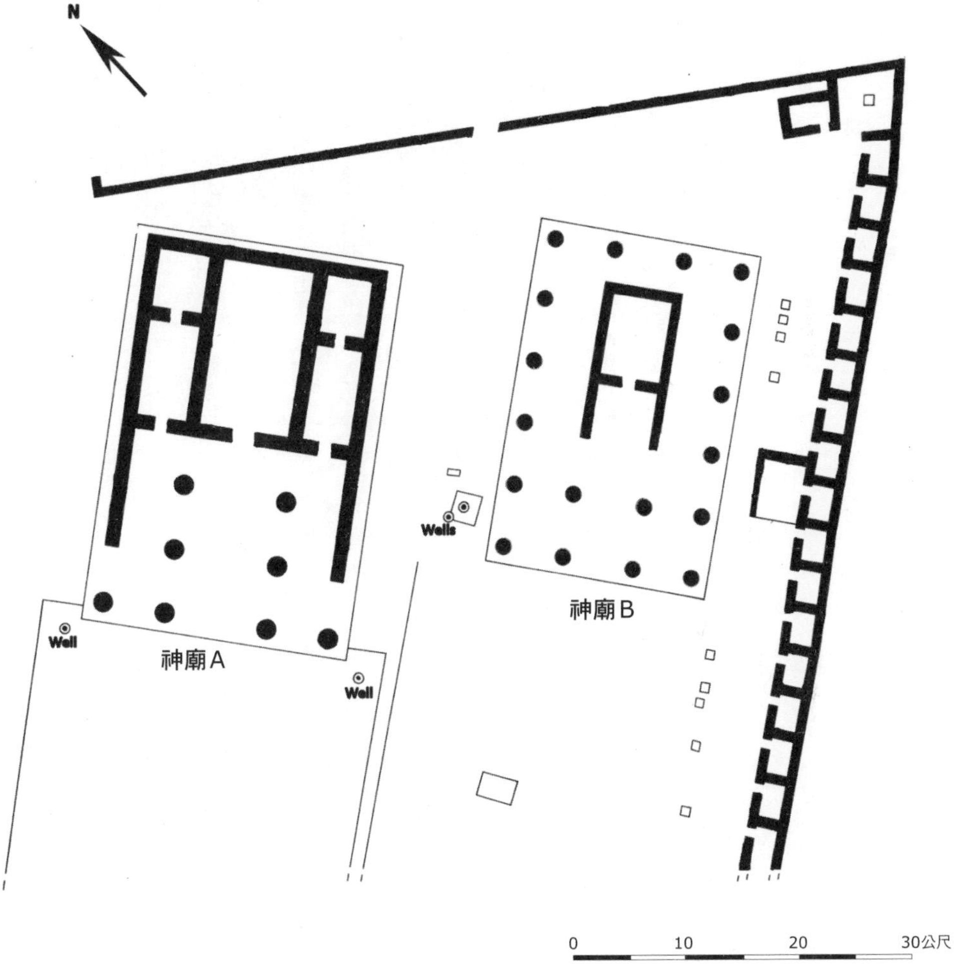

圖19　西元前六世紀皮爾吉聖所的平面圖。

由一位名叫索斯特拉特（Sostratos）的人獻給阿波羅的。奉獻銘文是以埃伊納島（Aegina）的字母和方言寫成，並且有可能（儘管無法證明）奉獻者可能便是希羅多德提到的埃伊納島商人索斯特拉特（Hdt. 4.152）。

貿易是當地經濟的重要組成部分，定居或是造訪伊特魯里亞的希臘和腓尼基商人與工匠人數，可以從格拉維斯卡和皮爾吉有相當高比例的奉獻是來自希臘人，窺見一斑。皮爾吉石板的雙語銘文生動地展示了伊特魯里亞人和腓尼基人之間的緊密聯繫，以及西元前六世紀伊特魯里亞的多元文化。然而，外國人集中在這些鄰近港口的聖所，而不是城市中的神廟，顯現出市民和外來者之間的關係正在改變。在七世紀，希臘人和其他非伊特魯里亞人遍布整個伊特魯里亞，但是到了六世紀中期，希臘人和腓尼基人的銘文和物品則主要是在港口被發現。雖然仍有證據顯示不同族群之間存在著互動關係甚至通婚，但非伊特魯里亞人群轉換聚集點的做法則說明，他們自家崇拜的地方和社群對他們的重要性愈來愈大。

崇拜之處是來自不同城市和不同族群的人們可以碰面的重要地點。一個宗教節日不僅僅是慶祝一套特定的儀式，同時也是舉辦市集和市場的機會，還可以在神祇或神聖休戰的保護下，解決法律糾紛以及進行政治和外交談判。聖所（特別是農村地區的聖所）是促成該地區和其他地區之間經濟和政治上的聯繫的聚會場所。舉例來說，在阿爾巴諾山舉行的拉丁節慶是拉丁人的共同生活，而拉丁人、薩賓人和伊特魯里亞人經常造訪盧克斯．菲諾尼亞的聖所。其他宗教活動與城邦的政治認同有關。在羅馬開始舉行一些儀式之前的常見流程是，將所有不是成年男性自由羅馬人的人排除在外，「外國人、被束縛的囚犯、女人、女孩，統統都出去！」根據一塊來自伊庫維姆（Iguvium，今日的古比奧），刻有翁布里亞文的長銅板「伊庫維姆牌銘」，上頭就有著類似的排除規定，禁止鄰近的薩賓人和伊特魯里亞人出席某些儀式。[5]神廟和聖所以及與之相關的儀式，對於彌合不同社區之間的差異是很重要的，但是它們也可以被用作一種排外的手段，藉此來強調本地居民和外來者之間的區別。

義大利宗教在西元前六世紀之前相對模糊的其他方面，現在已成為焦點。我們憑藉有關奉獻性和儀式性的銘文與圖像的更多證據，可以確定一些神靈的身分。這些神可能純粹是地方性的神，不過有證據能顯示某些宗教崇拜的傳播範圍更大，而且在不同文化的交界區域，不同族群的崇拜之間存在著一定程度的融合。伊特魯里亞的汀（Tin）、杜蘭和尤尼有時會被認為是朱比特、維納斯和朱諾，而普利亞則有達馬提拉（Damatira）、齊斯（Zis）和阿波迪塔（Aprodita）的崇拜，它們則是狄蜜特（Demeter）、宙斯和阿芙蘿黛蒂（Aphrodite）這些希臘崇拜的在地化版本。然而，儘管有相似之處，儀式、奉獻和敬拜的形式往往是針對特定的地區而設計的。在普利亞的格羅塔．德拉波西亞（Grotta della Poesia，羅卡維奇亞〔Rocavecchia〕附近）和格羅塔．波奇納拉（Grotta Porcinara，雷烏卡〔Leuca〕附近）等洞穴中的崇拜遺址，提供了不同宗教信仰之間融合的例證，以及一些聖所的奉獻者的國際性。使用洞穴作為聖所在該地區有悠久的歷史，可以追溯到新石器時代，但在格羅

5 作者注：伊庫維姆牌銘是一套七枚以翁布里亞文刻寫的青銅石板，上面寫著翁布里亞的伊庫維姆城將要舉行儀式的詳細規程。這是我們所擁有有關義大利社區宗教儀式生活的最完整文件，但它也帶來了許多語言學上的問題，而且是我們試圖按時間順序加以排列時，很容易遭遇的困難。現存的文本是在西元前三世紀到一世紀這一長段時間積累下來的，當中也很可能保存了早期的材料或早期文件的複本。

塔．波奇納拉發現的銘文，大多可以追溯到西元前六世紀和五世紀，顯示出它被當地的梅薩比人（Messapian）和希臘人所使用。在梅薩比人的祈願詞中，這位受到尊敬的神被認定是當地的巴塔斯神（Batas），但是又跟宙斯混淆在一塊，崇拜此神的希臘人便尊稱其為宙斯．巴塔斯（Zeus Batios）。

來自聖所的祈願奉獻物的存在證明了眾神的重要性。通常會有數百種不同價值的奉獻物，希望得到神的眷顧或幫助。有些物品表現出日常使用中的磨損跡象，可能是崇拜者的個人財產，而其他物品則特定用於宗教崇拜，並且在特定的神廟或聖所中專門製作。這類物品包括小雕像、陶器或青銅器物品，有時還有銘文，上頭寫著供奉者的姓名或是獻祭的神。祈願物可以代表神和女神、崇拜者或者是與某個崇拜相關的物品。例如，被譽為擁有治療能力的神，祂的聖所就經常會有依患病部位為形狀的祈願物，無疑是希望神會治癒受損的肢體或器官。

我們對於義大利宗教的組織方式知之甚少。我們可以推斷出伊特魯里亞人的某些做法，但是只有在羅馬我們才擁有足夠證據可以證實祭司的行為，而且即使是在羅馬，我們也很難肯定這種做法可以追溯到西元前六世紀。在共和時期的羅馬，政治和宗教生活之間有著密切的聯繫，大多數祭司都不是專業神職人士，而是貴族的成員，作為其政治生涯的一部分，他在擔任世俗官職的同時出任祭司職位，但在王政時期或其他義大利社會中是否也是如此，目前還不得而知。根據李維的說法，許多伊特魯里亞的城市聯合起來選出一名祭司，他會代表所有成員進行儀式，這顯示宗教和政治權力之間存在著聯繫，但伊特魯里亞宗教的其他方面需要專業知識。占卜的形式如內臟占卜（haruspicy，解釋犧牲動物的內臟）或自然占卜（augury，觀察和解釋自然現象）是它的核心，這些需要相當程度的鑽研。宗教知識，尤其是與占卜有關的知識，羅馬人稱之為「伊特魯里亞的學問」

（disciplina Etrusca），會被記錄在亞麻布的聖書中。其中一種被稱為「札格雷布木乃伊卷軸」（Zagreb mummy roll）仍被保存至今，不過其狀況殘缺不全[6]，還有像是「皮亞琴察肝臟」（Piacenza liver）這樣子的輔助研究工具，這是標記了肝臟不同區域涵義的青銅肝臟模型。然而，被稱為內臟占卜師（haruspex）或鳥卜師的人大多是選擇了研究這些知識的貴族成員。除了少數例外，古代義大利的祭司並不是作為特殊的宗教團體而自外於社會，而是在承擔他們的宗教職責（進行祭祀和儀式，並解釋結果）的同時，繼續從事其他的公職和個人職業。

政治與社會

從大約西元前六〇〇年開始，東方化時期貴族階級的統治地位被一群富有而有權勢的人挑戰，他們渴望一同分享權力和影響力。這仍然是一個強大而富有競爭力的貴族階層時代，但他們的行為方式以及他們如何與社區其他人群互動的方式，卻發生了變化。陪葬習俗的變化能夠讓我們了解這一點。在伊特魯里亞，儘管現有類型的墓葬仍在使用，但是現有的多墓室墳塚卻逐漸不受歡迎。六世紀的墓葬在尺寸和外觀上更為樸實，會建造在方正的露台上，在它們所處的城市形成了「死者之街道」（streets of the dead，見彩圖十七）。墓葬本身呈現出更具一致性和適度的外觀，由兩個或三

6 作者注：這些文本用墨水寫在亞麻布上，這是伊特魯里亞的一種常見做法，這本書之所以能夠保存至今，是因為它被撕成條狀用來包裹木乃伊，但也因為這樣使得文本很難被重建。

個墓室組成，並且通往一個小前廳，每個墓室都有兩個石造平台來容納屍體或石棺。在奧維埃托（Orvieto，古代的沃爾西尼），可以在「凝灰岩十字架」集體墓穴[7]看到這類中型墓葬露台（tomb terraces）的許多例子，每個墓葬都在門楣上刻著其所有家族的名字，而在卡厄瑞，墓葬露台則是建造在班迪塔恰墓地的墳塚之間。在塔爾奎尼，繪有壁畫的墓室仍然繼續被建造，不過它們的規模要比七世紀的墓室來得小。

這些變化與貴族統治中發生的變化有關[8]，但是我們不應將這些變化解釋為社會變得相對平等。義大利社會仍然非常等級鮮明。豪奢的墓葬可能已經消失，但精英分子在死後仍然被埋在大型墓葬中，有大量的墓碑和紀念銘文記錄著他們的名字和家庭。奢侈品的大量生產以及西元前六世紀豪華私人住宅的建造，例如在阿夸羅薩或羅馬巴拉丁諾山的古老住宅中發現的那些，仍顯示出義大利精英和他們在東方化時期的時候一樣具有競爭力。他們的地位大體上不再透過競爭性的喪葬儀式和墓葬展示，而是藉由投資新的城牆基礎設施、神廟和公共建築，以及大型的豪華私人宅邸。

在這些精英中，古代義大利的女性比其他地中海社會的社會角色更為突出。這讓希臘歷史學家深感震驚，其中一些人發表了難以苟同的評論。希臘歷史學家狄奧彭普斯（Theopompus）對伊特魯里亞婦女所享有的明顯自由，就抱持著格外悲觀的看法，將她們描繪為頹廢和喜愛派對：

> 狄奧彭普斯在他的《歷史》（*Histories*）第四十三卷中說道，伊特魯里亞人習慣於分享他們的女人：這些婦女非常重視自己的身體外觀，甚至經常與男人一起健身，有時也彼此訓練；因為女人不認為裸露自己是種恥辱。此外，她們不是和自己的丈夫一起用餐，而是和任何碰巧在

一塊的人一塊用餐，她們也會向任何她們想要祝福的人舉杯慶祝。她們自己也喜好杯中物，而且面容姣好。伊特魯里亞人會撫養所有出世的嬰兒，而且通常都不曉得孩子的父親身分為何。這些孩子長大後會追逐與養育他們的人一樣的生活方式，成日飲酒並與女人交歡。（Athen., *Deip.* XII, 517 d-f）[9]

憤怒的語氣以及將伊特魯里亞婦女描述為淫亂和不道德，這些所透露出來的其實是四世紀希臘男性的社會焦慮，而非六世紀的伊特魯里亞女性。伊特魯里亞藝術中對高地位女性的描繪證實她們在社會中所扮演的角色比希臘女性更有影響力。他們不像希臘女性那樣與男性隔離，而是與男性一起參加宴會等社交活動，衣著華麗，與男性朋友一起斜倚在宴會臥床上。相比之下，來自義大利希臘城市的墳墓畫，描繪了參加者全都是男性的飲酒派對（見彩圖二十八）。伊特魯里亞人的墓誌銘通常包含死者父母的姓名，這在義大利是不常見的。這顯示伊特魯里亞社會並不是完全的父系社

7 譯者注：凝灰岩十字架集體墓穴（Crocefisso del Tufo）是位在奧維埃托懸崖底部的伊特魯里亞人墓地，這個墓地包括西元前八世紀到前三世紀的墳墓。這座墓地的名字源自於一座石雕教堂內凝灰岩上雕刻的十字架，由一位二十世紀的不具名人士雕刻而成。

8 作者注：但是，關於埋葬實際做法的變化可能有其他解釋。例如我們知道羅馬在五世紀和四世紀的不同時期通過了禁奢法，限制了墳墓的大小和葬禮的成本。

9 作者注：在西元前四世紀寫作的狄奧彭普斯似乎有強烈的道德偏見。他的作品雖然只保留了一些片段，但很有影響力，並且可能被其他一些人作為史料，尤其是狄奧多羅斯。

會，而且母親正如父親，都是地位和家庭身分的重要來源。在義大利北部的其他地方，也可以找到有關女性精英這種突出的社會角色的證據，儘管細節並不是那麼詳細。在威尼托和波河河谷，一些最富有的墓葬是女性的墓葬，許多在聖所中所發現的祈願雕像和青銅飾板都描繪了女性崇拜者和女祭司。在義大利不同地區，女性的可見度差異很大（例如在義大利南部的一些地區，紀念女性的墓葬和祈願銘文的數量要比在北部地區少得多），不過給人最深刻印象的部分是當時義大利的許多女性與希臘世界的女性相比，在社會中扮演了更積極、更顯目的角色。

當然，這是否轉化為權力和影響力則是另外一回事。在城市五花八門的職業中，唯一對女性開放的角色是女祭司。這是不容忽視的，諸如羅馬的維斯塔貞女，或者威尼托一些聚落的主神雷伊蒂亞神廟中的女祭司[10]，她們都擁有顯赫和有影響力的地位，不過也就僅限於這個特定領域中。婦女不能擔任其他公職，而且幾乎沒有證據證明她們能夠擁有和管理自己的財產。況且我們手上所擁有的為數不多的證據，在時間上也比西元前三世紀要晚得多。[11]在羅馬，婦女被要求必須要由男性監護人來替她們在法律和財務方面採取作為。在諸如古代義大利的社會中，貴族婦女可能曾發揮了相當大的非正式影響力（儘管她們缺乏正式的權力）。在一個由少數強大家庭主宰的世界裡，屬於這種家庭的婦女僅憑藉具備統治精英身分，就能夠握有相當大的庇護權力和幕後影響力。

東方化時期緊密聯繫的貴族階層正在發生變化的另一個跡象是出現了更多樣化的政府形式，其中一些政府形式讓公民有更大程度的參與。這些在義大利的希臘人社區中有最好的紀錄；這些社區從西元前七世紀後期便開始由投票選出的行政長官來統治。這些人是國家的主要行政官員，受到一個從較年長、較富裕的公民中選出的委員會輔佐，並且在不同層度上受到人民集會的控制。這三個要素之間的權力和責任的劃分會隨著時間的推移而變化，並且隨著城市的不同而有所差異。有些實際上是寡頭政治，由該國較富裕的公民占據主導地位，而另一些則是賦予公民議會更大程度的立法權和影響力。

其他地方的情況並不明朗。伊特魯里亞政治組織的第一個證據是來自波隆那附近魯別拉（Rubiera）的高度裝飾石柱，其歷史可以追溯到西元前六世紀初。石柱是用東方風格的浮雕雕塑裝飾，並帶有一個銘文，記載著它是由一位「齊拉斯」（zilath）建立的，這是伊特魯里亞人行政長官的頭銜。在當代伊特魯里亞藝術中對於統治者的描繪（無論是國王還是當選的行政官），展示出了許多種官職的象徵，包括由統治者或祭司攜帶的彎曲棍棒、特殊的椅子或寶座，以及一件類似於羅馬「托加」（toga）的公民長袍。羅馬的史料的幫助不大，因為李維大多將伊特魯里亞人的領袖簡稱為「領導者」（principes）而已，但有一位希臘人對伊特魯里亞人權力象徵的描述，則與伊特魯里亞藝術中的描述非常相似：

---

10 作者注：在埃斯泰城郊外的巴拉泰拉雷伊蒂亞神廟，是該地區最重要的宗教崇拜場所，並使人可以從中深入分析女性角色究竟為何。神廟中有相當大比例的祈願物是描繪女性或是由女性奉獻的，還有一系列刻有穿戴象徵地位顯赫禮儀頭飾的威尼托服裝的婦女形象的青銅飾板，是描繪女祭司和／或女性崇拜者。

11 作者注：來自科爾托納的西元前三世紀伊特魯里亞題詞，是關於佩特魯·士基瓦（Petru Sceva）和庫蘇（Cusu）兄弟之間土地的出售或租賃，內容提到士基瓦的妻子是該協議的一方，但其涵義是模糊的，並不能作為女性擁有財產所有權的明確證據。

幾天後（使節）回來了，不僅帶著文字，還帶著他們用來裝飾自己國王的主權徽章。這徽章上有一頂金色王冠、一個象牙寶座、一支老鷹盤據在上的權杖、一件繡著金線的紫色外衣，以及像波斯和呂底亞國王那樣穿著的紫色長袍，只不過它不是長方形而是半圓形的。這種長袍被羅馬人稱為托加長袍，希臘人稱為泰本納（tebenna）。（Dion. Hal., 3.61）

拉丁姆的情況就不那麼清楚了。一些拉丁城市選出了他們的統治者，我們提到了各種地方行政官，其中最著名的是獨裁官（dictator）。然而，在羅馬，有銘文證據顯示在西元前六世紀有一位掌權的國王。最可能的解釋是各地方之間存在差異，一些城市有一位終身制的君主，而另一些城市則選舉出有固定任期的領導人，或者還有些社區是在選舉與君主統治之間交替。對於羅馬和義大利的其他地區而言，大約在五五〇年至四七〇年間是一段過渡時期，因為各個社區於此時開始嘗試不同形式的政府，這給予了社區中最具代表性的那群人有了更大的發言權。

這些變化對軍事組織和戰爭風格產生了深遠的影響，過去的軍隊是由貴族武裝組織支持著的。相比之下，在西元前六世紀，裝備著（就一般而言）頭盔、圓形盾牌、長矛和短劍的重型步兵部隊，變得更為常見。這些裝備精良的步兵以協同作戰的方式作戰，是規模更大、裝備更精良、組織性更強的軍隊的一部分。這種戰爭風格（所謂的「重型步兵戰爭」，hoplite warfare）在義大利和希臘世界被普遍採用。軍隊是來自農民和資產階級的公民民兵，他們可以負擔得起相當價格的青銅盔甲和武器，而且人們以緊密地編隊進行戰鬥。在羅馬，我們在下一章將討論的塞爾維烏斯．圖利烏斯的改革創造出了以下這種體系：他將男性公民根據財富階級組織起來，每個階層都有其軍事責任和義務。我們對伊特魯里亞和義大利中部其他地區的軍隊和軍事組織知之甚少，不過在出土花瓶上對戰爭的描繪，像是卡厄瑞的特拉格利爾花瓶（見圖十四），便呈現出裝備有盾牌、頭盔和長矛的重型步兵，而且在墓葬中也發現了類似的物品。英勇的戰士形象仍然是藝術中的熱門主題，特別是喪葬藝術，而且被視為戰士仍然是高貴地位的關鍵要素，但如今實際的戰爭是由國家所組織的軍隊來進行的，大多數男性公民都必須參加戰鬥。這些變化反映出隨著發展中國家企圖要保護其領土和資產，所以它們對更大規模軍隊的需求也與日增加，不過它們也反映出社會組織的變化。

貴族家族仍然是古代社會運作方式的核心。氏族首領仍然是社會的主導力量，氏族內部和氏族之間的關係對國家的發展具有影響。然而，這些氏族表現權力的方式產生了變化。他們不再把他們的財富投資在享有盛譽的豪奢墓葬中，而是投資在房屋和社區的基礎設施上。

城市經濟

西元前六世紀是經濟增長的時期，義大利的農業經濟繁榮，部分原因是城市化水準的提高。城邦需要農產品來養活不斷增長的人口，並為周邊地區的農民提供現成的市場。他們控制了更廣闊的領土，而且比他們所取代的更小的聚落更能有效開發這些領土。針對伊特魯里亞的阿爾本加（Albegna）山谷，圖斯卡尼亞（Tuscania）和維伊的考古調查指出，希臘人的城市梅塔龐圖姆的領土，以及普利亞的瓦雷西姆（Valesium）和瓦斯特（Vaste）的梅薩比聚落的領土都呈現出類似的發展。雖說各地方之間仍有許多差異，但這些城市的農村綠地數量增加、種植面積擴大、農業更加密集。在維伊可以最清楚看到這種集約化生產與城邦中央權威之間的聯繫。一個要有國家組織方有可能的大規模排水系統完工。這是一個小型排水通道或地道的網絡，覆蓋整個廣闊區域，在某些情況下，它可以使過去會淹水的土地可以耕作，而在某些情況下，則作為水道橋將水輸送到城市中。

我們對農莊的發掘讓我們得以有寶貴的材料可以了解農村生活。位在伊特魯里亞中部阿爾本加山谷的波得列．塔圖奇諾（Podere Tartuchino）是一座中等規模的農舍，建於西元前六世紀中葉，在四十至六十年後大幅擴大。業主種植了穀類作物、釀酒的葡萄和橄欖，還飼養了綿羊和豬。我們對波得列．塔圖奇諾農場產量的估計得出的結論是，它有能力生產超過維持生計水平的作物，從而產出可以出售的剩餘作物。[12]雖然這些農場的所有者說不上富裕，但他們正在創造合理的收入。學者對植物和動物遺骸，以及來自其他地區（包括羅馬）的人類骨骼研究，顯示了波得列．塔圖奇諾這個地方是個典型：西元前六世紀義大利人的飲食，以豆類、穀物、水果、橄欖和葡萄酒為主，而在人們可以獲得魚類和貝類的地方，他們也會加入這些食材。[13]除了在特殊場合，大多數人很少吃肉。

貿易和製造業蓬勃發展，但也有著重大變化。伊特魯里亞的工匠以做工精細而聞名，他們的產品在伊特魯里亞內外都十分搶手。武爾奇以其複雜的青銅飾品、餐具和居家用品的出產而聞名，這些產品既滿足伊特魯里亞精英的需求，同時也是為了出口而製造。裝飾陶器（用希臘的黑畫像和紅畫像技術製作的布凱羅黑陶和繪製陶器）大量生產。這些奢侈品讓人強烈感受到這時期貴族生活方式的富足，而個人裝飾品則呈現一種財富的炫耀。這時期的伊特魯里亞人的珠寶通常由黃金製成，飾有半寶石和複雜的造粒，而且許多作品的尺寸都十分有份量。新的珍貴物品出現了，比如被雕刻成海豹戒指的寶石，以及銅鏡和其他裝飾著雕刻神話場景的如廁衛生用品。塔爾奎尼的西元前六世紀墓壁畫（見彩圖十八）描繪了穿著華麗的夫婦，他們經常被描繪斜倚在餐廳的臥床上，周圍環繞著花圈和其他奢華宴席，並且被舞者和音樂家取悅著。風格已經有所變化，現在參加宴會的人們穿著風格與當代希臘人類似，會穿著有著精美垂褶和刺繡的斗篷與長袍，並且穿戴尖頭鞋或靴子和高級珠寶，而不再是東方化時期的大帽子和直筒長袍。陪葬品也不再像七世紀那樣華麗，這反映出社會變化和更成熟的經濟，其中貴重物品的內在價值比其象徵價值要來得重要。六世紀義大利中部的貴族顯然有某種生活風格，陪葬品價值的下降反映了輕重緩急的變化，而不是缺乏財富。

在其他地方，一些南部的希臘人城市繁榮昌盛，成為財富的代名詞。過度奢華（sybarite）一詞源自錫巴里斯，此地因為其公民的奢華生活方式而臭名昭彰。調查和發掘顯示出希臘城市更加密集地開墾他們的土地，在此期間，許多殖民地腹地的居住密度不斷增加。位於義大利的希臘人定居區域邊緣的普利亞也有類似的發現。梅塔龐圖姆的早期造幣甚至壓印有大麥穗的象徵，好宣傳該城市的農業財富。

商業也蓬勃發展。從希臘和愛琴海的進口物繼續大量出現在義大利各個地區，義大利貿易商從西元前七世紀末開始開闢新的市場。伊特魯里亞人和希臘人都跟法國南部及其他地區有著密切的貿易往來。伊特魯里亞和希臘的商品數量眾多，葡萄酒和油的貿易可以透過伊特魯里亞雙耳瓶的出土

---

12 作者注：特別的是，他們認為若是將家庭的估計消費量納入計算的話，剩餘葡萄酒產量的可能數字為每年一千兩百五十公升（兩百七十四加侖）。

13 作者注：人類骨骸上的證據顯示有多種維生素和礦物質缺乏。牙齒的檢查則顯示，許多成年人牙齒磨損嚴重，這說明古代的義大利飲食以麵包、水果和蔬菜為主，所有這些食物都需要大量咀嚼。

來追蹤。希臘在西元前五四〇年左右在法國南部建立了幾個殖民地，其中最重要的一個殖民地是馬薩利亞（Massalia，今日的馬賽），該地區是希臘人與伊特魯里亞人，還有和該地區土著居民豐富接觸的區域。

有一個證據可以讓我們追蹤這些相互作用，這是一塊留存至今上頭刻有商業協議的鉛板，發掘自法國南部海岸的沉船殘骸。這塊來自佩許美侯（Pech-Maho）的鉛板，一面刻有希臘文合約，另一面刻有伊特魯里亞銘文，這清楚地顯示希臘人和伊特魯里亞人之間存在著重要的商業交易。雖然這份銘文寫成的時代比本章的時間框架（可能追溯到西元前五世紀初）稍晚，而且其內容備受爭議，但是它說明了商業互動的力量和重要性，而古代沉船的發現則證明了希臘和伊特魯里亞的大規模貨物貿易，這些貨物進入法國和西班牙，同時也沿著隆河河谷進入法國中部和日耳曼地區。

西元前六世紀的另一項創新是造幣。第一批錢幣在小亞細亞鑄造，但到了五三〇年至五一〇年之間，南部的希臘人城市，包括利吉歐、克羅通、錫巴里斯和塔蘭圖姆都接受了這個習慣。他們的錢幣是銀色的，大部分是大面額的，雖然也有發行較小的面額。[14]在一般情況下，錢幣上面壓印有發行城市的符號，正面通常是守護神或城邦建立者的頭像，而背面則是象徵性圖像，例如說梅塔龐圖姆的大麥。直到西元前四世紀末，具有可識別圖像的錢幣都只有希臘人和他們的鄰邦才會使用[15]，不過標準重量的基本青銅幣和標記重量的青銅錠，卻出現在部分伊特魯里亞地區，其時代與第一次造幣的時間相同，而且像老普林尼（Pliny the Elder）這樣的羅馬人認為，這種類型的金屬錠最初是由塞爾維烏斯．圖里烏斯在六世紀後期的羅馬發行的。早期的錢幣和鑄錠其實都是價值不菲的物品，即使小面額也是如此，這也給了我們它們是如何被使用的線索。這些錢幣和鑄錠並不是用於支付小額款項，而是用來便利大規模交易的進行。錢幣的發展有一種可能的解釋，那就是它是一種支付軍隊費用或類似費用的大額支付工具，這種支付方式使得錢幣在品質上要具備某種審核機制，因為錢幣的重量是標準的，由一個指定的城邦來進行認證，並將該城邦的標誌壓印在錢幣上。錢幣的另一個用途是促進大型商業交易。在像曼圖亞（Mantua）和馬爾扎博托這兩個高度仰賴國際貿易的周邊地區發現了許多標準化的金屬錠，義大利人雖然尚未具備我們目前所理解的貨幣經濟，不過第一批錢幣的出現說明了經濟的日益成熟。鑄造的錢幣和金屬條塊被用作支付和交換的手段，以物易物與其他交易方式一併使用，以類似的交易來交換商品、服務和信貸協議。

國家之間的聯繫

到了西元前六世紀，個別城邦國家成為義大利主要的政治和社會單位，這引發了國家如何互動的問題，無論這些國家在戰爭時是否合作，以及是否發展出超越個別城市的集體認同。宗教關係是一個重要因素。眾多社區會在共同的聖所中慶祝共享的祭祀和節日，這對於創造和

14 作者注：希臘城市有自己的重量和面額標準，但最常見的是斯塔特（stater，約八公克或約四分之一盎司），德拉克馬（drachm，五到六公克）或者是德拉克馬的倍數，例如四德拉克馬（tetrachrachm），即十六至十七公克（五分之一盎司）。較小的面額也隨之出現。其他的義大利社區都有自己的重量和測量標準，而且（一旦他們開始生產錢幣或貨幣條）也擁有他們自己的貨幣體系。

15 作者注：武爾奇和波普洛尼亞鑄造的少量五世紀錢幣是例外，不過這些錢幣流通的時間似乎不長且數量有限。

維持共同的文化和認同感至關重要。所選擇的地點通常是農村的聖所，這樣的地點很方便讓廣大地區的人群前來。每年在阿爾巴諾山舉辦的拉丁宗教節目「菲利亞・拉蒂娜」，就是眾所周知的例子之一：

他（塔克文・蘇佩布）指定了集會的地點，也就是位處於這些族群居住地中心的一座高山，這座山俯視著整個阿爾巴諾山上的城市；他須布了一項法律，要求在這座山上慶祝一年一度的節日，在這個節日期間，他們都應該避免與任何人發生戰爭，並且應該一起歡宴，共同向拉丁地區的保護神朱比特獻祭，因為這節日便是以祂命名的，而且他制定了每個城市該為這些奉獻出的份量，以及每個人該得到的份額。總共有四十七個城市共同參與這個節日並獻上供奉物。羅馬人一直到今天都還在慶祝這些節日和獻上供奉物，並稱之為拉丁節日；一些參與的城市帶來了羔羊，其他城市分別帶來奶酪、牛奶，以及其他類似的供奉物。所有的人共同祭獻一頭公牛，每個城市都獲得了指定份額的肉。他們代表其各自城市獻上供奉物，羅馬人則負責監督。（Dion. Hal., 4.49）

其他的史料則指出這個節日要來得古老得多，要早於羅馬征服阿爾巴地區的時代，這說明它確實是一個非常古老的節日。它與拉丁人的主神——拉丁保護神朱比特，以及同名的開國英雄拉提努斯有密切關係，這證實它強化了拉丁人之間的認同感和歸屬感。

目前已知在拉丁地區其他地方的聖所也有類似的做法，像是在盧克斯・菲諾尼亞、拉維尼姆、托斯卡倫（Tusculum）、盧克斯・菲雷提納（Lucus Ferentinae）和阿里希亞，而且其中大多數是在西元前六世紀建立的。雖然相對於其他義大利的族群而言，我們對拉丁人的了解較深，不過這種模式大體上在義大利多數地區都很普遍。例如，伊特魯里亞人一個共同崇拜伏徒那（Voltumna）的重要聖所，就靠近沃爾西（今日的奧維埃托），並且具有重要的文化和政治意義。[16]

基於共同儀式和節日的宗教聯盟，是文化和族群認同的重要方面，但也有一些具有現實意義。據說伊特魯里亞人將自己組織成一個由十二個城市組成的聯盟，各城市的代表便在伏徒那聖所中開會。這個聯盟既有軍事目的，也有宗教目的。根據李維描述，在西元前四三四年維伊和羅馬交戰時，維伊和法萊里（Falerii）非常擔心，於是他們召集了聯盟的十二名成員開會，請求伊特魯里亞其他國家提供軍事援助來抵抗羅馬人的進攻。坎帕尼亞有其他類似這十二個城邦所組成的聯盟，其中一個由卡普阿領導，而占據拉丁姆南部的赫尼西人可能有一個以阿納尼亞（Anagnia）為首的聯盟。然而，留下最完整紀錄的是拉丁聯盟（Latin league），一個由拉丁國家所結成的組織，以及義大利的某些（或可能是所有）希臘移民城邦組成的義大利聯盟（Italiote league）。

要釐清各城邦聯盟實際上做了什麼以及它們如何運作是有困難的。古代史料的相關記載寥寥可數，而且幾乎沒有銘文或考古學證據可以加以補充。我們目前對希臘移民聯盟有相當清楚的理解，它最早出現於西元前六世紀晚期，在五世紀晚期解散，並且在四世紀中葉重新建立。它在當時聯盟

16 作者注：這座神廟一般以拉丁語的名字法努姆・沃爾圖姆內（Fanum Voltumnae）聞名，但它實際上是伊特魯里亞神靈韋爾沙（Veltha）的神廟。韋爾沙是一位跟陰間有關的陰神，而且（據瓦羅的說法）是伊特魯里亞人的主神。

的領導者克羅通領土內的赫拉．拉西尼亞（Hera Lacinia）神廟，建立了一個會議室和用於聯盟財政的庫房，同時也是大多居住於卡拉布里亞和巴西利卡塔的希臘人的聯盟。然而，目前尚不清楚這種描述是否適用於它在不同時期的狀況，或者僅適用於四世紀的情形。從五世紀中葉開始，各城邦聯盟便成為希臘政治和外交生活的一部分，大多數希臘聯盟都會定期舉行聯盟委員會會議、選舉聯盟官員和將軍、由各成員共同出資建立庫房，並且有定期的軍事合作。至於六世紀是否也是如此，目前尚不清楚。

所謂的拉丁聯盟（雖然這是一種現代術語）在六世紀和五世紀的羅馬歷史上，發揮了重要作用，羅馬史料中對此聯盟的稱呼：拉丁聯盟（nomen latinum），就表現出對共享文化和民族的強烈感知，上述共享的崇拜和節日也是如此，但這些都沒有告訴我們有關聯合活動的具體組織方式。

除了共享語言、宗教和文化外，拉丁人還共同擁有一些特定的法律權利和特權。其中包括在另一個拉丁城邦擁有財產的權利、與其他城邦的拉丁人簽訂商業合約，並且與來自另一個拉丁社區的人合法結婚。這些權利將拉丁人（包括羅馬人）納入了一個跨越社區界線的財產所有權和通婚的網絡當中。

拉丁聯盟的政治和軍事活動，特別是羅馬在其中的作用，則更不容易掌握。羅馬人積極地參與聯盟的宗教節日，並且認為這些節日是古老的。大多數人都認為聯盟在盧克斯．菲雷提納會盟，這是女神菲雷提納的聖所，距離阿爾巴諾．拉齊亞萊（Albano Laziale）大約兩公里。聯盟似乎直到西元前六世紀才獲得政治和軍事角色，而且即便到了這個節骨眼會舉辦選出戰事共同領導人的會議，也是出於對緊急情況的反應，而不是常態。雖說羅馬最終成為了聯盟的領導者，但其他拉丁人也曾試圖排除它的存在，例如哈利卡納索斯的戴歐尼修斯暗示他們想利用聯盟的力量，來抵抗不斷增長的羅馬勢力。老加圖（The Elder Cato）曾講述過底下這起事件（*FRHist* 5 F36）：眾拉丁人城市（老加圖列出托斯卡倫、阿里希亞、拉維尼姆、拉努維姆、科拉、提布爾、波梅提亞和阿迪亞），在拉丁獨裁官托斯卡倫的埃格里烏斯．拜比亞斯（Egerius Baebius of Tusculum）的領導下，在阿里希亞附近的森林裡建造了一座新的黛安娜神廟，作為拉丁人共有的聖所。這座神廟可能就是位於內米的黛安娜聖所，這是一個古老而著名的宗教崇拜場所，傳統上都是由逃跑的奴隸來擔任主持的祭司。[17]從內米聖所被重新奉獻為聯盟聖所這件事情可以看出，拉丁聯盟可能是在托斯卡倫的領導下被重新組織起來，藉此作為抵抗羅馬擴張的重心，而且當形勢需要時，他們會選出一位共同的領導人，並且會組成一支軍隊共同作戰。在西元前六世紀後期，羅馬開始將其權力擴展到拉丁姆，這似乎是拉丁反抗被組織起來的一個可能的背景。

有證據顯示從西元前六世紀開始，隨著國家組織的壯大，義大利社區開始與他們的鄰居達成共同的目標，但我們很難確定這是否以短期聯盟或更複雜的聯邦結構形式出現。但無論是哪一種情況，他們的軍事和政治職能似乎都是在共同的宗教場合之外，非正式地發展起來的。然而，它們似乎在區域這個層次上也表現出愈來愈多的聯繫和合作。

17 作者注：想擔任祭司的人顯然只能先殺死現任祭司，所以祭司必須時刻準備好對抗挑戰者，直到有某位挑戰者最終成功殺死了自己，再由挑戰者擔任這個職位。

西元前六世紀義大利的力量平衡發生了變化。伊特魯里亞人的政治影響和文化影響超越了伊特魯里亞本身；希臘人以犧牲鄰國為代價擴大了他們的領土；而其他地中海強權，特別是迦太基，開始對義大利產生興趣。

海外的伊特魯里亞人

從西元前八世紀開始，坎帕尼亞和伊特魯里亞之間就開始有接觸，不過是從西元前六二五年左右才開始變得更加頻繁。在整個七世紀，伊特魯里亞的奢侈品在該地區的許多墳墓中被發現。伊特魯里亞不僅與卡普阿和蓬泰卡尼亞諾（Pontecagnano）鄰近地區，在文化和經濟上有特別密切的聯繫，並且也與蓬勃發展的當地文化共存。在七世紀末期，伊特魯里亞陶器（尤其是在卡厄瑞生產的一種上等的布凱羅黑陶）在坎帕尼亞地區墓葬中出現的數量更多了，伊特魯里亞風格的商品也開始在坎帕尼亞生產。蓬勃發展的當地布凱羅黑陶和赤陶工業在六世紀逐漸茁壯。彩繪赤陶的模塑也說明了伊特魯里亞風格的建築風格已經傳播到該地。這些發展有一部分是來自伊特魯里亞工匠的影響，一部分是坎帕尼亞人採用了伊特魯里亞的風格，但有跡象顯示伊特魯里亞人的影響更為直接。卡普阿和蓬泰卡尼亞諾在六世紀被重新組織起來，在弗拉泰．迪薩萊諾和馬西納（Marcina）建立了新的聚落。卡普阿迅速取得了區域主導地位，控制坎帕尼亞與義大利希臘移民地區之間的貿易和交通。它的規模愈來愈大，其物質文化的豐富程度以及手工作坊的豐富產量，產出了在義大利各地交易的青銅器、陶製容器和赤陶器，證明了它的財富與力量。

我們之所以知道伊特魯里亞人和伊特魯里亞商品的存在，都是源自在坎帕尼亞發現的西元前六世紀銘文，這些銘文是以伊特魯里亞語言和字母寫成的。這類銘文大約有一百個，以其他地方語言所寫的銘文大約有十八個。[18]大多數銘文都是刻在陶器上的短文，交代了物品所有者或給予者的名字，這就提供了這些物品都是伊特魯里亞人所特有的證據。現存時間最久的伊特魯里亞銘文是一段來自卡普阿、刻在黏土磚上的多行文字。這份有趣的文件似乎是一個列出節日和祭祀的儀式曆法。如果這份文件是正確的，那它就證明了坎帕尼亞中部也知道伊特魯里亞的神靈與相關的宗教活動。希臘地理學家斯特拉波甚至提及，在卡普阿的領導下，坎帕尼亞共建立了十二個伊特魯里亞人的城市。（Strabo, *Geog.* 5.4.3）

儘管從表面上看，把伊特魯里亞人在坎帕尼亞的存在解釋為征服或殖民是輕率的，但在西元前六、五世紀，伊特魯里亞人在這裡定居的比例無疑是相當高的，這些地區之間的經濟和文化聯繫也十分密切。卡普阿和其他幾個城市在社會和政治上受到貴族的支配，這些貴族採用了伊特魯里亞文化的許多元素，其中一些可能是伊特魯里亞文化的起源，但沒有跡象顯示伊特魯里亞人曾直接占領或大規模殖民。

與此相反地，西元前六世紀的坎帕尼亞似乎是一個熔爐，希臘、伊特魯里亞、拉丁和亞平寧文

18　作者注：這些數據取自克勞福德的義大利銘文語料庫，以及本書作者所編製、尚未發表的伊特魯里亞銘文數據庫。大多數「非伊特魯里亞」銘文都是用伊特魯里亞字母書寫的，其中包含了奧斯坎（Oscan）、拉丁或希臘的個人名字。奧斯坎語言的使用和獨特的在地化字母發展，要直到西元前五世紀末才出現。

化與當地的坎帕尼亞人在此融合在一起。研究者對卡普阿地區弗納奇（Fornaci）墓地的研究說明了，西元前六世紀和五世紀的文化和喪葬習俗有很大的連續性，這挑戰了伊特魯里亞文化席捲此地並取代原有文明的想法。蓬勃發展的陶器和赤陶產業的發展可能最能夠說明該地區的多元文化性質，這些產業除了製造布凱羅黑陶和紅陶器外，也製造赤陶雕像和建築裝飾，它們採用了伊特魯里亞技術，不過具有獨特的當地風格。伊特魯里亞人在坎帕尼亞定居下來，或經常與坎帕尼亞人往來，這無疑是受到商業機會和富饒土地的吸引。然而，伊特魯里亞人對該地區的深刻影響力乃是奠基在文化和經濟上。伊特魯里亞商業力量和政治影響力的重要性不容小覷，不過這不是透過任何直接的殖民計畫來實現的。在羅馬，我們也可以追溯出伊特魯里亞對羅馬文化和社會的影響，這將在下一章詳細探討，不過他們直接遷徙和定居此處的比例遠低於坎帕尼亞。

伊特魯里亞人的影響不僅限於義大利中部，而且開始向北擴展到倫巴底和威尼托，並且朝阿爾卑斯山發展，向東擴展到亞得里亞海沿岸。伊特魯里亞人與波河河谷之間的聯繫自西元前八世紀以來便已建立起來，而且在波隆那和韋魯基奧（Verucchio）都有伊特魯里亞人定居點。菲爾辛納（今天的波隆那）是一個令人印象深刻的大型殖民地，擁有蓬勃發展的金屬加工產業，控制著廣闊的領土。該城市聖法蘭西斯科（S. Francesco）地區的挖掘工作顯示出，這座城市曾經存在一個工業區域，擁有生產高品質青銅器皿的作坊。此外，這座城市的墓地裡有兩千多個墳塚，時代可以追溯到西元前八世紀到四世紀，這些墳塚提供了當時社會具體而微的輪廓，是由一群人數少但是握有大權的貴族統治著。然而，在西元前六世紀中葉，該地區的定居模式發生了巨大變化。新的聚落在斯皮納、馬爾扎博托和曼圖亞被建立起來，許多伊特魯里亞人定居在阿德里亞（Adria），伊特魯里亞的貨物和銘文都證明了這一點。

阿德里亞是由希臘人、伊特魯里亞人和威尼托人組成的混合社區；而泰半居民是伊特魯里亞人的斯皮納則是位在波河三角洲的港口。它們很快就成為重要的轉口商，將貨物從伊特魯里亞和北義的其他地區出口到希臘和地中海世界的其他地方，並將希臘貨物進口回義大利。這兩個城邦的墓地都埋葬著大量來自廣大地區的物品，特別是許多進口的希臘陶器。馬爾扎博托建於波隆那城外，它可以幫助我們深入了解伊特魯里亞人的城市生活，因為它是少數幾個同時進行過墓葬區和城市區系統性挖掘的城市之一。與大多數伊特魯里亞城市不同，馬爾扎博托是一個有城市規劃的社區，有方正的棋盤式街道，將住宅和其他建築物分隔成狹長的街區，並且嚴謹地模仿當代希臘城鎮的規劃方式。馬爾扎博托的街道兩側會有中央排水溝和人行道，街區則是用磚塊和木頭在石造地基上建造的，並且被細分為一間間要通過狹窄的入口才能抵達的私人住宅，巷子外則是商店或作坊。這些屋子本身都有一個中央庭院，有許多房間的門正對著中庭，這與羅馬和伊特魯里亞其他地方有中庭的屋子並無不同。這座城市的經濟重要性可以從大規模生產陶器和金屬容器的大型作坊來評斷。

斯皮納的城區尚未被妥善調查，但有跡象顯示它是一個具備都市規劃的城市。我們擁有的證據是城中刻有都拉（tular）一詞的大石頭，可能就是用在都市測量和規劃的標記物。在伊特魯里亞語中，都拉是規劃過程中的固定基準或邊界標石的記點。此外有跡象顯示，街道和運河系統網絡顯示斯皮納人正用心改善陸運、水運和排水。與此同時，菲爾辛納經歷了一次大規模的城市重組，出現了更加方正的街道布局、新的公共建築和一座設有神廟的堅固堡壘，這是城市的宗儀和城防中心，它位在亞平寧山的一處山脊上，在城市中心的上方。

由於伊特魯里亞地區沿海和義大利中部的條件發生變化，人們對波河平原和亞得里亞海沿岸的興趣日益濃厚。伊特魯里亞人在希臘世界以航海聞名，海軍力量相當強大，這導致他們有時也會從事類似海盜的活動。[19]斯特拉波曾說：「在此之前（西元前八世紀至七世紀），人們非常害怕成群結隊的伊特魯里亞海盜和該地區野蠻人的殘酷行為，以至於他們甚至不願在那裡航行與交易。」（Strabo, *Geog.* 6.2.3）伊特魯里亞人早期的成功很大程度上是建立在地中海貿易上，但到了六世紀中葉，他們對這一地區的控制開始動搖。西西里島和坎帕尼亞沿海的希臘人開始挑戰伊特魯里亞人的控制，迦太基人構成了另一個威脅。大約在西元前五〇〇年左右，卡厄瑞的統治者威利阿納斯與迦太基簽署了一項條約，羅馬可能在五世紀的某個時間點也簽過這種條約。[20]伊特魯里亞人和迦太基人在西元前五四〇年顯然締結了聯盟關係，因為他們的艦隊在此時聯合起來，在科西嘉島的阿拉利亞（Alalia，今日的阿雅克肖）與已經定居在那裡的希臘人進行海戰。最終，希臘殖民者被迫放棄了阿拉利亞，但伊特魯里亞艦隊也遭受重大損失，到了六世紀後期，伊特魯里亞人再也無法主宰西地中海的貿易。阿德里亞和斯皮納透過亞得里亞海沿岸運送貨物，藉此找到進入地中海的便利替代路線。倫巴底和利古里亞（Liguria）的貿易路線透過波河河谷可以從陸路通往歐洲，並且通往馬薩利亞和隆河的航線。在五世紀期間，隨著坎帕尼亞伊特魯里亞人的力量被削弱，這些貿易路線變得更加重要。波河平原城市的領土重組、波河三角洲的道路和運河網絡的建立，以及馬爾扎博托的大型「工業區」，所有這些都說明了伊特魯里亞人徹底重新定位了他們在這個地區的發展重心——從開發農業資源轉變為貿易和製造業。農業生產和自然資源依然很重要，但至少從斯皮納和其他亞得里亞海沿岸港口流出的部分出口貨物是穀物、金屬礦石、琥珀和手工製品，我們知道這已不再是唯一的考慮因素。

關於斯皮納和馬爾扎博托是否能當作伊特魯里亞人在西元前六世紀晚期和五世紀早期，於波河平原擴張和殖民的證據，仍存在一些爭論。波河平原和三角洲城市的方正布局與早期伊特魯里亞城市的有機和隨機式發展明顯不同，這引起人們的猜測，它們可能是由一個或多個伊特魯里亞城市所建立的殖民地。然而，波河河谷的聚落似乎更可能是由伊特魯里亞移民與當地居民混居所組成的，就像坎帕尼亞的情況一樣，而不是由國家組織所主導的正式殖民化進程。在當地銘文中發現的許多伊特魯里亞名字中都有一個獨特的後綴詞「阿盧」（alu）（例如，拉卡盧〔Rakalu〕、克萊卡盧〔Kraikalu〕），這只有在這個區域才能找到，說明大部分馬爾扎博托人都是從波河平原其他地方搬來的當地人，而不是來自伊特魯里亞的殖民者。社區中更為方正的布局反映了他們在六世紀時關於城市組織不斷變化的想法，這除了受到希臘「希波達莫斯式的規劃」的影響，也是因為伊特魯里亞人在建立聚落上累積了愈來愈多相關習慣和做法。馬爾扎博托、斯皮納和其他一些城市的布局經過規

19 作者注：然而值得注意的是，許多關於伊特魯里亞人的歷史傳統都是要去建立他們的「他者性」和野蠻性。例如，希臘史家卡利馬克斯（Callimachus）的一部作品片段暗示著他們會殺害戰俘，以活人來祭祀，但幾乎沒有任何證據可以支持這點。我們應該謹慎面對伊特魯里亞人的野蠻行為和海盜傾向的論斷，雖然他們在地中海西部的活動已具有足夠的歷史證據，並且可以證明一些伊特魯里亞城市是強大的海上強權。譯者注：卡利馬克斯出生在古希臘的殖民地利比亞。他是希臘化時代著名詩人、學者和目錄學家，同時他也在亞歷山卓圖書館工作過。儘管他並未能擔任館長的職務，但是他為亞歷山卓圖書館編寫了一本詳盡的書冊總錄。

20 作者注：威利阿納斯和迦太基之間的協議被記錄在皮爾吉聖所發現的一套金板上。波利比烏斯描述了羅馬和迦太基之間的一項古老條約，兩者的時代或許很接近。

劃，這反映出來的是這些習慣被落實的數量與日俱增，而不是源自於殖民者的規劃。

波河平原伊特魯里亞人與北義的伊特魯里亞人定居點的變化，這兩者皆與伊特魯里亞的權力平衡的變化有關，儘管沒有直接的因果關係。在西元前七和六世紀，南部和沿海的伊特魯里亞城市，諸如卡厄瑞、武爾奇、維伊和塔爾奎尼是該地區的主要勢力。到了六世紀末，隨著貿易路線從這些城市轉移到義大利北部和亞得里亞海沿岸，伊特魯里亞北部的內陸城市，如佩魯西亞、阿雷托姆（Arretium）、沃爾西和克魯希姆（Clusium），變得更具主導性。該地區的權力平衡向城市轉移，這些城市正控制著與歐陸以及義大利北部和東部的貿易和交通。到了五世紀初，維伊和卡厄瑞這些聚落開始衰落。他們的經濟實力受到貿易格局的改變，以及西地中海兩個新勢力的崛起的影響，分別是迦太基和羅馬。

西元前六世紀義大利各地的主要課題是城邦的重要性和複雜性日益增加，以及精英行為的變化，從投資象徵個人和世族權力的符號轉變為投資城市基礎設施。這兩項發展是齊頭並進的，因為隨著規模與重要性上都與日俱增，城市為展示精英的高貴和發揮其力量和影響力，提供了新的機會。這也是一個文化和經濟變革的時代，伊特魯里亞的影響力從波河三角洲擴展到坎帕尼亞地區，對西元前六世紀的羅馬產生了巨大影響。

第七章　僭主和邪惡的女人：羅馬、塔克文王朝和君主制的衰落

根據古代的傳說，羅馬在西元前七世紀末和六世紀由來自伊特魯里亞的塔克文家族統治（見圖二十）。第一位領袖是塔克文．布里斯克斯，他據說是科林斯的德馬拉托斯的兒子；在搬到羅馬後，他將自己的伊特魯里亞名字盧庫莫，改成較為羅馬風格的盧基烏斯．塔克文．布里斯克斯。[1] 我們從資料中得知他成為國王安古斯．馬奇烏斯的左右手，曾擔任過幾種重要的軍事指揮官，並在西元前六一六年左右接替了馬奇烏斯的政權。在他的漫長而成功的統治後，他的女婿塞爾維烏斯．圖利烏斯繼承了他的位置。在羅馬的史料紀錄中，塞爾維烏斯．圖利烏斯是奴隸的兒子，他母親是塔克文在拉丁戰爭中所擄獲的貴族女子。塞爾維烏斯童年時的種種事蹟引人注目，讓他贏得了塔克文和他妻子塔娜奎爾（Tanaquil）的支持，成為國王信任的副王。塞爾維烏斯的繼位被描述為是塔娜奎爾精心的安排，繞過了正常程序，但他成為了羅馬最著名的國王，留下了許多意義深遠的改

1 作者注：據說他的兒子因為父親的外國血統而被禁止擔任塔克文王朝的高級職位。

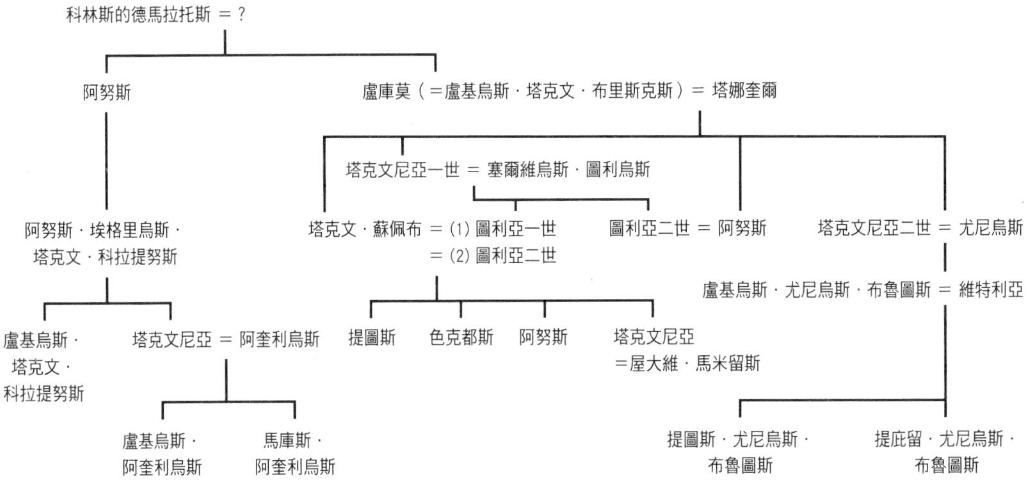

圖20　塔克文家族世系表。

革。羅馬的第七位國王，也是最後一位國王是塔克文·布里斯克斯的兒子塔克文·蘇佩布，也是塞爾維烏斯·圖利烏斯的女婿。他的妻子圖利亞（Tullia）慫恿他謀殺岳父、強行奪權。雖說塔克文·蘇佩布是一個有效率的統治者，但他也很殘忍和暴虐，在西元前五〇九年被人民推翻，此後羅馬就成了一個共和國。

羅馬的最後三任國王塔克文·布里斯克斯、塞爾維烏斯·圖利烏斯和塔克文·蘇佩布[2]，乍看之下似乎比他們的前任具備更多的歷史真實性，但這幾位時代稍晚的國王的具體行為和人格特質在很大程度上是虛構的。這當中包含了許多神話故事、民間傳說和時代錯置的元素，例如，塞爾維烏斯是一個奴隸和公主的兒子，以及塔克文挑選他當繼承人的神聖預兆，又或者塔克文的原名是盧庫莫，這跟伊特魯里亞語中的「國王」（lauchume）有密切關係。這些傳說還包含了許多內在的不一致之處，例如德馬拉托斯和塔克文·布里斯克斯的年代與塔克文．蘇佩布的年代之間的差異，蘇佩布必須要是距離布里斯克斯更遠的後代，才能符合傳統紀錄中的時代先後。李維對他們的即位和行為的描述包含了許多不合情理，且可能是時代錯置的元素，而且他對這些國王及其家族人物的描繪大多都是刻板印象，像是善良的國王（塞爾維烏斯．圖利烏斯）、善良和邪惡的女性（塔娜奎爾和圖利亞），以及僭主（塔克文．蘇佩布）等等。

根據證據我們至少能接受塔克文王朝確實在歷史上存在過，但有很多關於他們的統治的敘述無法被證實。塔克文家族的歷史，尤其是塔克文．蘇佩布在西元前五〇九年被流放之後，就跟庫邁的僭主亞里斯多德摩斯（Aristodemos）的歷史交織在了一起，而希臘歷史學家對後者頗有興趣。後來的歷史學家可能會根據庫邁的資料而獲取有關其統治的細節，不過這些資料現在已經佚失了。如果部分關於塔克文．蘇佩布後期歷史的資訊來自於這些資料，那麼這就透露出故事當中至少有部分是來自於非羅馬地區的材料。由精英所統治的羅馬深受伊特魯里亞和希臘文化的影響，上述這種整體圖景與當代考古學證據相吻合，當代銘文證實了羅馬在西元前六世紀時建立了王權制度。在羅馬的廣場的公共聚會所附近，曾發現一塊刻有六世紀的儀典或神聖法規的石塊銘文（見彩圖二十），上頭提到了「國王」（rex），而這說法又被另一個刻有rex的六世紀罐子證實。

從伊特魯里亞的史料中，我們可以拼湊出關於塔克文家族和塞爾維烏斯．圖利烏斯的另一種傳說，而且材料更具份量。在里昂出土的一塊銘文上（*CIL* 13.1668），皇帝克勞狄烏斯（Claudius）在西元四八年的一次演講中，敦促元老院接納來自高盧的成員，並引用了羅馬願意將公民身分，甚至

2 作者注：圖二十中的塔克文家族世系表代表了根據古代史料所呈現出來的家族重建圖。

高階職位擴展到非羅馬人的歷史事例。[3] 其中一個例子就是塞爾維烏斯．圖利烏斯根據克勞狄烏斯的說法，前者跟伊特魯里亞名為馬斯塔那（Mastarna）的軍事首領其實是同一個人。

關於馬斯塔那的進一步證據，則來自武爾奇的西元前四世紀末法蘭索瓦墓（Francois Tomb）。主墓室的一面牆上畫著《伊利亞德》的場景，另一面是兩位戰士間的戰鬥場面，上面標有他們的名字和（在某些情況下）他們的原籍地（見圖二十一）。這個場景描繪了馬斯塔那和一夥同伴正在搶救一群被俘的伊特魯里亞人，其中包括著名的英雄奧盧斯（Aulus）和凱里歐．維本納（Caelius Vibenna）。畫中大多數主角都是伊特魯里亞人，但場景也包括羅馬的格奈烏斯．塔克文（Gnaeus Tarquinius）被馬庫斯．卡米提盧斯（Marcus Camitilius，或可能是馬庫斯．卡米盧斯）擊倒的一幕。[4] 這幅畫展示了伊特魯里亞的歷史傳統，其中包括武爾奇的維本納家族及其支持者，與一群來自蘇瓦納（Suana）、沃爾西和羅馬的戰士們之間的衝

圖21　描繪馬斯塔那和同伴釋放囚犯的墓畫，出土於武爾奇的法蘭索瓦墓，西元前四世紀。這些人物被標記為馬斯塔那、凱里歐．維本納、拉斯．歐瑟斯（Larth Ulthes）、拉瑞斯．帕皮斯納斯．維爾茲納赫（Laris Papthnas Velznach，來自沃爾西尼）、拉薛（Rasce）、波斯納．阿勒姆斯納斯．斯維阿馬克（Persna Aremsnas Sveamach，來自蘇瓦納）、奧盧斯．維本納、凡提．考（Venthi Cal）……馬庫斯．卡米提盧斯（或可能是馬庫斯．卡米盧斯），以及羅馬的格奈烏斯．塔克文。

突，克勞狄烏斯顯然知悉這個傳說中的某些部分，但我們不知道它所描述的是什麼傳說或歷史事件。

有鑑於古墓可以追溯到西元前約三〇〇年，壁畫能夠讓我們了解西元前四世紀關於早期英雄和戰士的傳說，而不是六世紀當時的證據。然而，羅馬和伊特魯里亞都有許多其他史料記載了維本納兄弟的事跡，其中一些史料在年代上早於法蘭索瓦墓。有些史家就認為凱里歐山的名字是從凱里歐・維本納的名字衍生而來的，據傳維本納和他的追隨者一起移居到了羅馬。[5]另一個傳說，即西元前三世紀的歷史學家法比烏斯・皮克托爾所了解的一個版本，則聲稱卡必托里山的名字源自「奧盧斯的頭」（caput oli），奧盧斯（Olus是Aulus的另一種拼寫方式）是一位來自武爾奇的伊特魯里亞人，他被認為跟奧盧斯・維本納是同一個人。伊特魯里亞地區有關於維本納兄弟的證據，包括了

3 作者注：克勞狄烏斯因其對伊特魯里亞歷史和宗教的了解而聞名。他可能從伊特魯里亞的史料獲得了資訊，儘管無法判斷這些資訊的可靠性。

4 作者注：壁畫橫跨過墳墓中兩面相鄰的牆壁，格奈烏斯・塔克文和馬庫斯・卡米提盧斯位在第二面牆上，似乎與其他人物一樣都是同一場景的一部分。學者布魯恩（Bruun）提出了一個全新的解釋，他認為塔克文／卡米提盧斯的場景不是馬斯塔那場景的一部分，並將馬庫斯・卡米提盧斯與西元前四世紀羅馬將領馬庫斯・福留烏斯・卡米盧斯聯繫在一起。在我看來，這是有問題的，因為塔克文那部分的壁畫跟其他壁畫都一樣具有「裸體俘虜和武裝戰士之間的戰鬥」的風格。此外，我們其實不太能肯定格奈烏斯・塔克文是塔克文家族的成員，因為所有已知塔克文家族成員的本名（praenomina）都是使用色克都斯或盧基烏斯，而不是格奈烏斯，儘管這也不是不可能的事。

5 作者注：和克勞狄烏斯的說法一樣，塔西陀（*Ann.* 4.65）和瓦羅（*LL* 5.46）聲稱凱里歐山是以凱里歐・維本納命名。在羅馬文學中，古文物學家瓦羅和維里烏斯・弗拉庫斯（Verrius Flaccus）都寫過有關維本納家族的文章，儘管他們的評論只有零星片段被保留了下來。

克魯希姆的骨灰甕和沃爾西尼的鏡子，這些物品上都有對他們功績的描述。在維伊的密涅瓦聖所發現的一個西元前五世紀的陶器杯上，刻有「阿維萊・維本納」（Avile Vipiienas）這些文字，這可能是維本納英雄崇拜中的標誌，而且這證明了圍繞維本納家族的傳統記述並不是四世紀後期才捏造出來的。

有一個解決如何辨別塞爾維烏斯・圖利烏斯和馬斯塔那的問題的方法，是馬斯塔那是拉丁文中「長官」（magister）職位的伊特魯里亞語版本，意思是軍隊的領導者，而這個職位後來被誤以為是另一個伊特魯里亞人的名字。康奈爾指出，要調和伊特魯里亞與羅馬兩方的歷史傳統是相當困難的，因為在前者中馬斯塔那／圖利烏斯在成為國王之前是伊特魯里亞的軍事首領，而在後者中他是塔克文・布里斯克斯的追隨者，最終成為其得力助手。然而，兩種傳統之間的矛盾並非完全無法調和。羅馬和伊特魯里亞的史料都顯示維本納兄弟與羅馬有聯繫，而且這幅畫的內容中也顯示出來自不同國家成群結隊的戰士們，從一個地方移動到另一個地方，一位羅馬人在成為國王之前擔任過伊特魯里亞軍頭的左右手，接著再去擔任羅馬國王的心腹也不是不可能的事。古代義大利的族群和國家邊界是相當彈性的，而且有諸多證據證明城市之間的流動性，包括不同族群或文化的人們的流動。羅馬統治者的拉丁和伊特魯里亞的多重背景，與我們對義大利社會本質的理解是一致的。

塞爾維烏斯・圖利烏斯及其改革

雖然有關塞爾維烏斯・圖利烏斯的出身、性格和行為的等等說法，有不少其實源自稍晚時代的歷史傳統，但那些要歸功於他的改革作為，且對我們如何理解羅馬國家的運作方式至關重要。根據史料記載，西元前六世紀羅馬的政治組織包含三個要素：行政權力（國王和後來每年選出的行政長官）、羅馬人民大會（庫里亞大會），以及一個審議委員會（元老院），雖然在共和國成立之前這三個要素的發展歷程都相當模糊（我們甚至不確定它們存在與否）。

國王的權力是模糊的，他被選出的方式也同樣是模糊的。李維描述了一個指定新君主的複雜程序。在統治者死後，羅馬會宣布為期一年的過渡期，在此期間，羅馬由各貴冑家族的首領統治，他們輪流掌權五天。在這一時期結束時會舉行選舉來選出新國王，指揮權（imperium）是透過庫里亞大會所通過的「庫里亞法律」（lex curitata）賦予他的。目前尚不清楚李維所設想的是人們在幾個候選人之間進行選擇，還是提前選擇出單一候選人來決定要接受或否決。

古代史料中有兩位國王是例外。據說塞爾維烏斯．圖利烏斯是在沒有人民投票的情況下上台的，這要歸功於他作為塔克文女婿的家庭背景，以及他作為著名政治和軍事領袖的角色。在塔克文被暗殺後，李維記載王位被傳給了他的遺孀塔娜奎爾，後者在自家的窗台向民眾發表講話，宣布塞爾維烏斯成為國王，這中間沒有任何攝政過渡期，也沒有經過民眾的投票。塔克文．蘇佩布的上位過程則更為暴力，是一個充滿背叛和謀殺的陰暗故事。塞爾維烏斯．圖利烏斯把他的兩個女兒（都叫圖利亞）嫁給了塔克文．布里斯克斯的兒子阿努斯和蘇佩布。阿努斯的妻子（年紀稍幼的圖利亞），與她野心勃勃的姊夫蘇佩布共謀殺了她的丈夫和姊姊，接著嫁給了他。然後她慫恿新丈夫用武力奪取王位。在塞爾維烏斯．圖利烏斯被殺後，圖利亞甚至用她的戰車輾過了父親的屍體。儘管圖利亞是這起事件中的反派人物，蘇佩布卻被刻畫成冷酷而狡詐的形象，而且李維的描述方式也讓讀者先對蘇佩布日後聲名狼藉的暴虐行為先做好了心理準備。

這些傳說包含了相當戲劇化和難以置信的情節，不能被輕易視為是真實發生的事情。羅馬歷史敘述的目標是要建立故事主角的道德品格，而不是記錄下事實，而且挑選國王的程序有許多令人質疑的地方，這可能是因為李維是從後來羅馬人填補執政官職位空缺的程序中，推敲出國王產出的程序。康奈爾認為，古代記載中關於塞爾維烏斯．圖利烏斯和塔克文．蘇佩布即位的描述並未得到普遍的認可，這說明了他們是篡奪者，類似於西元前七世紀和六世紀的希臘僭主（tyrant），他們是憑藉民眾支持掌握權力，而非依靠合法權利。然而，更有可能的答案是李維對選擇君王的程序的描述既形式化又時代錯置，而且其他國王的正常即位過程也往往是因時地制宜的，塞爾維烏斯．圖利烏斯和塔克文．蘇佩布的即位並不如李維所說的如此與眾不同。

我們現在對於當時的政府形式並沒有很明確的認識。國王的存在確實得到了上述 rex 銘文的證實，但我們對他們的權力知之甚少，但我們有理由認為他們擁有最高的行政權力。我們的史料中提到一個有影響力的元老院，這幾乎可以肯定是時代錯置，因為這其實是庫里亞大會。羅馬人認為這個大會，也就是庫里亞大會，有著相當淵遠流長的歷史。它是由所有男性公民所屬的庫里亞（並且投票）組織而成的。在共和國時期，人民大會選舉出行政長官並批准或否決法律，但我們對西元前六世紀的庫里亞大會的職權知之甚少。

羅馬更加關注軍事和政治改革當中的組織，這後來被認為是塞爾維烏斯．圖利烏斯領導的改革（Livy 1.41-6; Dion. Hal. 4.14-23）。這些變化意味著羅馬國家的徹底轉變。據說塞爾維烏斯舉行了一次人口普查，羅馬的所有公民都被按照新的單位分群，被分配到一個個「部落」（tribus）中。這些分配都是根據登記在案的居住地點和人口普查，並改變了羅馬人對公民身分的定義，如今「公民」已成為法律地位的問題，而不是出生或族群的問題，這使得人口普查更容易被擴展，而且方便轉移給後續的普查機構。人口普查此後變成定期舉辦，大約每五年調查一次。

在後來的共和國（西元前二四一年之後），有三十五個部落，四個在城市，三十一個在鄉村地區。其中的十四個是在西元前三八七年到二四一年之間的一系列階段創建的，但早期的歷史就不那麼確定了。李維告訴我們，最初的二十一個部落在西元前四九五年就已經存在，但我們不能確定其中有多少可以追溯到王政時期（如果有的話）。[6] 一些史料指出，塞爾維烏斯將城市（也許還有周邊地區）劃分為四個部落，但也有人認為他創造了一些所謂的鄉村部落；不過相關的文本是混亂和矛盾的（尤其是Dion. Hal.4.14-15），所以在這個問題上不可能有明確的結論。

此外，塞爾維烏斯據傳根據財富和資產將成年男性公民分為五個階級，進而從根本上重新組織了羅馬人的軍事和政治生活。這些人又被細分為幾個青年（iuniores）百人團（centuriae），這是組成羅馬主要戰鬥力量的青年，還有幾個年長者（seniores）百人團，這些是超過四十五歲的人，他們的任務是保衛城市。每個人都得自費裝備自己，從最高級別裝備的全套青銅盔甲、劍、矛和盾，到低級別裝備的投石索和標槍。

6 作者注：其中年代應該較晚的兩個部落是克魯斯圖美納（Clustumina）和克勞狄亞（Claudia）；前者的名字來自克魯斯圖美倫，此地一直要到西元前四九〇年代才被羅馬征服，後者以克勞狄烏斯氏族的名字命名，該氏族據說在共和國初期搬遷到羅馬（西元前五〇四年）。

附表5　百人團的組織（根據Livy 1.43、Dion. Hal. 4.16-18）。

階級	財產（單位阿斯）	裝甲	武器	百人團數目		
				青年	年長者	總數
第一級	100,000	頭盔、盾牌、脛甲、胸甲	矛、劍	40	40	80
第二級	75,000	頭盔、盾牌、脛甲	矛、劍	10	10	20
第三級	50,000	頭盔、盾牌	矛、劍	10	10	20
第四級	25,000	（盾牌）	矛、標槍、（劍）	10	10	20
第五級	11,000	無	投石索、（標槍）	15	15	30
步兵百人團總數						170
後備百人團總數：騎兵18、工兵2、軍樂隊2、最下層公民（proletarians）1						23
百人團總數						193

這種安排方式看起來既不自然又時代錯置。史料之間的差異透露出羅馬人自己也不確定細節；一般來說，他們的敘述似乎把軍事和政治這兩種不同的改革混為一談。例如，兩種說法都描述了一支由好幾個百人單位組成的軍隊，但是這與包含所有符合財富資格的公民的階級觀念是不相符的。更有可能的情況是，所有符合某一特定財產級別的人都被劃分為同等大小的單位，但是無論人口多少，在任何一個階級的百人團當中的實際數字都不可能達到一百人的規模。

從附表上看來，最富有階級的人數應該要遠少於貧困階級，但富有階級的百人團數量卻是它下面三個階級的四倍，而且幾乎是最低階級的三倍。這種不平等的分配方式對軍隊來說是不可能的。然而，這種分配方式又確實與羅馬的政治組織相符，百人團在組織中是投票單位，並且透過加權來確保富人的票數能夠勝過窮人，中老年人的票數可以勝過青年人。這些史料所陳述的，很有可能是羅馬政治組織在西元前三世紀改革之前的狀況[7]，並將其歸因到塞爾維烏斯・圖利烏斯身上。

另一方面，這個組織分成五個等級，在軍事意義上是說不通的，不過基本的劃分是可信的，像是較富有的士兵擔任重步兵，擁有全套盔甲、劍和盾牌；無力購買盔甲的貧窮士卒則裝備標槍或投石索，充作輕武裝的支援部隊。這種劃分人民的方式也具備政治功能，亦即百人團構成了人民大會的投票單位，這種想法是合理的推測，而且不能排除這種劃分起源於王政時代的可能性。此外，以阿斯（asses，一磅重的青銅幣）為單位來計算公民的財產可能是時代錯置的，儘管羅馬直到西元前三〇〇年左右才開始鑄造錢幣，但是在引入錢幣之前，使用阿斯作為衡量價值的方式可能便已經存在，而且甚至可以追溯到西元前六世紀。

這種改革最重要的一點，是它可能引入了一支組織嚴密的軍隊和新的作戰方式。如第四章和第六章所述，古代義大利的國家邊界觀念相對薄弱。擁有武裝侍從和家僕支持的強大貴族有能力（實際上也經常）發動他們自己的私人戰爭，要麼完全是以自己的名義，要麼以國家的名義作戰。法蘭索瓦墓穴壁畫（見圖二十一）所描述的，可能就是軍事首領率領其部屬與其他軍事首領的衝突。無論是偶然還是刻意為之，塞爾維烏斯的改革起了強化國家軍事組織的作用，讓這個組織不再那麼依

7 作者注：這種投票制度存在於共和國中期，一直持續到西元前三世紀晚期，後來為了減少不平衡才進行修改。

賴強人。然而，這樣的改革是否消滅了私人軍隊，則又是另一個問題；事實上，我們在西元前五世紀和四世紀還是能看到私人作戰的例子，不過改革確實創造出一支更強大的國家軍隊。軍隊變成以貧富階級來劃分的人為單位，這具有削減軍隊效忠其他對象的效果，像是對強大庇護者或家族的效忠，並會進一步加強國家控制軍隊的能力。

改革也引入使用緊密編隊的重型步兵，這種全新且高度有效的作戰方式。這種重型步兵的作戰技術是希臘在西元前七世紀社會和政治重組時期時，發展出來的，而這樣的重組與羅馬塞爾維烏斯的改革相類似。從七世紀末開始，伊特魯里亞藝術中就開始出現士兵裝備著重裝甲和武器戰鬥的場景（見圖十四），在伊特魯里亞的墳墓也挖掘出工藝品上所描繪的青銅盔甲和武器，這顯示伊特魯里亞人已採用這種形式的戰鬥。羅馬的考古證據則較少，這主要是因為當時富人的墓葬比較少，不過重型步兵的戰鬥方式在六世紀逐漸流行於義大利中部的說法，是可信的。

我們從資料中得知塞爾維烏斯的軍事改革與政治改革是同時進行的，政治改革上他將羅馬人民大會主要的投票單位從庫里亞大會，改為百人團大會（comitia centuriata）與部落大會（comitia tributa）。在共和時期，羅馬人有三個議會：古老的庫里亞大會仍然存在，但是它的重要性逐漸不及百人團大會和部落大會，前者是公民在各自所屬的百人團中集會與投票，後者是公民在他們部落中集會和投票。然而，這些改變發生的具體年代則無法確定，值得再次強調的是，這與塞爾維烏斯及其軍事改革的直接關係也不能完全肯定。這些組織重組所發生的時間（西元前六世紀），與同時代其他地區所發生的變化是一致的，如重型步兵戰的發展以及隨之而來的重型步兵的政治影響力，不過我們目前仍不清楚這只是個別的改革計畫，又或者是後世的歷史學家將各式各樣的長期變化合理化，並加以裁剪，再歸結到單一有魅力的人物身上。古代史料中所描述的系統性改革其實不符合古代義大利混亂和動盪的社會和政治現實，而且一些細節在時代排序上可能都是錯亂的。古代歷史學家所提供的說法可能是將各種長期變化整合在一起和合理化的說法。

拉丁姆的衝突和征服

羅馬的歷史傳統將國王，特別是最後三位國王，與拉丁人和薩賓人等鄰近國家的戰爭連結起來，也把他們跟羅馬領土的擴張連結起來。據說塔克文·布里斯克斯曾成功擊敗了薩賓人和拉丁人，奪下了科拉提亞（Collatia）的聚落，並將羅馬的控制權擴展到拉丁地區。他還被認為發動了對羅馬北部最強大鄰國維伊的襲擊。在塞爾維烏斯·圖利烏斯統治時期，羅馬和維伊之間的這場衝突仍在持續，同時也在對拉丁人的戰爭中連連告捷，不過，作為軍事領袖而享有很高聲譽的則是塔克文·蘇佩布。一般認為是他攻克了加貝伊，儘管這是場慘烈的戰鬥，李維總結他是透過策略而不是戰鬥來攻克加貝伊。對於羅馬權力的長期擴張而言，或許更為重要的是據說蘇佩布發動了對沃爾西人的戰爭，這樣的戰爭在整個西元前五世紀持續不斷，也替羅馬日後對南部拉丁姆的征服做好了準備。此外，塔克文·蘇佩布對波梅提亞的征服也格外重要，因為奪下的戰利品提供了他雄心勃勃的羅馬重建計畫資金。

事實上，這類關於擴張的描述也帶來了問題，而且在我們的史料中的許多征服行動都可能是杜撰的，但學者普遍認為，羅馬的領土擴張在西元前六世紀末之前相當早就已經開始了。例如，維伊占據了台伯河北岸的大片土地，因此羅馬崛起為地區強權就對維伊的地位構成了威脅。維伊和羅馬之間的漫長且斷斷續續的戰爭爆發於西元前四八〇年代，而且在此時代之前可能是一段緊張和跨國境襲擊的時期，最早可以追溯到西元前六世紀。我們有充分的證據可指出，當塔克文．蘇佩布被推翻時，羅馬已經在台伯河的另一岸建立了一個據點，而且控制的領土一直延伸到大海和阿爾巴諾山。

根據李維和戴歐尼修斯的資料（Livy 1.50-75; Dion. Hal. 4.45-60），羅馬會跟一些被擊敗的敵人談條約，但波梅提亞的下場卻是遭到洗劫和掠奪。反抗羅馬的加貝伊領導人被處決或流放，這使得加貝伊落入塔克文．蘇佩布支持者的控制之下，成群的羅馬殖民者被派往奧斯蒂亞、科拉、西尼亞、西爾策依（Circeii）、波梅提亞和菲迪尼。能夠證明這些說法的證據很薄弱，這些描述大部分似乎是基於後來羅馬人對付手下敗將的做法。然而，羅馬最早的條約卡西烏斯條約（Foedus Cassianum）的文本，在西元前一世紀時仍存於世，其年代根據傳統可以追溯到西元前四九三年，所以羅馬在西元前六世紀後期已經建立了拉丁聯盟也不是不可能的事。

殖民化的考古證據則更成問題。在奧斯蒂亞，早期道路系統的線索有可能追溯到西元前六世紀，但最早的建築物則要晚上許多，有可能是在西元前四世紀初。科拉、希尼亞（Signia）、西爾策依和波梅提亞都是環繞著石造防禦牆的山頂據點，而且還有一座神廟在波梅提亞（姑且不論這地方是不是薩特里克姆／博爾戈．雷費列雷〔Borgo Le Ferriere〕），但沒有令人信服的證據證明這兩者是否與羅馬人聚落有關。[8]特密爾（Termeer）對這片區域的幾個遺址研究說明了早期的殖民地有一種典型的發展模式。這是西元前六到五世紀的領土重組階段的特點，此時中小型遺址群開始發展，並且透過改變宗教建築來達成，通常是建造或重新裝修一座神廟，這些地方可能是新移居者的重點之處與聚會場所。雖然史料將羅馬的軍事行動和隨後的殖民地描述為由國家主導的有組織活動，但實際狀況可能更加混亂。正如布萊德利（Bradley）和羅林斯（Rawlings）所指出的，在古代的義大利，戰爭很可能是由傭兵指揮官帶領著武裝追隨者主動發起的，而且許多早期的「殖民」聚落可能是傭兵指揮官占領土地後分配給其追隨者的結果。毫無疑問，羅馬的力量正在壯大，但它可能是多個獨立武裝團體的行動所造成的結果，而不是透過有組織的國家運作而成。

雖然我們的史料將羅馬與其鄰國之間的關係，描述為一整套關於征服的敘事，但和平的互動關係（無論是在個人層面還是在國家之間）也同樣重要。在像是早期義大利的社會中，強大的氏族占據著主導地位，不同氏族之間的聯繫，還有彼此領袖之間的聯繫都是強有力的外交工具。這種模式在東方化時期已經建立起來，在整個西元前六世紀，政治領袖透過建立家庭聯盟和友誼等方式，與其他地區的領袖建立起聯繫網絡。例如李維告訴我們，塔克文．蘇佩布試圖透過培養跟執政貴族的良好關係，尋求擴大他在其他拉丁人城市的影響力，特別是將他的一個女兒嫁給了托斯卡倫的屋大維．馬米留斯（Octavius Mamilius），而且這種行為模式得到了具體史料的證實。在羅馬發現的銘文中，有一塊西元前六世紀的獅子形狀象牙碑，就可能是信物的一部分，是兩個人之間正式友好協議

8 作者注：要明確地列出早期羅馬有哪些殖民地尤其棘手。後期羅馬的殖民地會對殖民地區進行明確的法律和行政改革，並對城市中心和周圍鄉村進行典型的重組，這點可以從銘文和考古證據中看出。但另一方面，早期的殖民地幾乎沒有這樣的痕跡。本書第十三章會詳述羅馬殖民化的本質。

和互惠待遇的紀錄。銘刻在碑上的名字是用伊特魯里亞語書寫，代表著這塊銘文可能是伊特魯里亞人和羅馬人之間的友誼宣言。這種類型的協議遠遠超越了現代友誼概念，不是純粹基於個人喜好的私人和非正式關係。作為某個人的賓客（hospes），就意味著在公共和私人事務中相互款待和扶持的正式責任。當來自不同國家的貴族之間存在這種通婚和賓主之誼的關係時，它們便是與其他城市建立影響力和支持網絡的方式。

羅馬與迦太基之間的條約，證實了羅馬在該地區和整個西地中海地區日益強大的地位。正如皮爾吉的石板顯示的那樣，迦太基人對義大利中部濃厚的興趣可以追溯到西元前約五〇〇年。在卡厄瑞港的皮爾吉尤尼聖所裡發現的薄金片，上頭以伊特魯里亞語和布匿語記錄下了卡厄瑞統治者威利阿納斯與迦太基人之間關於聖所的協議。事實上，卡厄瑞的統治者願意建立這個共享的神聖空間，而且迦太基人也認為有必要這樣做，這些都說明了迦太基與伊特魯里亞關係的重要性及其悠久歷史。羅馬與迦太基的關係則攸關更為重大，最終導致了三場激烈的戰爭，並為羅馬統治地中海西部奠定了基礎。羅馬和迦太基最初關係是雙方簽訂的一系列條約，其中第一個條約被波利比烏斯定年於西元前五〇八／七年，這也是羅馬共和政府成立的第一年。該條約明定羅馬人獲准與西西里的迦太基人聚落進行貿易，並且還明定不允許羅馬人駛入迦太基海岸地區。更有趣的是，這份條約聲明：

> 迦太基人不得侵害阿迪亞、安提姆、勞倫提烏姆（Laurentium）、西爾策依、特拉西納（Terracina），或任何其他被羅馬統治的拉丁城市的人民。對於那些不是羅馬臣民的拉丁人，迦

太基人也不應干涉這些城市的事務，而且如果迦太基人占領了任何一座城市，他們必須將其完好無損地歸還給羅馬。（Pol., 3.22.11-12）

關於羅馬和迦太基之間簽署幾份條約以及簽訂年份，有著幾種相互矛盾的證據存在[9]，不過波利比烏斯除了聲稱看過這份條約，而且還對其晦澀陳舊的語言加以評註，這顯示他翻閱過一份時代確實久遠的文件。重要的是，如果人們可以接受這份條約確實是在很早期的時代簽署的話，那麼也就可以說這個地區的其他主要勢力如迦太基，在此時皆已承認羅馬統治了拉丁姆的大部分地區，並承認羅馬人在西元前六世紀晚期已經能夠號令拉丁人的勢力。

古羅馬的經濟和社會

拉丁人城市在這一時期發展得很快，羅馬成為這個地區最大的城市，但它的具體規模和人口很難被準確計算出來。如果按照瓦羅的說法重建，所謂的「四區之城」（即被認為是塞爾維烏斯改革產物的這四個部落）的面積是兩百八十五公頃左右（*LL* 5.45-54）。這個問題因為學界仍在進行的辯

9 作者注：波利比烏斯提到了三份條約，第一份沒有日期，第二份的時間點是皮洛士戰爭。李維和狄奧多羅斯（Livy 7.27.2; Diod. 16.19.1）提供了進一步的證據，他們記錄下一份被認為是西元前三四八年的四世紀條約，但是並沒有提到任何更早的條約，而且兩種說法都很混亂。鑑於波利比烏斯聲稱他親眼看過三份條約，其中一份是用古老的語言寫的，因此似乎確實曾經存在過一份早期的條約，但確切的年代無法被證實。

論而變得更複雜（下文將對此進一步討論），爭論的中心在於羅馬城在這個時候是否已經具備有完整的城牆，而且若真是如此，西元前六世紀所謂的「塞爾維烏斯城牆」（Servian Walls）所環繞的面積究竟有多大？奇法尼估計這些防禦工事的周長約為十一公里，面積約為四百二十七公頃。其他學者特別是康奈爾不認為如此，因為這種規模就王政時期而言太大了。康奈爾和阿姆波羅認為，羅馬人口在西元前六世紀時應為三萬至三萬五千人左右，這是透過與證據更為堅實的伊特魯里亞城市比較所得的數字。即使這些數字高估了，但毫無疑問西元前六世紀的羅馬在人口和面積上，比其他鄰近聚落（如拉維尼姆、薩特里克姆和加貝伊）要大得多，並且與卡厄瑞和塔爾奎尼等伊特魯里亞城市相當，雖說還是比義大利南部的希臘人城市來得小（見附表三和附表四）。

羅馬跟古代義大利的大多數城邦一樣，依賴其周圍領土的產物；土地的重要性在塞爾維烏斯的改革中尤其清楚，因為這次的改革將社會地位、軍事義務，與個人所持有的財產價值聯繫了起來。然而，羅馬不僅僅依賴農業，同時也跟義大利其他地區還有地中海地區有著廣泛的經濟聯繫。主要從雅典進口來的希臘陶器，也展現出羅馬與希臘世界的貿易聯繫和文化聯繫。

羅馬社會是一個高度分層化的社會，就像大多數當時的義大利社會，強大的部落扮演著核心角色。我們理所當然認為是屬於國家特權的活動，例如戰爭或外交，在此時其實往往是由私人進行的，他們會利用自己的資源跟其他城邦進行社交聯繫。個別貴族可以召集武裝的家僕，這實際上便是由侍從和依附者組成的私人軍隊。在某些情況下，這些軍隊顯然是城邦整體軍隊中的一部分。在其他狀況中，他們可能是按個人而非國家的要求來行事。當這種情況發生時，我們也發現了個別貴族發動私人衝突的證據，或有時會與其他同階級的人（有時來自不同城市）臨時組成同盟，來實現他們的目標，而這隨時都有可能發生。法蘭索瓦墓的壁畫就描述了這一類型的情況，其中有許多城邦的戰士，包括馬斯塔那、維本納兄弟，以及他們的追隨者相互廝殺著。另一個例子是所謂的薩特里克姆之石（Lapis Satricanus），這是來自拉丁人城邦薩特里克姆的早期銘文。刻有這段銘文的石頭後來被拿去當作重建薩特里克姆的瑪圖塔聖母神廟的建材，而該神廟的歷史不會晚於西元前五〇〇年。瑪圖塔神廟供奉戰神瑪爾斯，由普留斯・瓦萊里烏斯（Poplios Valesios）的同伴興建（Poplios Valesios是羅馬名Publius Valerius的古老拼寫方式），而且可能是瓦萊里烏斯領導的私人軍隊所做的奉獻。私人軍隊行動的其他例子還包括：法比烏斯氏族（Fabii）在四七九年對抗維伊的戰爭、薩賓貴族阿庇烏斯・克勞狄烏斯（Appius Claudius）率領五千名武裝人員於五〇四年抵達羅馬，以及著名的格奈烏斯・馬奇烏斯・科利奧蘭納斯（Gnaeus Marcius Coriolanus）在五世紀帶著一大批武裝侍從，叛逃到沃爾西人那裡（Livy 2. 15-17, 2.35-41, 2.45-7）。上述這些不是一種不尋常的或小規模的現象，而是古代社會的一個重要面向。薩特里克姆之石的奉獻者將自已視為特定人的同伴，這件事情具有重要意義，因為這意味著他們是忠誠於團體的領袖而不是忠於特定的國家。這類的團體及其領導人似乎認為跨越政治和族群界線並不是什麼難事，當某一個國家符合他們的個人利益時，他們就去依附這個國家。

古代的義大利是一個個人流動性相當大的地區，無論是社交還是地理上，特別是對於德馬拉托斯、塔克文以及更久以前的阿庇烏斯・克勞狄烏斯和普留斯・瓦萊里烏斯等上層人士而言。上流階層個人之間的聯繫網絡，可以讓這些人毫不費力地便能移動於不同城市和地區之間。賓主之誼信物提供了來自不同城市的家庭之間，存在著友誼等正式聯繫關係的證據，例如，在羅馬發現的以伊特魯里亞語書寫的信物，便意味著羅馬人和伊特魯里亞各家族之間存在緊密聯繫。貴族與鄰近城市的貴族家庭通婚似乎也相對普遍，這強化了我們認為羅馬是高度流動社會的印象。

至今，研究者尚未徹底確認氏族的結構，以及這類組織的可能運作方式。克里斯多福・史密斯（Christopher Smith）認為，羅馬氏族比過去所認為的更鬆散，而且隨著時間推移，氏族內部各個核心家族之間的聯繫不免會變得鬆散，也就是說，這個家族群體的連貫性很難維持超過幾代人的時間。當然，我們很難看出傳統觀念中氏族的某些方面如何在實踐中發揮作用，而這可能是因為它們所描述的是一個被理想化、時代錯置的版本。一名氏族的領袖很難對底下的分支維持絕對的支配力，我們應該要警覺於把政治行為視為完全是根據家庭關係決定的這種想法。塔克文家族複雜的世系表顯示了家庭結構能夠多複雜，而在這一章的最後一部分描述的塔克文王朝的衰落，也說明了王朝政治的不穩定性。隨著時間推移，氏族的組織和運作方式發生了明顯的變化。氏族仍然是古羅馬（和其他義大利社會）運作的核心，但到了西元前五世紀中葉，一些重要的方面，例如公有土地的所有權就消失了。[10]但氏族始終是古羅馬和義大利社會的一個基本要素，軍事、外交和政治事務的許多方面都是作為人際或家庭間的往來而進行的。

貴族家庭的婦女似乎在古羅馬有影響力。關於塔克文家族的一個傳統便是王室女性的突出作用。塔娜奎爾被史家描繪為對她的丈夫施加了相當大的影響力，並在確保塞爾維烏斯・圖利烏斯奪得王位這件事情上發揮了關鍵作用。此外，有兩個女人值得一提，圖利亞是一個典型的「邪惡女人」，她積極為塔克文・蘇佩布爭取王位。塔克文・科拉提努斯的妻子盧克麗霞（Lucretia）則是一位善良而忠誠的妻子。上述對這兩位女人的描述，顯然是文學上的刻板印象，將善良的盧克麗霞與邪惡的圖利亞形成對比，當李維想要暗示秩序的崩潰時，他似乎便突出了女性的角色，因為女性的影響在本質上是一件不好、不自然的事情。但羅馬女性不像被認為應該生活在隱居生活中的古希臘女性，她們會在貴族家庭的生活中扮演積極的角色。羅馬貴婦被期望過一種高尚的生活，主要局限於家庭領域，但在古代的羅馬世界，許多國家的活動會與強大的個人行為和家庭聯繫有密切的關係，婦女因此可以透過間接的方式、或透過她們的男人來發揮相當大的影響力。

考古證據證實了貴族婦女至少享有較高社會地位的想法。來自羅馬和周邊拉丁社區的一些最奢華的墓主都是女性。在這個社會中女性被正式地、醒目地埋葬的數量遠少於男性，因此這些貴族婦女墳墓的特出地位是相當驚人的。在羅馬，傑出女性的考古證據不像在伊特魯里亞那麼引人注目，但這主要是因為在這段時期中我們所得到的證據較少。古羅馬貴族女性的高地位顯然不是李維想像出來的，她們會透過自己的男性親屬施加影響力（無論多麼間接），也不會完全不合情理。

「塔克文家族的強大羅馬」

西元前六世紀羅馬制度的變遷，以及羅馬在文化和經濟上的變化，帶動了城市在物質層面上的發展。一九九〇年在羅馬舉行的古代考古發現展覽被命名為「塔克文家族的強大羅馬」（Il Grande Roma dei Tarquini），這就反映了城市的迅速擴張，以及羅馬在地標性建築和文化上所獲得的成就。

---

10 作者注：這是一個難題。現代學者經常假設氏族共同擁有土地，但幾乎沒有古代的證據可以支持。

遊客如果造訪西元前七世紀初的羅馬，首先映入眼簾的會是一個由木屋和茅草屋組成的社區，其間穿插著墓葬和聖所，還有廣場中逐漸開始發展的市政建物。然而，如果是在西元前六世紀末到羅馬一遊的遊客，見到的卻會是一座截然不同的城市（見圖二十二）。他們可能會進入一個被防禦城牆包圍的城市，但這仍是存在爭論的問題（本節稍後將討論）。沿著聖道（穿過城市中心的必經之路）穿過市中心，他們會沿著巴拉丁諾山下的街道行進，沿途布滿裝飾著彩繪赤陶的大型房屋。當進入新近排乾積水的羅馬廣場，他們將會見到更多宏偉建築，以及在卡必托里山上的一座新建的巨大石造神廟。除此之外，廣場上還有一座伊特魯里亞風格的新神廟。羅馬正逐漸成為一座極富地標的城市。

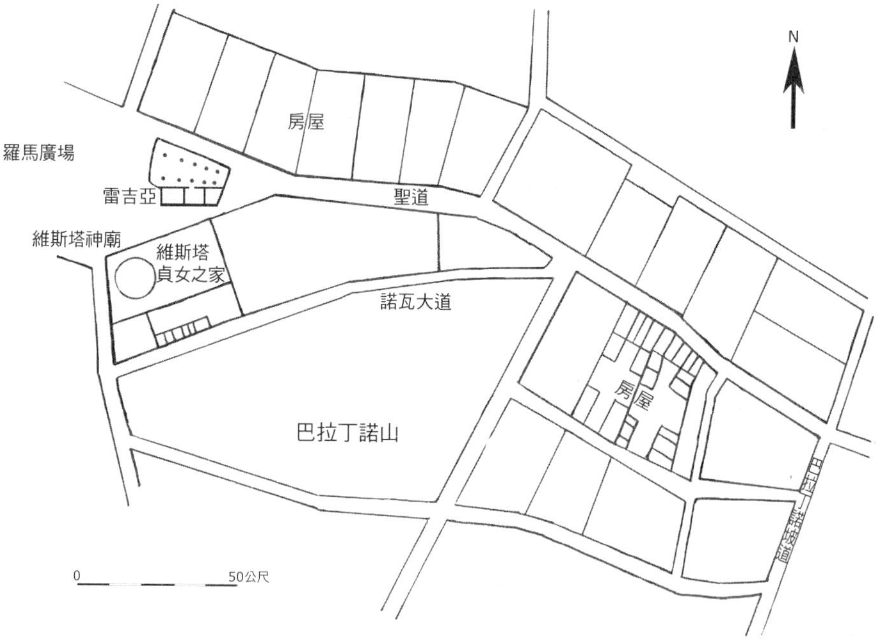

圖22　羅馬：巴拉丁諾山和羅馬廣場周圍的西元前六世紀建築平面圖。

城市中的一些主要宗教場所在西元前七世紀就已經開始使用了，但西元前六世紀是羅馬及其公共生活重要領域的關鍵發展時期。雖然在許多後來的神廟和聖所的遺址中發現了許多時代稍早的祈願奉獻物，但六世紀仍是城市再造和精心設計的時期。巨大的神廟興建在一些重要的宗教場所，其中最重要的是建於六世紀晚期的卡必托里山上，以石材、木頭和赤陶建成，供奉著「至高至大」朱比特（Jupiter Optimus Maximus）的巨大神廟。這神廟的石造地基尺寸高達六十一乘五十五公尺，是古代世界最大的神廟建築，可與古希臘世界的任何一座神廟媲美。在屠牛廣場上，聖歐莫柏諾聖所也透過新建了一座神廟而變得具地標性，該神廟奉獻的對象可能是幸運女神福爾圖納（Fortuna）或瑪圖塔聖母。時至今日，這座神廟的建築結構已所剩無幾，而且聖歐莫柏諾神廟的發展年代非常複雜，但稍晚在西元前六世紀興建的建築是用「伊特魯里亞─義大利風格」（Etrusco-Italic）來裝飾的，而且彩繪赤陶雕像和楣飾也以不完整的形式被保存了下來。神廟的屋頂還裝飾著一組描繪雅典娜和海克力斯的雕像。來自羅馬其他地方的祈願奉獻物說明了各色宗教崇拜正在蓬勃發展，但其中有三座神廟特別重要。「至高至大」朱比特（有時也被稱為朱比特・卡必托里納崇拜）的崇拜是羅馬身分的標誌性象徵，而且是與國家生活有關的許多重要儀式的中心，此外，黛安娜的崇拜（見下文）也具有重大政治意義。另一方面，聖歐莫柏諾神廟對於羅馬與外界之間的接觸尤為重要。在那裡發現的大量希臘和伊特魯里亞陶器碎片透露出該地區經常有外國遊客和非羅馬居民出入。

羅馬的其他公共區域在這個時候經歷了重大的發展，這可以和史料中關於最後三個國王的資訊聯繫起來。興建排水溝（即馬克西穆下水道〔cloaca maxima〕）排乾羅馬廣場附近區域的土地、將廣場附近的布局打造得更為隆重，替門廊和商店開闢出空間，這些成就有些被歸功在塔克文・布里斯克斯身上，有些則被歸功在塔克文・蘇佩布身上。據說塞爾維烏斯・圖利烏斯擴大了城市的儀式界線（羅馬城的邊界），讓羅馬的幾座山丘都被納入其中，並且在城市周圍建造了一道防禦牆。但是這方面的證據是有爭議的。奇法尼對羅馬西元前四世紀的城牆進行了研究（令人起疑地稱為「塞爾維烏斯城牆」，因為這座牆的興建年代比塞爾維烏斯本人晚了許多），並且在牆的部分區域內發現了西元前六世紀的防禦工事。奇法尼認為，他有足夠的證據可以重建外圍防禦工事的防線，其長度為十一公里，並且環繞了約四百二十七公頃的區域，包括了石牆、土方工程和溝渠。然而，這些防禦工事的範圍和完整性值得商榷。塞斯・伯納德（Seth Bernard）得出的結論是，這些城牆不是圍繞整個羅馬的單一防禦工事，而是圍繞著各個山丘的一系列防禦工事，羅馬一直要到西元前四世紀才成為一座具備完整圍牆的城市。康奈爾一樣也懷疑羅馬城市中心的面積在西元前六世紀時就達到了四百二十七公頃，並認為瓦羅所說的兩百八十五公頃的數字更為合理。羅馬城區的面積和防禦工事在此年代的範圍仍然相當令人懷疑。

在考古學上有充分的證據證明羅馬廣場的發展。研究者發現了幾段西元前六世紀的鋪路，從該地區出土的大量赤陶裝飾碎片可以看出，當時廣場周圍的建築正變得愈來愈精緻，裝飾也愈來愈講究。在雷吉亞和公共聚會所附近發現了一塊刻有西元前六世紀銘文的石頭（所謂的黑色大理石〔Lapis Niger〕），並且似乎記錄了一套與神廟有關的宗教法律或儀式（可能跟伏爾甘神廟有關），由國王來帶領，由一位司儀輔佐（見彩圖十九）。公共聚會所是後來羅馬國家的核心，同時也是元老院所在地和羅馬人民聚會選舉行政長官和通過法律的地方，當羅馬的政治組織變得更加複雜時，這個地區之所以被地標化和重新發展也可能不是偶然的。即使撇開城牆的問題不論，這些公共工程也代表著大量的金錢和人力支出，這顯示出羅馬的財富和公民的野心，以及具有能夠制定並執行這種規劃的一定程度集權的政治權威。

精美建築的花費並不僅限於神廟這樣的公共建築。在巴拉丁諾山的挖掘發現了大型的石造建築、私人住宅和公共建築。房子的入口很窄，而且房間的門朝著中央大廳和庭院大開，儘管遺跡的殘缺狀態意味著內部布局的許多細節是不確定的。卡蘭迪尼試圖重建了這些建築，並指出它們是羅馬式中庭房屋（Roman atrium house）的原型，不過這說法是有爭議的。但儘管如此，這樣龐大而複雜的建築，無疑是貴族家庭的宅邸。他們位在聖道上，是通往卡必托里山的必經之路，也是宗教儀式和軍事勝利的遊行路線，是羅馬最負威望的地區之一。此外，在巴拉丁諾山和韋利亞山上挖掘時發現的一組建築物，已被發掘者卡蘭迪尼確認為塔克文·布里斯克斯的房子。但這樣的說法相當有問題，因為該建築可能是西元前六世紀的私人住宅，它的位置與史料中對塔克文宮殿所在位置的描述並不相符。

城市邊界以外的地區也有發展。據說在阿文提諾山上的黛安娜聖所就正在羅馬城邊界不遠處，據說是塞爾維烏斯·圖利烏斯興建的，而且這份銘文紀錄在奧古斯都皇帝在位時顯然還存在。一個有趣的點是，據說興建聖所的理由不只是為了讓羅馬人使用，也是要作為所有拉丁族群共同的宗教中心。黛安娜聖所位在羅馬城邊界之外，因此在定義上是位在城外，這可以方便非羅馬人進入。我們尚不清楚黛安娜聖所採取了何種形式；在西元前六世紀，聖所可能是一個帶有祭壇的露天區域，後來又增加了一座神廟，它是一座重要的聖所，在五世紀變得具有政治意義。

台伯河港（Portus Tiberinus）位在阿文提諾山下，最初的發展也是在這個時代。馬克西穆下水道的興建讓此區域得以被排乾，也讓幸運女神、瑪圖塔聖母和港口女神波圖努斯三座神廟得以被建造在靠近港口的區域。[11]據說興建幸運女神或瑪圖塔聖母神廟的人是塞爾維烏斯・圖利烏斯（Dion. Hal.4. 27.7; Livy 5.1.9.6），在聖歐莫柏諾教堂發現的西元前六世紀遺跡證實了神廟建築物在那個時期確實便已經存在。這座建築幾乎沒有太多殘存至今的遺跡，從中可以看到它在該時代便是一座獨立的神廟，不過相關的建築風格說明了這是一座雄偉的建築。[12]

人們在更遠之處還發現了一座西元前六世紀的大別墅的遺跡，就在後來位於羅馬北部的弗萊米尼亞門（Porta Flaminia）外，遠在六世紀的邊界之外。這是一座令人印象深刻的建築物，占地二十平方公尺，布局類似巴拉丁諾山上的建築物。學者仍不清楚這座「禮堂別墅」的用途，但很有可能就像伊特魯里亞地區穆爾洛的建築一樣，同時充當了貴族的宅邸、宗教崇拜場所和經濟生產中心。古義大利的貴族階層不僅會把金錢投入城鎮建設來展現財力，也會在遠離聚落中心的地方建造豪華的別墅宅邸。

西元前六世紀不斷變化的建築風格反映了羅馬不斷擴大的文化視野。無論是新的公共建築或是新的私人住宅，其形式與裝飾都十分類似伊特魯里亞的風格。卡必托里山神廟和聖歐莫柏諾神廟屬於伊特魯里亞式風格，有一個深門廊，以及分為三個部分的主室。它們和許多公共建物、私人住宅一樣，都採用了伊特魯里亞風格的彩繪赤陶裝飾，其中一些可能是出自伊特魯里亞工匠之手。眾所周知，據說塔克文曾委託伊特魯里亞雕塑家維伊的伏爾卡（Vulca of Veii），在卡必托里山上新建的朱比特神廟中製作崇拜用的雕像。[13]老普林尼生動地描述了宏偉的新神廟：

> 塔克文・布里斯克斯召來了維伊的伏爾卡，並命令他在卡必托里山上建造一尊朱比特雕像；雕像必須以赤陶製成並塗上朱紅色；神廟的兩端山牆必須裝飾赤陶製作的四輪戰車，這些馬車的細節我們時常耳聞。（Pliny, *NH* 35.157）

廣場和一些主要的宗教聖所的重建規模顯現出古羅馬的財富、野心和政治影響力日益增強。這種規模的工程需要投入大量的資金和人力，也需要高水平的行政和政治組織。塔克文・布里斯克斯及其繼任者打敗拉丁人和薩賓人後所獲得的戰利品，可能就是這些新建築的重要資金來源。然而，懷斯曼和卡蘭迪尼對於所謂「塔克文之家」（House of Tarquin）的爭論也正說明了，要將羅馬的地標化與某些特定人物連結起來是無法做到的，特別是當這些人甚至可能還不是真實的歷史人物。李維將塔克文・蘇佩布描述為積極重建羅馬的人，這與西元前六世紀重建時期的考古證據一致，不過這並不能「證明」塔克文是真實存在的歷史人物。

11 作者注：波圖努斯（Portunus）是一位非常古老的神，出現在最早的羅馬曆法中。顧名思義，他似乎與港口有著特殊的聯繫。

12 作者注：在共和時期，幸運女神和瑪圖塔聖母的神廟建立在同一地點上（Livy 24.47.15），但它們可能建於西元前四世紀。李維和戴歐尼修斯對於早期的神廟是供奉幸運女神（戴歐尼修斯）或是瑪圖塔聖母（李維）意見不一。

13 作者注：關於特定的紀念碑或建築計畫是否應該歸屬於塔克文・布里斯克斯或塔克文・蘇佩布，史料中有許多混亂的地方。其中還有一些被錯誤地歸在兩者的名下。例如老普林尼和幾個人認為卡必托里山神廟是由布里斯克斯起造，再由蘇佩布完成（Dion. Hal. 4.61; Livy 1.33-56.1），但若根據這個說法，這座神廟需要的建築時間會非常的長。

是伊特魯里亞人還是羅馬人？

位於羅馬的大量伊特魯里亞文化之證據、幾位國王都與伊特魯里亞有淵源關係，以及伊特魯里亞的勢力是否擴張到伊特魯里亞本土以外，皆引發了關於羅馬和伊特魯里亞人之間關係的激烈討論。羅馬在西元前六世紀時是否真的被一個或多個伊特魯里亞國家征服了？又或者「逐漸伊特魯里亞化」的這個時期是出於文化影響而不是政治統治？該論點大致如下：若是伊特魯里亞人不曾控制拉丁姆和羅馬，他們根本無法往坎帕尼亞擴張；一些國王的伊特魯里亞血緣也證明了羅馬統治者是由某個伊特魯里亞城市所安排的傀儡；羅馬文化中的伊特魯里亞元素便是這一過程的結果。

然而問題在於這需要對古代史料進行相當大程度的重新詮釋，但這些史料中卻未曾記載過伊特魯里亞人的征服。在二十世紀，許多歷史學家激烈爭辯這些史料是否掩蓋了以下事實，像是將塔克文家族成員重新包裝成遷入羅馬的移民，藉此遮掩西元前六世紀繁榮的羅馬是被伊特魯里亞人宰制的這個令人不快的事實。然而，這些都不足以證明羅馬受到任何伊特魯里亞城市的控制。為了弄清楚狀況，我們需要從政治和文化的角度來分析這個問題。我們手上的史料都一致認為，在羅馬確實有幾個具有影響力的伊特魯里亞家族（尤其是塔克文家族），但他們早已在羅馬生活了好幾代，而且是憑自己的力量統治羅馬，會為了維護羅馬的權力去犧牲伊特魯里亞鄰國的利益。伊特魯里亞人的存在可以透過這時期的人口高度流動性來解釋，這意味著個人（有時會有大批追隨者）相當有可能從一座城市遷移到另一座城市，甚至在那裡擔任要職。伊特魯里亞人在羅馬的存在所展示的是一種流動性，而不是外國勢力的征服。

也就是說在這一時期，羅馬和伊特魯里亞之間的聯繫無疑相當緊密。羅馬文化，尤其在精英階層，深受伊特魯里亞人的影響，但這種滲透並不是征服的結果。伊特魯里亞文化是這一時期義大利中部占統治地位的貴族文化，其影響遠及波河河谷、利古里亞、坎帕尼亞等地區的本土文化。一些學者會使用「伊特魯里亞—義大利風格」一詞來描述這一時期的藝術和物質文化，這反映了伊特魯里亞人和其他義大利人在多大程度上，融入了由義大利北部和中部許多地區的精英所共享的混合文化。如果伊特魯里亞文化沒有出現在羅馬和拉齊奧，那反而會更令人驚訝。技術革新、藝術風格和新型工藝品是透過義大利中部貴族之間的接觸，還有工匠在不同城市之間的流動而傳播的。許多最引人注目的物品，如東方化的銀器或青銅器皿，以及在義大利中部富人墓葬中所發現的希臘和伊特魯里亞陶器，都在精英家庭之間流傳，可能是作為嫁妝的一部分，也可能作為禮物交換，來傳播新的藝術風格和奢侈品的品味。採用伊特魯里亞風格的建築和建築裝飾也可能是一種「希望跟鄰居比較」的心理，透過模仿強大而成熟的伊特魯里亞城市，如卡厄瑞和塔爾奎尼的風格。這種風格的建築說明了委託建造這些建築的人具有國際品味，也具有從伊特魯里亞引進一流工匠的財力和影響力。但這些都無法證明羅馬在這個歷史階段是伊特魯里亞的附庸。

到了西元前六世紀後期，羅馬已發展成一座具有地標性建築、且不斷擴張的城市。大規模的建設計畫既體現了社區的經濟繁榮，也顯示出要打造自己成為該區域重要大國的雄心。令人印象深刻的私人宅邸顯示了統治精英的活力和社會野心，並且有證據證明羅馬貴族與鄰近城市之間有著密切的聯繫網絡。與此同時，該城市正在經歷組織變革的第一階段，這些變革改變了公民與國家之間的關係。領土和人口的擴張是該城經濟繁榮的顯著證明，進口奢侈品和外國工匠的出現則顯現它是橫跨義大利中部和地中海的國際貿易網絡的一部分。所有這一切都支撐了羅馬在這段時期成長為區域的霸權，見證羅馬成為最強大的拉丁城市，並且躍升為伊特魯里亞城市維伊的有力挑戰者。然而，所有這一切都是西元前六世紀末動盪和變化的前奏，國王被驅逐以及羅馬共和國的建立都在這段時期發生。

塔克文家族的隕落

根據羅馬的傳統，塔克文王朝結束在西元前六世紀末（傳統上是五一〇年／九年，或根據波利比烏斯的說法是五〇八年／七年），最後一位塔克文國王塔克文．蘇佩布被廢黜，並且被兩位當選的執政官取代。史家對塔克文．蘇佩布的刻畫總是充滿著敵意，後來的羅馬人對國王和王權的厭惡也源自他的行為和惡名。[14]我們手上的史料將他描繪為一位篡奪者，跟妻子合謀殺了他的岳父塞爾維烏斯．圖利烏斯，並且奪取政權。他也被描繪成一個高效的統治者，將羅馬的影響力擴展到拉丁姆的重要地區，並且主導許多新建築的興建，並將羅馬地標化，但是他也同時非常殘酷、高壓、專制，依靠武裝親兵來保護自己和恐嚇敵人，並且缺乏對法律和傳統的尊重。他的性格和行為與古希臘僭主的形象密切相關，並且正如人們經常指出的那樣，許多關於他統治的傳說與其他僭主的傳說非常相似，例如西元前六世紀的雅典統治者庇西特拉圖（Peisistratos）。

據說，蘇佩布最終是因為他的一位兒子色克都斯．塔克文（Sextus Tarquinius）而被推翻下台，因為他兒子強暴了堂兄塔克文・科拉提努斯的妻子盧克麗霞。盧克麗霞隨後自殺，這種憤怒促使科拉提努斯和他的一群親朋好友，包括盧基烏斯・尤尼烏斯・布魯圖斯（Lucius Junius Brutus）、普留斯・瓦萊里烏斯・波普利柯拉（Publius Valerius Poplicola）和斯普里烏斯・盧克萊修（Spurius Lucretius）煽動羅馬人民起來對抗蘇佩布，譴責他是一個僭主，並且廢黜他。當時正在與阿迪亞打仗的國王回到羅馬後卻發現城門緊閉不開，因為那群反叛的貴族已經掌控大局。布魯圖斯、科拉提努斯及其合作者的使節說服軍隊支持反叛分子，蘇佩布和他的兒子就此被迫流亡。最後，國王被經由選舉產生的兩名任期一年的行政長官取代。

隨後便是一段動盪不安的時期，羅馬與塔爾奎尼和維伊交戰，而且塔克文多次嘗試復辟。情況在西元前五〇八年惡化。克魯希姆的統治者拉斯・波森納（Lars Porsenna）宣戰，支持塔克文，並且往羅馬進軍。他的部隊兵臨台伯河遠處的賈尼科洛山，將羅馬包圍起來。在這場戰役中發生了許多羅馬著名的共和國英雄故事，包括了賀拉修斯・科克萊斯（Horatius Cocles）保護台伯河上的斯布里西亞橋（Sublician Bridge）的史詩防衛戰，他死守陣線直到羅馬人成功摧毀了這座橋。其他引人注目的功績還包括蓋烏斯・穆基烏斯・史凱渥拉（Gaius Mucius Scaevola）的反抗，他寧願讓波

14 作者注：在共和國統治下，rex（國王）這個詞在羅馬公眾生活中成為了一大侮辱。若是去指控某位政客意圖爭奪王位，這種說法可能會有極大的破壞性。像是凱撒安排眾人獻上王冠，好讓人們可以看到他公開拒絕王冠，藉此轉移關於他打算自立為王的謠言。他的孫甥屋大維決定採用共和時期的先例，像是第一公民（princeps）、凱旋將軍（imperator），以及奧古斯都（Augustus），上述這些稱號都有宗教內涵。即使在帝國統治時代，rex仍然無法被人們所接受。

森納烙印自己的右手，也不願向敵人透露情報。此外還有一群被俘虜的羅馬婦女脫逃的事蹟，逃亡的領導者克洛莉雅（Cloelia）激勵其他女性游過台伯河逃向安全之地，後來成為了女性美德和英雄主義的標誌性典範。人們普遍會認為，位在聖道最高點的女性騎馬雕像便是為了紀念她——這是一種難得的榮譽，因為很少有其他的女性騎馬雕像。儘管波森納讓羅馬陷入劣勢，但他卻放棄圍攻羅馬，反而決定進一步向拉丁姆進軍。最終，波森納在西元前五〇五年或五〇四年的阿里希亞戰役中慘敗給拉丁人和庫邁人的聯軍。這回失敗後，塔克文和他的女婿，托斯卡倫的屋大維．馬米留斯改為說服幾座拉丁城市向羅馬發動攻擊，作為他奪回王位的最後努力，但他們在雷吉魯斯湖戰役（Battle of Lake Regillus，西元前四九九年或是四九六年）被擊潰，羅馬據說在這場戰鬥中獲得了神靈卡斯托耳和波魯克斯的幫助。塔克文最終放棄奪回王位，在庫邁流亡度過餘生，執政官斯普里烏斯．卡西烏斯（Spurius Cassius）則在西元前四九三年，跟拉丁人談判達成了一項和平協議（卡西烏斯條約）。

上述這個故事有許多前後不一和令人困惑的地方。史家對於羅馬第一位行政長官的身分有不同的說法，李維認為是布魯圖斯和科拉提努斯，波利比烏斯認為是布魯圖斯和賀拉修斯，西塞羅和老普林尼則認為是布魯圖斯和瓦萊里烏斯．波普利柯拉。新當選統治者的權力，甚至他們的頭銜為何至今也沒有明確的答案，這將在第九章進一步討論。這場羅馬與伊特魯里亞人和拉丁人的戰爭就常理來說實在說不通，特別是波森納為何會放棄顯然已經占據上風的優勢，不圍困羅馬而改為分兵拉丁姆？此外若說波森納此行的主要目的是要恢復塔克文的權力，但相關的細節甚至在古代時就已經飽受爭議和討論。李維和戴歐尼修斯堅稱羅馬沒有落到波森納手上，但老普林尼和塔西陀提到了另一種說法，也就是波森納占領了羅馬，並強迫他們簽署屈辱的和平條款。[15]羅馬內部的政治關係引出了一個有趣的問題：塔克文被驅逐的真正原因究竟為何？我們手上的史料指出，政變的兩位領導人是塔克文家族的成員或同夥（布魯圖斯是國王的姪子，科拉提努斯是國王堂兄，詳情請見圖二十的世系表），這就又提出了一個問題：為什麼塔克文家族有些成員比其他成員更不受人歡迎？為什麼布魯圖斯和科拉提努斯能夠短暫在塔克文家族顯然非常不受歡迎的時期，還能在新共和國占有一席之地？布魯圖斯又是如何免於驅逐塔克文家族所有成員的法令呢？

羅馬歷史學家將塔克文家族的衰落和共和國的建立解釋為一種解放，用選舉出來的政府取代了專制的君主，但實情似乎不太可能是這種情況。在反對蘇佩布的政變中最著名的領導人就是他的親戚，而且，儘管他們發表了將人民從暴政中解放出來的豪語，塔克文家族的被驅逐實際上更像是統治家族內部爆發的衝突。

有一種解釋這問題的方法是去否定古代文獻對這時期的記載，認定這些都是史家捏造出來的故事，因為他們要賦予正在發生的政治變化更大的敘事力量和一致性。另一種解釋方式則是認為從王政過渡為共和是場漫長的過程，而不是單一的事件，其中國王的權力在各方面都逐漸被貴族階層侵蝕和占有，後來的歷史學家在解釋此過程時會將其壓縮進一個較短的時間框架內，而且添加了戲劇

15 作者注：Livy 2.6-15; Dion. Hal. 5.21-35; Pliny, *NH* 34.139; Tac., *Hist.* 3.72。塔西陀描述了西元六九年朱比特神廟被燒毀的情況，其程度比羅馬向波森納或高盧人投降還來得糟糕，而老普林尼提到波森納在和平條約中強加在羅馬身上的條款。這兩種說法似乎都暗示著羅馬人向伊特魯里亞人投降是眾所周知的歷史傳統。

性的個人敘述。另一方面，王權被推翻的原因可能是出於一次戲劇性政變，甚至是出於一場家庭內部糾紛，這些說法也都不能被輕易地排除。正如提姆．康奈爾所指出的，由於在羅馬這樣的社會中，無論是社會或是政治影響力在本質上都與王權性質相似，因此史料中所描述的強大家庭之間（甚至在其內部）的衝突和仇恨並不少見，而且私人之間的侮辱和仇殺都可能會產生深遠的影響。

塔克文家族的消失是王朝政治運作的結果，這種解釋符合我們對羅馬（以及廣義而言的義大利）社會的理解。在大家庭對社會和政治結構至關重要的世界裡，由於統治家族內部權力鬥爭所引發的政變其實並不少見。但我們也不能排除羅馬政府正處於發展狀態的可能性。國王的權力和作用可能在西元前六世紀發生了變化，共和國早期也許就像是一個實驗階段，我們在這時期的各個方面都可以看到連續性和創造性的並存。然而，用發展的角度來切入並不能解釋為何王權的概念在羅馬人的觀念中，會跟僭主聯繫在一起，而且如此令人反感，以至於「國王」（rex）這個頭銜自此之後始終帶有負面意義。這種對王權根深柢固的厭惡顯示從君主制過渡到共和制，是因為羅馬最後一位國王所引起的相同危機所觸發的。雖然我們目前沒有足夠證據能夠釐清波森納與羅馬作戰的具體細節，但伊特魯里亞人對拉齊奧和坎帕尼亞的襲擊，卻正跟上一章所描述的動盪及權力平衡的變動相符，而且這跟我們關於伊特魯里亞人勢力在坎帕尼亞的崩潰的理解，也剛好一致。綜合各種證據之後可看出，在西元前六世紀後期發生了死傷慘烈的動盪，給羅馬留下了長期的痛苦，並且在更大範圍的地區引發了衝突。

第八章 「西元前五世紀的危機」和義大利面貌的變化

羅馬在西元前六、五世紀後期的危機並不獨一無二，義大利各地在此時都出現了動盪的跡象，以及在族群和文化上的變化（見地圖五）。伊特魯里亞人退出了坎帕尼亞，但在北部地區的情況卻沒那麼顯著。許多後代人所認識的族群於此時首次出現，或者是說他們從這時候才開始顯示出一種帶有自我意識的族群身分，而且各地在這個時代皆有經濟壓力和社會關係緊張的跡象。西元前五世紀經常被描述為一段充滿危機的時期，本章將考察義大利於此時正在發生的變化、這些變化對義大利社會的影響，以及它們是否真的構成危機。四處發生的衝突是六世紀末和五世紀的一個特點。羅馬正在與北方強大的伊特魯里亞人，以及南方的拉丁姆民族作戰。當眾城市爭相爭奪統治地位時，伊特魯里亞便陷於動盪之中，在卡厄瑞、維伊和塔爾奎尼等六世紀的強國崛起之下，佩魯西亞、沃爾西尼、阿雷托姆和克魯希姆等北部權力中心逐漸黯然失色。在統治者拉斯．波森納的領導下，克魯希姆處於格外高亢的擴張主義的情緒中：一支克魯希姆的軍隊在西元前五〇八年至五〇五年，突襲了拉丁姆和坎帕尼亞，甚至可能曾攻克了羅馬。

義大利南部也是遍地烽火。不僅是不同的希臘社區之間，希臘人與一些義大利鄰國也發生了幾場激烈的戰爭。西里斯被利吉歐（Rhegium）、梅塔龐圖姆（Metapontum）和錫巴里斯的聯盟在西元前五五〇年至五三〇年左右摧毀，而錫巴里斯本身在五一〇年落入克羅通之手。在阿普利亞（Apulia）區域，塔蘭圖姆（Tarentum）在西元前五世紀早期與雅皮吉人斷斷續續地打了幾場戰爭。卡賓納（Karbina）的雅皮吉人聚落（可能是現代的卡羅維尼奧〔Carovigno〕），在西元前四七〇年代被毫不留情地洗劫一空，不過，希臘人在四七三年遭遇了嚴重的逆轉，當時利吉歐人與塔蘭圖姆人組成的聯軍在戰場上遭到雅皮吉人的重挫。雖說如此，塔蘭圖姆人還是成功地擴展了對阿普利亞中部及南部的控制，並在德爾菲（Delphi）的聖所中豎立了兩座大型紀念碑來紀念這場勝利。[1]

在坎帕尼亞，庫邁在僭主亞里斯多德摩斯統治下處於國力的頂峰。亞里斯多德摩斯在西元前五二四年領導了一場對抗伊特魯里亞人的軍事行動，並且建立起由希臘人和拉丁人組成的反伊特魯里亞人聯盟，抵抗後者在坎帕尼亞中部的統治。[2]庫邁人和拉丁人在西元前五〇五年或五〇四年時贏得了阿里希亞附近的一場戰役，遏制了伊特魯里亞人在坎帕尼亞的勢力，而在四七四年時，庫邁人和敘拉古人的聯合艦隊還擊敗伊特魯里亞艦隊，削弱了伊特魯里亞海軍的力量。這兩場戰役切斷了內陸的伊特魯里亞人與他們位於沿海的同胞之間的聯繫，並開始侵蝕他們對該地區的控制，確實地終結了伊特魯里亞人對此地區的宰制。考古紀錄顯示，在伊特魯里亞人墓葬中的物品、陪葬品，以及伊特魯里亞銘文的數量都有所下降。[3]這產生了深遠的影響。伊特魯里亞力量的下降，是坎帕尼亞地區轉變為由亞平寧山脈的奧斯坎語（Oscan-speaking）民族主導的一個重要因素，這是在文化和族群上戲劇性的變化。對於伊特魯里亞人而言，這標誌著他們在台伯河以南長期的文化和政治影響力的結束，以及他們與義大利東北部和波河河谷之間聯繫的日趨密切。這種聯繫關係是在西元前六世紀時建立的，當時伊特魯里亞人在馬爾扎博托建立起聚落，並且阿德里亞和斯皮納逐漸強大，這兩者皆是希臘人和伊特魯里亞人混居的城邦。這些城市在西元前五世紀時迅速發展為貿易和製造中心，並成為希臘人和其他人與波河河谷和義大利北部貿易的轉口港。希臘和義大利之間貿易路線的這種變化，是西元前五世紀拉丁姆和南部的伊特魯里亞人，在文化和經濟上變得更加孤立的一個因素。

義大利的許多地區都受到來自更遠地區的威脅。大希臘受到希臘世界其他地區的侵犯，隨著敘拉古在整個西元前五世紀的影響力不斷擴大，最終戴歐尼修斯一世（Dionysios I）在三九〇年代奪取了洛克里、利吉歐、高隆尼亞（Caulonia）和克羅通。雅典人對西方的興趣也愈來愈濃厚；新的殖民地圖里（Thurii）在西元前四四四或四四三年，在錫巴里斯的舊址上建立起來，這名義上是一

1 作者注：保薩尼亞斯是西元二世紀的希臘旅行史家，也是《希臘誌》的作者，他將這些描述為兩組青銅雕像。其中一組是有著青銅馬和俘虜婦女的雕像，用以紀念對梅薩比人的勝利（Pausanias, *Description of Greece*, 10.10.6）。另一組是座複雜的雕塑，展示了珀塞提人（Peucetians）之王歐皮斯（Opis）的失敗，紀念對珀塞提人和梅薩比人的勝利（Pausanias, *Description of Greece*, 13.10）。

2 作者注：亞里斯多德摩斯的生涯、羅馬戰爭與克魯希姆、塔克文家族關係的相關敘述，請見 Dion. Hal. 7.3-11 and Livy 2.1-21。

3 作者注：在坎帕尼亞發現的伊特魯里亞銘文中，約有百分之八十至八十三可以追溯到西元前五三〇年至四三〇年，其中只有一小部分可以被確定寫於西元前五世紀晚期或四世紀。

個泛希臘地區合作的冒險，不過還是由雅典來主導。塔蘭圖姆在西元前四三三年建立起赫拉克利亞（Heraklea），這除了是塔蘭圖姆對自己力量的一種表現，同時也是對圖里殖民地以及希臘人侵略義大利的回應。此時雅典的一名艦隊司令狄奧提摩斯（Diotimos）帶著一隊大概四百五十人左右的雅典船隻前往那不勒斯，而且據說已經讓新的殖民者移居到那裡。[4]雅典在西元前四一五年時險些將義大利的希臘人，拖入了他們那場最終慘敗的對敘拉古長征當中。雅典人在前往西西里島的途中登陸義大利，並且訴諸他們的祖先在族群上的淵源關係來爭取支持。但塔蘭圖姆聲稱自己是斯巴達的殖民地，拒絕讓艦隊登陸，其他城市則沒有那麼頑固，像是利吉歐便提供了一些幫助。

社會動盪和政治衝突

在整個義大利，國家間的衝突多會同時造成社區內部的動亂。庫邁的僭主亞里斯多德摩斯在西元前四九〇年左右被罷黜，但他也成功擊退了伊特魯里亞人，並奠定了庫邁的影響力。在大希臘地區，基於畢達哥拉斯哲學思想的新的文化和哲學運動如雨後春筍般湧現。[5]服膺畢達哥拉斯，並致力於簡樸和克制生活方式的各種集會結社成立，儘管這些似乎是對炫耀性消費和貴族過度行為的反動，不過這些成員本身就是精英階層的一分子。兩股貴族文化（炫耀性財富和畢達哥拉斯式的儉樸），象徵著精英階層內部的派系對抗和社會中的緊張關係。到了大約西元前五〇〇時，這群畢達哥拉斯學派團體在一些城市已經在政治上占據主導地位，特別是克羅通、錫巴里斯和梅塔龐圖姆，但他們也被許多人深惡痛絕。根據波利比烏斯（Pol. 2.39）的說法，當時爆發了大規模的動亂，畢達哥拉斯在此期間被流放，而其追隨者聚會的場所則被燒毀。大希臘的許多城市在經歷了一段時間的內戰之後，都開始採用某種形式的選舉政府，以每年更換行政官員為基本原則。不過，人民群體所具有權力的程度，仍然存著顯著差異。在塔蘭圖姆，大多數男性公民被允許投票和競選公職而其他城市，特別是洛克里，則將這些權利限制在社會和經濟地位較高的成員。我們關於伊特魯里亞政治動盪的資訊不多，不過有跡象顯示這個社會正在發生變化。中等規模的家庭墓葬愈來愈多，比如在沃爾西尼的圖福聖十字（Crocefisso del Tufo）墓地，或卡厄瑞周圍的墓地中所發現的墓葬（見彩圖十七），這意味著一群新精英家庭的茁壯，他們的個人生活習慣比西元前七與六世紀的貴族來得樸實。這些變化的性質和影響程度不易明確界定，但共同點是，許多地區的城市和城邦的精英階層，其內部都在進行權力鬥爭。

4 作者注：這次訪問的日期和目的存在很大爭議，這日期和目的是由提麥奧斯（Timaeus）記錄下來的，而且呂哥弗隆（Lycophron）的作品中也有類似說法遙相呼應。最明顯可見的背景是西元前四一五年雅典人對敘拉古的遠征，但是這個年代因為已經太晚了，以至於無法利用羅馬採用雅典類型的錢幣的證據。在其他提出的可能日期中，分別為大約西元前四七〇年和大約四三〇年，後者看起來更合理，儘管錢幣證據兩種說法都可以支持。然而，西元前四三〇年代的這個說法與建立圖里殖民地的時間相當接近，因此就進入了一個眾所周知雅典對西方感興趣的時期。

5 作者注：西元前五三〇年，薩摩斯島的畢達哥拉斯（Pythagoras of Samos）來到義大利南部的克羅通，在那裡度過了餘生。他的言論在義大利南部很有影響力，但波利比烏斯（2.39）所描述的「畢達哥拉斯信徒們」的政治信仰是什麼，以及他們與哲學家教義的聯繫有多緊密，這些都還不完全清楚。

「危機？什麼危機？」

經濟變化加劇了這些政治和社會緊張局勢。有報告指出當時經常出現糧食短缺、乾旱、作物歉收和流行病。貿易模式的變化和大規模衝突的消耗，對義大利的某些地區造成了更大的壓力。其他因素如債務增加或土地分配不平等，也加劇了經濟問題。

整個義大利的居住模式和埋葬方式都發生了變化，這可能是出於經濟壓力。聚落與其周邊地區之間的關係發生了變化。土地耕種的集約程度降低、生產力下降，而且農場和小型農村聚落的數量下降。來自海外的進口產品，尤其是奢侈品，在大約西元前四五〇年以後有所下降，城市發展規模也有所縮減。羅馬在大約西元前四八〇年到四〇〇年之間幾乎沒有修建新的公共建築，而且城市的發展也急劇放緩。即使是伊特魯里亞的強大城市也經歷經濟衰退，特別是在該地區的南部。主要貿易夥伴錫巴里斯的毀滅，以及伊特魯里亞在坎帕尼亞的影響力的下降，這些都擾亂了伊特魯里亞南部地區和希臘世界之間的貿易。進口的希臘陶器變得稀少，尤其是與貴族生活方式有關的物品，例如高品質的酒具和餐具，伊特魯里亞自己生產的陶器和繪畫作坊的產量和品質也都下降了。

但在該地區的北部，如波普洛尼亞、羅塞萊（Rusellae）和波河河谷周圍的城市，則繼續繁榮。這些地方仍然持續大量進口希臘的商品，在其住家內以及墓葬當中都能發現青銅器和其他奢侈品。其中許多是在武爾奇製造的，這顯示義大利北部現在是奢侈品的主要市場。波普洛尼亞甚至開始鑄造自己的錢幣。在伊特魯里亞的不同地區，甚至遠在西班牙的塔拉哥納（Tarragona），都發現了年代大約是在西元前四五〇年至四二五年之間，刻有獅頭或蛇髮女怪頭的銀幣和金幣，它們展示出與其從事交易的地區範圍相當大。這種新的經濟秩序與該地區更宏觀的權力平衡之轉變是一致的，伊特魯里亞北方的城市開始成為該地區經濟和政治力量上的強權，而卡厄瑞、塔爾奎尼和武爾奇的國力和影響則在走下坡。

坎帕尼亞在西元前五世紀的發展尤其複雜。在五世紀初期，卡普阿、卡雷（Cales）、諾拉和努切利亞（Nuceria）繁榮昌盛。卡普阿和其他城市的陶器和青銅作坊的產量相當高。精美的陶器被大量生產，其中大部分是伊特魯里亞的布凱羅黑陶風格的陶器，一種被稱為「萊布」（lebes）的大鍋形狀青銅容器尤其流行。在許多地方發現的裝飾用的建築赤陶的數量顯示製作赤陶的工匠家當時的生意相當興旺，而且正在建造中的那些宏偉的建築，確保了對這類裝飾的需求。卡普阿和庫邁在西元前六世紀晚期和五世紀早期，都進行了大規模的公共工程規劃，改善了供水和防禦工事，重建了城市空間，而且兩座城市都修建了新的神廟。在文化上而言，伊特魯里亞的影響在五世紀早期仍然占主導地位。即使是在歷史上與說奧斯坎語的科迪尼人（Caudini）有聯繫，位於薩莫奈人邊界這樣子較為孤立和欠發達的內陸地區，也有一段對外擴張的時期，在這段期間他們開始生產伊特魯里亞式青銅器和陶器，而且從希臘進口的商品數量也增加。然而，在五世紀中期，工藝品的生產急劇下降，墓葬中的陪葬品數量以及價值都逐漸遞減，聖所中的祭品數量和品質也在減少。興建新建築的速度放緩，農村地區的農場和聚落數量也減少。伊特魯里亞人在語言和文化上的影響力消失了，新的埋葬方式在精英階層之間開始流行起來。

義大利大部分地區在西元前五世紀出現了經濟衰退，這是有令人信服的證據可以證明的，不過這是否構成了義大利的危機則還無法斷言。一些在考古紀錄中可觀察到的變化所反映的，可能是新的社會和文化行為，而不是經濟困難。在許多地區，引人注目的墓葬數量減少了，陪葬品的數量和價值都減少了，但這些可以解釋是文化變遷的結果，舉行紀念性葬禮的人開始減少，花費在墓葬和陪葬品上的開銷也減少了。在西元前六世紀，貴族遠離了東方化時期奢華的葬禮，轉為一種更加克制的文化。也許最引人注目的例子是六世紀晚期的畢達哥拉斯學派，他們倡導一種更為簡樸的生活方式，而且五世紀的《十二銅表法》（*Twelve Tables*）也特別限制了奢華的葬禮和墓葬。當時有一股倡議緊縮的新社會風氣，其中炫耀財富和地位變得十分不受人們歡迎。葬禮的改變可能是出於這些文化變革，而不是因為經濟衰退，這甚至可能代表著發展出了更為先進的經濟。在東方化時期，奢侈品之所以被重視是因為其社會展示功能，而非其內在價值，但在西元前六世紀末，象徵高地位物品的經濟價值超過了它們作為陪葬品的象徵價值。

我們有充分的理由相信西元前五世紀是義大利經濟衰退的時期，但經濟壓力可能不如「五世紀危機」（fifth-century crisis）模型所說的涉及全義大利，而只是發生在局部地區，而且地區差異是顯而易見的。例如，在伊特魯里亞，與地中海其他地區的貿易和接觸方式的變化，對伊特魯里亞南部的城市產生了文化和經濟影響，這些城市確實有遭受經濟壓力的跡象，但該地區的北部繼續蓬勃發展。毫無疑問，西元前五世紀是某些社區發生變革與混亂的時期，但絕對不是一個普遍的經濟「危機」時期。

移民或文化轉型？

西元前五世紀是整個義大利的族群和文化變革時期。在北部，來自阿爾卑斯山外的凱爾特人對當地文化和聚落的影響愈來愈大。關於充滿活力和好戰的薩莫奈人最早的明確紀錄，便是在這段時期，他們在義大利歷史上發揮了舉足輕重的作用，並且對於羅馬對義大利的宰制構成相當有份量的挑戰。古代史料描述了大規模遷徙，而其中往往伴隨著許多爭奪殺戮，從中部的亞平寧山脈到坎帕尼亞和義大利南部，從阿爾卑斯地區到義大利北部，但考古證據更為複雜和耐人尋味。新的族群，諸如薩莫奈人、坎帕尼亞人，盧坎尼人（Lucani）和布魯提人（Bruttii）出現在義大利中部和南部，沃爾西人、赫尼西人和艾逵人則出現在更靠近羅馬的地區。羅馬於西元前五世紀專注於與這些族群打仗，而跟薩莫奈人的戰爭則更是四世紀的首要任務。顯而易見，此時各族群對於自我的定義更加清晰，而且義大利的族群構成版圖也變得更加清晰，但背後的過程並不像我們手上史料中所描繪的那樣戲劇化。

特雷魯斯（Trerus）河谷的赫尼西人，占據了羅馬東南約六十公里的阿納尼亞周圍地區。我們所擁有的考古證據僅僅是防禦工事的遺跡，它們主要集中在山頂遺址上，而且關於這些遺跡的年份推斷也還遠說不上精確，目前尚不清楚這些遺跡是小城鎮，還是純粹用於防禦目的的山丘堡壘。留存至今的例子，比如阿拉特里（Alatri）的遺跡，都是由巨大的多邊形石磚砌成的牆，這說明了無論是城鎮或是山丘堡壘都具備嚴密的防禦工事。古代作家們描述赫尼西人是該地區的主要聚落，阿納尼亞所領導的聯盟中的一分子。艾逵人則更鮮為人知，但是在拉丁姆東部山區的山頂防禦工事則顯示他們跟赫尼西人一樣，都建造了防禦嚴密的山丘堡壘。這兩個群體的起源都很模糊，古代傳說說他們是來自義大利亞平寧的移民，但是在考古學上並沒有顯示出大規模移民或入侵的證據。

李維關於沃爾西人擴張的說法是他們從亞平寧山脈遷移到利律斯河谷（Liris），在西元前四九〇年代控制了科拉、阿提亞、安提姆和維里特拉，並且最終統治了從安提姆和特拉西納之間的海岸帶、龐普廷（Pomptine）平原，以及利律斯河谷和薩科河谷（Sacco）周圍的高地地區。相比之下，考古學證據顯示該地區的人口有相當大的連續性，但現今關於沃爾西語唯一的證據只有來自韋萊特里（Velitrae）的西元前三世紀銘文，其上的語言類似於翁布里亞語。和赫尼西人和艾逵人一樣，沃爾西人的身分認同很可能是由先前便居住於此的當地居民，和來自亞平寧山脈的一些移民發展而來的。在更遠的地區，坎帕尼亞、盧坎尼亞和布魯蒂姆（Bruttium）的文化和語言構成發生了變化，這些地區的人民發展成為獨特的族群次群體（坎帕尼亞人、盧坎尼人和布魯提人），在語言和文化上有明顯的相似性，但具有自己的族群特徵。

為了理解這種轉變，並理解羅馬如何征服義大利，我們就必須檢視薩莫奈人，以及在義大利南部發生的更大規模的文化變化。

薩莫奈人

亞平寧山脈中部地區在西元前五〇〇年到三五〇年之間的關鍵發展是薩莫奈人成為了具有鮮明

特徵的一個族群。薩莫奈人的墓葬說明了義大利亞平寧地區的貴族仍然把自己描繪成戰士精英。許多男性墳墓裡都跟前一時期一樣埋有武器，但是在墳墓中擺放盔甲在西元前五世紀變得愈來愈普遍。貴族墓葬裡有頭盔和鐵甲，以及縫在皮革背面由青銅板製成的寬腰帶，這些都是財富的展示和戰士地位的象徵。但在五世紀末的時候這種隆重墓葬的數量減少了，而且墓葬當中的陪葬品也不再那麼浮誇。

在西元前六世紀時各地薩莫奈人的文化同質性相當高，不過在這段時期各地也發展出獨特的亞文化。墓葬習俗在各地有了不同的變化，墳墓的類型和結構發生變化，墳墓中發現的盔甲類型也開始出現區域差異。薩莫奈人典型的胸甲由三塊青銅圓盤組成，透過肩帶連接到設計相同的背板上，這在阿布魯其（Abruzzi）和莫利塞（Molise）北部相當普遍。相比之下，在莫利塞南部的墓葬中則有以單一金屬板形成的胸甲，與希臘胸甲類似。此外，火葬（希臘人的習俗）被採行為主要的葬禮儀式。考古紀錄中呈現出的這種朝多樣化發展的方向，與亞平寧山脈中部的族群和文化的深刻變化有關。

在西元前五世紀之前，我們不可能識別出這個地區的族群，但從這時間點開始，薩莫奈人的身分在考古學上更容易被辨識出來。嚴格地說，我們不知道這些人以什麼名字稱呼自己。羅馬人稱他們為薩莫泰（Samnitae），希臘人稱他們為薩奈泰（Saunitai），但是有少數的奧斯坎語銘文上寫著薩芬寧（safinim）這個詞或它的變體，這可能是薩莫奈人用來稱呼自己的詞。他們說的語言被現代學者稱為奧斯坎語或薩貝利語（Sabellian），在語言學上與拉丁語有關，儘管從現代觀點看來，它與拉丁語相當不同。[6]到了五世紀時，他們開始使用文字書寫，並製作了以自己字母所刻的銘文，這些字母則是改編自伊特魯里亞語。[7]有幾百個這類的銘文保存至今，主要是各種官員的獻辭、法律和法令。大部分銘文的年代可以追溯到西元前四世紀至二世紀，雖然它們在形式上和內容上能提供的資訊有限而且公式化，但它們是理解薩莫奈社會及其運作方式的重要資源。

羅馬史料將薩莫奈人細分為幾個群體，最大的一群人是潘特利人（Pentri）還有荷爾皮尼人（Hirpini）、弗倫塔尼人（Frentani）、卡拉切尼人（Carraceni）以及科迪尼人（見地圖四）。這與奧斯坎銘文上告訴我們的訊息大體一致，在西元前四五〇年至三五〇年之間，薩莫奈人之中出現了許多能夠被清楚辨識出的國家。與義大利第勒尼安海岸地區的大部分人群不同，薩莫奈人並未採納城市生活方式，而且他們的國家也不是城邦國家。儘管有一些較大的聚落在西元前四世紀後期逐漸發展出城市的特徵，但是總體而言，該地區的城市化主要是發生在被羅馬征服之後，其部分原因也可以說被羅馬征服的後果。在此之前，大部分人口仍然居住在農村，但我們可以藉由觀察此時所興建的眾多山丘堡壘和宗教聖所，來循線追索各項國家基礎設施的發展。

目前已知有近百座山丘堡壘，類型和功能各不相同。其中很多都是小規模的，防禦牆的周長只有兩百到三百公尺，其作用是在動盪時期充作周圍人民的避難所。其他規模較大的堡壘，圍牆長達三公里。最大的兩個位於瓦伊拉諾山（Monte Vairano）和帕拉諾山（Monte Pallano），這道防禦牆包圍的區域顯然遠遠超出了作為防禦圈的要求，此外包含了房屋和其他建築物的證據，則顯示出此地既有常住人口定居，也同時充當防禦性避難所。山丘堡壘的數量、規模和複雜性在西元前四世紀和三世紀都大幅增加，但有些堡壘可能是在五世紀建成的，確切的年份還無法得知。由這些防禦性的堡壘構成的網絡當中還有新的宗教信仰中心。許多宗教聖所都坐落在開闊的鄉村，靠近山丘堡壘和通訊路線，而在這個年代，這些聖所不過是幾棟建築所圍起來的露天場地。供奉的主神有海克力斯、朱比特、瑪爾斯和刻瑞斯，以及各種當地神靈，特別是梅費提斯。即使是在它們才剛開始發展的西元前五世紀，這些聖所的重要性也遠遠超出了純粹的宗教信仰。它們成為了全國性活動的焦點，若是在城市當中的話，這是會在廣場上舉辦的活動，並且作為舉辦行政長官選舉、政治會議和法律聽證會，以及宗教儀式的場所。透過針對一些聖所周圍景觀所進行的調查，特別是在加爾多（Galdo）的聖喬凡尼（San Giovanni），顯示了農村聚落多聚集在聖所周圍區域，這反映它們除了作為當地活動的中心，也同時主要提供當地的社區使用。它們的重要性在日後的發展中尤其突出。在西元前四世紀至二世紀期間，神廟、門廊甚至劇院都被增加到聖所之中。奉獻銘文顯示，雖然其中一些奉獻是由富人自掏腰包的，不過大多是由行政長官支付的，這凸顯了這些場所的政治和宗教意義。地標性建築的建造具有精心規劃和連貫性，顯現一個強大的國家組織從西元前五世紀開始出現。

這些特徵在西元前五世紀時大多處於早期發展階段，直到後來才得到充分發展，但我們也許可以看到，薩莫奈人更強烈的族群認同和薩莫奈人國家的出現。政治／宗教中心的建立，以及薩莫奈

6 作者注：奧斯坎語與拉丁語的關係大致類似於威爾斯語或布列塔尼語與愛爾蘭語之間的關係。奧斯坎語有一組略微不同的元音，它在拉丁組中使用 q 的地方使用 p，在拉丁語使用 p 的地方使用 f。例如，拉丁語中的代詞 qui 變成了 pus，女神波瑟芬妮的奧斯坎語是福特來（Futrei），而龐貝（Pompeii）和諾拉（Nola）的奧斯坎語是 Pumpaii 和 Nuvla。語法形式也存在差異。

7 作者注：一些更偏南的奧斯坎語社區，主要是盧坎尼亞和布魯蒂姆社區，使用希臘字母表的改編形式作為替代。

人可以定期招集規模龐大且組織精良的軍隊，這些都意味著到四世紀時他們已經具備有效的政治和行政組織形式。薩莫奈人的銘文提到了一個名為「托土」（touto）的組織，這個詞似乎表示「人民」或「國家」（大致相當於拉丁文的 populus 或希臘文的 demos）。[8]它似乎是指一個國家，類似於義大利其他地方的城邦，而不是一個部落社會，它呈現出國家組織和國家統治在義大利奧斯坎語地區和翁布里亞語地區的發展。托土的掌管者是一位民選行政長官，被稱為「托土的首席行政長官」（meddiss tuvtiks，在古羅馬歷史中其名稱被拉丁化為 meddix tuticus）。

一些學者，特別是薩蒙（E. T. Salmon）假設了一個等級結構的存在，在此結構中，每個托土都被細分成「帕吉」（pagi）或「維奇」（vici）的更小的分支，這些小分支由一個村莊或一群村莊組成，並由有「梅蒂斯」（Mediss）頭銜的低階行政長官管理。這種假設性描述的問題在於難以證實，特別是對羅馬征服前的時期而言。有關帕吉和維奇的證據主要來自羅馬征服後的銘文，其中這兩個詞指的似乎是城市的地區或分區，而不是指農村地區，並且很難證明這與羅馬征服以前的托土的聯繫。正如特塞斯．史戴克（Tesse Stek）很有說服力地論證：由帕吉或維奇所組成的組織是日後的發展，它們跟羅馬人征服之後的城市化有關，而與該地區在羅馬統治以前時代的政治結構無關。

即便帕吉／維奇模式似乎是出現在羅馬征服後，仍然有許多證據支持了薩莫奈人在西元前五和四世紀，確實發展出一個連貫的國家組織。羅馬人傾向於透過族群刻板印象的角度來看待薩莫奈人，將他們描繪成居住在崎嶇山區的人，他們的非城市生活方式標誌了他們的落後、好戰且嚴峻的性格。李維提到：

薩莫奈人當時住在山上的村莊，蹂躪了平原和沿海地區，他們鄙視這裡的耕種者過於柔弱，就像他們原居地那裡的農民一樣，而薩莫奈人也始終還是粗暴的山地居民。（Livy 9.13.7）

然而我們接受這種落後農村社會的觀點是錯誤的。薩莫奈人的城邦很適合這個地區的地理環境，在某種程度上而言，城市生活並不適合這個地區的地理環境。亞平寧山脈的許多高山谷地可以支持村莊大小的人口，但無法容納下城市規模的人口。薩莫奈人已經發展出有效率的法律、行政和政治組織，而不讓人口大量集中在一塊，這是他們針對此地區發展出的有效戰略。

成群的劫匪或和平的定居者？

薩莫奈人的影響並不僅限於亞平寧山脈。根據古代傳說記載，他們在西元前五世紀時成群地遷移到周圍地區，與當地人口對抗並且加以占領。我們的史料描述了一種由許多義大利人共同擁有的儀式，不過這與奧斯坎地區的關係尤為密切，羅馬歷史學家稱其為「聖泉」（ver sacrum）。聖泉儀

8 作者注：在義大利各個地區的石刻碑文中都發現了「托土」一詞（以及它的翁布里亞語和威尼托語的對等詞「條特」（teuter））。其中許多銘文都是寫在羅馬人征服之後，但是在西元前五世紀、四世紀和三世紀的銘文中有足夠的證據證明托土是一個早於羅馬人之前的機構。譯者注：托土一詞指的是一個領土範圍具有彈性的政治單位，他是薩莫奈人「國家」的基本組成單位。它是一個部落大小的社區，定居在一個不存在精確定義的領域，透過其成員之間的團結以及對領袖的共同忠誠來聯繫彼此，共同的記憶也加強了同一個托土成員之間的凝聚力。

式規定要奉獻在特定針對某神（通常是瑪爾斯）之神聖年份出生的所有生物（包括人類和動物），並在成年時都必須不離家遷徙到其他地方。這聽起來像是後世試圖給出的合理化解釋，但無論聖泉的真相是什麼，我們都不需要訴諸受神啟的大規模移民來解釋西元前五世紀的人口變化。鄰近地區的各國人民之間有著長期的接觸、遷徙和文化融合的歷史，而且很有可能的是，拉丁姆南部和坎帕尼亞等地區在整個六世紀與五世紀一直都存在著長期、但小規模的人口流動。那些耕地有限的山區人民，比如義大利北部的凱爾特人和南方的薩莫奈人，顯然會被那些資源更好的地區吸引。這同時是個人口流動的時代，無論是作為個人還是作為群體，人們從一個地區移動到另一個地區是很常見的。例如前文提到的薩賓人阿庇烏斯・克勞狄烏斯就隨著大批追隨者搬遷到羅馬，並在西元前六世紀末定居在那裡。移民的原因可能有很多，從軍事或經濟機會主義到社會和政治緊張局勢，這些讓移動成為了最好的權宜之計。

來自亞平寧中部的移民對坎帕尼亞人的影響最為強烈。亞平寧人在卡普阿地區平靜定居了多年，但在西元前四二三年，他們發動起義並奪下該地區主要城市卡普阿的控制權。他們從那裡擴張到坎帕尼亞，控制了當地的主要城市，並且流放或殺害當地居民。庫邁在四二一年的時候被他們攻克，在那之後庫邁大部分的希臘人都被帶到那不勒斯，而在四一〇年的時候，波賽頓尼亞（Poseidonia，後來被稱為帕斯埃圖姆）也遭遇類似的命運（Livy 4.36; Diod. 12.76）。

古代的史料使我們確信，薩莫奈人接管坎帕尼亞的過程相當殘暴，並且留下了深刻創傷。然而，這說法的問題在於缺乏考古證據的支持。錢幣、銘文、藝術和建築都顯示了坎帕尼亞在西元前五世紀的重要文化變遷。而我們的難題在於這些變化都是逐漸發生的，且沒有任何跡象顯示暴動和對該地區的占領帶來了毀滅性破壞和激烈的變化。

一種可能的解釋是這場衝突是社會性的，而不是族群性的，這不是伊特魯里亞人和希臘人之間的衝突，而是不受歡迎的統治階級和被排斥與憎恨的群體之間存在的緊張關係。西元前六世紀的坎帕尼亞精英是當地家族和伊特魯里亞人所混合組成的人群，他們採用了伊特魯里亞人的建築風格、視覺藝術和工藝、伊特魯里亞人的宗教崇拜、城市化和生活方式。相比之下，農村人口是來自亞平寧山脈的當地坎帕尼亞人和講奧斯坎語的人民的混合體。坎帕尼亞轉變的根源，可能在於被排斥且逐漸奧斯坎化的人民與占絕對優勢的伊特魯里亞精英之間的緊張關係。

然而，這些發展顯然改變了該地區的文化。在卡普阿，奧斯坎語言和文化成為主流，伊特魯里亞的銘文、商品和墓葬習俗被奧斯坎文化取代。到了西元前五世紀中葉，一種獨特形式的坎帕尼亞墳墓開始出現。這些石砌的墓室內部裝飾著壁畫，裡面有壁畫描繪了來世或死亡的旅程。許多壁畫描繪了他們的主人是全副武裝的戰士，穿著獨特的薩莫奈風格的盔甲和衣服，並且藏有豐富的墓葬品（見彩圖二十七）。坎帕尼亞的城市按照其他奧斯坎人社區所熟悉的方式重新組織起來，由被稱為「梅蒂斯」的民選地方官統治。碑銘上的個人名字大多是奧斯坎語，這顯示這些人因為富有而且有權，所以有能力委託別人刻碑。換句話說，便是社會和政治上占主導地位的群體，他們有薩莫奈人的血統，或是已經接受了薩莫奈的語言和習俗。

大多數坎帕尼亞內陸城市和庫邁都出現了類似的發展。然而，那不勒斯的發展則不同。那不勒斯人自願吸收新的人口，而且根據斯特拉波（Geog. 5.4.7）的記載，從西元前五世紀末開始，那不勒斯首席地方官（demarchoi）的歷屆名單就開始出現希臘人和奧斯坎人的名字，這證明奧斯坎移民獲得了完全的公民權利，而且當地的社會和政治精英已經開始混入其他民族。墓室上的銘文證實了斯特拉波的說法，即精英中包括奧斯坎人的後裔，但希臘文化在公民生活的許多領域仍占主導地位。神廟和公共建築繼續按照希臘風格建造，希臘語仍然是主流語言。

有關奧斯坎人入侵後所帶來的複雜後果，最為強有力的證據也許是帕斯埃圖姆（希臘語中的波賽頓尼亞，在奧斯坎人統治之後改名），這是義大利保存最完好的古城之一。我們可以透過後來的阿特納奧斯（Athenaeus）所引用的，西元前三世紀歷史學家亞里斯托克尼斯（Aristoxenos）的一份零碎不完整的描述，內容生動地描繪了希臘人可能遭受的壓迫和文化剝奪，儘管考古證據應該更加複雜：

> 這些（波賽頓尼亞人）在血統上是希臘人，他們變得野蠻，成為伊特魯里亞人或羅馬人，並改變了他們的語言和其他習俗；時至今日他們只會慶祝一個希臘的節日，他們在這個節日上回憶以前的名字和古老的習俗，對這些表示哀悼；流下了許多眼淚後便離開了。（Athenaeus, *Deipnosophistai* 14.632a）

在庫邁和卡普阿，城市的行政長官採用了奧斯坎語的稱號「梅蒂斯」，奧斯坎語銘文則凸顯了奧斯坎語和宗教崇拜在這裡的普及。不過，希臘語仍然被使用，許多希臘人的名字也出現在銘文中，希臘的宗教仍在赫拉和雅典娜的兩個偉大神廟中被崇拜，高品質的希臘紅畫像陶器的生產也在持續。如果這座城市曾被武力占領，也幾乎沒有留下暴力破壞的痕跡，而且在這時代還存在著希臘人和奧斯坎人的墓葬。古代史料對於大規模移民與暴力後果的描繪，過分簡化了在事實上更加微妙和複雜的情況。但這些文化變化和更強的族群認同的影響力是毫無疑問的。沃爾西人和坎帕尼人給予羅馬相當大的威脅，薩莫奈人崛起為義大利南部的主要勢力則具備更重要的意義。他們與羅馬的戰爭是羅馬征服義大利的關鍵時刻，而且他們幾乎將羅馬逼到了絕境。

義大利北部也出現類似的文化變化。凱爾特人（或者正如羅馬人所稱呼的高盧人）開始從法國、德國和瑞士開始遷移到阿爾卑斯山的另一邊。近年來，他們的起源和文化一直是爭議的話題，因為學者們（尤其是賽蒙．詹姆斯〔Simon James〕）試圖移除十九世紀學者強加的神話和誤解，意圖將凱爾特人納入他們自己的西歐民族主義歷史中。凱爾特人通常被認為是對應從西元前七世紀到一世紀，鐵器時代的哈爾斯塔特文化和拉田文化的地區，即法國、英國、瑞士、德國西部和奧地利。[9]此外還有許多其他的說法（特別是他們是來自東部的雅利安入侵者的說法），但現在大體上都被否定了。根據希臘人和羅馬人所抱持的文明與野蠻的標準，凱爾特人是野蠻人。他們住在鄉村而不是城市，雖然勇敢、堅毅、有強烈的戰士精神，但他們生性粗野，缺乏文明生活的許多方面。此外老加圖還補充道（*FRHist* 5 F33），他們非常勤勞和重視雄辯與軍事實力。儘管有這種帶著貶抑的微弱讚美，但凱爾特人顯然既不缺乏效率、也不缺乏經驗，他們是強大的戰士，曾多次對羅馬人構

9　作者注：哈爾斯塔特文化（Hallstatt）和拉田文化（La Tène）是考古學家稱呼早期和晚期北歐和西歐鐵器時代文化的名稱。哈爾斯塔特文化C型（七〇〇到六〇〇年）和哈爾斯塔特文化D型（六〇〇到四七三年）對應到這些地區的早期鐵器時代，而拉田文化則對應後來的鐵器時代（在義大利西北部約為四七五到四一三年）。

成嚴重威脅。

古代作家認為凱爾特人和薩莫奈人一樣占領了義大利北部，壓制了土著居民並驅逐定居在波河河谷的伊特魯里亞人。李維（Livy 5.33，另見 Pol. 2.17 and Dion. Hal. 13.10-11）把責任歸咎於一個不滿的伊特魯里亞人，他是來自克魯希姆的阿努斯。故事是這樣的：阿努斯的妻子被一位名為盧莫的貴族勾引，他的權力強大到完全不用受法律的束縛和懲罰。阿努斯想出了一個主意，把一輛裝滿水果和葡萄酒的車運送過阿爾卑斯山。在羅馬人眼中，凱爾特人因為極度喜愛喝葡萄酒，讓羅馬人覺得他們生性野蠻（喝的時候不摻水，更強化這點），因此，阿努斯輕易地說服了凱爾特人去占領產酒的地方，並親自帶領第一批入侵者越過阿爾卑斯山進入義大利。但現實卻沒有那麼戲劇化。李維自己也承認，事實其實更加複雜，也較為平淡無奇，並且還承認道，義大利的凱爾特人在他們進攻克魯希姆之前已經有兩百年的歷史了，他們定居在從提契諾（Ticino）到羅馬涅（Romagna）的各個地區。

考古證據證明從西元前六世紀開始，凱爾特人的長期定居模式逐漸形成，並在四世紀時發展到了相當規模，足以開始改變義大利北部某些地區的文化。倫巴底和皮埃蒙特的土著文化被稱為戈拉塞卡文化（Golasecca），十分活躍且繁榮。科莫（Como）、卡斯泰萊托．提契諾（Castelletto Ticino）和塞斯托．卡倫德（Sesto Calende）等大型聚落都有棋盤狀的街道規劃、大量的房屋，以及伴隨著大量陪葬品的土丘式墓葬。他們的經濟蓬勃發展，與義大利的其他地區有密切聯繫，而且在商業文化上也有緊密交流的對象。凱爾特人和當地人一同生活（例如在比貝萊山〔Monte Bibel〕的重要聚落），語言學家認為該地區的語言與凱爾特人有關。凱爾特人並不是突然出現的，義大利西北部的人口早就已經是多族群混合的了。在西元前五世紀，在義大利西北部發現了更多屬於拉田文化的文物，以及埋葬習俗從火葬到土葬的變化，在陪葬品中也有相關變化，這些都暗示著有移民遷移到這地區。大約在同一時期，原來固有的聚落瓦解了，大部分人口遷移到較小的地方，通常是在防禦性的山頂上。貿易路線的中斷，導致從伊特魯里亞進口的商品數量急劇下降，儘管從法國部分地區的進口仍在繼續。來自馬薩利亞（今日的馬賽）的希臘殖民地的葡萄酒酒壺顯示一些提供精英消費的貨品仍有商貿存在。然而不可否認的是該地區的物質文化愈來愈貧乏。

但是所有這些證據都無法有力證明大規模的凱爾特移民。取代原城鎮的具有防禦工事的山頂村莊，原先就已經有人居住，並不是因為軍事威脅才出現的，從西元前五世紀開始，凱爾特貨物及其持有者的分布就非常在地化。在某些地區，凱爾特的貨物、定居方式和喪葬習俗占據了主導地位，但在其他地區，尤其是倫巴底西部和波河以南地區，土著文化繼續占據主導地位。正如考古學家拉爾夫·豪斯勒（Ralph Haussler）所言，有很多原因可以解釋戈拉塞卡社會的變化。考慮到義大利的一些地區在大約西元前四五〇至四〇〇年之間面臨的困難，義大利西北部可能也面臨著類似的社會動盪、戰爭的破壞性影響，還有國際貿易的變化。凱爾特人的存在在某些地區變得更明顯是一個長期過程的結果，而不是因為入侵和征服。

凱爾特人因為對伊特魯里亞人和羅馬的戰爭而聲名狼藉，但他們並不是總是帶來破壞。凱爾特人軍隊週期性地向南推進並且取得了幾場勝利，例如他們在阿利亞（Allia）戰役中殲滅了羅馬軍隊，隨後又在西元前三九〇年的時候劫掠了羅馬，這事件在羅馬人的心中留下了長期的傷痕，並讓羅馬永遠都對凱爾特人的威脅感到緊張，不過實質上的影響其實是短暫的。凱爾特人聚落蓬勃發展，重心位在米蘭、科莫和幾個湖泊區域，而且他們與義大利、西北歐和地中海其他地區的貿易網絡充滿活力。從聚落發現的墳墓和碎片的內容來看，該地區的精英可以取得大量的葡萄酒，其中大部分是透過馬薩利亞進口的，並且用精美的進口陶器來飲用。以同種陶器製作的餐具則顯示盛宴仍然是一個重要的社會儀式，而食物殘渣則說明了他們的飲食多樣而且豐富。凱爾特人的到來非但沒有使這裡變得野蠻，義大利西北部始終是充滿活力的地區。

總而言之，義大利許多地區在西元前五世紀處於一個變化甚至衰退的時期，但這不是一個危機時代。一些城邦和社會群體在這段時期蓬勃發展，而另外一部分的人則是在困境中掙扎。貴族的權力在西元前六世紀受到新的精英團體的挑戰，引發了政治鬥爭、社會動盪和精英文化的重大變化。隨著各地發展出更強大的集體認同，義大利的族群版圖發生了變化，但這些並不是入侵和暴力的結果。相反地，新的族群認同是出現在土著居民與已經在地生根的移民群體的融合之中。某些新近出現的族群成為了羅馬歷史上的重要角色，像是羅馬人與凱爾特人的戰爭，羅馬人與薩莫奈人爭奪在義大利中部和南部的統治地位，都是羅馬歷史中在西元前四世紀的重要事件，為日後羅馬人掌控義大利鋪設的道路。

第九章　艱難的過渡：早期的羅馬共和國

和義大利其他地方一樣，羅馬在西元前五世紀經歷了一段經濟困難和社會政治鬥爭。本世紀早期最重要的事件便是塔克文家族被驅逐後引發的後果，而所謂的「社會階層的鬥爭」（Struggle of the Orders）是貴族精英和羅馬社會其他成員之間在社會、政治和經濟上的衝突，持續了整個五世紀並且持續到四世紀。

有關這一時期的史料存在不少問題。我們手上有李維和戴歐尼修斯的敘述，以及其他歷史學家對過往共和國和帝國的評論，但他們的說法中有許多方面很可疑，不能夠照單全收地使用。羅馬史家關於西元前五世紀的傳統說法，其中可能包含了一些符合事實的訊息，但大部分的史料中仍然充滿了時代錯置、事後合理化和神話化。了解早期共和國政府發展的關鍵之一是「大事記」（fasti）的可靠性和真實性，大事記當中記錄下行政長官的名單和他們被獎賞的凱旋式。這些大事記都被保存在許多史料當中，包括了由奧古斯都大帝委託所刻出的清單。這些不同版本的大事記上列出了共和國建立以來的官員，但是關於最早的行政長官的名字是否屬實，又或者他們是基於捏造的、傳抄錯誤的史料，這些都存在著爭議。「關於史料的說明」一節會討論贊成和反對這些立場的論據，但在這一章中，我大體上遵循克里斯多福．史密斯的觀點，即無論大事記多麼不完美，而且後來經過重組，但也不能被視為後來的發明而加以摒棄。[1]

在羅馬歷史中，君主制與共和制之間的決裂被認為是一種根本性的改變，與古代政治理論相一致，此理論將政治發展概念化為從君主制、僭主制到貴族制的自然發展。儘管史料當中記載著激動人心的修辭，並且將布魯圖斯表現為解放者，但君主制和早期共和政體之間仍存在著高度連續性。國王的權力（imperium，即統帥權）仍然存在，但它不再由一個人終身持有，而是給經由選舉產生、任期只有一年的執政官持有。

李維對此種轉變的描述（Livy 2, 1-2）乃是基於以下這種假設：從共和國成立之初，羅馬便由兩個執政官統治，他們由人民大會選出並且得到元老院的支持，這其實是典型羅馬共和中後期的政府體制。然而，人們對西元前五世紀有多少行政長官、他們怎麼被稱呼、彼此之間的關係，以及他們的具體權力為何，還有很多疑問。李維所描述的兩個執政官取代國王這樣的傳統說法可能過於簡單。更有可能的情況是早期的共和政府是一個正在逐漸演進的體系，而五世紀是一個試驗期。

很明顯有一個或多個經由選舉產生的年度執政官，取代國王成為羅馬國家的最高行政長官，擁有統帥權（正式的行政權力）、指揮軍隊、主持元老院和大會，並且行使民事和刑事管轄權。統帥權對於高階行政長官來說是必不可少的，因為它是民事和軍事權力以及指揮權的基礎。許多象徵著這些權力神聖性質的王家標誌都被移交給了這些行政長官。他們有權利穿著紫色鑲邊的「托加」（toga praetexta），坐在象牙色的儀式椅（即「庫魯斯」折椅〔curule chair〕）上，由十二名持斧頭和束棒（fasces）的侍從執法吏（lictors）護送，這說明他們有權實施體罰和死刑。[2]宗教和政治活動已經有了一定程度的分離。一位被稱為「祭典之王」的祭司接管了以前由國王執行的一些儀式和犧牲，而其他儀式則是由執政官或首席祭司來執行，不過行政長官也負有宗教義務。行政長官是由百人團大會選舉產生的，或至少是由他們所批准而產生的，而百人團大會是公民以其軍事單位所開的大會，當時的公民可能有上訴權（provocatio），來對抗行政長官對其的專制濫權行為。這項權利是否這麼早便被引入一直存在著爭議，但是統帥權和抗衡專制的上訴權之間的平衡，是羅馬政治制度的根本，因此這項權利如此早便出現也並非不可能。[3]

有關每年度行政長官的數量、頭銜以及他們彼此之間的關係是非常棘手的問題，而且首席行政長官的性質可能在西元前五世紀發生了變化。羅馬曾經有一段時間是由一位最高行政長官統治，並由一位或多位下級行政長官輔佐。狄奧可能透過引用一段早期的史料說道（Zon.7.12），第一位行政長官布魯圖斯是單獨一人統治，不過很快另一名同事就被選舉出來，以防布魯圖斯想自封為王。羅

1 作者注：支持和反對接受大事記作為西元前五世紀證據的論點，在以下這篇文章中有詳細討論：C. Smith, 'The magistrates of the early Roman republic', in Beck, Jehne and Pina Polo (eds). *Consuls and the respublica*, 19-40。一些羅馬人否定大事記中早期記載是因為他們認為經歷四世紀早期的高盧人洗劫倖存下來的文獻寥寥無幾，但是在本章後面討論的考古證據則無法支持城市遭到嚴重破壞的觀點。

2 作者注：這些官職的許多象徵，如紫色鑲邊的托加、象牙椅和束棒，最初起源於伊特魯里亞人。

3 作者注：根據李維的說法，普留斯・波普利柯拉早在西元前五〇九年就在民眾的鼓動下，被迫引入了這種上訴權利，但是許多現代學者認為這措施是虛構的，辯稱李維是為了西元前三〇〇年記錄較為完整的上訴權（上訴或代禱），而時代錯置地創造出一個先驅者。

馬史家費斯圖斯（Festus, 249）提到，共和國初期最高的行政長官被稱為法務官（praetors），不是執政官（consuls），而李維（Livy 7.3）則描述了一個古老的年度儀式，在這個儀式中，一位被稱為最高法務官（praetor maximus）的官員將釘子釘入卡必托里山神廟的牆壁，來紀念這一年。這種來自義大利其他地方的習俗[4]，通常是由最高階的行政長官來執行，這說明最高法務官是羅馬共和國早期最高的官員。另一種擁有最高權力的官員，雖然只是暫時性的，則是獨裁官（dictator）。獨裁官在拉丁姆是一個非常古老的官職，在拉努維姆和阿里希亞則是常規的首席行政長官，所以羅馬可能曾經被每年選出的獨裁官統治過；不過就算是如此，情況很快就改變了。在共和國的大部分時間裡，獨裁官都是非常設的行政長官，只有在國家緊急情況下方會被任命為羅馬的領導人，儘管他的權力很大，不過任期僅有六個月。[5]

然而，在其他時候則是多位行政長官（通常稱為執政官或軍事護民官）在合議的基礎上來運作。李維記錄下在西元前五〇九年時有五位以上的執政官，由於死亡或辭職導致一名或另一名執政官在一年內替換了三次，但是在正常情況下只會有兩位。在隨後的幾年中，當執政官被選出的名額一直都是兩位，不過在具有執政官權力的軍事護民官（tribuni militum consulari potestate，簡稱為「執政護民官」〔consular tribunes〕）握有最高行政權的年代裡，他們是每年以三到六人不等為一組選出來的。這種混雜著執政官、法務官、獨裁官和執政護民官的混亂局面說明了西元前五世紀羅馬的政府形式仍然非常不穩定。大事記每年都會列出兩名行政長官，唯有在選出執政護民官的年份除外，但這種結構也有可能是歷史學家和古文物學家為了使早期的紀錄與後來的狀況相互一致，而強加於紀錄之上的。即使我們接受現有的紀錄，它也不過就是一份名字的清單，幾乎沒有提及行政長官的頭銜以及彼此之間的關係。我們頂多只能推斷西元前五世紀的羅馬是由每年選舉產生的行政長官統治的，數量可能不一，而且頭銜可能也不同。一直要到西元前三六七年的李錫尼烏斯—色克都斯（Licinio-Sextian reforms）改革之後，每年選舉產生兩名具有平等地位的執政官來治理國家的做法，才被確立為規範。

雖然存在這些不確定性，但共和國早期發生的變化確立了一些重要原則。一個是任期的固定時間限制，這限制了個人權力。羅馬各大氏族的利益始終都是各種新發展之所以被推動的首要理由，因為他們力圖確保主要家族之間能夠一齊均分權力，而不是由單一的君主或家族來主宰。另一個關鍵的變化是有一個合議組織建立於西元前五世紀。每次都選舉一位以上的行政長官的做法讓任何人都無法獨掌國家大權。這兩項原則，即合議制和固定任期制，成為共和國政府的根本大法，而且後來為了協助執政官而設立的行政長官官職，大多也都適用這兩項原則。在西元前五世紀早期，這些協助官員為兩名財務官（quaestor），在四二一年增加為四名[6]，但是從五世紀到四世紀這段期間出

---

4 作者注：李維說伊特魯里亞人透過在諾爾提亞女神（Nortia）神廟牆上釘的釘子來計算年份，並且敲釘子的儀式被描繪在西元前四世紀伊特魯里亞的鏡子上。但應該要註明的是，李維對羅馬敲釘儀式的描述是針對三六四年至三六三年對此儀式的復興，而不是針對共和時期早期。

5 作者注：獨裁官大多被任命於羅馬陷入嚴重軍事危機時，他們的角色是擔任軍事領導人。例如昆圖斯・法比烏斯・馬克西穆斯在西元前二一六年被任命為獨裁官，當時正是羅馬被漢尼拔擊敗後，正面臨迫在眉睫的毀滅。該政治職務是處理危機的一項特殊做法，不是羅馬政府的常規部分。

6 作者注：這也許是將先前已經存在於國王之下的職位給復興起來（Tac., *Ann.* 11.22），而塔西陀認為他們最初是執政官任命的助手，一直到西元前五世紀後期方成為選舉出來的行政長官。

現了更多的行政長官，像是市政官（aedile）以及一種新形式的法務官。在共和時期，羅馬逐步建立起人們僅可參選一次的規定，此外除了共和國的頭幾年可能是例外，行政長官都不得擔任單一官職超過一年以上。這些變化所導致的結果是精英階層中的更多人一起分享權力，而不是由一個人終生壟斷權力。然而在西元前五世紀到四世紀這段期間，能否享有政治權力一直是造成人群之間相互對立的問題。在五世紀這段期間，許多法律、社會和政治權利，包括執政官選舉的權利，都被限制在少數精英的手上，而且五世紀晚期和四世紀早期最重要的事件之一，便是羅馬其他群體為獲得權力和特權所進行的鬥爭。

如果早期共和國的行政長官體制都相當不穩定明確，那麼政府的其他方面就更是如此。元老院在共和中後期擁有強大的權力，但人們對五世紀元老院的成員資格知之甚少。對元老們所使用的正式集體名稱為「徵召家長」（patres conscripti，意思為列入名單或被徵召的家長），這顯示了這是一個由精英家庭的領袖組成的諮詢委員會，但成員資格可能是更加精挑細選的。費斯圖斯（Festus, 290L）認為在王政時期和早期共和時期的成員，是由國王和執政官所挑選的。「徵召家長」可能是「家長以及徵召者」（patres et conscripti）的縮寫（後者字面上的意思是「氏族家長以及被新進徵召的人」），這意味著一些人是因為作為家庭的首領而獲得元老資格，其他人則是出於不同的原因被任命。正如康奈爾指出的那樣，如果元老院最初成立是作為國王的諮詢委員會，那麼家庭領袖和其他成員基於具備相關知識或經驗，而被邀請的想法是合理的。後來的元老院正式成立，組成的成員來自符合各種出身和財富標準的人，以及那些曾經當選過行政長官的人。然而在西元前五世紀，政府的結構更加多變，不太可能有這種嚴格的正式標準。

西元前五世紀元老院的職能也同樣模糊。它可能起源於國王的諮詢委員會，並在君主政體倒台後保留了諮詢和非執行角色。雖然它在共和國發揮核心作用，並對政府的各個方面施加影響，但它從來沒有太多正式權力。元老院的決議（senatus consulta）僅僅是意見或建議的表達，除非法務官召開會議，否則它沒有直接的行政權力，甚至沒有權力開會。在其影響力的顛峰時期，元老院及其意見的份量源於這樣一個事實：所有被選為高階官員的人都是元老院的成員（除非被審查者認為道德有問題）。因此它由羅馬最傑出的人組成。相比之下，元老院在共和國早期是一個規模較小的機構，其成員資格限制更為嚴格，而且道德權威也沒有後來那麼高。在西元前五世紀管理羅馬的工作並不像後來那樣繁重和複雜，因此，建立一個強大而有影響力的元老院的必要性，就不那麼迫切了。我們對早期元老院知之甚少，其中一個原因可能是因為它並沒有那麼重要。

貴族和平民，庇護者和侍從

到了西元前五世紀，羅馬的精英們正在改變。根據羅馬的史料，早期羅馬的社會分為兩個群體：貴族和平民，但是要確定這些群體的性質，以及他們如何和在何時發展，是非常棘手的。無論是當時的羅馬人或是十九世紀的許多學者，都將貴族視為羅馬社會從一開始就存在的原始部分。李維和西塞羅認為是羅穆盧斯建立起了世家貴族階層（Patrician Order）（Livy 1.4; Cic., *Rep.* 2.14）。據說他從最重要家庭的家長（patres）中選出了一百人擔任諮詢委員會，後來便發展成為元老院。這些家庭被稱為世家貴族，在這個敘事當中，他們發展出了對羅馬國家在法律、政治和宗教上的掌控，並由羅穆盧斯的確認，並決定要委託他們控制元老院和重要祭司。在共和國成立之後，這就變成了由元老院和新行政長官主導的統治，直到這種統治方式在西元前四九四年之後受到新興、心懷不滿平民所發起的挑戰行動，這場衝突被稱為「社會階層的鬥爭」。

這種對元老院和世家貴族起源的漂亮解釋禁不起仔細的推敲。[7]一個主要問題是貴族和平民之間的區別是什麼時候開始被明確界定的。這情況可能一直要到西元前四世紀中葉才發生，這就導致了一些學者，例如歷史學家理查・米歇爾（Richard Mitchell），在拉夫勞伯（Raaflaub）所編關於社會階層的鬥爭論文集中的一章，就質疑爭取更高的法律地位和特權，是否真的是西元前五世紀鬥爭的核心。甚至某些貴族家庭的身分也是不確定的。世家貴族或許包括了一群十九個氏族，包括埃米利烏斯氏族（Aemilii）、法比烏斯氏族（Fabii）、科內留斯氏族（Cornelii）、克洛利烏斯氏族（Cloelii）、佛利烏斯氏族（Folii）、福留烏斯氏族（Furii）、尤利烏斯氏族（Julii）、曼利烏斯氏族（Manlii）、蘇皮西烏斯氏族（Sulpicii）、那提烏斯氏族（Nautii）、波斯圖米烏斯氏族（Postumii）、昆克提烏斯氏族（Quinctii）、昆克提利烏斯氏族（Quinctilii）、塞爾吉烏斯氏族（Sergii）、塞維利烏斯氏族（Servilii）、瓦萊里烏斯氏族（Valerii），以及維圖律烏斯氏族（Veturii），再加上克勞狄烏斯（Claudii）及帕皮律烏斯（Papirii）這兩氏族中的一些分支，但證據有時並不清楚。在早期共和一些顯赫家族的地位我們無法知曉；至少有十五位執政官的地位也不知，其他則後來被歸類為平民家族。其他如克勞狄烏斯氏族則被分割兩邊：克勞狄烏斯氏族中的普爾卡家族（Claudii Pulchri）屬於世家貴族，但克勞狄烏斯氏族裡的馬謝樂斯家族（Claudii Marcelli）則不是。關於羅馬早期精英家庭狀況的這種不確定性說明了貴族和平民之間的劃分不像後來那樣明確，而且貴族階層在五世紀早期時並未完全壟斷權力。「徵召新進」（conscripti）成員在一些必要的情況時會被推入元老院，這也顯示公共事務和政治權力不像李維和其他人所說的那麼封閉。在大約西元前四八〇年之後，來自非世家貴族家庭的行政長官數量的減少顯示貴族階層是在五世紀這段期間獲得權力的階層，而不是可以上溯到羅穆盧斯時代羅馬國家的原始組成部分。

要確認平民的身分一樣不容易。他們通常被定義為不屬於世家貴族家庭的公民，因此除了投票權之外沒有任何政治作用。但是現實情況要複雜得多，因為平民很顯然並不只是一群貧窮的羅馬人。就像貴族一樣，他們不是一個原初的群體，其成員的身分並不是鐵板一塊，事實上這兩個階層之間存在很多模糊的地帶。例如，貴族家庭的侍從（儘管他們的社會地位很低）可能從他們的庇護者那裡得到了特殊的保護，可能因此不會被視為平民。西元前五世紀的動盪是由許多不同的不滿引發的，這顯示平民百姓是由不同的社會和經濟利益集團組成的，而每個團體都有各自的利益考量。農村和城市的窮人對地方債務和不公平的土地分配感到憤怒，而富裕的非貴族階層則不那麼關心經濟問題，卻又對自己被排除在權力之外感到忿忿不平。在我們的資料中所顯示出的平民百姓愈來愈不像是羅馬的無名群眾，而是一群雄心勃勃、在政治上活躍的非貴族群體。他們的財富一般來說不如貴族，至少在西元前五世紀時是如此，但是一群要求分享政治權力的平民群體逐漸出現，他們擁

7 作者注：對貴族的定義和權利，以及貴族與元老院的關係有許多不同的可能解釋。一些學者認為它們起源於古代，但它們對權力的壟斷可以追溯到西元前四世紀；另有一些學者認為它們的重要性是法律和宗教，而不是政治。在拉夫勞伯所編的關於這個主題的書中，可以找到許多不同的觀點。

有財富且有影響力，當他們得到的時候，他們就能有效地行使權力；這顯示這不是一個富人對抗窮人或貴族對抗平民的簡單問題。

由於羅馬法在五世紀開始編纂，我們因此對羅馬家庭的結構有了寶貴的資料。羅馬家庭的首領（家長〔pater familias〕，定義是一位羅馬的男性自由民，有孩子，而且其父祖皆已去世）不僅對他自己的家庭，同時也對包括奴隸在內的所有家庭財產擁有絕對控制權。這種控制權，又稱作「父權」（patria potestas），延伸到掌握其家庭所有成員的生死大權，以及將自己的後代變賣為奴的權利。他決定生在家裡的孩子是應該撫養，或是遺留在外任其自生自滅，並且可以幾乎不受限制地管理家庭財產。即使是成年子女在家庭中也沒有自由，亦沒有自己的財產。羅馬人一直要到他們的家長去世後才獲得自由，除非他們被正式從他的權威中解放出來。家長理應要從年長親友組成的家庭會議那裡聽取建議，但實際上這會議幾乎無法限制家長的權力。

婦女的權利較少，而且女性被要求必須要由男性監護人來監督法律事務，並代表她進行法律或經濟交易。在大多數情況下，這要麼是她的父親，要麼是她的丈夫，這取決於她的婚姻狀況以及形式。三種不同的結婚程序都有把女人從父親的父權中，轉移到丈夫的權威（manus）下的效果：如宗教儀式一般的共食婚（confarreatio）[8]，透過住在一起確立婚姻關係的時效婚（usus）[9]，以及透過虛擬買賣，象徵性地把女人賣給丈夫的買賣婚（coemptio）。其他形式的婚姻則把女人留在父親的管理下，這可能是更艱難的處境，因為一位在丈夫管治下的女性在丈夫死後便獨立了，而一位在她父親管治下的女性，在她最後一位男性親屬死前都無法獨立。法律上的漏洞允許女性每年花一定的時間遠離丈夫的父權，不過即使在這種情況，她仍然被籠罩在父親的父權下。考慮到父親或丈夫都對女性有相當全面的控制力，兩者之間的差異似乎只是學者區分出來的，但根據她所必須服從的男性不同，適用於這位女性的繼承法律便會有所不同，因此父親或是丈夫的不同，確實可能會影響到她繼承家庭財產份額的資格。

個別家庭與成員範圍更廣泛的家族或氏族之間的關係很難界定清楚。雖然在西元前五世紀的羅馬社會中，氏族仍然是一個重要特徵，例如氏族決定了一個人所屬的階級，不過氏族的結構、法律和社會角色可能在這一時期已發生變化。到了五世紀中葉，《十二銅表法》的內容似乎指出權力掌握在家庭首領的手中，而土地被認為是由個人擁有，不是由氏族共同擁有。

早期羅馬是一個擁有奴隸的社會，大多數家庭都有奴隸。動產奴隸（即那些出生或被賣為奴隸的人，而不是那些因為未償還債務而成為奴隸的人）沒有合法的權利，他們可以被買賣，但也可以被釋放。在一些希臘人看來，羅馬社會的特點之一（Dion. Hal. 4. 24）是被羅馬公民解放的奴隸便自動獲得了公民身分。他們一旦被釋放，就成為自由男性或自由女性（liberti/liberate）。他們會使用前主人的姓名，後者同時是他們的庇護者。羅馬在西元前五世紀的奴隸數量遠遠低於在布匿戰爭之後的奴隸數量，而且家庭的奴隸數量差別很大，但《十二銅表法》中關於奴隸買賣和所有權的規定顯示奴隸制度在羅馬早期十分重要。

庇護（Patronage）是羅馬社會的核心。正如這個詞所暗示的那樣，庇護者與他的侍從建立了一

8 譯者注：共食婚依拉丁字義是「用麥餅」的意思，指結婚時用麥餅供祭天神。

9 譯者注：必須不間斷地在一起生活一年以上。

種準父親的關係，在道義上有義務保護他們，並在法律和經濟上協助他們。作為回報，他們有義務照料庇護者並以任何方式幫助庇護者。這可能只是需要前去他家致意（早晨的問安〔salutatio〕，即侍從聚集在他們的庇護者家中，是羅馬高階官員日常生活中的重要部分），但這也可能涉及到替他處理商業事務、在他的法律案件或政治生涯中提供支持，甚至是作為武裝隨從替他作戰。在後來的時代中，這是一種牽涉範圍廣泛而且沒有明確規定的關係，本質上基於信任和公認的社會規範，而不是透過法律強制要求，不過我們對於五世紀時的庇護與侍從之間關係的運作方式仍知之甚少。[10]目前尚不清楚這種庇護者—侍從關係在當時的普遍程度，也不清楚地位在精英階層之下的大多數羅馬人是否依附於高地位的庇護者，抑或許多人其實是被排除在這種聯繫和支持的網絡之外。在實際中，這一制度似乎是相當靈活的制度，有良好關係的人在此制度中依附在許多庇護者之下，而且不少人既是那些不那麼富裕、人脈不廣的人的庇護者，同時也是更重要家庭的侍從。羅馬社會無法被清楚地劃分為一群庇護者和一群侍從；相反地，兩者是相互依存的。

羅馬宗教：權力與祭司

在羅馬，宗教和公共生活之間有著很深的聯繫，而且宗教在公共事務中發揮著重要作用，無論是在日常行為上還是在羅馬的國家發展方式上。在共和國初期時有人試圖分離宗教和政治職位，將國王的一些宗教職責委託給祭典之王，這也是少數幾個被禁止擔任公職的祭司之一，但儘管如此，公共生活的宗教和世俗方面還是有很多重疊的部分。羅馬沒有專門的祭司或祭司階層，祭司在大多數情況下都是擔任公職的人。許多例行的儀式任務都由現任行政長官負責，而不是由專職的祭司負責；元老院的職責之一是作為宗教知識和專業知識的來源，西塞羅注意到了一些事情：

> 在我們的祖先……根據諸神的啟示下創造和建立的許多機構之中，最著名的莫過於他們決定將崇拜諸神，以及管理國家利益賦予同一批人；其結果是最傑出的公民可以透過對國家適當治理來保證對宗教的支持，同時透過對宗教的認真詮釋來支持國家。（Cicero, *De Domo Sua*, 1）

高階行政長官代表人民進行祭祀，主持並執行其他宗教職責，如將神廟奉獻給神祇。其他宗教職責是由一群祭司負責的，並且由首席祭司領導[11]，首席祭司擁有對國家的崇拜的最後裁決權，以及像是監督官方曆法等職責。

羅馬文化的一個顯著特徵，這也是許多古代作家評論過的，就是它開放其他地區的宗教崇拜，

---

10 作者注：最早的羅馬法典（下文會進一步討論）當中有一個相當驚人的聲明，即任何被證明冤枉了侍從的庇護者都會被詛咒，但不會被處以任何法律懲罰。然而福西泰認為，這不僅意味著一個行為不端的庇護者缺乏神聖的保護，他也沒有受到法律保護，所以別人可能會殺死他卻不用受懲罰。

11 作者注：羅馬的祭司權力被分配給不同的祭司團，每個祭司團都有不同的職責。這些主要祭司團分別是大祭司團（其中包括諸神祭司、祭典之王和維斯塔貞女）、占卜師祭司團以及十五人祭司團（duumuiri sacris faciundis），再加上一些小型祭司團（主要是塞利祭司團〔Salii〕、隨軍祭司團以及阿爾瓦勒兄弟會〔Arvales〕）。由於大部分關於其組成和活動的證據都是較晚才寫成的，因此作者將在第十一章和第十四章對它們進行更詳細的討論。

包括一些來自義大利境外的宗教崇拜。在西元前六世紀，羅馬從庫邁引進了西比爾書（Sibylline books），這是一本關於預言的概要集成。傳說這些東西是由庫邁的著名女先知西比爾（Sybil）交給羅馬人的，而在戰爭、瘟疫或饑荒等危機時刻，便會諮詢這些書以尋求建議。此外，刻瑞斯和黛安娜的宗教崇拜與祂們所對應的希臘神祇，狄蜜特和阿提米絲（Artemis）的聖所保持著緊密的聯繫，直到西元前一世紀時，刻瑞斯神廟仍然從義大利和西西里的希臘人城市招募女祭司（Dion. Hal. 6. 17. 2; Cic., *Balb.* 24. 55）。這種樂於吸收新元素的想法是羅馬宗教發展的特點，不過它受到對國家宗教負有全面責任的元老院的密切控制。

羅馬宗教的另一個最顯著特徵是其高度儀式化的性質，非常強調傳統的延續和儀式執行中的一絲不苟。在適當的場合中絕對準確地執行正確的儀式是至關重要的（Val. Max. 2.1.1），並透過鳥卜或是檢視祭祀牲品來諮詢眾神的旨意。一個錯誤或中斷都可能會使整個儀式無效並需要從頭來過。[12]在許多災難的警示故事中都提到，如果行政長官或將軍們對儀式更加謹慎的話，許多災難都是可以避免的，例如西塞羅便使用西元前二四九年的海軍戰敗來談自己的觀點：

> 正是由於沒有搜查到不吉利的跡象，我們才會陷入可怕的災難。例如，阿庇烏斯・克勞狄烏斯的兒子普留斯・克勞狄烏斯和他的同事盧基烏斯・尤尼烏斯，在占卜結果不祥的情況下啟航，損失了大量的船隊。（Cicero, *De Divinatione* 1.29）

羅馬宗教的這兩個特徵，一是保守主義和對傳統的堅持，二是對新宗教崇拜的開放態度，似乎有著衝突的可能性，但事實上，羅馬從兩個方面擷取了當中優良有益的部分，因此羅馬既保留其傳統的宗教文化，同時又保持著對新影響的開放態度。

羅馬公共生活的基本特徵之一是透過一些程序來占卜，人們藉此可以諮詢眾神的旨意。據西塞羅稱：「任何公共事務若是未先經過占卜，是不會在國內或是國外辦好的。」（Cicero, *Div.* 1.3）占卜可以透過各種方式進行。元老院保存著被認為是徵兆的事件的紀錄，一些自然現象，如地震或猛烈的風暴，或人類或畸形動物的出生，都可以被稱為異象，也就是需要贖罪的惡兆。羅馬全境有關潛在預兆的訊息會被蒐集起來供元老院審議，並轉交給行政長官或祭司來採取適當的儀式。然而，更常見的情況是直接使用鳥卜或內臟占卜來確定神的旨意。這兩者都是伊特魯里亞人的做法，並且有大量規定這兩者的宗教法規。進行鳥卜的方式是去觀察一處特別劃定的圍欄中的鳥類和動物的行為，在這過程中，占卜者（有時是特別祭司有時是高階祭司）會站在圍欄進行觀察。內臟占卜是一種檢查祭祀動物內臟，來確定預兆是否有利的方法。一名內臟占卜師協助執行祭祀的行政官員進行檢查並解釋結果。占卜是公共生活的重要組成部分，在採取任何重要行動之前、在宗教節日期間都要舉行這些儀式，人們會在元老院會議、選舉和立法投票之前舉行儀式。此外，占卜在戰爭時期特別重要，人們認為在採取任何軍事行動之前都一定要進行鳥卜或是內臟占卜。

羅馬宗教的許多層面都被認為是起源於古代，但是一直要到後來的共和時期的發展，我們才開

---

12 作者注：瓦萊里烏斯．馬克西穆斯（Valerius Maximus, 1.1.5）給的例子包括一個祭司不小心使獻祭無效，因為他的祭司帽在儀式中掉了，還有一個儀式被一隻吱吱叫的老鼠打斷而無效，不過這些是極端的例子。

始有辦法建立起一幅連貫的宗教實踐和宗教事務的圖景。即使這些宗教層面可以追溯到王政時代，不過我們仍然不清楚許多古代祭司的職責是什麼，以及他們是如何受到從君主制到共和制轉變的影響。然而，神職人員在這個時代似乎大多為貴族壟斷，因為某些宗教義務對於權力行使至關重要。因此，宗教義務和擔任祭司的機會與貴族和平民之間定期爆發的衝突，兩者密切相關，並且在這個羅馬歷史上的動盪時期，它成了另一個爭論的焦點。

緊縮時代

與義大利許多其他地區一樣，羅馬在西元前五世紀中葉出現了經濟壓力的跡象。農業和手工業的產量在四七〇年左右開始都有所下降，而進口貨物的數量從四五〇年左右開始顯著下降。在第六章中所討論的阿德里亞和斯皮納兩地與希臘人貿易聯繫的擴大，從根本上改變了希臘與拉丁姆往來的模式，西元前六世紀在羅馬發現的大量進口雅典陶瓷器，在五世紀時迅速減少。從伊特魯里亞的進口量大約在同時間也同樣急劇下降，特別是像精美的陶器或青銅器皿等奢侈品，進口商品的減少並沒有被本地製造業的增加所抵消，羅馬本身的陶器生產主要局限於低品質的家用器皿。古代充滿活力的貿易網絡和工匠生產基本上消失了。相反地，拉丁姆內部的在地貿易網絡變得更加重要。羅馬與拉丁人在西元前四九三年簽訂的條約中，包括了對羅馬和其他拉丁國家之間的貿易和商業合約的特別保護。除此之外，有證據指出個人和家庭的繁榮也在逐步下滑。埃斯奎利諾山墓地的墓葬數量和陪葬品的數量和品質的減少，可能意味著可支配財富減少。然而，這不是這些變化的唯一解釋。限制奢華葬禮的禁奢法律，暗示著精英階層中出現了一種新的克制文化，以及更加強調對群體的團結。

大型公共建築計畫是社會穩定和經濟健康的良好指標。這些計畫需要大量的經濟盈餘、良好的有技能及無技能勞動力、物資以及組織技術。西元前四九〇年代和四八〇年代的大興土木，是新共和國企圖慶祝並建立其政治認同的嘗試（見圖二十三）[13]，但在約四八四年至四〇〇年之間，大型公共工程的數量很少，這一事實顯示出投資新計畫的獲利空間很少。這時期神廟的建築水準都降低許多，也可能與羅馬在戰爭中的勝負有關。成功的戰爭，例如西元前六世紀晚期的戰爭，擄獲的奴隸與戰利品就提供了大量的勞動力和財富。許多神廟的興建費用都是用戰利品來支付的，也同時作為獻給眾神的勝利祭品，因此這種活動的減少可能直接跟羅馬與鄰國的戰事平息，又或者羅馬沒有打勝仗有關。

由於乾旱或惡劣天氣，以及政治和社會動盪加劇，羅馬在此期間受到糧食短缺和高糧價的影響。西元前四九六年至四一一年間有十個這樣的糧食短缺時期，其中許多時期與戰爭或內亂時期相吻合，在這些時期農業生產會被打亂，而且糧食運輸會變得困難，從而加劇了歉收帶來的影響。在最糟糕的時期，羅馬會從坎帕尼亞、伊特魯里亞，以及拉丁姆的其他地區進口穀物來緩解物資短缺，而且穀物的出售會受到行政長官的監管。在西元前四四〇至四三九年間，盧基烏斯・米奴奇烏

13 作者注：在共和國早期大量出現的這些活動也可能反映了羅馬在王政時期最後幾年的成功。卡必托里山神廟在西元前五〇九年奉獻給神明，這是新共和國第一任執政官的象徵性作為，儘管該建築是由塔克文家族委託建造的。

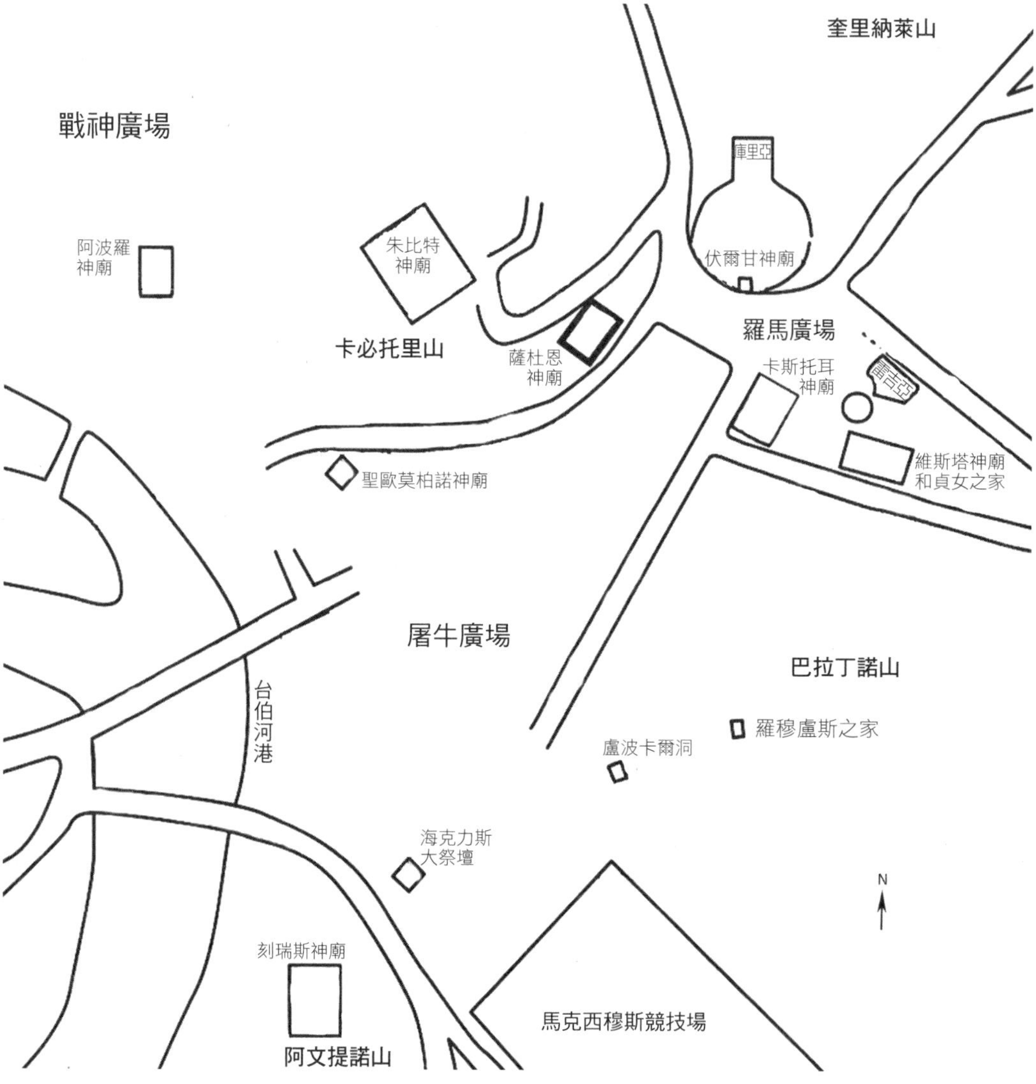

圖23　羅馬：西元前五世紀左右的羅馬廣場、巴拉丁諾山和屠牛廣場的平面圖。

斯（Lucius Minucius）就組織了一次穀物分發，來緩解穀物短缺問題，後來有一座獻給他的雕像便是在紀念這件事。米奴奇烏斯的一個後代甚至在西元前一三五年時仍然發行錢幣來紀念，可見這件事的重要性。西元前四三三年至四三二年的歉收和疾病爆發，迫使行政長官派代表前往拉丁姆的其他地區、伊特魯里亞，最終甚至遠到西西里島等地購買糧食，並且在四三九年和四三三年分發廉價的穀物。這種分配有時還伴隨著內亂，例如四三九年以低價進口和出售穀物的斯普里烏斯・邁利烏斯（Spurius Maelius）被暗殺，因為有傳言稱他這麼做是為了獲得民眾支持，目的是要發動政變。但這說法有相當多的時代錯置的問題，在西元前二世紀和一世紀時，發放免費或補貼的穀物會跟政客想追求聲望有關，但跟經濟困境無關；我們遺留下來的史料可能是根據了時代稍晚發生的事件，來去解釋邁利烏斯因分配糧食而遭遇橫禍的原因。[14]但儘管如此，在這段時期中義大利各地都有發現有關經濟問題的考古證據，而糧食短缺以及處理這些問題的種種行動都與此證據相符。

這段時期的土地所有權和債務問題的局勢似乎相當緊張。土地所有權在古羅馬是一個敏感的問題，因為土地不僅是大多數人的主要經濟來源，它還具有重要的社會影響力。財產的定義是土地所有權，這又跟法律地位密切相關。根據土地所有權的價值所定義出的富有階層，是羅馬軍隊和百人

14 作者注：有關邁利烏斯及米奴奇烏斯的討論請見 Livy 4.12-14。李維和戴歐尼修斯都提到了糧食短缺。根據老加圖（*FRHist* 5 F80）的說法，穀物短缺是官方紀錄的問題，這些紀錄被寫在首席祭司於廣場發布的每日訊息中，儘管我們不知道這種做法是從多早開始。李維反覆強調的主題是投機取巧的護民官利用食物分配來煽動民眾的支持，並藉此來奪取權力，這與西元前二世紀和一世紀的護民官造成動盪的行為，有著可疑的相似之處。即使我們否認大部分的間接細節，但是經常性的糧食短缺這件事情（以及短缺造成的政治和社會緊張局勢），是完全合情合理的。

團大會的核心成員。根據西塞羅的說法（*Offic.* 1.150-151），來自土地所有權的收入是上層羅馬人唯一可以接受的收入形式。雖然羅馬富人的經濟活動無疑比西塞羅所承認的更加多元化，但毫無疑問的，從羅馬歷史的早期開始土地和社會地位之間便有著緊密的聯繫。因此，土地短缺或土地分配不公是令人擔憂的嚴重問題。這不僅限制了很多羅馬人的生計，還限制了他們在社會和政治上的野心。

土地的來源與作戰勝利有關。在羅馬與鄰國的戰爭中，沒收手下敗將的一部分領土成為了常規性的做法。這種土地被宣布為公地（ager publicus），即屬於羅馬國家的公有土地。它可以被重新分配給在新獲得的地區建立殖民地的羅馬人，或者由國家出租。我們對於西元前五和四世紀公地的理解是有限的。目前還不清楚公地的面積是多少，以及它在公眾手中停留時間的長短，因此很難確定土地問題的嚴重程度。在阿里希亞戰役中擊敗伊特魯里亞人（五〇五年或五〇四年），以及在雷吉魯斯湖戰役中擊敗拉丁人（大概是四九九年）之後，羅馬對其鄰居發動戰爭的範圍是有限的，特別是在四九三年卡西烏斯條約要求羅馬與拉丁人維持和平之後。但毋庸置疑的是，這並沒有阻止羅馬對其他人發動戰爭，特別是艾逵人、沃爾西人和赫尼西人，以及維伊的伊特魯里亞人，但軍事行動的頻率和成功在幾年裡都有所下滑。其結果是新獲得的土地數量變得愈來愈小，而羅馬人對公地分配產生的不公正也日益不滿。關於對公地分配的不滿，以及分配的公平性，據說在斯普里烏斯·卡西烏斯第二次擔任執政官期間（四八六年）爆發，並一直持續到西元前四世紀。西元前三六七年的《李錫尼烏斯—色克都斯法》（*Lex Licinia Sextia*）[15]大致上為此問題上劃上了句點，不過公眾對確保公平分配土地的關注始終是這一個多世紀以來，羅馬政治的一個重點。

這個時期另一個棘手的經濟問題是債務負擔過重的人數增加。直到西元前四世紀末，羅馬人依賴於一種基本的貨幣形式[16]，也就是粗銅（aes rude），這是具標準重量的小型粗鑄青銅錠，有時壓印有重量符號，在西元前八世紀首次出現於義大利。[17]雖然沒有鑄造貨幣，但羅馬人很熟悉貨幣經濟的概念。塞爾維烏斯·圖利烏斯和五世紀羅馬法律的改革，都是以青銅重量為單位來評估財產，來付款和罰款（後來作為錢幣面額的阿斯，最初是青銅的一種固定重量）。他們也熟悉債務和利息貸款的概念，但債務卻隨著五世紀經濟狀況的吃緊而變得更加普遍。隨著債務人數和利息的上升，被稱為債奴（nexum）的習俗成了問題。債權人根據慣例可以逮捕違約的債務人，並將其視為抵押勞工（實際上就是奴役他），直到債務還清為止。雖然許多人試著要規範欠債的利率和償還的條款，但這些債務問題在整個五世紀與四世紀經常成為普遍不滿情緒的來源。

15 譯者注：《李錫尼烏斯—色克都斯法》規定：一、全體公民都可以占有和使用公有土地，但占有的最高數額不得超過五百尤格；二、平民所欠債款一律停止付息，已付的利息應在本金中扣除，剩餘的差額分三年還清；三、取消軍事執政官，恢復執政官職。在兩名執政官中，必須有一名來自平民。該法案的通過是平民對貴族的漫長鬥爭中的一個轉折點。

16 作者注：羅馬人對錢幣一定很熟悉，因為坎帕尼亞的希臘人地區從西元前五世紀初就開始鑄造自己的錢幣，而義大利南部的希臘人則從大約五三〇年開始鑄造錢幣。少數鑄於五世紀的伊特魯里亞錢幣也是眾所周知的，可能是在波普洛尼亞鑄造的，但大多數伊特魯里亞國家（如羅馬），直到四世紀末或三世紀初都沒有鑄造自己的錢幣。相比之下，希臘人城市庫邁和那不勒斯則分別在四七〇年和四三〇年左右鑄造了自己的錢幣。

17 作者注：更多規則形狀的矩形錠從西元前六世紀開始也作為貨幣流通。這些矩形錠和粗銅阿斯（以及古代錢幣）的價值，取決於它們的重量和青銅含量。

社會階層的鬥爭

西元前五世紀以及四世紀這段時期被所謂的「社會階層的鬥爭」主導，這是在四九四年開始的貴族和平民之間的衝突，並且間歇性地持續到二八七年。這種漫長且偶發的衝突影響了羅馬社會的許多方面，而且因為它如此的多樣化和持久，所以很難精確地加以評估。從本質上而言，這是在羅馬貴族內部的兩個小集團之間爭奪權力和影響力的鬥爭。然而，它包括了許多更該被關注的問題，例如糧食短缺、土地短缺、日益嚴重的債務危機（債奴現象），以及對法律改革和爭取政治代表的要求。牽涉其中的各種利益集團透過各種方法來發洩他們的不滿，從法律和立法行動、大規模的公民不服從，以及暴力對抗。

這場衝突的第一時期（被稱為第一次分離，First Secession）發生在西元前四九四年，可能是由債務危機引發的。我們的史料中記錄下一個悲慘的故事，即人們被迫陷入債務，然後被債權人監禁和奴役。故事的主角是名退伍老兵，他借了筆高利貸，被迫放棄了自己的財產，最終還放棄自己的人身自由來抵債。他的困境引起了公憤，也因此引發了持續的國內騷亂和執政官的鎮壓行動，而且執政官對債務人做出了更嚴厲的判決。最終，平民策劃了一場分離運動，這種策略將在四九四年和二八七年之間反覆上演。這是一種罷工行動，做法是讓所有的或部分平民退出城市生活，並實際撤離到城外，這種行動在那個時空下特別具有威脅性，因為羅馬正在跟薩賓人和沃爾西人交戰中，如此行動會打亂軍隊的徵召。這種情況最終由一位受人尊敬的人物，曼納尼烏斯・阿格里帕（Menenius

Agrippa）解決，他說服了平民羅馬正處於軍事威脅之下，這時我們該團結一致才對。

被後世認為是阿格里帕促成的協議案具有深遠的影響。平民最主要的不滿不是高利貸，也不是債奴這個習俗本身，而是平民沒有方法能免於行政長官執行債務處罰的專橫行為，於是乎解決辦法就是設立一個新的行政長官，即專門為平民而設的護民官（tribunus plebis）。護民官的職責是保護平民免受其他行政長官的擅權和壓迫行為。由於護民官的獨特性和擁有的非凡能力，它在共和國的歷史上扮演著重要的角色。因為護民官的角色首先是為了保護平民免受欺凌，就跟第一個例子的情況一樣，他們有幫助權（auxilium），即護民官有權親自干預，保護受到貴族威脅的平民人身安全，以及對威脅他們或挑戰其權威的任何人施以法律制裁（罰款、監禁甚至死刑）的權力。他們自己的人身安全是神聖的，來阻止任何對他們生命的不利企圖。[18]但護民官最重要的權力是干涉權（intercessio），這使得他們能夠阻止任何法案提案，又或者能夠直接廢止正在進行中的立法。在社會階層的鬥爭的後期階段，以及在西元前二世紀和一世紀的不同時期，這成為一種強有力的政治武器。此外，他們有提出立法和召開元老院會議的權力，儘管這可能是在西元前五世紀之後才添加的。

另一名新的行政長官，即市政官（aedileship），也是在同一時間創建的，該職位如同護民官一樣是為了平民而設。市政官名稱的字源很可能來自於「埃得斯」（aedes），這在拉丁語中指的是神廟，這可能反映出市政官和位在阿文提諾山上的穀神刻瑞斯神廟之間的緊密聯繫，這座神廟後來成

18 作者注：人身不受侵犯（Sacrosanctitas）是一個強大的概念，因為它賦予護民官在任職期間神聖的保護，並允許任何人殺死傷害護民官的人。

為市政官的總部。從西元前四世紀中葉開始，市政官負責城市的基礎設施建設，特別是糧食供應、街道和建築物的維護、組織競賽和維護公共秩序等方面。在五世紀，他們的職責定義不明確，但有鑑於糧食短缺的問題與社會階層的鬥爭有關，糧食的供應和分配必定是市政官的關鍵職責之一。

平民的集會也大約在同一時間建立，平民可以在會議上通過決議。這個集會名為「平民會議」（concilium plebis），可以上溯到西元前四九四年，而且顯然對所有不是貴族的人開放；很少有人知道它是如何運作的，以及它在這時刻所做的事情。然而，平民會議在四七一年被重組為一個組織架構有所革新的集會，像是具備了選舉平民出任行政長官的方法。此集會選出了平民的行政長官，並且採取類似庫里亞大會和百人團大會的投票方式進行決議（也就是每個區內採取多數決，然後以區總數而非投票個人總數來進行多數決，藉此通過決議），但是投票單位是部落（tribus）而不是庫里亞或百人團。雖說投票單位名為部落，但是它與族裔或親屬團體無關，它所指的是其成員所居住的地理區域。羅馬的領土和居住於其上的公民被劃分為若干部落（直到西元前三九六年征服維伊前是二十一個部落，但隨著羅馬領土的增長，部落數目從那時起開始增加，在二四一年時達到最高的三十五個），公民在各自的部落中集會並投票。最終，這些部落被採納為全羅馬人民集會的投票單位（comitia populi tribute，通常簡稱為部落大會〔comitia tributa〕），以及平民會議的投票單位。

即使在這次改革之後，平民會議的地位及其通過的措施仍然模糊不清。由於只有平民才有資格參加，所以它不是全體人民的大會，大會對護民官所提出的提案的決議並不是法律，而是被稱為平民會議的決議（plebiscita）（Aul. Gell., *NA* 15.27）。平民會議的法律對平民有約束力，因為平民會議有資格針對平民事務投票，但我們尚不清楚平民會議的法律是否能在整個社會上都具有效力。西元前四四九年通過的一系列法律，又被稱為《瓦萊里烏斯—賀拉修斯法》（*Lex Valeria-Horatia*），便是在處理其中的一些問題，不過平民會議一直到二八七年以前都依然是個會議，它可以通過一些充其量最多是臨時性的決議，一直到二八七年的《霍騰西烏斯法》（*Lex Hortensia*），才終於做出決定讓平民會議的法律具有對所有羅馬人的約束力。平民會議在此之後幾乎與部落大會無法區分，一同成為羅馬最重要的立法機構。

結束第一次分離的協議有效地替羅馬的平民建立了一個平行組織，同時也建立起羅馬的新政治地理。在第一次分離中，平民逃亡到被稱為聖山（Sacred Mount）的山上，但在後來幾次的分離中，他們則是撤退到阿文提諾山。這地點與平民政治以及平民抗議有關係，而阿文提諾山上的刻瑞斯和黛安娜神廟則與平民行政長官及其作為密切相關。阿文提諾山位在羅馬城邊界之外，與卡必托里山和衛城（與國家權力關係最密切的地區）相距遙遠，這件事意味著它是拒絕既有權威的有力象徵。據說，刻瑞斯神廟是用雷吉魯斯湖戰役後掠奪來的戰利品建成的（Dion. Hal. 6.17.2-4），也因此在羅馬廣場（Forum Romanum）豎立起一個能與卡斯托耳神廟相互輝映的平民建築，兩者紀念的都是同一場戰鬥。平民分離與阿文提諾山宗教崇拜的聯繫也具有實際意義。由於刻瑞斯是羅馬的農業女神，所以在刻瑞斯神廟的平民崇拜，還有在阿文提諾山上的利貝爾和利貝拉（Liber and Libera）的平民崇拜，這兩者都與市政官有聯繫，尤其與他們在食物分配中的角色有關。[19]任何威脅護民官的人，其財產都可以被扣押並獻給刻瑞斯，據李維所說（Livy 3.55.13），元老院頒布的法律的複本

19 作者注：所有這三個神都與農業和生育有關。刻瑞斯特別與穀物有關，利貝爾和利貝拉則與葡萄和葡萄酒生產有關。

會被送到神廟，確保它們被展示並存放在平民可以接觸到的地方。阿文提諾山上黛安娜和刻瑞斯的崇拜也與希臘有很強的聯繫。刻瑞斯的崇拜可能源於希臘，根據西塞羅的說法（Cicero, *Balb.55*），儀式用的是希臘式。平民對利貝爾和利貝拉的崇拜可能顯示出自由（liberty）、群眾政治和希臘政治思想之間存在著聯繫。[20]

讓平民感到憤怒的問題不僅僅是債務，以及需要免受行政長官壓迫的保護，農業問題和土地所有權在西元前四八〇年代也是令人擔憂的問題，但我們尚且不太清楚該問題的本質。古代作家對此問題的記載被後來西元前二世紀關於公地的騷動渲染，但這兩個時代的問題很可能是大相逕庭的。例如，我們不知道新獲得的土地在公家的手上維持了多久，又或者我們不知道惹惱五世紀羅馬人民的問題是否是精英壟斷農業資源（二世紀的情況便是如此），還是跟新征服土地分配中的不公正有關。在四八〇年代早期爆發一場騷亂後，四八六年的執政官斯普里烏斯·卡西烏斯提出一項法律來重新分配從赫尼西人獲得的土地，但是有關是否只有羅馬人有權獲得，還是說拉丁人和赫尼西人也可以申請獲得土地，不同史料之間存在分歧的意見（Livy 2.41; Dion. Hal. 8.69-77）。在西元前四八五年，卡西烏斯因為企圖成為僭主而煽動人民支持他，而遭到定罪處決。但這種說法是有問題的，因為我們的史料中所呈現的卡西烏斯的性格和職業生涯，與西元前一三三年推動改革的護民官提庇留·格拉古（Tiberius Gracchus）的形象非常相似。而且跟格拉古一樣，卡西烏斯的土地法和他對權力的赤裸追求都受到了質疑。義大利許多地區的文字和考古證據都顯示西元前五世紀是社會和經濟壓力的時期，因此土地分配在羅馬是有爭議的政治問題是相當合情合理的，但卡西烏斯的土地法細節和所謂想成為僭主這件事，都跟提庇留·格拉古的政治生涯太過相似，這點會讓我們無法信服。

法律改革

在社會階層的鬥爭中，平民的另一個目標是制定出一部成文法典。我們對西元前五世紀中葉之前羅馬的法律了解甚少，這說明它是基於習俗和實踐而不是法典化的法律。有些法律可能已經系統化並被書寫下來，但很大程度上仍依賴記憶和口頭傳播。雖說有一些遺跡存在，像是黑色大理石（見彩圖十九）上頭似乎刻著宗教法或儀式的銘文，但沒有證據證明已經有系統性記錄和組織的法律。由於沒有適當的成文化或法典化的法律體系，任何提起訴訟或是必須自己回應訴訟的人，都會

20作者注：阿文提諾山的黛安娜崇拜似乎與以弗所著名的阿提米絲崇拜有關。後來描繪阿文提諾山崇拜雕像的圖像（大多在錢幣上），顯示出其與以弗所的雕像相似。羅馬的刻瑞斯、利貝爾和利貝拉崇拜對應的便是希臘的狄蜜特、科萊（Kore）和戴歐尼修斯（Dionysos），後者在義大利南部的希臘地區特別強大，羅馬的一些女祭司就是來自義大利的希臘人城市伊里亞（Elea）和西西里島的伊里克斯（Eryx）。狄蜜特經常被以狄蜜特·塞斯摩弗洛斯（Demeter Thesmophoros，「賜予法律者狄蜜特」）的形式被崇拜，對於尋求法律更大規模承認的人群而言，她格外適合作為守護神。自由（libertas）這個詞本身可能源自對利貝爾和利貝拉的崇拜。審定注：有關穀神狄蜜特及冥后波瑟芬妮母女的宗教慶典Thesmophoria在希臘，特別在雅典，是僅開放給婦女參加的婦女節，為期三天，強調婦女貞潔與農產人畜豐饒間的密切關係，比較沒有明顯的政治意涵。稱為Thesmophoria或許是因為有項儀式要將豬肉放在儀式地點的石洞中，與法律沒有明顯關連。希臘酒神祭則除了酒會解放人的身心，也與自由有關，所以酒神有個祭祀名「自由」（Eleutheria），但這祭祀涉及雅典與北鄰底比斯（酒神母親的故鄉）的疆界爭議，有時會與政治發生關連。這些慶典祭祀或許是從希臘傳至羅馬，但羅馬人加以改造，並賦予進其他的意義。

受到主審法官及其對法律解釋的擺布。原告和被告都沒有途徑可以知道法律的實質內容究竟為何，當法律和政治權力都高度集中在精英的手中，這便是一個極具煽動性的議題。相較之下，制定成文法典則迫使社區制定出一套明確的法律，使其不僅可供所有人參考並普遍適用。從理論上而言，這使所有公民能夠在平等的基礎上訴諸司法裁決，雖然在實踐中實際的成果並不是那麼明確。在像是早期羅馬這樣識字水平很低的社會，成文法典可能具有另一種排他性，因為它將法律知識局限於具備閱讀能力的人。一部成文法典的頒布，很有可能非但沒有向更多民眾開放公平的法律聽證會，反而使得它變得更具排他性。然而總的來說，法律的編纂以及對法律的澄清和系統化，似乎有助於解決權力和地位的失衡問題。可供參閱的成文法典本身便限制了貴族為了自身利益而操縱法律的程度。

人們對於制定法典的呼籲從西元前四六二年就開始出現，並持續了十多年，這個事實既顯示人們對法典的強烈需求，也顯示貴族對法典的抵制。成文法典的創立是許多地中海國家在六世紀和五世紀的共同特徵，因為這些國家在此時變得更大，發展出更複雜和精密的制度；羅馬對於法典的需求，也因此使羅馬跟更為普遍的國家發展模式相互一致。[21]要求進行法律改革的壓力在西元前四五〇年代逐漸增大，特使們於是被派往雅典和其他希臘城市進行實地調查，好研究他們的法典。西元前四五一年時貴族和平民達成協議，在制定法典時先暫停當前憲政的運作（Cic., *Rep.* 2.61; Livy 3.31-55; Dion. Hal. 10.55 ff）。一個負責制定法典的十人委員會（*decemviri legibus scribundis*）接管了羅馬執政官的職責，並負責制定出一套法律。這群人手握重權，因為護民官顯然跟執政官站在一起，而且沒有人能夠對這個十人委員會的行為提出異議。

到了西元前四五〇年，十人委員會制訂了一系列法律，這些法律被刻在十塊銅表上並在廣場上的發言台前公開展示。第二年，第二屆的十人委員會召開，這次包括平民成員，又增加了兩張銅表，這便是眾所周知的《十二銅表法》。我們的史料將這第二屆的委員會描述為一個僭主政權，沉溺於一些極端壓迫的行為中，並在任期結束時拒絕下台從而引發了一場憲政危機。最引人注目的一段情節，是由李維以悲情的筆調重新講述，是一個年輕的女人維爾吉尼婭被自己的父親謀殺，目的是為了不讓她被十人委員會的領袖，同時也是兩任委員會中唯一重複的成員：阿庇烏斯・克勞狄烏斯強暴。對這一罪行的反感，以及整個委員會的暴虐行為，引爆了騷亂以及平民再次發動分離。最後的結果是阿庇烏斯・克勞狄烏斯自殺，以及「十個塔克文」被革職，後者是李維在四四九年對於十人委員會的稱呼。

無論這些故事（特別是那些與第二任十人委員會的離譜行為有關的故事）是否具有任何歷史基礎，由此產生的法典《十二銅表法》仍然是整個共和時期羅馬法的重要組成部分。[22]雖然後來的立法對它進行了很大的擴展和修改，但即使在西元前一世紀，羅馬的學童仍然要學習背誦它。透過後來作者引用的摘錄，法典的很大一部分以片段形式得以保留至今。法典的某些部分是晦澀難懂的，甚至造成後來羅馬人的困惑，但這讓我們對五世紀的羅馬社會有了深刻的了解。這不是個全面的法

21 作者注：洛克里的扎萊烏庫斯（Zaleukos）所編纂的法典，以及卡塔尼（Katane）的克隆達斯（Charondas）所編纂的法典，是義大利和西西里島早期希臘法典的兩個例子，但最著名的例子可能要數雅典的法典，它們被認為是雅典的立法者德拉貢（Drakon，西元前七世紀）和梭倫（Solon，西元前六世紀）所制定的。

22 作者注：該法律現存的片段在M. H. Crawford, *Roman Statutes*, 555-72中有翻譯和評論。

典，也沒有涉及行政長官的權力等方面。相反地，其中大部分的規定乃是有關於家庭、財產、犯罪，以及宗教。它還規範了法律程序，確定了傳喚證人和聽取某些類型的申訴程序。《十二銅表法》規定了家庭的權利和義務、婚姻、離婚，以及家庭中婦女的地位，還有家庭財產的所有權、處置權和繼承權。關於財產和繼承的部分很少提到氏族。無論西元前七世紀的情況如何，到五世紀中葉時財產皆由個別家庭持有並由家長控制，而不是由成員更多的家族來集體擁有。庇護者和侍從之間的關係在《十二銅表法》中被簡要的提及，提醒庇護者如果他無理對待侍從，那麼他將被視為是受到詛咒的。

其他銅表上載有關於債務、邊界爭議、財產損失、人身傷害等的法律。大多數規範經濟生活的條款都涉及土地問題，例如保護土地、確定邊界，解決由此引起的爭端以及處理過路權或通行權。與貿易或其他形式的經濟活動相關的則很少。有關商業交易的規定幾乎都與購買土地或動物有關。這些銅表還包含有關債務和債務人待遇的措施，以及規範奴隸購買和管理的措施。銅表十規範葬禮，限制鋪張的喪葬展示；銅表十一禁止貴族和平民之間通婚。喪葬規定似乎旨在防止炫耀性的消費和精英家庭間的競爭，但對婚姻的禁令則讓人困惑。目前尚不清楚這是一個長期慣例的正式化，還是一項新的限制措施，但至少它代表了不同等級之間壁壘的進一步強化。[23]

西元前四四九年，十人委員會被廢除，一些解決貴族和平民間在其他領域緊張關係的法律被提出來，它們可能是作為結束四五〇年至四四九年分離的解決辦法（Livy 3.55; Diod. 12.24）。這些法律稱為《瓦萊里烏斯—賀拉修斯法》，以瓦萊里烏斯・波提圖斯（Valerius Potitus）和賀拉修斯・巴巴圖斯（Horatius Barbatus）為名，他們是當時的行政長官，標誌著社會階層的鬥爭第一階段的落幕，儘管許多其他爭議在整個四世紀都仍然存在。他們正式承認了平民獲得的許多權力，例如平民行政長官的神聖不可侵犯、對行政長官的行為提出上訴的權利（provocatio），以及平民會議決議的法律效力。其中一些條款受到質疑，因為過去或後來的法律當中也都有這些條款，但鑑於五世紀的政治動盪，諸如上訴權或人民大會決議的有效性等概念，很可能需要多次重申。無論保存至今的那些細節的準確性如何，法律的整體目的就是為了規範和承認平民行政長官和平民會議，這兩者的權利和權力。在此之後不久，四四五年的《卡努勒烏斯法》（*Lex Canuleia*）終止了貴族和平民家庭通婚的禁令，進而打破阻止融合的主要社會和法律障礙。有多少平民會受此影響值得商榷，不過它讓一個渴望獲得與貴族相同的權力和地位的平民精英階級得以出頭。

在西元前四四〇年代期間，羅馬的統治方式發生了其他變化。經由選舉產生的行政長官在四四九年被重新引入，不過在四四四年至三六七年之間，高階行政長官並不總是執政官。在某些年份，選舉產生了具有執政官權力的執政護民官。這些不應與平民護民官，或是作為軍隊指揮官的軍事護民官相互混淆；他們擁有與執政官相同的權力，但每年選出的人數從三到六人不等，有時甚至多達十人。這種變化發生的原因目前尚不清楚。李維把這歸因於平民為了要爭取擔任執政官所施加的壓力，並將其視為元老院所釋出的妥協。透過改變官職的名稱和增加官職持有人的數量，貴族可以同意平民參加選舉但是不會改變執政官是貴族特有職位的原則。但李維接著報告了他的一些資料來源

23 作者注：康奈爾在 *The Beginnings of Rome*, 292 指出，十人委員會包括貴族和平民，所以禁令必須符合兩個團體的利益，做法便是保護貴族特權和平民運動領導者的獨立地位。

中的另一種更實際的解釋，即具有護民官權力的軍事護民官是在羅馬與沃爾西人、艾逵人和維伊人同時交戰的一年首次選舉產生的，當時若只有兩位執政官根本不足以指揮那麼多戰事。這聽起來似乎更合理，並可能在某種程度上解釋了為何執政護民官並不是每年都取代護民官，以及為何當選的執政護民官的數量每年不盡相同。在西元前四四四年至四二七年之間，僅選出五次執政護民官，在四二六年至四〇六年之間卻有十四年有執政護民官，並且在數量上從三個增加到四個。當三六七年廢除選舉執政護民官的時候，有五到六位護民官是司空見慣的。由於這一時期恰逢羅馬在義大利中部地區的軍事投入程度不斷擴大，似乎可以合理地推斷，出於軍事上的需要不能只靠兩位執政官指揮，而需要更多擁有法律權力來指揮軍隊的高階行政長官。

在西元前四四九年之後的幾年當中，政府進行了更全面的重組，而引入具有執政官權力的軍事護民官作為執政官的定期性替代，只是其中的一部分。財務官（quaestor）是初階行政長官官職，出現在四四六年，主要負責管理財政部門，如監督國庫。另一個非常高級的官職是監察官（censor），這是在四四三年新增的。監察官是從貴族中挑選出來的，但與大多數行政長官不同，他們是每隔幾年而非每年舉行一次選舉。他們的主要作用是對羅馬人民進行定期普查，評估他們的財產狀況、年齡和居住權。他們同時藉此來確定人民兵役和投票權的資格。他們還監督各種其他交易，如國家公地的行政管理、有關公地租金收取，以及大型公共建築計畫的委託和發包契約。這些新官職與軍事活動也有聯繫，諸如財務官是組織物資和處理戰利品分配，監察官則是評估服兵役的資格，因此這兩個官職的引入和其他一些改革有可能是羅馬不斷增加的軍事投入，以及貴族和平民之間的社會緊張關係的結果。

西元前四三〇年代相對平靜，但從四二四年開始，土地改革引發了再一次騷動，這是由多場軍事勝利和羅馬取得了更多公地所引發的。此外，政府還採取進一步措施向平民開放政治體系。雖然高階行政長官仍然保留給貴族，但平民從四二一年起被允許參選財務官。就財務官而言，第一位平民候選人直到四〇九年才當選，這顯示社會和政治變革的步伐緩慢，但到了西元前五世紀末，平民的一些不滿已得到解決。羅馬公布成文法典、貴族與平民之間的通婚禁令被廢除、羅馬平民建立起了「國中之國」的地位，而且許多跡象顯示政治制度在更多層面上都開始向非貴族開放。然而，許多問題仍有待解決。在整個第四世紀的大部分時間裡，債奴和土地改革都是引起爭論的議題，政治權力對平民而言大體上還是遙不可及。社會階層的鬥爭絕對還沒結束。

社會階層的鬥爭不能被理解為單獨的事件或過程。傳統上被歸類在此鬥爭當中的許多議題，其實各自的性質都大不相同，而且一場能夠持續兩百多年的權力鬥爭是不可信的。早期共和國毫無疑問在各式各樣的問題中都存在緊張和衝突，但是這些問題各自的性質差異太大，無法被歸類為兩個具有明確定義的階級或利益集團之間的衝突，至少在西元前四世紀之前不是如此。在共和國初期，世家貴族家庭並未握有政治權力的獨占控制權，因為根據行政長官名單，從西元前五〇九年至四八三年有大約百分之二十一的行政長官是平民，其中不乏當時的一些著名執政官，如共和時期的第一任執政官盧基烏斯．尤尼烏斯．布魯圖斯。到了西元前四八〇年代後期，貴族的支配地位開始上揚，平民擔任行政長官的比例在四八二年至四二八年之間，迅速下滑到百分之八，而在四二七年至四〇一年之間只有百分之一。貴族獨攬權力的例子，以及他們與非貴族的衝突，像是導致第一次分離的動亂，是發生在共和國的早期，但這些現象在西元前五世紀的過程中持續發展和具體化。

有一種解釋方式是將社會階層的鬥爭，與西元前五世紀的公民騷亂視為兩回事。貴族和平民的自我認同以及他們之間的分歧，在西元前四世紀時變得更加清晰，一些歷史學家認為「社會階層的鬥爭」一詞應該局限於政治緊張的後期階段。然而，五世紀的一些事件顯示人們已經開始正視政治和經濟不公平。我認為與其把社會階層的鬥爭限制在四世紀，不如將它視為一種發展中的態勢：五世紀平民對法律上和經濟上普遍的不滿，在四世紀時逐漸演變為更為直接的政治權力鬥爭，因為貴族和平民都發展出更強大的身分認同，而且雙方的地位也都有更明確的定義。

城市發展

羅馬城持續在發展，不過速度比以前慢得多。在廣場的某些區域有一些破壞的痕跡，特別是在公共聚會所周圍有燃燒的跡象。被燒毀的那層有時會被跟西元前三九〇年高盧人在羅馬的掠奪連結起來，但它似乎更有可能在五〇〇年左右便出現了，而且據推測，公共聚會所可能在塔克文家族被驅逐後的內戰期間便已被大火燒毀。除此之外，六世紀晚期和五世紀的前二十五年的發展相對活躍，但有跡象指出羅馬的經濟大約從四七〇年至四〇〇年之間陷入衰退和蕭條。

在西元前五世紀早期，在羅馬廣場和卡必托里山都有新的建築，其中一些可能是王政時期的最後幾年開始興建的。新共和國的最早作為之一，便是興建卡必托里山朱比特神廟作為奉獻。這座神廟是由塔克文家族委託建造的，主要部分是在王政時期興築，但是西元前五〇九年行政長官的奉獻則使其成為新政權的有力象徵，並且是種默默要求神祇認可新政權的做法。據說，共和國在前三十

附表6　文字史料中記載的西元前五世紀羅馬神廟建築。

奉獻的年份（西元前）	神廟
509年	卡必托里山朱比特
497年	薩杜恩
495年	墨丘利
493年	刻瑞斯
486年	婦人的幸運女神（福爾圖納）
484年	卡斯托耳
433年	阿波羅

年間共建造和奉獻了六座大型神廟，藉此作為新秩序的象徵以及獲得神祇的認可。有些神廟與具體成就密切相關。如為了紀念羅馬在西元前四九九年的雷吉魯斯湖戰役中戰勝拉丁人，羅馬人在四八四年奉獻了卡斯托耳和波魯克斯神廟（見圖二十三）。羅馬有一個傳說：這些神人曾出現在戰場上幫助羅馬軍隊，後來還有人看到他們在靠近神廟位置的朱圖娜泉（Lacus Juturnae，羅馬廣場上的噴泉）讓馬匹喝水。[24] 拉維尼姆還有一個著名的卡斯托耳和波魯克斯崇拜，廣場上的神廟可能是為了羅馬的利益，而象徵性地利用這個重要的拉丁人崇拜的力量。當然，大多數現存的神廟遺跡的時代都要稍晚，但是神廟和朱圖娜泉的挖掘則發現了西元前五世紀早期的遺跡。

在西元前四八四年之後的紀錄中有一大段時間沒有新的神廟興建，唯一的例外是四三一年的阿波羅・美提庫斯神廟（Apollo Medicus），它是在四三三年因瘟疫爆發而被許願要

24 作者注：據說是有治癒作用的泉水後來被封閉在一個石盆裡，並且在西元前一六八年加入了卡斯托耳和波魯克斯的雕像。

興建。在戰神廣場中二世紀的神殿遺址下所發現的五世紀地基就證實了這一點。然而總的來說，羅馬的五世紀神廟數量寥寥無幾。

古代著作中關於羅馬經濟衰退的說法，雖然說有一些墓葬證據可以支持這說法，但是實際狀況究竟為何仍然不清楚。在羅馬的墓地區域，尤其是埃斯奎利諾山能夠被確定年份的墓葬數量，以及陪葬品的品質與數量從西元前六世紀晚期開始就急劇下降。這可能意味著能夠負擔得起隆重葬禮的人數減少，用於購買墓葬用品的剩餘財富也減少，不過它也可能是反映出社會變化而不是經濟衰退。西元前五世紀的法典《十二銅表法》中包含了限制葬禮鋪張程度的禁奢規定，這顯現了羅馬文化從炫耀性消費轉為在葬禮儀式上更加節制。值得注意的是，墓葬是從六世紀晚期開始轉向更為簡樸的風格，當時羅馬正大舉投資公共工程，而且精英階層正在建造華麗的宅邸。公共建築的衰落以及糧食分配和債務問題，這些證據說明了五世紀中葉是一個經濟艱難時期，但是埋葬習俗的變化反映的是社會和文化上更宏觀的變革，而不僅僅是經濟衰退。

在塔克文家族垮台之後，以及與拉斯．波森納交戰之後，西元前五世紀羅馬的出土文物在物質層面的數量和品質都有所下滑，因此這有時被稱為「去伊特魯里亞化」時期（de-Etruscanisation），不過這說法的可信度有待商榷。在五世紀的羅馬仍然可以發現伊特魯里亞的商品和人員。在共和國的早期，與伊特魯里亞工匠的貿易聯繫和聯絡仍然存在，而且沒有證據證明塔克文家族下台後有一股全面性的反伊特魯里亞人的逆襲。真正的斷裂是發生在四八〇至四三〇年之間，當時伊特魯里亞的商品和藝術的影響力顯著下降。然而引人注目的是，希臘的商品和影響力也在大約同一時期消失了，其原因肯定是整個義大利的經濟衰退、貿易網絡中斷，以及社會和政治不穩定。伊特魯里亞文化在羅馬的衰退是這些宏觀因素造成的結果，而不是因為羅馬在五〇九年後開始全面地驅逐伊特魯里亞人。

若是在西元前五世紀後期前往羅馬的遊客，可能會發現一個與六世紀不同的社區。新的政府模式伴隨著政治和社會兩極分化，而且羅馬人相當焦躁不安。貴族自信的炫耀性消費已經被一種更為簡樸的文化取代，而且在定義日趨嚴謹的精英階層當中，愈來愈強調社會團結。就物質層面而言，這座城市在外觀上變得更具地標性，但重點已經從透過令人印象深刻的宅邸和墳墓來頌揚貴族的生活方式，轉變為更加重視頌揚新共和國的軍事勝利和政治認同。一位造訪者，特別若是在本世紀初來造訪羅馬的人，會注意到更多紀念羅馬勝利的神廟，以及隨著廣場中城市建築的發展，城市景觀的政治化程度也提高了。羅馬也許並沒有陷入明顯的衰落，但是它在社會和經濟上則成為了一個更加自我約束以及更加分裂的社會。

第十章　征途上的羅馬：拉丁姆及其他地區的戰爭

羅馬與其近鄰以及一些較遠的鄰國的緊張關係，其棘手程度比起羅馬國內的動盪不安亦不遑多讓。羅馬在推翻君主制之後，與拉斯・波森納和塔克文家族發生了一場戰爭，細節尚不清楚，不過羅馬人在西元前五〇五年或五〇四年的阿里希亞戰役中擊敗了波森納，並在四九六年擊敗了拉丁人，這些勝利給了羅馬人一些喘息的機會，並且得以與拉丁人談判並達成了和平協議。[1]古代的記載把五世紀描述為戰事持續不絕的一段時期，羅馬在這期間經常遭到攻擊。羅馬陷入了與維伊的一連串勞民傷財的戰爭，與此同時還捲入一連串針對南方鄰國漫長且艱難的戰爭（見地圖三）。這場開闢了多條戰線的戰爭最終削弱了羅馬的軍事力量，但他們卻並未取得太多領土或是戰利品。最後，羅馬在四世紀初面臨了高盧人的入侵，這對羅馬這座城市的存在構成嚴重威脅。

雖然我們的史料把西元前六世紀末和五世紀初的這些戰爭，與君主制的終結連結起來，並且將這些戰爭描述為是因為塔克文家族煽動引起的，但其原因可能更為複雜且牽涉到更宏觀的層面。拉斯・波森納的軍事行動似乎是一次認真的嘗試，他企圖利用義大利中部地區那段不穩定的時期，來擴大自己城市克魯希姆的力量。羅馬並不是唯一受到他威脅的城市，他的軍事行動延伸到了拉丁姆甚至到了坎帕尼亞。在阿里希亞戰役中，在阿努斯·波森納（Arruns Porsenna）指揮下的克魯希姆人遭遇來自庫邁的拉丁人和希臘人聯軍，最終吃下了敗仗。這戰役是坎帕尼亞的伊特魯里亞人和該地區其他人群的全面性爭權戰爭中的一部分，而不單純只是羅馬人的事務，庫邁的亞里斯多德摩斯最終在一次成功戰役中將伊特魯里亞人的勢力逐出坎帕尼亞。他與鄰國（如拉丁人）和更為遙遠的希臘人（如敘拉古的僭主希倫）建立了一系列的聯盟，這讓庫邁人得以徹底擊潰伊特魯里亞人。由庫邁領頭的針對伊特魯里亞人的軍事行動，從西元前五二四年持續到四七四年，並且與一些拉丁和希臘國家合作。庫邁和敘拉古的艦隊於四七四年在海上大敗伊特魯里亞軍隊，這也讓伊特魯里亞人在坎帕尼亞的力量遭受重創。伊特魯里亞人失去在此地區的制海權，而且他們對坎帕尼亞中部和北部的控制力也開始減弱，這導致他們在坎帕尼亞的勢力一落千丈。

這是羅馬人的及時雨。羅馬人在西元前五〇五年或五〇四年於阿里希亞打敗了克魯希姆人，這不僅緩解了他們當時的軍事壓力，並給了新成立的共和國一些喘息的空間。羅馬在接下來的幾年裡與戰勝波森納的拉丁諸城邦打仗，並在四九六年的雷吉魯斯湖戰役中徹底擊敗他們。這場戰役對後來的羅馬人具有重大意義，因為羅馬人正是在這場戰役中瓦解了塔克文家族的威脅，並樹立起他們對拉丁人的控制權。這場戰役被加油添醋了層層交織的英雄傳說和神話，旨在讓他們對拉丁人的控

---

1 作者注：古代作家對於這個時期的年代表有不同看法，其中一些史家認為雷吉魯斯湖戰役發生在西元前四九九年（Livy 2.21.3-4）。

制更具正當性，例如神人卡斯托耳與波魯克斯為羅馬而戰，並向羅馬人民傳達勝利的消息。[2] 羅馬將軍奧盧斯．波斯圖米烏斯．阿爾布斯（Aulus Postumius Albus）的後人，在數代之後仍繼續歌頌他的著名勝利。

當拉丁人最後的抵抗氣焰在西元前四九三年被澆滅後，執政官斯普里烏斯．卡西烏斯與他們談判後達成一項條約，戰爭也就此劃下句點。條約被刻在一塊青銅板上並展示於廣場，它顯然一直到西塞羅的時代都依舊存在，並且被視為後來羅馬條約的原型。哈利卡納索斯的戴歐尼修斯一字不漏地引用此條約：

> 以下為條約的條款：「只要天與地始終維持在應有的位置，羅馬人與拉丁人的所有城市之間也該一直保持和平。讓他們不要彼此交戰，也不要引入敵國勢力，更不要提供任何一方的敵人通行的權利。讓他們在戰爭中全力以赴地互相幫助，將戰爭中的戰利品和掠奪物以平等的份額共分。私人合約的糾紛應該在十天內在合約簽訂之國家裁定。除非得到羅馬和所有拉丁人的同意，否則不得在本條約中增添或刪去任何內容。」羅馬人和拉丁人都同意這些條款，並透過宣誓和犧牲予以批准。（Dion. Hal. 6.95）[3]

眾所周知，卡西烏斯條約在羅馬與拉丁人之間建立了一個無限期的和平協議，他們同意不互起戰端或協助對方的敵人。它還制定了一項互助協議，如果受到外部敵人的攻擊，任何一方都要協助對方，這是羅馬日後與別的國家聯盟時的核心內容。這份條款和條款內關於平等分享戰利品的安排，說明了羅馬人和拉丁人的聯合軍事行動已經被列入設想當中，儘管條文本身幾乎沒有說明這種情況發生的頻率，以及組織方式。老加圖和盧基烏斯・辛西烏斯（Lucius Cincius）這兩位所處時代稍晚的作者的作品片段，讓我們更深入理解拉丁聯盟的運作方式。老加圖提到了拉丁獨裁官（dictator latinus），這是拉丁聯盟所提名的領導者。辛西烏斯則描述了聯盟軍隊在指揮上的安排事宜，而這些安排是在阿爾巴諾山附近的菲雷提納聖所舉行的年度會議上做出的決議。辛西烏斯描述了當拉丁人要求從羅馬召來一位指揮官時所要遵行的程序，而且這些程序後來也實際運作了相當一段時間。然而，我們目前尚不清楚這位指揮官是否始終由羅馬人擔任，或是在羅馬和拉丁人之間每年固定輪替，也不清楚是否只有在戰爭即將爆發時會召集指揮官。不過最重要的一點或許是羅馬與其他拉丁人在聯盟中的地位平起平坐，而且聯盟部隊的羅馬指揮官是在服從拉丁聯盟的權威下被召喚來的。

早期羅馬和迦太基之間的條約將拉丁人分為兩類：一些人被稱為羅馬的附庸國或臣屬國，另一些則是非羅馬臣民組成的社區。如果波利比烏斯說得沒錯，那麼羅馬人在王政時代結束時對拉丁姆部分地區的掌握已經相當牢固，這在迦太基人看來是某種形式的服從，儘管這涉及到羅馬與迦太基的條約具體年份究竟為何的難題。然而，在塔克文家族被驅逐之後的幾年裡，權力的平衡發生了變

2 作者注：這個傳說與卡斯托耳和波魯克斯神廟建立的聯繫，以及這個宗教崇拜的政治意義，可參見本書第九章。

3 作者注：有人懷疑他是否親自查閱了條約，或者是否有能力理解這份毫無疑問是用古拉丁文寫的條約，但學者一般承認他的資料可作為條約條款的證據。條約依然是存在著，而且條款是眾所周知的，這使得戴歐尼修斯不太可能完全虛構或歪曲了它。

化。拉丁人組成了一個聯盟（*FRHist* Cato fr 36），在庫邁的幫助下趕走波森納，並且在雷吉魯斯湖與羅馬人決戰，羅馬在這場戰役中的勝利似乎不像李維所想的那樣勢如破竹。正如辛西烏斯指出的那樣，卡西烏斯條約將羅馬和拉丁人之間的關係，從支配轉變為雙方在同盟中成為平等夥伴的局面。

然而，羅馬在西元前五世紀時將勢力範圍擴展到了拉丁姆之外。維伊早在六世紀時就已經是羅馬的死對頭，而如今羅馬因為跟維伊人交戰而把目光投向北部的伊特魯里亞，並且試圖將影響力擴展到台伯河。在南方，羅馬的拉丁盟國與其南部邊界的較小民族發生衝突。多虧了莎士比亞的作品《科利奧蘭納斯》（*Coriolanus*）的緣故，這些衝突當中最有名的或許是羅馬跟沃爾西人的戰爭，但羅馬也和許多其他民族發生衝突。後來羅馬人把拉丁姆分成兩部分：舊拉丁姆（Latium Vetus）和新拉丁姆（Latium Adiectum）。粗略地說，前者對應於羅馬周圍的地區，後者對應於阿爾巴諾山南部地區、特雷魯斯河谷（今薩科河谷）和利律斯河谷，以及可能遠至在坎帕尼亞邊界的加利格里阿諾河（River Garigliano）。新拉丁姆是一個多山的地區，居住著許多族群，包括奧隆奇人（Aurunci）、西地西尼人（Sidicini）、赫尼西人和沃爾西人，這些人群在六世紀晚期和五世紀初期首次成為可以清楚被辨識出的群體。這些民族中規模最大和最著名的、也是對羅馬構成最大威脅的是沃爾西人。他們於此時期首次成為考古紀錄上可以清楚辨識的對象，並在四九〇年代擴張至拉丁姆南部，對羅馬的南部鄰國造成壓力。羅馬的內陸邊界也受到了薩賓人的威脅，拉丁姆東部的城市更遭受艾逵人的入侵。我們必須把羅馬於五世紀在拉丁姆及其他地區的戰爭，擺在義大利中部這更宏觀的發展脈絡中理解。上一章討論的人口流動、政治變化和各方勢力的消長，造成了困難和動盪的局勢。但儘管受到國內動盪的阻礙，羅馬仍能夠利用此動盪局面與盟國一起挑戰沃爾西人對拉丁姆南部的控制權，並且入侵赫尼西人的領土。羅馬在這一地區的邊界附近進行了多場戰鬥，並在約三四七年左右成為能主導該地區的強權。

軍事活動在西元前四九三年之後稍稍緩了下來，因為當時羅馬國內局勢緊張，使得極具野心的軍事行動不適合繼續下去，而且四九四年平民階層發動的第一次分離，讓羅馬暫時失去了大部分的部隊人力。然而，羅馬仍然處於壓力之下。艾逵人和沃爾西人曾虎視眈眈地威脅要襲擊，而羅馬軍隊卻由於平民的分離行動而束手無策，而且赫尼西人依舊不安分。斯普里烏斯・卡西烏斯在四八六年擔任第三次執政官期間提出了一項外交解決方案，那便是將赫尼西人納入四九三年條約的有效範圍中。這讓他們與羅馬的關係就跟羅馬與拉丁人的狀況類似，也就意味著他們有義務跟羅馬維持和平共處、彼此軍事援助，並分享聯合作戰所得的戰利品（Dion. Hal. 8.69.2）。這個方案建立起了一個聯盟，讓參與的拉丁人、赫尼西人和羅馬人能夠平起平坐進行聯合軍事行動，不過隨著時間流逝羅馬漸漸掌握了主導權。有關這個體系實際上究竟如何運作，我們手上為數不多的資料顯示這三個族群是在他們各自的軍隊中作戰，但指揮官通常由羅馬一方指派，因此很可能是羅馬人他們控制著戰略決策。

這個三方聯盟提供了所有成員一定程度的保護，抵禦了威脅拉丁人和羅馬的薩賓人、艾逵人和沃爾西人的入侵，特別是普里尼斯特和提布爾（Tibur），這些城市位在拉丁姆東部邊緣的丘陵地帶，經常受到鄰近艾逵人的攻擊。大約從西元前四九四年到四五五年之間，羅馬幾乎每一年都在跟上述人群中的某一群人（如果不是全部的話）打仗，而且羅馬和拉丁人經常承受著巨大的壓力。在四九〇年至四五八年之間，沃爾西人和艾逵人曾多次入侵拉丁姆，有時部隊甚至兵臨羅馬城的近郊。在這些戰役中最著名的除了有四九〇年至四八八年的那場戰役，沃爾西人在此戰中由一位心懷不滿的羅馬將軍格奈烏斯．馬奇烏斯．科利奧蘭納斯領軍，還有四五八年的戰役，羅馬將軍辛辛納圖斯（Cincinnatus）這時被任命為獨裁官，成功地在十五天內組建了一支軍隊並且大敗艾逵人（Livy 3. 31-37）。

自十九世紀以來，學者在此問題上分為兩派：一派認為辛辛納圖斯和科利奧蘭納斯是文學中的虛構人物，另一派人則指出姑且不論人物真假，但戰爭無疑是真的。辛辛納圖斯是早期羅馬美德的典型。他是一位農夫，當他被徵召擔任將軍大位時正好在耕地，而且他在打完一場漂亮的勝仗，獲得了極高榮譽後便解甲歸田，心甘情願地放下權力和指揮權。相比之下，科利奧蘭納斯則是位浮誇的反英雄人物，這位貴族由於非常厭惡平民日益茁壯的影響力和自己的不受認可，因此轉投到了沃爾西人陣營，成為將軍領軍前進羅馬。當時有一個插曲是，雖然科利奧蘭納斯回絕了來談判的羅馬特使，但是在母親和妻子的溫情攻勢下，他同意不會再執著於進攻羅馬，這個插曲顯示了羅馬貴婦對於重大事件所能發揮的影響力。羅馬人相信，婦人的幸運女神（Fortuna Muliebris）崇拜便是為了紀念這些女性而建立的。

縱使上述這些故事不能被全盤接受為歷史事實，但科利奧蘭納斯的生平事蹟與義大利早期的社會風俗是一致的。當時有許多貴族改變自己的國家和公民身分的例子，有時還會帶著大批的侍從和追隨者。除了在西元前五〇四年移民到羅馬的薩賓人克勞狄烏斯家族外，還有豐迪（Fundi）的重要人物維特魯威．瓦庫斯（Vitruvius Vaccus），他搬到了鄰近的普里沃努姆城（Privernum），並且領導普里沃努姆軍隊在三三〇年與羅馬作戰。從以上可知，羅馬貴族是可以叛逃並繼續領導敵軍，這樣的事情完全合情合理。但是科利奧蘭納斯故事的其他細節顯然是不符合史實的，除了一些地點位置還有待商榷，像是婦人的幸運女神的崇拜，可能在科利奧蘭納斯之前便已經存在了。雖然辛辛納圖斯和科利奧蘭納斯的故事並非完全真實，不過故事內容與我們對五世紀社會的了解是一致的，而且這些故事緊緊地抓住了羅馬人的想像力，也證明它們對羅馬集體認同感的重要性。[4]

像科利奧蘭納斯叛逃這樣的事件，雖然能讓我們深入理解羅馬人對自己歷史的看法，但是要精確地重建這一時期的事件幾乎是不可能的。我們沒有理由懷疑羅馬確實投入了許多場戰役，但是歷史學家約翰．里奇（John Rich）卻指出，羅馬年年都有戰事的這種說法可能有些言過其實，而且他還懷疑李維對於連綿不絕戰事的描述當中有很大部分是不精確的。[5]正如里奇所指出的那樣，羅馬在西元前四五四年至四一一年之間的戰事相對較少，而且有足夠證據可以證明符合史實的戰役只有十四場，艾逵人和沃爾西人似乎只有八次直接威脅羅馬的領土。

羅馬在西元前五世紀擴張的主要時期是在該世紀末，也就是從跟伊特魯里亞的維伊城爆發戰爭開始，這座城市就位在台伯河以北。羅馬針對維伊的戰爭可分為三個主要衝突時期，為了方便可將其稱為第一次維伊戰爭（四八三年至四七四年）、第二次維伊戰爭（四三七年至四三五年）和第三

---

4 作者注：福西泰和康奈爾都相當有幫助地總結了這場辯論的歷史，以及支持和反對這些故事的歷史價值的論據。

5 作者注：《卡必托里大事記》（*Fasti Capitolini*）在這一時期是不完整的，不過現存的部分記錄下戰勝艾逵人和沃爾西人的幾次凱旋式。

次維伊戰爭（四〇六年至三九六年）。在這幾場戰爭中，羅馬僅針對維伊及其盟軍發動戰爭，而並未和伊特魯里亞人之間爆發全面性的衝突。維伊的主要奧援來自鄰近城市卡佩納（Capena）和法萊里，兩者都不是伊特魯里亞的城市，反倒是羅馬得到伊特魯里亞人的城市卡厄瑞的支持。

維伊是羅馬眼前亟需被解決的問題。維伊是一個位於台伯河另一岸的強大國家，距離羅馬北部只有十五公里。這座城市的防守嚴密，領土管理良好且富有生產力。它還控制著兩條主要貿易路線的交匯處：一條從北到南，穿過維伊和羅馬的領土，另一條則通向台伯河谷。在野心勃勃且不斷擴張的羅馬旁邊有這樣一個根基穩固的地方強權，爆發激烈衝突也只是時間早晚的問題。雙方為了爭奪貿易路線以及競爭該區域內的地位和權力，彼此的敵意也隨之加深。

羅馬在第一次維伊戰爭遭受了挫折（Livy 2.42-52）。羅馬在四八三年至四七四年之間是節節敗退的，只有在四八〇年打了場勝仗，反而是維伊人持續推進。維伊人最終在賈尼科洛山上建了一座規模雖小、但具象徵意義的伊特魯里亞式堡壘，就正位在羅馬城的台伯河對岸。這場仗一直打到四七四年，雙方達成了休戰協議，在協議中維伊拿到了菲迪尼聚落的控制權，這塊地方對羅馬來說有重要戰略意義，它占據了台伯河左岸，並有效阻止了羅馬在台伯河的維伊這一側取得任何立足點。這場戰爭值得注意的是關於羅馬最重要的氏族之一，法比烏斯氏族的一段故事。狄奧多羅斯描述他們領導了一支國家的軍隊，但是若根據李維的說法，法比烏斯氏族實際上在四七九年打的是一場私人戰爭，並動員了一批侍從和家僕在維伊領土的邊境上占據了一個小型防禦工事。李維稱這是對伊特魯里亞人占領賈尼科洛山的報復，但實際情況其實更有可能是法比烏斯氏族只是在保護自己的資產，由於此時羅馬跟維伊交界的克雷梅拉河（Cremera）沿岸地區是登記在法比烏斯的亞部落之下，可能就歸法比烏斯氏族所有。此外，法比烏斯氏族也是在保護自己的政治聲譽，因為大事記說明了他們擁有強大的支配力量，在四八五年至四七九年之間，每年都有一位執政官是法比烏斯氏族的成員。他們的主動權在四七七年受到重大打擊，維伊人於此時襲擊並消滅了法比烏斯氏族多數成員和他們的軍隊，自此以後，法比烏斯氏族的影響力就似乎不斷走下坡，直到四六七年才又有一位從戰爭倖存的法比烏斯氏族成員再次成為執政官。

在西元前四六〇和四五〇年代，羅馬被內部的不滿聲浪以及要對抗外部的沃爾西人和艾逵人弄得焦頭爛額，但羅馬跟維伊的戰爭又在四三七年至四三五年再次爆發（Livy 4.16-24）。根據李維的說法，起因是維伊的統治者拉斯・托隆紐斯（Lars Tolumnius）下令謀殺一群羅馬使節。接下來的戰爭因為其中一場決鬥而聲名遠播，拉斯・托隆紐斯在這場戰鬥中被羅馬的奧盧斯・科內留斯・科蘇斯（Aulus Cornelius Cossus）殺死。科蘇斯是繼羅穆盧斯之後第二位獲得最高戰利品（spolia opima）的人，這是一個特殊榮譽，僅授予在戰鬥中殺死敵軍指揮官的男子。這個榮譽的具體內容包括剝光這位陣亡的將軍，並且將他的武器和盔甲供奉在卡必托里山上的朱比特神殿。據說直到奧古斯都時代，科蘇斯所奉獻上的細麻布胸衣還在此處。羅馬在四三五年圍困並占領了菲迪尼，這樣一來就切斷了維伊通往台伯河口的鹽田和進入海岸的通道。然而，戰爭又一次以休戰的形式結束，直到第四次也是最後一次維伊戰爭爆發後，羅馬與維伊的衝突才得到徹底解決。

在這種情況下羅馬對維伊發動了直接攻擊，而不是把精力放在菲迪尼上（Livy 4.60-5.18）。維伊由於地處伊特魯里亞南部邊緣，因此相對孤立。它得到了附近城市法萊里和卡佩納的援助，這可能是因為後兩者也同樣受到羅馬擴張的威脅，但其他伊特魯里亞城市幾乎沒有提供任何支援的跡象。塔爾奎尼當時是維伊的友好城市，但根據李維的說法，維伊向伊特魯里亞聯盟尋求幫助的請求總是遭到拒絕。經過長時間的圍困，羅馬人終於攻陷了這座城市。在此期間，羅馬人舉行了「喚神」與「獻身」（evocatio &devotio）的儀式，這兩個儀式的目的要破壞被包圍的城市：喚神儀式是要移去敵人城市的保護神，而另個獻身儀式則是要將已不具保護的敵人城市交給冥界之神。李維的說法中有大部分可能是文學修辭，但結果是毋庸置疑的。羅馬將軍卡米盧斯呼籲維伊的主神朱諾捨棄維伊，轉而協助羅馬人，並且承諾會在羅馬建造一座新的朱諾神廟作為回報。卡米盧斯在城市陷落之後履行了諾言。人們象徵性地把「朱諾・蕾吉娜」（Juno Regina）的神像移到羅馬，並把它安置在阿文提諾山的一座神廟裡。維伊的領土被吞併，其中部分或甚至所有居民皆被奴役。維伊的盟友卡佩納和法萊里被迫向羅馬屈服，並於三九五年至三九四年接受了長期停戰。

維伊戰爭的結束標誌著羅馬的重大變革。羅馬已經開始擴張到拉丁姆之外，並且在伊特魯里亞的一個主要城市取得了決定性勝利，正逐漸成為義大利中部的重要力量。當羅馬吞併了維伊的領土，這同時意味著羅馬控制領土能力的大幅擴張，以及羅馬經濟資源的增強。羅馬對卡佩納、菲迪尼和法萊里的壓制，連帶使他們被迫讓出了台伯河谷的控制權，並且將維伊驅逐出這裡，讓羅馬得以掌握伊特魯里亞和拉丁姆之間的重要貿易路線。羅馬在西元前五世紀末又再次出兵拉丁姆南部地區，諸如安提姆、特拉西納和西爾策依等地的港口也在四〇八年至三九三年之間被羅馬占領。在內陸方面，艾逵人被迫撤離，羅馬人的影響力擴展到了特雷魯斯山谷。羅馬開始擊退艾逵人和沃爾西人的進攻並且收復了部分失地，為四世紀向坎帕尼亞擴張鋪平了道路。

但這一進程在西元前四世紀初戛然而止，因為羅馬遭受了其歷史上最慘痛的事件之一：高盧人入侵。古代史料將高盧人的到來歸因於克魯希姆的阿努斯的舉措，這位伊特魯里亞人用豐富的食物、美酒和戰利品吸引高盧人前來義大利，目的是要利用他們來對付他的敵人羅馬（Pol. 2.17; Dion. Hal. 13.10-11; Livy 5.33）。但事實上，正如本書第八章討論的那樣，現代考古學家認為凱爾特人自西元前六世紀以來就一直往阿爾卑斯山遷徙，並相安無事地在義大利西北部定居。然而就在四世紀早期的某個時間點，他們中的一大群人變得焦躁不安，入侵了伊特魯里亞和義大利中部。根據李維的說法，高盧人一心要獲得土地（這顯示這群人是沒有土地的新移民，而不是早已定居於此的移居者），並要求羅馬給予他們土地，他們才願意停止暴力行為。高盧人在擊敗伊特魯里亞的幾個城市後，瞄準了克魯希姆城作為下個目標，於是克魯希姆人請求羅馬來幫助他們驅逐高盧人。

李維（Livy 5.36-47）生動地描述了西元前三九〇年的事件，羅馬人是如何自毀於傲慢。他們視而不見神靈在維斯塔神廟附近所發出的神祕警告。羅馬派來與高盧人談判的使節和高盧大使爆發衝突，並對高盧大使發動攻擊，從而加劇了局勢，當時人認為這是嚴重的瀆神行為，因為使節被認為是受到神靈的保護。此外，元老院也低估了向羅馬挺進的憤怒高盧軍隊所構成的威脅，這使得問題更加複雜，後果就是一支準備不足的羅馬軍隊在克魯斯圖美倫附近的阿利亞河渡口被全殲。羅馬的大多數守軍退到卡必托里山，在堡壘牆後將自己阻絕起來，不過李維記載高盧人在戰爭爆發後的幾個小時內就殺到城內，一些選擇留在家中的元老因此遭到殺害。高盧人入侵後，羅馬城被洗劫一空，卡必托里山的守備部隊一直堅持到援軍到來，這是由被流放的卡米盧斯將軍所召集的一支拉丁人軍隊，他一直住在阿迪亞等待機會。最終，高盧人被驅逐並且離開了羅馬。

不同於李維，波利比烏斯（Polybius, 2.18-22）提供了一種完全不同但更合理的解釋，他指出除了卡必托里山之外，高盧人在簽訂條約前占領了這座城市長達七個月之久，他們之所以簽約撤離是因為要回家應付威尼托人的入侵，而不是被卡米盧斯消滅。目前所有的文獻都記載羅馬（除了卡必托里山）被洗劫一空，因此必須要重建家園，但這說法卻缺乏考古證據上的支持。理由是廣場上許多建於西元前四世紀之前的建築物，在高盧人入侵的時間點上並未出現重大損壞或破壞的跡象。正如亞里斯多德和其他四世紀希臘作家所提到的，高盧人洗劫這件事的確有充足且確鑿的證據可以證明確實發生過，但高盧人似乎是針對易攜帶的財物，而不是針對整座城市的大規模破壞。

雖說劫掠的影響可能被誇大了，高盧人的入侵還是給羅馬人的集體心理留下了永久的創傷，像是阿利亞戰役的週年紀念日仍然是羅馬曆法中最黑暗和最不吉利的日子之一。[6]在更實際的層面上，羅馬人也開始給予高盧人的軍事力量更高的敬意，像是西元前三八〇年代才開始施工的新城牆（在特米尼〔Termini〕車站外仍然可見），就可能不是巧合。這段城牆通常被稱為「塞爾維烏斯城牆」，因為古代史料認為它可以追溯到塞爾維烏斯．圖利烏斯統治時期。然而根據資料，現存城牆的建物原料是開採自維伊的凝灰岩，因此在時間上不太可能在羅馬攻下維伊以前，但它仍有可能是建造在六世紀早期防禦工事的基礎上。此外，甚至只是謠傳有來自北方的另一次高盧人入侵，這都足以讓羅馬人召集一支強大的軍隊。當西元前二二五年又一次遭受入侵的威脅時，元老院要求羅馬的義大利盟友全面普查所有可用人力，並考慮全面動員所有役齡男子。這個威脅最終還是解除了，但是這樁插曲也凸顯出三八六年的慘痛經歷在羅馬人的集體記憶中的印記有多麼深刻。

在高盧戰爭之後，羅馬不得不努力重新建立對拉丁姆的控制權。卡西烏斯條約所建立的聯盟已經開始瓦解，雖然還有一些拉丁人跟羅馬保持同盟關係，但一些地方，包括西爾策依、韋萊特里、薩特里克姆和拉努維姆等地方，卻跟沃爾西人結盟起來對抗羅馬。根據波利比烏斯（Polybius, 3.24）的說法，羅馬與迦太基的第二次條約通常認為時間點是落在三四八年左右，區分了服從羅馬和不服從羅馬的拉丁人，這彰顯出羅馬人對該地區的控制有限。羅馬在此時代也與普里尼斯特（三八二年至三八〇年）和提布爾（三六一年）發生戰爭，並且在韋萊特里和薩特里克姆周圍地區（三八六年至三七六年，以及三六三年至三四六年）進行了激烈戰鬥。這些動盪又因為羅馬在拉丁姆及其他地區不斷擴張的企圖而火上加油。羅馬的侵略在西元前四世紀初變得更加激烈，它不再遮掩自己想建立統治地位的企圖。當羅馬人在三八一年強迫托斯卡倫人接受公民身分時，托斯卡倫實質上已被羅馬吞併，雖然它名義上仍繼續行使有限的地方自治權。羅馬還在三五八年跟拉丁人簽訂了一項新條約，但其中似乎並未包括提布爾和普里尼斯特，這兩國持續與羅馬糾纏直到三五四年為止，但他們最終還是被迫接受談和，跟羅馬簽訂條約。拉丁聯盟曾在三四九年拒絕派兵援助羅馬，由此可看出羅馬和拉丁人之間的關係緊張，但羅馬似乎在沒有他們的情況下仍然運作良好。在伊特魯里亞，羅馬分別跟塔爾奎尼（三五八年）、法萊里（三五七年）和卡厄瑞（三五三年）進行戰爭，這肇因於塔爾奎尼人襲擊羅馬領土，卡雷和法萊里似乎是從旁協助。最終，這三個國家都被羅馬擊敗，被迫簽署長期停戰協議。

最後，高盧人於西元前三五〇年至三四九年之間再次入侵。這次的高盧人入侵，我們可以從義

6 作者注：奧維德在他的誘惑詩《愛的藝術》（*Ars Amatoria*）中提出了一個不敬的建議，即一個節儉的求婚者應該把求婚日期安排在不吉利的日子，比如阿利亞紀念日，因為商店在這天都不會開門，所以他不需要買禮物給他的女友。

大利和其他國家人民的反應中看出，羅馬的實力在這時候受到諸多勢力的認可。此戰中，拉丁人拒絕幫助羅馬，而一支可能來自敘拉古的希臘艦隊則出現在拉丁姆海岸附近觀察戰事。[7]羅馬在沒有外援的情況下打敗了高盧人，希臘的船隻也隨之撤退。這起事件既顯示希臘對羅馬力量的焦慮，也顯示出這是羅馬首次與距離義大利中部遙遠的人群有接觸，這也可以被他們在三四八年與迦太基簽訂的新條約證實（Pol. 3. 24; Diod. 16. 69）。在此時，羅馬已經從五世紀的諸多困難中恢復過來，並且成為了義大利的強權，具有跟卡普阿、伊特魯里亞等城市爭鋒，甚至跟希臘人抗衡的實力。

雖說西元前五世紀的羅馬是動盪不安的，至少就本世紀初和世紀末的情況而言是如此，但是這時期的戰爭也給他們帶來了許多好處。成功的戰爭，像是針對維伊的戰爭帶來了戰利品和領土。與拉丁人和赫尼西人的條約鞏固了羅馬的權力，西元前四九三年的卡西烏斯條約樹立起讓羅馬在下個世紀得以擴展到拉丁姆以外的大原則。這個條約的設計讓羅馬與拉丁人和赫尼西人雙方都建立起政治和軍事關係，但這並不是一項三方協議，拉丁人和赫尼西人之間不一定可以聯合起來對抗羅馬。對羅馬來說，這種建立雙邊協定網絡的處理方式在面對其他義大利國家時也是至關重要的。它的好處是將羅馬置於聯盟網絡的中心，同時不讓羅馬的盟友有任何機會挑戰羅馬在盟內的控制權。

羅馬的疆域已大大擴展，但這些新領土也帶來了問題。羅馬的領導人必須想出如何處理以下狀況，以及該如何做才能避免引起人民不滿。正如前一章所討論的，任何有關土地被貴族壟斷的風吹草動在政治上都具有爆炸性影響。另一個直接因卡西烏斯條約而起的問題是當軍隊的成員是由不同國家的人組成時，要如何公平地分配土地？雖然卡西烏斯條約中有載明該如何平等分配聯合軍事行動中的戰利品，像是動產或奴隸也容易分配，但土地應該如何分配就是個棘手的難題。

西元前四八六年，卡西烏斯在該年制訂的土地法中的一個做法可能引發了爭議，那便是將拉丁人和赫尼西人納入有資格分配公有土地的人員當中，這在羅馬引起了騷亂。有一種更令人滿意且不具爭議的處理征服領土的方法是在上頭建立殖民地，而這可以再分成兩種做法，一種是羅馬和盟國的移居者加入現有的社區，接著將這地方改為殖民地；另一種方法是建立起羅馬和盟國的殖民者的新社區。建立殖民地的做法能夠有效地維護和控制新領土，並且在此建立起永久的羅馬勢力（或是與羅馬友好），此外，殖民地也能分發給羅馬人及其盟友，而不需要承擔更為全面的土地再分配法律所會帶來的政治風險。西元前五世紀和四世紀早期之間被建立起的殖民地數量很多，總共有十四個。這些殖民地的建立都與本章所概述的戰爭模式十分一致，並且顯然與羅馬的戰略考量有關。除了菲迪尼的戰略位置之外，四九〇年代建立的殖民主要位在拉丁地區南部，確保該地不受沃爾西人的侵擾。此外，這地區的第二次殖民浪潮也標誌著羅馬人在經歷五世紀末和高盧人入侵之後，又重新建立了對該地區的控制。

殖民統治作為一種控制手段的效果好壞參半，特別是如果一個殖民地中居住著過去的居民，而且其中大部分的人沒有理由支持羅馬。有好幾個這種情形的殖民地便會跟沃爾西人結盟來對抗羅馬。然而，殖民化所涉及的不僅僅是防禦，還涉及重要的法律、行政和文化層面，這將在第十三章

7 作者注：李維沒有具體說明希臘艦隊的來源，但敘拉古試圖在四世紀初將其權力擴展到義大利南部，並突襲了伊特魯里亞的一些地區，特別是在三八四年的時候，敘拉古艦隊掠奪了皮爾吉。敘拉古僱用了大量的高盧傭兵，許多入侵義大利中部的高盧人有可能就是被敘拉古煽動的，這是因為敘拉古想要削弱他們在地中海西部的商業競爭對手卡厄瑞，又或者因為有一群高盧人南下到敘拉古尋求生計。

附表7　文獻資料中記載的羅馬殖民地，西元前500年至380年。

殖民地	建立年份	殖民地	建立年份
菲迪尼	498年	韋萊特里	401年
希尼亞	495年和492年	維特利亞	395年
韋萊特里	494年	西爾策依	393年
諾爾巴	492年	薩特里克姆	385年
安提姆	467年	塞蒂亞	383年
阿迪亞	442年	蘇特瑞姆	382年
拉比西	418年	內皮	382年

中詳細討論。格羅寧根大學（University of Groningen）對拉丁姆南部地區進行了一項雄心勃勃的調查，其中的考古學證據顯示要辨識出早期殖民地所留下的影響相當困難。這研究還發現，儘管該地區的定居模式和土地使用在六世紀至四世紀之間有著長期變化，但這個變化無法與一個有清楚定義的殖民時期連結起來。假設古代史料對殖民地的描述準確無誤，那麼它們的規模必然很小，而且對該地區沒有造成立竿見影或是考古學上的影響。其他的研究也顯示一些西元前四世紀的殖民地的特點是其定居區域當中城市的變化，特別像是新防禦工事和城市布局的建造，但是殖民地移居的影響似乎因地區而異，而且在許多例子當中影響並未特別顯著。一些學者，尤其是布萊德利認為即使是在五世紀和四世紀時，許多殖民地也可能是羅馬傭兵指揮官和其部隊建立的臨時聚落，而不是有組織的國家所主導的作為，這種說法多少解釋了我們為何難以辨識出殖民過程，以及殖民對移居區影響的部分原因。

在此時期，羅馬軍隊本質上仍然是在西元前六世紀建立的民兵組織。當人們被徵召時便必須前往戰場，結束後再回到正常的工作崗位上。偉大的英雄辛辛納圖斯是古老羅馬美德和公共服務的典範，這個故事眾所周知：當他在四五八年被徵召前往戰場拯救大局時，人正在農地工作，然後在危機結束後，他又立即回到了工作崗位。正如本章前面討論的諸多戰役所顯示的，戰爭年復一年都在進行，這對羅馬造成了問題。由於羅馬軍隊的主力是從小農戶中徵召的重型步兵，頻繁的戰爭對羅馬的農業經濟造成了壓力，因為在農忙最需要這些人力的時候，軍事上的需求卻把這些人都拉去戰場。此外，羅馬所進行的戰爭規模牽涉到要同時與不同地區的數個敵人作戰，這使得軍事人力的需求更為孔急。這些人力問題還不像後來的那樣沉重，但它們說明了羅馬的軍事和經濟需求之間的緊張關係。

軍隊由元老院和行政長官下令召集，並且由高階行政長官指揮，而軍隊的成員通常是因為戰爭需要而被徵召的男性。雖然其中一些行政長官展露出在作戰方面的卓越才能，並獲得了成功的將軍的聲譽，但是羅馬並不存在專門的軍事指揮官階層，軍事經驗也是在上任之後才在實戰中開始累積的。然而時間到了五世紀末，伊特魯里亞和拉丁姆的戰爭所產生的軍事需求，迫使羅馬軍隊不得不進行改革。大約就在這個時期，塞爾維烏斯的改革體系把從有土地階層徵召來的軍人細分為幾個階級。他引入了軍隊服役期間的軍餉（stipendium）制度，這反映了提供金錢補償的必要性，也反映出勝利的戰役所帶來的經濟利益，足以提供足夠的資金來支付這項支出。

從西元前五世紀的歷史中可看出義大利早期戰爭的多樣性。羅馬與沃爾西和艾逵的爭鬥是一連串混亂的小規模突襲。李維在描述這段時期時試圖把這些爭鬥剪裁成整齊一致的敘事，其中包括了具有連貫性的戰役以及激烈的戰鬥，但在許多方面上，這些爭鬥都更接近地方性的掠奪而非常規的戰爭。與此相反地，羅馬軍隊在與維伊交戰時便必須做出不同的應對，他們不僅需要長時間包圍維伊和菲迪尼，同時也要跟像羅馬一樣以重型步兵為主的國家作戰。還有其他事件揭示了政府作戰和私人作戰之間的灰色地帶。法比烏斯氏族在四七九年的軍事行動顯然是由將領私自發動的，他們率領自己的侍從、佃戶和家僕出征，而這並不符合元老院和行政長官的意願。法比烏斯的做法跟這時期的社會結構是一致的，在西元前六世紀和五世紀早期的貴族們身上都可以看到相似的狀況，他們會帶著一群武裝的追隨者四處活動。據說薩賓人貴族阿圖斯．克勞蘇斯（不久之後被羅馬同化，並將名字羅馬化為阿庇烏斯．克勞狄烏斯）於五〇四年抵達羅馬時，就有五千名武裝人員追隨著他。然而到了五世紀末，利用這種類型的私人部隊來代表國家作戰可能就只是例外的情況，而不是常態。法比烏斯氏族事實上並不是特別成功，這可能阻止了潛在的模仿者，而且上面討論的大多數軍事活動很清楚都是由國家組織的。

我們對於這個時期的認識有一個相當不足的地方，那便是我們不知道每年的戰爭究竟有多少人牽涉其中。古代史料中是有留下軍隊規模或傷亡人數的統計，不過這些資料的可靠性始終備受爭議，但如果是在西元前五世紀的史料裡，那就連這種不完整的資料也都付之闕如。在波利比烏斯和李維對三世紀和二世紀的描述當中，他們都會規律地評估當時軍隊的規模，李維通常在每年的開始都會有一個大標題，告訴我們當年有哪些指揮官被任命，他們被分配了多少軍隊，以及他們被允許從何處招募士兵。但是在五世紀和四世紀的記載中卻沒有提供這些資訊，所以我們根本無從得知每年有多少男性必須離開他們的農田或其他工作，趕赴戰場。雖然這時期的戰爭規模相對較小（特殊情況除外，如高盧人的入侵），不過羅馬同時在多條戰線上作戰，這不可避免增加了資源需求上的壓力。

毫無疑問，儘管羅馬在西元前五世紀遭受了挫折，但它在本世紀最後二十五年的復興帶來了顯著的經濟效益。從西元前三九四年開始，羅馬開始要求戰敗的敵人支付賠款，並且沒收他們的部分領土，但這並不總是足以支付戰爭的開銷，羅馬因此引入了一項新的財產稅（tributum），用來抵消軍事行動的費用。羅馬對其他義大利鄰國採取的侵略性政策，顯然在領土收益方面取得了成效，但這個政策也需要支出大量的資金和人力，有時還會造成兵力募集和經費籌措方面的問題。從戰略上而言，這些戰爭讓羅馬成為義大利及其他地區的重要角色，地中海西部的大國迦太基也正視羅馬是一股不容忽視的力量。波利比烏斯列出了羅馬和迦太基之間的三份條約，其中第二份是在西元前三四八年簽署的，這份條約就承認羅馬對拉丁姆的支配地位，同時也已經將關係與利害擴張到此區域之外。羅馬和卡厄瑞在西元前五世紀建立起密切的聯盟關係，這讓希臘世界非常緊張，這種情緒清楚呈現出羅馬勢力在義大利之外引起關注的程度。敘拉古的統治者戴歐尼修斯一世對此就十分擔憂，因此在三八四年企圖透過攻擊卡厄瑞和洗劫皮爾吉的聖所來破壞聯盟。總結來說，雖然羅馬在西元前五世紀面臨了重重困難，它還是在三五〇年於義大利中部不斷茁壯，這為羅馬在四世紀後期戲劇性地崛起為全義大利的主導者，打下了基礎。

馬可孛羅

Historia 歷史學堂書系

自 2016 年開展的歷史書系，目標為讀者提供充滿知識學養，又具有閱讀趣味的歷史讀物。截至目前為止已出版包括羅傑．克勞利「地中海史詩三部曲」、拉爾斯．布朗沃思「中古歐洲三部曲」，以及《十字軍戰爭全史》、《聖殿騎士團》、《法蘭西全史》、《地中海一萬五千年史》、《真理的史詩》等三十多本著作。

帝國的誕生（名家說古代史系列③）
The Origin of Empire: Rome from the Republic to Hadrian
大衛・波特（David Potter）著｜王約 譯

羅馬城
Rome: The Biography of a City
克里斯托福・希伯特（Christopher Hibbert）著｜陳義仁 譯

中世紀諸帝國
Les Empires Médiévaux
西爾凡・古根奈（Sylvain Gouguenheim）等人 合著｜楊子嫻 譯

帝國的勝利（名家說古代史系列④）
Imperial Triumph: The Roman World from Hadrian to Constantine
麥可・庫利科斯基（Michael Kulikowski） 著｜何修瑜 譯

帝國的悲劇（名家說古代史系列⑤）
Imperial Tragedy: From Constantine to the Destruction of Roman Italy
麥可・庫利科斯基（Michael Kulikowski） 著｜馮奕達 譯

最新出版消息請搜尋——
「馬可孛羅文化臉書粉絲團
」馬可孛羅VOCUS方格子專頁
欲購買馬可孛羅書籍，
可至全國各大實體書店、
網路書店、電子書平台購買。
新加坡、馬來西亞地區，
可至城邦讀書花園馬來西亞站
https://www.cite.com.my/ 購買。

馬可孛羅

吉兒・萊波爾 Jill Lepore

耶魯大學美國研究博士、哈佛大學美國史講座教授、《紐約客》專欄作家、美國歷史學家協會前任主席。著有多本獲選普利茲、班克羅夫特歷史獎、美國國家圖書獎的佳作。代表作是美國史巨作《真理的史詩》。

真理的史詩

馮卓健、涂豐恩 譯｜2020.10 出版｜
定價 1400元（三冊不分售）

亞蘭・布隆迪 Alain Blondy

法國歷史學家、巴黎索邦大學名譽教授。一九四五年五月出生於法國波爾多，是地中海世界十六到十九世紀近現代歷史的專家，其研究主要關注地中海島國馬爾他以及北非巴巴利海岸諸鄂圖曼帝國攝政政權。

地中海一萬五千年史

許惇純 譯｜2020.6 出版｜
定價 900元（兩冊不分售）

彼得・賈德森 Pieter M. Judson

荷蘭歷史學家，畢業於美國斯沃斯莫爾學院、哥倫比亞大學。主要研究現代歐洲史、民族衝突、革命和反革命的社會運動，以及性別史，目前擔任義大利佛羅倫斯歐洲大學學院的十九、二十世紀歷史教授。

哈布斯堡帝國

黃中憲 譯｜2020.12 出版｜
定價 760元

齊斯・洛韋 Keith Lowe

全職作家和歷史學家，曾於曼徹斯特大學學習英語文學，也曾擔任十二年的歷史圖書編輯。他被公認為二戰史的權威，經常在英國和美國的電視廣播上發表意見。作品被翻譯為德文、瑞典文等二十多種語言。

二次大戰後的野蠻歐陸

鄭煥昇 譯｜2020.8 出版｜
定價 680元

戰爭時期日本精神史1931-1945年
鶴見俊輔 著｜邱振瑞 譯｜定價 420元

戰後日本大眾文化史1945-1980年
鶴見俊輔 著｜陳嫺若 譯｜定價 420元

只要活著：長崎原爆倖存者的生命故事
蘇珊・索瑟德 著｜楊佳蓉 譯｜定價 480元

叛逃共和國：柏林圍牆下的隧道脫逃行動
葛瑞格・米歇爾 著｜張毓如 譯｜定價 460元

黎凡特：基督教、伊斯蘭與猶太教共存的實驗場，士麥拿、亞歷山卓及貝魯特諸城人文
菲利普・曼瑟 著｜林玉菁 譯｜定價 680元

紙的世界史：承載人類文明的一頁蟬翼，橫跨五千年的不敗科技成就
馬克・科蘭斯基 著｜王約 譯｜定價 480元

烈日帝國：非洲霸權的百年爭奪史1830-1990
勞倫斯・詹姆士 著｜鄭煥昇 譯｜定價 630元

當上帝踩到狗屎：人類世界三千年來的髒話文化史
梅莉莎・摩爾 著｜蔡耀緯 譯｜定價 480元

在風暴來臨之前：羅馬共和國殞落的開始
麥克・鄧肯 著｜何修瑜 譯｜定價 520元

海上的世界地圖：歐洲航線百年紀行史1861-1964
和田博文 著｜陳嫺若 譯｜定價 480元

聖彼得堡：權力和欲望交織、殘暴與屠殺橫行的三百年史
強納森・邁爾斯 著｜楊芩雯 譯｜定價 720元

起源的故事：「大歷史」學派開創者2018年最新扛鼎巨作
大衛・克里斯欽 著｜蔡耀緯 譯｜定價 460元

最後的十字軍東征：航海家達伽馬的史詩旅程
奈傑爾・克里夫 著｜楊惠君 譯｜定價 630元

海洋帝國：決定伊斯蘭與基督教勢力邊界的爭霸時代
羅傑・克勞利 著｜陸大鵬 譯｜定價 460元

1453：君士坦丁堡的陷落
羅傑・克勞利 著｜陸大鵬 譯｜定價 450元

財富之城：威尼斯共和國的海洋霸權
羅傑・克勞利 著｜陸大鵬、張騁 譯｜定價 500元

征服者：葡萄牙帝國的崛起
羅傑・克勞利 著｜陸大鵬 譯｜定價 500元

諾曼風雲：從蠻族到王族的三百年
拉爾斯・布朗沃思 著｜黃芳田 譯｜定價 380元

維京傳奇：來自海上的戰狼
拉爾斯・布朗沃思 著｜黃芳田 譯｜定價 420元

十字軍聖戰：基督教與伊斯蘭的二百年征戰史
拉爾斯・布朗沃思 著｜黃芳田 譯｜定價 480元

金雀花王朝：開創英格蘭的武士國王與王后們
丹・瓊斯 著｜陸大鵬 譯｜定價 860元

空王冠：玫瑰戰爭與都鐸王朝的崛起
丹・瓊斯 著｜陸大鵬 譯｜定價 560元

聖殿騎士團：以上帝之名戰鬥的僧侶、戰士與銀行家
丹・瓊斯 著｜陳建元 譯｜定價 590元

榮耀之城・伊斯坦堡：位處世界十字路口的偉大城市
湯瑪士・麥登 著｜林玉菁 譯｜定價 520元

威尼斯共和國：稱霸地中海的海上商業帝國千年史
湯瑪士・麥登 著｜黃芳田、王約 譯｜定價 540元

沙皇時代：羅曼諾夫王朝三百年史
賽門・蒙提費歐里 著｜陸大鵬 譯｜定價 1260元

約翰·朱利葉斯·諾里奇 John Julius Norwich

英國著名歷史學家、旅行文學作家、電視節目名人。著作等身，出版過數十本歷史作品，題材包括西西里史、威尼斯共和國史、拜占庭帝國史、教宗史和地中海史，以及書寫四位近代著名君王的《四君主》。

法蘭西全史

何修瑜 譯｜2020.5 出版｜定價 599元

喬納森·賴利－史密斯 Jonathan Riley-Smith

英國十字軍史研究專家，十字軍與拉丁東方研究學會創始人。畢業於劍橋大學三一學院，劍橋大學伊曼努爾學院榮退教授。編著有《牛津插圖十字軍史》、《十字軍地圖集》等數十部與十字軍和拉丁東方相關的作品。

十字軍戰爭全史

黃中憲 譯｜2020.1 出版｜定價 680元

第三部

羅馬征服義大利

The Roman conquest of Italy

第十一章　通往權力之路：從羅馬到義大利

如果西元前五世紀是一段鬥爭和衰退的時期，那麼四世紀就是復甦的時期，雖然這過程中並非一帆風順。長期存在的問題再次浮現，而且這些問題所觸發的變化對羅馬國家的運作方式，以及社會結構產生了深遠影響。共和政府的運作方式有了進一步的改變，社會和政治的新精英階層從既有的貴族和平民的分歧中崛起。羅馬到了約三五〇年時在義大利中部的主導地位愈來愈穩固，這奠定了羅馬在四世紀後期大規模擴張的基礎。

羅馬在西元前五世紀大部分時間遭遇的社會和政治衝突，又在三八〇年代和三七〇年代捲土重來。有關土地、債務和部分人在政治上遭受排斥的問題，一直持續到了三六七年，這些問題直到此時才因為一系列影響深遠的改革，而被部分解決，不過所謂的「社會階層的鬥爭」要直到二八七年才被徹底解決。羅馬內部的分歧可能讓他們對三九〇年高盧人入侵的反應變得更為複雜，而羅馬被劫掠所造成的破壞也導致了社會和經濟緊張局勢的重新抬頭。以上的這些都被一則傳說故事說得明明白白，那便是在三八四年發生的一場失敗的政變。我們的史料敘述了以下這起事件：曾阻止高盧人占領卡必托里山的馬庫斯・曼利烏斯・卡必托利努斯（Marcus Manlius Capitolinus），被指控企圖奪取最高權力，並且想要成為獨裁官（Livy 6.11-20）。李維認為曼利烏斯是第一位擁護平民利益的貴族，他透過支持減免債務的運動，甚至自己支付一些人的債務，從而贏得了大眾的歡迎。最終，曼利烏斯被以傳統對付叛國者的方式來處死，他被從塔培亞岩（Tarpeian rock）上扔下，這是卡必托里山邊緣的懸崖峭壁。他的房子也被拆毀，就坐落在卡必托里山上，鄰近朱諾・莫涅塔（Juno Moneta）神廟，這地方自此之後便空置在那兒，藉此提醒世人他受到的貶黜。

但這則故事的真實性相當可疑。曼利烏斯的政治生涯與斯普里烏斯・邁利烏斯、斯普里烏斯・卡西烏斯，以及其他幾位政治人物的生涯都非常相像，他們都被指控為了奪權而努力爭取民望。[1] 有關這則故事的各種背景細節都相當混亂，而且李維曲解了曼利烏斯的房屋為何被夷平等等的問題。實際上，朱諾神廟外的區域必須保持淨空，因為這是占卜師進行占卜的地方，拆毀建築物跟一位被貶黜的政治人物是沒有關聯性的。李維對這起事件的描述雖說不正確，但確實有可能曾有一位名為曼利烏斯的人被定罪，而且他在西元前三八五年左右被處決，罪名或許是他試圖以某種方式破壞國家。[2]

1 作者注：福西泰和歐克利詳細討論了其他有關煽動者和潛在僭主的許多故事之間的相似之處，包括時代更為接近的與喀提林（Catiline）特徵相似的例子。西元前六三年，喀提林企圖推翻政府，被西塞羅擋了下來。

2 作者注：正如同眾多學者已經注意到的那樣，曼利烏斯事件之後曼利烏斯家族深感恥辱，再也沒有人用他的名字「馬庫斯」來取名，家族內再也沒有第二位馬庫斯・曼利烏斯。

經濟復甦

羅馬已經從西元前五世紀最後二十五年的經濟困境中恢復過來。在拉丁姆和鄰近地區軍事行動的成功讓他們獲得了土地和戰利品，這從而提高了國家的財富。雖說這段復甦在三九〇年時被高盧人猛地打斷了，但高盧人的事件仍只是一種短期干擾而非長期性的問題（但還是造成了羅馬人的心理創傷）。羅馬成功的軍事擴張，特別是從三五〇年開始的擴張，消耗了大量人力和大量支付軍餉和軍糧的資源，但這也帶給他們愈來愈多的利益，像是從被打敗的敵人那裡沒收來的土地和戰利品。我們很難準確計算在西元前三世紀以前羅馬獲得了多少土地，因為被打敗的眾多社區的領土大小不一，而且羅馬沒收的土地的比例也是差異很大，不過可以確定的是面積一定不小。羅馬征服維伊可以讓我們比較清楚觀察出變化的程度。當維伊在三九六年被羅馬洗劫時，共掌控了約五百六十二平方公里的領土，其中可能被羅馬沒收了兩百八十到三百七十平方公里的土地。雖然維伊是羅馬最大的鄰國，而且羅馬在其他勝利中所得的土地規模也無法跟這次相比，但這確實讓我們對羅馬領土的增長速度有了一些概念。此外，西元前四世紀雄心勃勃的國家建設工程，也展示出羅馬不斷增長的財富，尤其是城市基礎設施的變化，因為這當中牽涉到需要在供水和新防禦工事上投入巨額的資金。

羅馬新獲得的土地在分配上的不平等，早在五世紀便已經造成一些人不滿，不過這時候涉及的土地面積相對較小，問題只是間歇性地爆發而已。然而到了四世紀，土地分配作為貴族和平民之間衝突的起因捲土重來，並且成為報復的口實。隨著土地的可用性，以及它所代表的經濟優勢的增加，平民對土地更公平地分配的索求也愈來愈強烈。就像五世紀的情況一樣，我們對四世紀羅馬土地所有權的了解還不夠，無法確定問題的本質，因為我們所擁有的史料多半有時代錯置的傾向，史料會以格拉古兄弟時期的觀點來解釋這個時代的問題。雖然平民在這個時代不太可能在法律上被禁止持有公地，但因為貴族及其侍從享有優先占有新征服土地的特權，實際上平民階級可能根本無法跟他們競爭。這從而導致財產集中在少數富裕家庭手中，並形成由最富有家庭及其侍從一手掌控的國家土地租賃體系。李維（Livy 6.36.7-37.12）曾藉由寫下兩位著名人物李錫尼烏斯（Gaius Licinius Stolo）與色克都斯（Lucius Sextius Lateranus）充滿怒火的辯論，戲劇性地呈現了這個問題，他們在辯論中質疑並且要求元老解釋，為何元老能被容許獨占那麼大片土地？而與此同時一般羅馬人所分配到的土地卻只有區區的兩尤格（iugera，一里格約半公頃或一點二英畝）。我們不容易確定土地分配所引起的動盪程度。公共土地的再分配在西元前一三〇年代是個非常棘手的問題，而關於西元前四世紀政治局勢的有些描述，看起來又跟後來在土地的再分配上爆發的騷亂有些相似。另一方面，收下維伊的領土就意味著羅馬領土大幅增加，而不公平的土地分配則會引起爭議。

土地分配並不是西元前四世紀羅馬局勢緊張的唯一原因。李維多次提到在這段時期引發動盪的因素：債務和債奴。曼利烏斯的造反源自債務危機，這件事又在三八〇年和三七八年的時候重演，李維將這兩年發生的事連結上了建造新城牆（蓋城牆一事請見下文），建牆的人力可能就是仰賴由欠債人組成的債奴。債務問題中的某些方面與土地所有權問題是有關的。當時，羅馬的貨幣經濟還處於萌芽階段，使用的是粗銅阿斯（小青銅鑄錠，採用標準重量並且有官印），導致債奴的許多債務都不是出於金錢借貸，而是由渴求溫飽的農民向資源相對充足的貴族借貸購買設備或種子所造成的。農場的面積一般來說不大，因此大部分的羅馬農民很容易受到天氣變化或歉收的影響，如果發生天災人禍，他們的生計幾乎沒有太多的緩衝空間。一位小農場主在這種條件下很有可能無力償還種子、牲畜或設備貸款，特別是如果我們考量到極高的利率和需要一次清償所有債務。

債務在西元前三六七年的事件中再次成為主要問題，這次事件同時促成了《李錫尼烏斯—色克都斯法》的通過，這是貴族和平民之間鬥爭的分水嶺。這條法律是為了減輕債務而首次採取的實際措施，其中包括從欠款中扣除利息，以及分期償還本金的規定（Livy 6. 35），我在下文會更詳細地討論。利率的高低從三五七年起開始受到國家管制，有一個專責委員會成立於三五二年，成員包括貴族和平民，專責監督破產問題並引入由國家主導抵押借款的這種新制度。償還借款的條款在三四七和三四四年又得到了進一步的規定，三四二年的《傑努奇烏斯法》（*Lex Genucia*）禁止借錢者收取利息（Livy 7. 42. 2）；但或許也不令人意外的是，這部法律在整個共和時期往往都沒有被嚴格遵守。根據史家阿庇安的紀錄，甚至到了西元前八九年時還有因債務而起的公民反抗。債奴制度一直要到西元前三二六年的《博埃得利烏斯．帕皮律烏斯法》（*Lex Poetelia Papiria*）才會被廢除。

經濟復甦和戰事連連告捷大約從西元前四二五年開始產生了其他影響，特別是在羅馬的人口上，羅馬人口在四世紀開始迅速增加。由於缺乏準確的統計數據，研究者要估計古代世界的人口是相當困難的，而且確切的數字一直是高估計值支持者（如莫利〔Morley〕）和低估計值支持者（如謝德爾（Scheidel）之間爭論不休的問題，不過普遍的共識是羅馬的人口確實在迅速增長，特別是在四世紀的下半葉。保守估計，西元前三五〇年的羅馬人口大約在三萬人左右，到了三〇〇年則增加至六萬人。即使按照四世紀的標準來看，這也是相當龐大的人數，而且有些估計數字還來得更高，像是到了三世紀初可能就達到了十九萬，不過這種數字對於年代尚早的地方而言似乎太大了。人口急遽上升是出於兩個因素：一是人口自然增長，二是渴望追求城市中豐富機會的移民。在當時的羅馬是存在著農村人口被吸引遷入城市的趨勢，他們要麼是受到像是新城牆等大規模建設提供的就業機會的吸引，要麼就是單純出於城市發展可以帶來更大的經濟機會，而前來都市。

導致人口增長的另一個因素是羅馬戰爭規模的擴張，特別是從西元前三四〇年開始。戰爭勝利意味著奴隸數量增加，因為奴役戰俘是古代戰爭常見的附帶收穫。從三九六年攻下維伊揭開序幕的擴張階段，為羅馬帶來了穩定增加的奴隸、動產和土地。隨著羅馬的野心和領土利益擴展到義大利中部之外，這數字從三四〇年以降就大幅增加。奴隸帶來的經濟利益將在第十三章討論，但是就本章而言值得注意的是，羅馬在三四〇至二六四年間發展的一個主要因素是日益增加的奴隸，這不僅擴大了人口的規模，還提供了大量的廉價勞動力。

社會階層的鬥爭捲土重來：政治改革和社會變革

社會和經濟上的不滿（債務和土地分配）一同助長了平民對貴族的不滿情緒，三八〇年代和三七〇年代期間不斷爆發的公民騷亂，則在三七六年至三六七年之間達到了頂峰。[3] 蓋烏斯・李錫尼烏斯・史托羅和盧基烏斯・色克都斯・拉特朗這兩位護民官提出了一系列對策，企圖減輕債務、規範土地分配，並取消對平民的其他政治限制。李維（Livy 6.34-42）將此描述為一場宛如史詩般持續了十年之久的權力鬥爭，貴族在這段期間一再拒絕改革，平民階層則發動了強烈反抗，年復一年地不斷推舉李錫尼烏斯和色克都斯擔任護民官。這兩位護民官使用了他們的否決權來阻止其他行政長官當選，並且不斷重新提出他們的改革建議。不過，隨著一位獨裁官、資深將軍和政治家馬庫斯・福留烏斯・卡米盧斯（Marcus Furius Camillus）在三六七年上任，僵局也跟著被解決了。他促成雙方達成了某種協議，儘管在過程中還是有著強烈抵抗，以及平民再次威脅要「分離」，但立法最終還是通過了。實際上，抗爭的時間可能沒有那麼久，護民官基本上不太可能發起一場為期十年的抗爭，或者擔任如此之久的護民官。被後世稱為「無政府狀態」（the anarchy）的五年（西元前三七五年至三七一年），也就是選舉中斷的五年，很可能是後來才被加進《卡必托里大事記》的。狄奧多羅斯的說法或許更為合理，他認為這場危機只持續了一年，儘管貴族的抵抗力量很強，但騷亂的時間不太可能持續到李維所說的十年。

《李錫尼烏斯—色克都斯法》是「社會階層的鬥爭」中的決定性時刻。這部法律是一系列意義深遠的改革，解決了一些社會、經濟和政治方面的不滿。在《李錫尼烏斯—色克都斯法》規範債務的第一條指出，已付的利息應從所欠的本金中扣除，餘下的款項則應改為等額分期付款，而且是在三年後償還，不是一次性付清。債務人不會再因為債務不斷積累而被困在無休止的償債循環中，他們如果不直接償還債務，也可以選擇分期償還而不必被奴役。雖說債奴的制度依然存在，但現在有了一個法律框架可以規範債權人行為，並且減輕債務帶來的影響。

《李錫尼烏斯—色克都斯法》的第二條解決了民眾對公地問題的長期不滿。該法確立了一個人可以出租和耕種的最大面積限額，法律規定為五百尤格（約一百三十三公頃）。所有史料對這個基本規定的記載都意見一致，但希臘歷史學家阿庇安還記錄下另外兩個條款：一是在公地上放牧牲畜的人應該被限制最多放牧一百頭牛或五百頭較小的動物；二是擁有公地的農民不允許只依靠奴隸來耕種土地，而該僱傭一定比例的自由勞動者。與西元前二世紀的土地法不同，《李錫尼烏斯—色克都斯法》只會對過度占用者處以罰款，而不是強迫他們交出多餘的土地。

但是，《李錫尼烏斯—色克都斯法》的內容卻很難讓人相信，自十九世紀（如果不是更早的話）以來有關法條的涵義的辯論就不曾間斷過。正如我們的史料所呈現的，《李錫尼烏斯—色克都斯法》與提庇留．格拉古在西元前一三三年的土地法非常相似。兩者之間的密切相似甚至讓人認為有以下這種可能性，即前者完全是二世紀捏造出來的記載，是要替格拉古發動的改革提供先例，因為五百尤格的上限規定其實更符合二世紀土地所有權的大小。

然而，加圖在西元前一六七年的演講片段提到了這部法律，這證實了確實有早於格拉古時代的法律存在，而且李維（Livy 10.13.14）也提過在二九八年有因為違反土地法而被起訴的案件，因此很可能四世紀時曾經真的有一部土地法來限制公地分配的額度。有兩個關鍵問題是，五百尤格的上

3 作者注：由於李維的說法和大事記兩者丟出了要確定時間先後順序的難題，這讓西元前三七六年至三六七年的各個事件變得更為複雜，正如附錄「羅馬大事年表」中所討論的那樣。

限在四世紀是否合理，以及這些限制是否只適用於公地，或者也包括私人土地在內。一些學者，特別是康奈爾和（最近的）約翰．里奇就擁護以下觀點，認為五百尤格這個上限是準確的，放在四世紀的背景下也是合理的。[4] 然而，里奇認為上限適用於所有土地，無論是私有或是公有，因此將個人的土地擁有面積限制在五百尤格以內。如果這是正確的，那麼《李錫尼烏斯—色克都斯法》就不只是一項社會經濟措施（或者說重點不在社會經濟），它也是一部限制財富過度集中的禁奢法。

最後一條法律關注的是平民的政治代表性，而不是經濟問題。該條法律廢除了「執政護民官」這個職位，在過去半個世紀的大部分時間裡，都是由執政護民官和執政官輪流擔任首席行政長官。再者該條法律也以每年選出的兩名執政官來取代執政護民官，且其中一名必須是平民。新的法務官一職被設立起來，它的級別低於執政官，但高於其他行政長官，主掌法律和司法職責。在行政長官體系中還新增了兩名市政官，也被稱為高階市政官（curule aediles），好跟現有的平民市政官（plebeian aediles）區別，這使得市政官的總數達到四名。其中一個重要的祭司團，負責神聖儀式的兩人祭司團（duumviri sacris faciundis）也進行了改革，擴大規模並且放寬成員資格。它變成由十人組成的十人祭司團（decemviri sacris faciundis），由五名貴族和五名平民組成。盧基烏斯．色克都斯．拉特朗本人參加了執政官的選舉，並且成為西元前三六六年首任平民執政官。

這條法律表面上的目的是要建立起一個框架，讓兩個階層之間的權力與公職的分配變得更為公平。現在，無論是擔任執政官或者是進入主要宗教祭司團，平民與貴族的名額是平起平坐的，不過只有貴族有擔任高階市政官職位的資格。但雖說如此，還是有許多的細節我們並不清楚，像是李維關於以下兩點的說法是模棱兩可的：法律是否有規定平民可以成為執政官，抑或是否規定執政官中必須有一位是平民，如果是後者的話，那麼在執行上必定困難重重，因為從西元前三五五年到三四三年之間，當中至少有六年時間兩位執政官都是貴族。由於《李錫尼烏斯—色克都斯法》與三四二年的《傑努奇烏斯法》高度相似，因此造成一些歷史學家質疑李維對三六七年法律的描述的可靠性。李維有可能將平民獲得出任執政官的權利，拿來跟平民獲得一位執政官強制保障名額混為一談，不過也有可能（也許更有可能）是平民發現到，即使他們贏得了出任最高行政長官的法律權利，但是在實務上也很難當選。執政官是由百人團大會選舉產生的，而在大會選舉中選民是以經濟階層來分組，這樣的選舉可能比較有利於有錢有勢的貴族候選人，而不是政治地位不高的平民候選人。

《李錫尼烏斯—色克都斯法》與西元前四四九年的《瓦萊里烏斯—賀拉修斯法》一樣，都是社會階層的鬥爭的重要轉捩點。雖然李維談到的法律的一些細節並不符合歷史事實，但是他的描述確實觸碰到了歷史事實的核心。這些立法與早先的立法一樣，都將政治改革與平民對社會經濟的不滿結合在一起，而這些改革主要將會使平民階層的領導人受益。這可能不完全是巧合，到了三六七年，羅馬國家內部的平民組織已經建立了一段時間，該組織以阿文提諾山上的平民崇拜、平民護民官與平民市政官的政治職務為基礎。有野心的平民領袖已經出現了，例如像李錫尼烏斯和色克都斯

4 作者注：相關評論可見Cornell, *The Beginnings of Rome*, pp. 328-9，更為晚近的評論可見J. W. Rich, 'Lex Licinia, Lex Sempronia: B. G. Niebuhr and the Limitation of Landholding in the Roman Republic', in L. de Ligt and S. Northwood (eds), *People, Land and Politics: Demographic Developments and the Transformation of Roman Italy 300 BC-AD 14* (Leiden, 2008), 319-72。

這些人受限於出身他們無法擔任更高的政治職務，他們的影響力也受到限制，但法律改革可以解放這種限制，讓他們大大受到益處。有財富、有野心的平民領袖跟其他羅馬人之間的距離似乎正在擴大，但對大多數的羅馬人來說，債務和經濟上的排他性才是更為緊迫的問題。李錫尼烏斯和色克都斯透過將政治和經濟改革結合在一起，藉此為他們所提出的法律吸引到了大量的支持者。如此造成的結果是貴族和平民之間的分歧逐漸不再森嚴，而且西元前四世紀後期時還出現了一個新的貴族階層。

所謂「社會階層的鬥爭」的性質仍然有些模糊，「貴族」和「平民」的定義也是如此。古代的記載無疑試圖將某種程度的連貫性強加在一系列斷裂和混亂的事件上。在這樣做的過程中，有時可能會把彼此完全獨立的事件連結在一起，並將長達一百多年高度複雜的歷史融入到一個整齊的令人難以置信的框架中。某些問題的相對重要性會隨著時間的推移而發生變化，隨著貴族和平民之間的競爭白熱化，兩方的政治和社會分歧很可能在四四九年到三六七年之間變得更加深刻。不過，我們可以得出一些結論。債務和土地是否公平分配是個嚴重的長期經濟問題，這些問題在五世紀和四世紀曾多次捲土重來。我們不確定法律中是否規定了歧視平民的條款（例如沒有資格租賃公共土地），但即使法律並非如此，平民在經濟上遇到的困難也會因為社會不平等和少數精英的統治而加劇。政治問題始終跟這些問題交織在一起，特別是在四四九年之後。隨著平民獲得有限的政治權利，該階級中野心勃勃的成員就試圖在這些基礎上去取得充分的政治權力和影響力。最終，隨著平民和貴族之間差異的重要性被削弱，一個建立在擔任過高階行政職務、出身標準一致的新貴族也開始出現了。

共和政府的發展和新精英的出現

世家貴族和平民之間的分歧被逐漸削弱，更複雜的政府結構被建立起來，是西元前三六七年至三四二年間的時代趨勢。每年由兩人擔任執政官已經被確立為羅馬最高的行政權力，而且還有一些其他的低階行政長官，像是財務官和市政官。護民官這個職務是貴族和平民同化的過程中的例外。這份職務仍繼續保留給出身平民家庭的人，由於其獨特的權力，它仍然是羅馬政治生活的一個重要組成部分。護民官擁有龐大的權力，像是召開部落大會的權利，能提議和否決立法，而且還可以保護一般公民免受行政長官的干預，這種種權力讓他們擁有高度的影響力。以上這些或許在三六七年之後就不那麼明顯了，但在整個共和國，護民官仍然有影響力，並在一三三至五〇年的政治動盪時期扮演著核心的角色。

平民從西元前三六七年起就能夠擔任執政官，平民所能擔任的職位和貴族所能擔任的職位之間的隔離狀態，就此被打破。我們從這個時間點開始可以看到一個新貴族階層的出現，這個階層是建立在曾經擔任過的政治職位所隨之而來的權力和地位，而不是基於這些人的家世血統。但這並不是一個順遂的過程，而且最終的結果也不是最初所可以預料到的。最初，《李錫尼烏斯—色克都斯法》並沒有擴大取得權力的管道，只是以一種新的方式對其加以限制。對於一些人來說，多次擔任執政官是司空見慣的事。例如在三六七年到三四二年之間的二十五年中，有七人擔任過兩次以上的執政官，其中三人擔任過三次，還有兩人擔任過四次。最具支配性力量的人是蓋烏斯·蘇皮西烏斯·佩提庫斯（Gaius Sulpicius Peticus），他在三六四年到三五一年之間擔任過五次的執政官。無論是貴族和平民階層都有這種高度重複任職的情況，這說明了能夠獲得擔任最高行政長官的人選依然有限，但如今這些職位是由來自貴族和平民雙方的政治團體和結盟來控制的，而不是由單一階層獨占控制權。許多人不只任職一次，而且還會跟同一位同事再次搭檔，例如像是三六五年和三五二年的蓋努奇烏斯和塞爾維利烏斯，以及三二〇年和三一五年的普留斯・菲洛（Publilius Philo）和帕皮律烏斯・庫爾索（Papirius Cursor），上述的例子揭示了某些貴族和平民之間合作的可能性，他們的做法是一再推出同樣一組人作為聯合候選人。

儘管首任的平民執政官盧基烏斯・色克都斯在西元前三六六年就職，但接下來的幾年，執政官的分布卻並不均勻。在三六七年到三四二年之間，至少有六年的時間，兩位執政官都是世家貴族，法律的精神（也可能是文字）被人們視而不見。我們可以從平民執政官的名單（總共十八人）上看出，僅有少數人多次出任這份要職，尤其是馬庫斯・普留斯・萊納斯（Marcus Popilius Laenas）和蓋烏斯・馬奇烏斯・魯提利烏斯（Gaius Marcius Rutilius），兩人共擔任了七次的執政官，正如福西泰所指出的，這可能是因為羅馬正處於高盧人的軍事侵略壓力下，需要有實際軍事經驗的行政長官來處理國政。然而，李維也留下紀錄表示，頑固的貴族試圖在三六〇年代和三五〇年代重申他們的優越地位。平民執政官的選舉多次被喊停，例如像是在三五七年就有一段被用來推遲選舉的權力空白期（Livy 7.17.12）。此外像是三六二年的戰事失利（Livy 7-6.5-6），或是三五八年的賄選和貪腐明顯增加（Livy 7.16.5），這些都是用來指謫平民行政長官選舉的口實。

對這些發展的另一種可能的解釋是，在大約二十年的時間中，一些貴族家庭和一些晚近獲得影響力的平民家庭之間建立了新的政治聯盟。這種「中心黨派」（centre party，一如康奈爾和其他學者提出的說法那樣），造成了其他的貴族家庭被邊緣化，例如像是五世紀時名聲響噹噹的曼納尼烏斯（Menenii）、克洛利烏斯和賀拉修斯這些氏族。這些氏族的成員在三六七年之後很少獲得政治職位，他們的姓氏也幾乎從大事記上消失了。與此相反的是，執政官名單由一小群貴族主導，其中最重要的是馬庫斯・法比烏斯・安布斯圖斯（Marcus Fabius Ambustus）、蓋烏斯・蘇皮西烏斯・佩提庫斯、昆圖斯・塞爾維利烏斯・阿哈拉（Quintus Servilius Ahala），以及盧基烏斯・埃米利烏斯・馬梅爾基努斯（Lucius Aemilius Mamercinus），以及他們的平民盟友。在此期間任職的許多平民先前已經擔任過諸如護民官的平民職位，並跟貴族建立了社會聯繫。李維對《李錫尼烏斯—色克都斯法》的法律提議的描述便是這樣一種情況。在他的描述中，李錫尼烏斯的改革熱情源自他妻子和妻妹之間的家庭糾紛，他的妻子是貴族法比烏斯・安布斯圖斯的女兒，而妻子的妹妹則嫁給了一位貴族蘇皮西烏斯・佩提庫斯，想以此來維護自己的社會地位。家族內部的負面情緒最終說服了李錫尼烏斯挺身而出領導一場改革運動，並且替平民爭取更多權利。雖然這不太可能是改革的真實動機，不過它確實提出以下這個有趣的觀點：貴族家庭和平民家庭之間的聯繫和關係網絡正在發展，這使得兩個群體中的一些成員關係變得更加緊密。它還顯示有一個平民領導層正在逐漸成形，他們擁有相當的財富和社會或政治上的人脈，可以充分利用目前的時勢。

這種由少數人組成的統治引起了相當大的不滿，進而引發下一步的立法。規範選舉活動的《博埃得利烏斯法》（請讀者不要跟三二六年規範債務的同名法律混淆）、《傑努奇烏斯法》要經歷一段時間的內亂之後，才在三四二年通過。[5]關於《傑努奇烏斯法》，我們對其確切內容還有些不確定的地方，目前所知是這部法補齊了《李錫尼烏斯—色克都斯法》中的一些漏洞，又重新聚焦在債務問題上，並且完全禁止收取利息，但它大部分的內容還是跟政治有關。在此之後不再有人會在同一年內擔任兩次行政長官，而且一個人在十年之內都不能再擔任同樣的職位。這目的顯然是為了防止小群體壟斷權力，並且阻止個人獲得不正當的權力。同時，《傑努奇烏斯法》也讓更多人有資格競選執政官。由於每年只有兩名執政官，這職位在過去往往被少數幾位候選人壟斷，因此限制了他們同輩人的晉升前景。這一點是很重要的，因為最終浮現、擁有同樣出身背景的新貴族階層有著很強的競爭力。榮譽和成就的積累對於建立和維持社會和家庭地位是很重要的，諸如成功被選為政府官員、成功的軍事行動、被提名擔任重要的祭司，因此一個小集團壟斷了最高行政長官成為不滿的根源。

此外，羅馬人還遇到了另外一個大困難，就是《傑努奇烏斯法》允許兩位執政官都可以由平民來出任。這法條引起了學界很多爭論，其確切涵義也還不清楚，但如果我們拿三六七年到三四二年之間大事記記錄下行政官員的出任名單來比較，問題就會特別明顯。正如康奈爾所指出的，在這段時期有好幾年的時間兩位執政官都是貴族，縱使從三六七年起就已經確立平民有資格擔任執政官。但如果打從三四二年起，每年都至少有一位平民的執政官。就此看來，《傑努奇烏斯法》可能已經強制要求至少要有一位執政官是平民，這就強化了李錫尼烏斯和色克都斯推動的改革。李維在敘述上的錯亂似乎是來自一七三年的事件，當時第一次有兩位平民同時當選執政官，到這個時候大家才意識到《傑努奇烏斯法》創造出了會讓這種情況發生的漏洞。

平民所尋求的變革並不僅限於狹義的要求擔任政治職務和參與政治進程而已，許多高階的祭司職位仍只保留給世家貴族。只要世家貴族繼續壟斷這些權力，那麼有野心的平民就無法出任一些享有很高聲望和影響力的公職。但是，這不僅僅是聲望和政治進步的問題，祭司還具有巨大的象徵意義，因為祭司讓貴族能夠主張自己對國家的宗教生活有著神聖的權威和責任，這是貴族之所以要緊抱這特殊位子的關鍵因素。十人祭司團開放給相同數量的貴族和平民時，已經有一些平民進入了祭司的領域，但到了西元前三〇〇年，又出現了一個更大的進步，那就是該年通過的《奧古尼烏斯法》（*Lex Ogulnia*）開放了另外兩個主要的祭司團，即大祭司團和占卜師團給貴族和平民共同擔任。因為所有的祭司一旦任命就是終身職，所以這種開放的具體做法是將大祭司團的人數從四人增加為八人，將占卜師團人數從四人增加為九人，新增的所有職位都由平民來擔任。當一名成員去世時，必須由同階層的人來替補，藉此保持成員資格的平衡。仍有一些神職人員的職位的確繼續僅限由貴族擔任，例如塞利祭司團（瑪爾斯神廟的祭司），但這些祭司的地位比較不那麼重要，此外在大祭司團中有一些特定職位是受到限制的，例如祭典之王和狄阿利斯祭司（flamen Dialis，朱比特神廟的祭司）。從西元前三〇〇年開始，最重要和最有影響力的宗教職位都已經向兩個階層平等開放，儘管最終要到西元前三世紀新貴族才會出現，但社會階層的鬥爭幾乎也已經結束了。

5 作者注：李維（Livy, 7.38.5-41.8, 7.42.3-6）對西元前三四三年至三四二年的事件有兩種不同的描述。其中一篇描述了羅馬的公民騷亂，公民要跟執政官進行協商後才結束。另一篇描述了軍隊中的騷亂，接著是討論後來還蔓延到羅馬的坎帕尼亞之戰，正如學者福賽斯指出的那樣，這兩種說法都顯示李維受到後來羅馬歷史的影響，而且我們無法接受兩者在細節上的正確程度。

重建與延續：高盧人入侵之後的羅馬

西元前三九〇年的高盧劫掠經常被描述為羅馬城發展的分水嶺。古代作家（特別是李維）認為高盧人完全摧毀了羅馬城，他們在羅馬人撤退到卡必托里山的內部防線之後將房屋付之一炬。李維的作品呈現了一場漫長而戲劇性的辯論，在這場辯論中，面臨著要重建城市的挑戰，羅馬人討論著是否要離開羅馬，要在先前由維伊所占據的更具防禦性的地點重建城市。但最終，羅馬人出於對祖先宗教崇拜場所的忠誠，拒絕了這個提案。李維把羅馬缺乏規劃的城市布局，直接歸因於羅馬人在高盧人劫掠後那股充滿熱情的重建速度：

> 提議搬遷至維伊的法條已經被駁回，城市的重建在幾個地區也同時開始進行。磚瓦由公費供應，每個人只要做出一年內可以把建築物完工的保證之後，就被賦予在任何地方開採石頭和砍伐木材的權利。眾人在匆忙之中轉移了所有的注意力，讓他們無餘力規劃街道是否平直；而且因為一切土地所有權的標記都已喪失，每個人都任意在任何空地上蓋房子。正是因為這個原因，原先在工地下面的老下水道現在都胡亂穿插到私人土地下面去了；也是因為這個原因，今日羅馬城的樣子令人覺得它好像是由每個人隨興之所至蓋出來的，而不是透過（政府專員）規劃設計出來的。（Livy 5.55）

目前看來，李維所呈現的這幅景象的可信度日益降低，因為有證據證明羅馬廣場（巴拉丁諾地區）的大多數主建築物的落成時間都早於高盧人入侵，而且在西元前四世紀初期幾乎沒有、或甚至根本沒有被破壞的跡象。

但李維的說法中有一點無庸置疑是正確的：羅馬以隨意的方式日漸發展，這與義大利南部大城市和伊特魯里亞部分地區，甚至它自己的殖民地的棋盤式道路規劃形成鮮明對比。事實上，羅馬從來不具備我們一般認為的「典型」羅馬城市的棋盤式道路規劃和明確的公共空間區域（雖然這些特色實際上是出現在典型的殖民地，不過就連它們算不算得上「典型」，也開始受到質疑）。李維錯就錯在把羅馬城的發展歸因於高盧人入侵後過度熱情的重建，但其實這背後的部分成因是當地的丘陵、沼澤和低窪地形，使得羅馬並不適合發展像是帕斯埃圖姆或馬爾扎博托所發現的那種，棋盤狀的城市規劃。（讀者可以比較圖十八中的棋盤式道路規劃的城市，與圖二十三和二十四中的羅馬街道。）社區會隨著時間推移而有機地增長，再加上羅馬人對於那些跟建城和早期歷史相關的地點和建物的崇拜，都進一步限制了城市布局能否發展為棋盤狀的可能。一旦這些地點和建築物被蓋起來，要移動它們就勢必需要神明的允諾，並破壞掉羅馬人自己的文化記憶。李維認為，羅馬人之所以決定留在這裡而不是遷徙到台伯河對岸一個更具防禦性位置的地點，就是出自這種對祖先崇拜場所的忠誠。

雖然在西元前三八〇年代，羅馬城迫切的重建需求似乎沒有事實根據，但這個世紀確實是羅馬城快速發展的時期。人口增長和高盧入侵所凸顯出的防禦需求刺激出的最重要發展之一，便是建造一座巨大的新城牆。這個巨大而令人印象深刻的工程長十一公里，總面積約四百二十七公

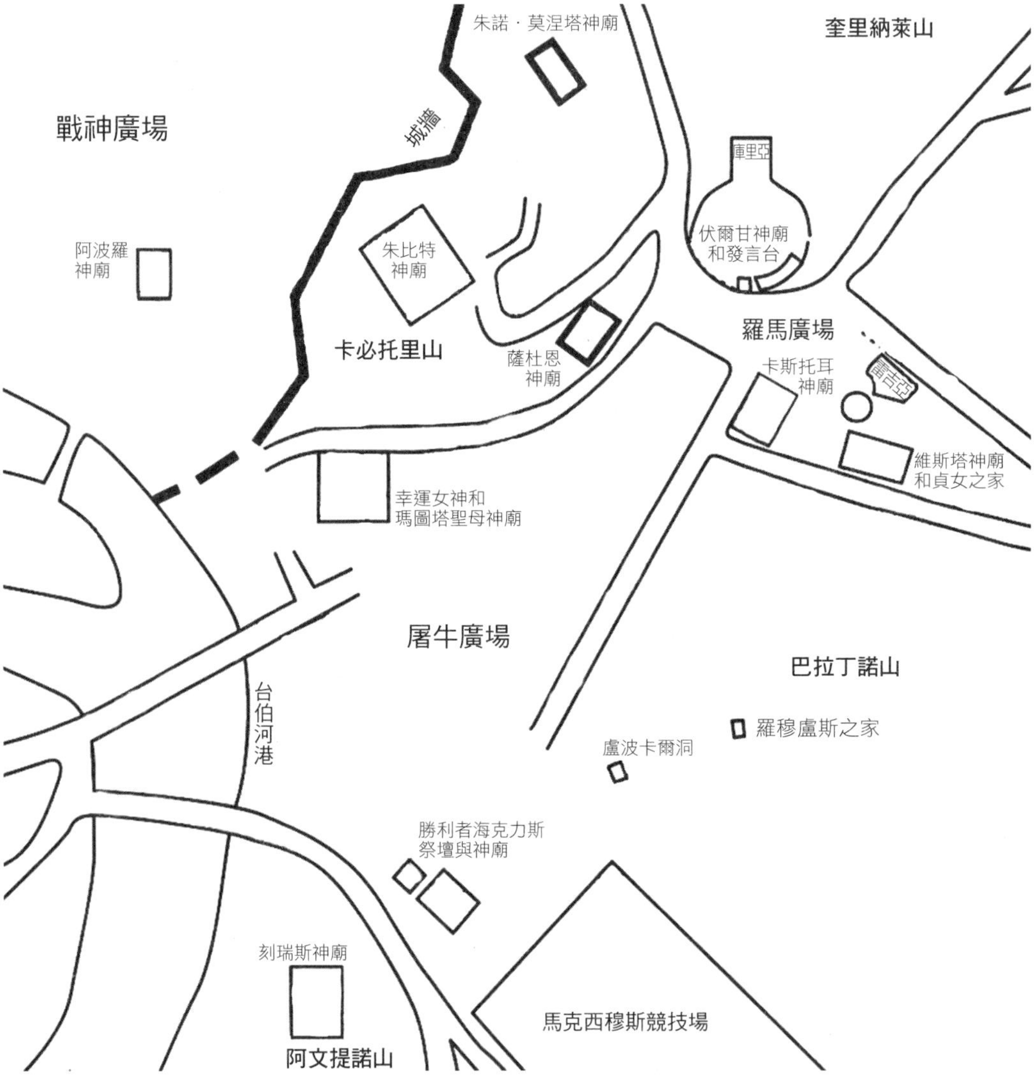

圖24　羅馬：西元前四世紀的羅馬廣場、巴拉丁諾山和屠牛廣場的平面圖。

頃。[6]相比之下，維伊這座伊特魯里亞最大城市的市區大約是一百九十四公頃，希臘人城市塔蘭圖姆（可能是義大利最大的城市）的面積則估計為五百一十公頃，僅稍稍大於羅馬。現今倖存的兩面城牆，一面靠近特米尼火車站，另一面靠近阿文提諾山，牆厚達四公尺，高則至少有十公尺。新城牆跟巴拉丁諾山早期的一些防禦工事不同，這是一面石牆，建造用的方形石塊來自位在羅馬以北約十二公里的採石場，隸屬於維伊領地的格羅塔・奧斯庫拉（Grotta Oscura）。現今留存的一些估計數字顯示該工程所需要開採和運輸的石頭多達幾百萬塊。石頭上都刻有希臘字母作為石匠的標記，這說明了該工程可能僱用了希臘工匠，儘管我們都知道這種石匠的標記是相當難以解釋的，而且我們對石匠的存在還只是種推測而已。根據李維的說法，城牆的工程始於三七八年，這跟建築原料的史料記載相符，並且一直到三五三年之後的某個時間點才完工，這個時間跨度也反映出工程的浩大程度。這種規模的建築除了代表國家的重大財政投資，也同時是羅馬野心的標誌。防禦工事提供了實用的防禦建物，環繞整座城市的城牆是造訪者在接近聚落時首先映入眼簾、最醒目的建物。堅固的石牆以最新的希臘技術建造，這除了顯示羅馬是座固若金湯的城市外，也證明它擁有足夠的經濟資源來投入這類建設，並且自視為如同塔蘭圖姆、克羅通或卡厄瑞一樣重要的國家。城牆表達出羅馬對自身文化和政治的自信，說明羅馬已經成為義大利中部的強權之一。

6　作者注：我們沿著「塞爾維烏斯城牆」的某些部分，可以發現一些似乎屬於較早防禦牆的石頭，這顯示在這道牆興建之前就存在著一個早期的防禦工事。然而，關於高盧人劫掠的敘述意味著羅馬人不得不撤退到卡必托里山來抵禦高盧人，這說明了這裡仍是這座城市唯一堅固的堡壘。

其他的發展也證實了人們對羅馬這座城市恢復了信心、重新繁榮起來的印象。羅馬在西元前四〇〇年至三七五年之間至少新建了六座神廟，其中的四座：朱諾・蕾吉娜神廟（阿文提諾山）、康考迪亞神廟（羅馬廣場）[7]、幸運女神神廟（屠牛廣場）和瑪圖塔聖母（屠牛廣場），被認為是由馬庫斯・福留烏斯・卡米盧斯所興建的，他是抵抗高盧人的英雄領袖。其他的是契斯庇安山（Cispian）上的朱諾・盧西娜神廟（Juno Lucina，興建於三七五年），以及三八八年在卡佩納門外建造的瑪爾斯神廟。其中一些神廟的資訊主要是來自古代歷史記載，因為它們在考古上幾乎沒有留下任何痕跡。我們尚未確定朱諾・蕾吉娜神廟的遺址在哪，不過瑪爾斯神廟據信位在卡佩納門一英里外阿庇亞大道（Via Appia）的左側，但這座建築並未被保存下來。有些神廟則有部分遺跡遺留，儘管其中的細節仍然存在爭議。倖存至今的康考迪亞神廟，興建年代為西元前一二一年，在它所在平台上還有一座四世紀建築留下的石塊碎片，後者可能是卡米盧斯所奉獻的神廟遺址，但目前還是眾說紛紜。三五三年時還有一座新的阿波羅・美提庫斯神廟落成於戰神廣場，它取代了興建於四三一年的舊建物。瑪圖塔聖母神廟和幸運女神神廟的證據則更為確切，不過關於它們的興建年代在判定上也存在爭議。據說在某個時間點，有一座新的凝灰石巨大平台被建造在古老的聖歐莫柏諾神廟中，新的神廟也蓋在這個平台上，科爾利（Coarelli）和托雷利（Torelli）認為這就是卡米盧斯在四世紀早期修復的神廟（Livy 5.19.6 and 5.13.7; Plut., *Cam.* 5）。近期的田野調查和針對發掘的檔案材料的研究，為這座神殿複雜的身世提供了新的線索，我們認為這個平台可以分成好幾個不同的發展階段，最早可能遠早於西元前四世紀，或甚至可能早於六世紀晚期。

選擇宗教崇拜和選擇建築計畫的位置都是很重要的。康考迪亞神廟有其重要的政治意義，因為據說它是在西元前三六七年完工的，是用來紀念《李錫尼烏斯—色克都斯法》的通過，將這座神廟奉獻給象徵和諧的康考迪亞女神，是先前相互爭鬥的貴族和平民之間和解的象徵。此外，大多數神廟都是由獲勝的將軍委託建造，並且用戰利品來支付建築經費，以此作為對神明護佑勝利的感謝。在西元前四世紀的最初二十五年中，羅馬人風行建造神廟並不是因為高盧人破壞了城市，反而更像是羅馬獲得軍事成功的反應，特別是羅馬人征服了維伊。在四世紀時，神廟被奉獻和建造的方式出現了明顯的轉變。在三九六年之前，大多數神廟都是由國家籌建的集體奉獻，但是到了三二五年，以個人名義（主要是獲勝的將軍們）奉獻神廟變得愈來愈頻繁。這個過程，還有戰爭與宗教之間的直接關係以及它們在文字上的聯繫，都被朱諾・蕾吉娜神廟巧妙地傳達出來。朱諾・蕾吉娜崇拜是維伊人的重要信仰，羅馬在攻克維伊之後將朱諾・蕾吉娜的塑像遷到羅馬，並供奉在阿文提諾山的新神廟中，打勝仗的將軍卡米盧斯要將塑像作為禮物獻給朱諾。羅馬人透過這個行為來象徵性地說服女神捨棄維伊，並就此長住在羅馬。

在四世紀下半葉，向神明奉獻戰利品，或利用戰利品來籌建紀念碑的做法變得更加的常見。例如盧基烏斯・帕皮律烏斯・庫爾索就在三一〇年於羅馬廣場中展示薩莫奈人的武器（Livy 9.1.4.15-16），二六四年也有來自沃爾西尼的兩千尊青銅雕像被陳列在瑪圖塔聖母神廟中。此外，最引人注目的是三〇五年時有一座巨大的海克力斯雕像落成，並被供奉在卡必托里山上，種種開銷都是由薩莫奈戰爭的戰利品支付（Livy 9.44.15-16; Pliny, *NH* 34.43）。由齊奧爾科夫斯基（Ziolkowski）所撰

7 譯者注：在古羅馬宗教中，康考迪亞（Concordia）是代表婚姻和社會和諧的女神。

寫，關於共和時代中期的神廟目錄中，他列出了將軍掠奪來的戰利品中要奉獻給神明的四座神廟。羅馬城的中心正變得愈來愈具地標性意義，這不僅僅在建築方面，也表現在雕像和其他因征服戰爭而興建的城市紀念碑上。

廣場上幾乎沒有留下高盧人劫掠帶來的破壞的跡象，而且雷吉亞、公共聚會所和卡斯托耳神廟都沒有受到損害，卡必托里山的建築物也完好無缺。然而，仍有一些與西元前三九〇年的事件無關的重大發展。三八三年的執政官蓋烏斯・馬尼烏斯（Gaius Maenius）將公共聚會所擴大和翻新為圓形建築物，並帶有階梯式座位，還在集會場的前方增設了發言台（Rostra），演講者可以利用這個平台來向羅馬人發表談話。

公共聚會所作為羅馬國家的象徵，它在政治變革時期被重建和地標化，是具有重要象徵意義的，它象徵了新貴族的出現和羅馬在義大利日益增長的重要性。羅馬的公共聚會所與希臘的公民大會集會所（Ekklesiasterion），兩者有著密切的淵源關係，這反映了希臘是如何影響到羅馬文化。在薩莫奈戰爭期間，羅馬人曾派遣大使前往德爾菲神廟，而神諭指示他們應豎立起那些最聰明、最勇敢的希臘人的雕像。因此，畢達哥拉斯和阿爾西比亞德斯（Alcibiades）的雕像被委製並放在公共聚會所中，強化了這棟羅馬重要建築的希臘色彩。廣場的發言台紀念著馬尼烏斯是如何面對強大的沃爾西人城市安提姆，又是如何取得勝利，安提姆到此時都還是一個享富盛名的海上強權，直到它的艦隊被羅馬沒收為止。這座發言台是由安提姆船艦的船首（拉丁文為rostra）建造而成的，並從馬尼烏斯奪得的戰利品的份額中支付建造費用。為了強調個人的成就，馬尼烏斯以靠近廣場的發言台柱子的樣式，蓋了一座勝利紀念碑。這座發言台以捕獲來的船隻作為它結構的一部分，就引人注意地凸顯出羅馬在義大利日益增長的統治地位和野心，以及羅馬政治的不斷變化本質與政府和人民互動的重要性。

透過公共聚會所，我們可以更了解羅馬政治生活是如何實際運作的這個複雜問題。公共聚會所會被用在部落大會的會議，這是負責核准法律的人民集會[8]，考古學家對它的重建可以映照出人民大會在羅馬政治生活中日益增長的重要性。根據估計，這棟建築的面積約為一千六百平方公尺，最大容量為三千到四千人，這容量完全不足以容納所有有權參加會議的羅馬男性公民。在西元前二世紀時，羅馬政府象徵性地調整了廣場的發言台，允許演講者向在廣場中聚集的人們發表講話，在此之前，部落大會的會議僅能出現在一些指定的日子，演講者也只能向擠進公共聚會所的人講話。以上的例子說明儘管部落大會可以作為表達羅馬人民意志的機構的角色，但實際參與立法的人數卻只有有資格參與立法的人中的一小部分，或甚至可能像學者耶納（Jehne）所說，只有居住在最靠近聚會所的人才能夠參加。但無論如何，公共聚會所和鄰近的元老院所在地庫里亞，它們作為共和政體關鍵組成要素的體現是有其重大的象徵意義的。

至今我們仍對西元前四世紀羅馬的當地建築知之甚少。位在巴拉丁諾山北邊的六世紀房舍，直到整個四世紀和三世紀仍在繼續使用。卡蘭迪尼利用它重現了羅馬式中庭房屋（Roman atrium

8 作者注：相比之下，百人團大會嚴格來說是軍隊的大會，因為組織起百人團大會的眾多階層便是兵源的基礎，若在城市的範圍內舉行會議將會違反羅馬境內禁止軍事集會的法律。因此，百人團大會聚集在戰神廣場，便是現在萬神殿和納沃納廣場（Piazza Navona）周圍的地區。該地區最初是羅馬軍隊集合和訓練的場地，因此是舉行會議的合適場所。

house），也就是日後羅馬房屋最典型的形式。只不過，卡蘭迪尼的結論是建立在非常零碎的證據上，懷斯曼在內的許多學者都認為這過於推測性而予以駁斥。最完整的房屋似乎有成排的房間，房門都是對著中庭而開，但要把這稱為一間早期的中庭房屋，那不免是過度的解讀。我認為這可能是有著當代伊特魯里亞和拉齊奧風格的一個庭院，但並不是真正的中庭房屋。

典型的中庭房屋會有一個通向大中庭的狹窄入口前庭，中央會有一座方形蓄水池，水池可以從屋頂中心的一個開口收集水。中庭兩旁有小房間，中庭的後方有一間辦公室，此外還有相當多的接待室和餐廳，房屋後方則可能還有一座帶有花園的庭院。羅馬的貴族住宅既是公共場所也是私人住宅，中庭房屋的形式會與權力和社會儀式密切相關。這種房子的中庭提供了侍從（即依附者）或請願者在早上等候的空間，房子的主人可以在辦公室處理他的事務，有影響力的訪客則會被邀請到更私人的空間，像是臥躺餐廳（triclinia）或花園／列柱中庭[9]接受招待。然而，我們其實不清楚中庭房屋的早期發展狀況。羅馬建築師維特魯威（Vitruvius）曾描述中庭帶有方形蓄水池是羅馬房屋的特徵，但我們在馬爾扎博托發現的一些五世紀房屋其實也有方形蓄水池，這暗示了伊特魯里亞人是如何影響了羅馬的在地建築。相反地，龐貝和科薩的一些最早期房子不是中庭房屋，而是所謂的「排屋」（row house），由圍繞一處開放庭院的一排排房間組成，龐貝房子的一些中庭可能最初是開放的庭院，直到它們後來被火山灰覆蓋起來。排屋在某些方面很類似在薩特里克姆等地發現的七世紀和六世紀房屋，這些房屋與希臘式的房屋有相似之處，即它們是圍繞著庭院建造，往往都帶有列柱中庭。羅馬式中庭房屋似乎是作為庭院／排屋中的一個環節而開始發展的，而此時希臘文化和新希臘城市主義思想的影響，是促進羅馬國內建築發展的一個重要因素。

房子是羅馬貴族的社會地位和公共生活的核心，在羅馬市中心擁有房屋應該是相當重要的一件事。對羅馬人來說，一個人的聲望是源自在巴拉丁諾山、卡必托里山，或是在廣場附近擁有一棟房子。科內留斯—西比奧氏族（Cornelii Scipiones）、法比烏斯氏族和馬尼烏斯氏族（Maenii）都擁有鄰近廣場的房屋，阿庇烏斯．克勞狄烏斯居住在戰神廣場的邊緣，克勞狄烏斯．千圖馬盧斯（Claudii Centumali）家族則在凱里歐山擁有一棟房子。貴族家庭在房屋需要擴建或是翻新時會選擇在原址重建，而不會搬遷到其他地方，這件事證明了地理位置的重要價值。這些家庭擁有鄰近羅馬公共生活中心的房屋，這便意味著他們始終會出現在公眾的視線中。元老的房子對他們的社會地位，以及對他們履行侍從和朋友的社會義務能力來說，是很重要的。不過，元老和他們的房子之間的這種密切聯繫，也可能會產生令人不安的後果。例如像是瓦萊里烏斯．波普利柯拉等標誌性的房屋會被保留為地標性建物，但也有一些建築物因群眾的憤怒而遭到破壞，例如像是曼利烏斯．卡必托利努斯或維特魯威．瓦庫斯的房子，後者是來自普里沃努姆的貴族，在他領導一場反羅馬的起義時，他在羅馬的房子就被群眾拆毀了。

中庭房屋（或庭院房屋）是富人的特權，它可以容納下整個家庭，包括了奴隸，有時候還包括同一家族當中的其他家庭。但絕大多數羅馬人的生活方式是跟富人非常不同的，他們住在狹窄的住所裡。在稍微晚期的時代中，大多數羅馬人都居住在多層公寓樓（insulae），這在當時滿布整個街

9 譯者注：列柱中庭（peristyle）是希臘和羅馬建築中的一種形式，指建築中央的庭園被柱廊包圍的情況。在古羅馬時期，列柱中庭是富有人家住宅常見的裝飾，被視為古典時代上流社會生活的標誌之一。

區，並被細分為一間一間的公寓。西元前四世紀的房屋或公寓樓都沒有被保存下來，但考量到羅馬人口在四世紀正不斷增加，在城市空間有限的壓力下，一般家庭的居住條件很可能非常擁擠狹窄。

羅馬的人口不斷增加，這就創造了改善城市基礎設施的需求。對這樣一個規模的城市來說，供水是一個重要的問題，在西元前三一二年當年的監察官阿庇烏斯·克勞狄烏斯·凱克斯（Appius Claudius Caecus）就制定了一個雄心勃勃的公共工程計畫。計畫中最著名的與他同名的阿庇亞大道（Via Appia），工程啟建於三一二年，是羅馬最偉大的道路之一，其最初興建的一段將羅馬與卡普阿城連結了起來。接下來，同樣重要的是阿庇烏斯決定建造第一座公共水道橋，每天能將約七萬三千立方公尺（一百六十萬加侖）的水引入城市。與後來的水道橋容量相比，這樣的水量並不是太大，不過看到這種規模的水道橋需求，也說明了羅馬在這一時期的增長。阿文提諾山下方的港口區域被稱為台伯河港，港口開發的目的是要提供更強的水運能力。這地區在塔克文家族統治下獲得了相當程度的發展，不過在五世紀期間則幾乎沒有發展。直到四世紀，碼頭的區域才被擴大了，而且如前面我們提過的，幸運女神、瑪圖塔聖母和波圖努斯（Portunus）這三座神廟也被重建了。

在西元前四世紀末造訪羅馬的遊客，將會發現一個遠不同於一百年前的城市。隨著工藝生產精進和經濟的繁榮，羅馬已經壯大並還在迅速擴張。令人印象深刻的公共設施，如水道橋已經開始出現。新的神廟已然建成，舊的神廟被翻新或取代。沿著新建的阿庇亞大道進入城市的任何人都會路過幾座這樣的神廟，它們是羅馬軍事實力的間接證明，因為它們的建設經費都是來自羅馬四處征服所獲得的財富。遊客也會見識到羅馬巨大的新城牆，它既體現了強大的防禦能力，也體現了城市的力量和自信。乘船前來羅馬的景象同樣令人印象深刻。遊客們在翻新的港口下船，沿途會經過卡米盧斯所奉獻的三座新神廟。羅馬廣場仍然是一個開放和未定義的區域，可以容納各種年代的建築物，有些建物像是雷吉亞的年代相當久遠，有些建物則因為要反映社會階層的鬥爭的最後階段所帶來的新政治現實，而被改建。此外，巴拉丁諾山上的大宅子仍然是羅馬貴族財富和權力的有力象徵。此時羅馬的建築風格尚未出現根本變化，但希臘人對羅馬的建築形式和風格，以及建築技術的影響日益突出。羅馬在西元前四世紀是一個位處在轉型中的城市，但是與它在五世紀的艱難處境形成鮮明對比的是，這座城市現正處在逐步攀升的軌道上。

第十二章　薩莫奈戰爭和義大利全境的征服

在西元前三四三年到二七二年之間，羅馬與薩莫奈人、伊特魯里亞人和希臘人展開了一系列的戰爭，在此期間羅馬征服了義大利半島的大部分地區，驚人地從拉丁姆地區的強權崛起為國際強國。李維是我們有關這系列戰爭的主要資料來源，他將這系列戰爭描繪為兩個迅速擴張的大國之間的衝突，以及義大利歷史上的關鍵時刻，並且提及有一位派往羅馬的特使說道：

> 羅馬人，我們的爭吵不會是由特使的話或任何人的仲裁來決定，而是由戰神瑪爾斯來裁決，我們將在坎帕尼亞平原上兵戎相見，用武器和廝殺來擺平。接著，讓我們在卡普阿和蘇維蘇拉之間紮起軍營，來分出高下究竟是薩莫奈人還是羅馬人將君臨義大利。（Livy 8.23.10）

顯然這篇文字的大部分是以後見之明的角度撰寫的，而且李維過分簡化了眾多四世紀紛亂無章的事件，好方便將其納入他的歷史觀中，他認為羅馬人是因為性格上的優勢才能取勝。關於這場衝突的原因和詳細過程，我們仍有很多未知之處，李維對義大利地理的掌握並不準確，這代表他在描述軍事行動時常常令人困惑。這場衝突實際上不是單獨的事件，而是持續了五十年之久的一系列戰爭。最早的小規模戰鬥（通常被稱為第一次薩莫奈戰爭）是發生在坎帕尼亞的局部衝突，但這並不符合李維所謂的爭奪區域霸權的看法。相比之下，第二次和第三次薩莫奈戰爭才是真正爭奪亞平寧和義大利南部地區霸權的大規模衝突。更為複雜的是，羅馬當時除了薩莫奈戰爭外也同時在別處作戰。羅馬在這時跟拉丁人的衝突，在某些方面上對羅馬歷史造成了更全面的影響，此外在伊特魯里亞和翁布里亞的許多戰役也同樣有不小的影響。最後，西元前二八一年至二七二年羅馬在義大利南部所進行的戰役，曾一度威脅到羅馬自身的存亡，但最終的勝利也奠定了羅馬日後控制整個半島的基礎。

西元前四世紀時羅馬以外的義大利：社會變遷和城市發展

從羅馬我們可以觀察到某些大趨勢，例如只有特定某些家族的成員才能加入的古老封閉精英階層開始瓦解、新的有力家族崛起、財產所有權和經濟活動模式的變化，以及城市的擴張，以上這些現象在義大利的大多數地區都可以觀察到。儘管西元前四世紀是羅馬經濟復甦的時期，但是從約三五〇年以降的這段時間裡，各地都充滿了壓力和不穩定，像是希臘人和奧斯坎人之間的戰爭、高盧人的再次入侵，以及羅馬對全義大利的征服。

現有城市的規模愈來愈大，新城市則出現在尚未完全城市化的地區，如義大利的東南部。他們的領土人口密度更高、耕種更集中、而且聚落的組織發展程度更高。城市在基礎設施上投入的資金也更多，部分是為了解決實際民生問題，諸如充足的供水、良好的防禦，以及街道巷弄的維護，但興建公共建築不僅是出於實務需求，在競爭激烈的世界中，城市需要透過投資引人注目的建築和公共設施來展示自己的地位。例如希臘人在四世紀徹底重建了梅塔龐圖姆城，興建了新的防禦工事，也擴展和重組了街道規劃，並且重建集市。其他希臘人的城市，包括洛克里、克羅通和韋利亞也經歷了類似的變化。

這種趨勢並不僅限於希臘人城市，義大利東南部的許多土著聚落也同樣在公共建築工程上投入了大量資金，並且採用了希臘建築的類型和風格。位於普利亞中部的桑納切山城（Monte Sannace），外表和希臘城市截然不同，但顯然具有與城市相同的野心。它的防禦工事被大大強化，街道規劃也進行了重組，而且修建了精心設計的大型房屋。相比之下，其他地區則出現了生技充滿壓力的跡象，而且許多地區的命運好壞參半。卡普阿和塔蘭圖姆成為財富和奢侈品的代名詞，一些希臘城市則正在拚命抵抗敘拉古和義大利鄰國的威脅。北部的伊特魯里亞顯然發展的不錯，但伊特魯里亞南部的大城市，卡厄瑞、維伊、塔爾奎尼和武爾奇則遭受以下幾種衝擊：坎帕尼亞的伊特魯里亞人勢力瓦解、伊特魯里亞人跟希臘世界的貿易中斷，以及羅馬勢力不斷增長。

正如在羅馬，這裡出現一種類型的新精英（在西元五世紀便已形成），這些精英群體不像七世紀和六世紀那樣具排他性，而且君主制被伊特魯里亞人的「齊拉斯」（zilath），或奧斯坎人的「梅蒂斯」（meddix）等民選官員制度取代。然而，這些舊精英仍舊緊握著權力。伊特魯里亞出土的銘文顯示較豪華的墓葬和有影響力的職位都是掌握在少數家族的手中，如阿雷托姆的吉尼亞氏族

（Cilnii），沃爾泰拉的凱基尼亞氏族（Caecinae）和塔爾奎尼的斯普里烏斯氏族（Spurinnae）。在義大利的其他地區的銘文證據較少，但也都呈現出相同的發展方向。西元前四世紀和三世紀的義大利和羅馬精英都相當重視紀念家庭的地位和傳統，像是武爾奇的法蘭索瓦古墓，其始建年代大約是三〇〇年，大型多室的家庭墓穴是伊特魯里亞當地的風俗，而這樣的墓穴也展現了家庭的地位和威望。在喪葬之外，一組出土於塔爾奎尼寫於西元一世紀的銘文，又被稱為「塔爾奎尼墓誌銘」（Elogia Tarquiniensia），上頭片段記載著斯普里烏斯家族的歷史，他們是該城主要的家族之一，墓誌銘就是為了保留下斯普里烏斯家族的紀錄和成就。

在經濟復甦的同時，土地所有權和農業組織也發生了變化，這可能在義大利南部最為明顯。在希臘人城市梅塔龐圖姆所進行的考古調查和發掘顯示，這一時期的土地邊界發生了變化，而且農場數量和個人財產規模都有顯著增加。在塔蘭圖姆境內也有類似的情況，農場變得更多、村莊變得更大，而且農業更加專業化，葡萄和橄欖則是重點培植作物。在普利亞中部的格拉維納擁有由別墅和莊園所組成的令人印象深刻的網絡，挖掘者認為它們的發展最早可以追溯到西元前四世紀。各個地區的繁榮程度不盡相同，但在伊特魯里亞的某些地區，農村地區的人口密度和生產力卻都在下滑。例如像是伊特魯里亞的南部，其農業生產受到土地被徵用，以及羅馬在蘇特瑞姆（Sutrium）和內皮建立殖民地的影響，不過，伊特魯里亞的北部卻持續蓬勃發展，特別是阿雷托姆、沃爾西尼和克魯希姆這些城市。伊特魯里亞邊界上的邊界石數量激增說明了，劃分財產邊界和確立所有權在這個時期變得更加緊要。儘管這種種例子僅能作為十分大略的證據，但它們同時呈現出大多數地區的農業經濟已經從五世紀的困境中恢復了過來。

貿易和工藝生產也蓬勃發展。雖然進口的希臘奢侈品數量仍在下降，但在義大利許多地區，新形式的工匠生產抵消了這一影響。在伊特魯里亞和義大利南部的許多地方都有新的陶器生產中心，其中一些中心使用希臘的樣式和技術來生產彩陶，很快便發展出獨特的地方風格。伊特魯里亞青銅工人繼續生產經過精細切割、或是帶有模壓裝飾的高品質產品。我們在許多墳墓中都可以看到的裝飾著希臘神話故事的青銅鏡子，以及有著類似裝飾的圓柱形容器（一般稱為青銅桶〔cistae〕，請見彩圖二十二），上頭帶有雕刻石頭裝飾的戒指也愈來愈普遍。在整個義大利，貴族繼續在其墓葬內牆上裝飾著壁畫來讚頌死者的一生（見彩圖二十七）。尤其是塔蘭圖姆，這裡生產的銅製和赤陶雕像、奢華的黃金首飾和紡織工業皆享譽國際。從當地貝類中提取的紫色染料也被認為是舉世數一數二的染料，那裡生產的紡毛織物也廣受歡迎。總的來說，西元前四世紀中葉是義大利許多地區的繁榮時期。

到了西元前三五〇年左右時，盧坎尼亞、布魯蒂姆（大致是現代的巴西利卡塔和卡拉布里亞）、坎帕尼亞都被說奧斯坎語的人群統治著，他們當中又分為三個不同的族群：坎帕尼亞人、盧坎尼人和布魯提人。儘管這些人在語言和文化的許多方面上都相同，但也發展出一些截然不同的差異。城市生活早已在坎帕尼亞出現並且持續存在，縱使這地區大多數城市採用奧斯坎語，而且接納奧斯坎習俗的人也不斷增加。相比之下，盧坎尼人則發展出更為多樣化的定居形式。在都市化的盧坎尼亞北部，這裡的人曾持續著居住在城市的生活方式，但盧坎尼亞中部和南部則成為聚落外建有防禦工事的地區，這裡有些聚落的規模和複雜性都相當驚人，與希臘、羅馬、甚至伊特魯里亞的城市截然不同。大多數城市約占地面積十五至三十公頃，最大的塞拉．迪瓦里奧（Serra di Vaglio）占地近一百公頃。這些聚落透露出私人和公共建築方面的投資跡象，而且幾乎所有的聚落都築有嚴密的防禦工事。塞拉．迪瓦里奧那令人印象深刻的四世紀城牆，是用做工精細的石塊建成的，而且還可能是由希臘石匠建造的。塞拉．迪瓦里奧的許多遺址都跟一個距離很近的神廟有連結，而且考古調查發現了大量的農莊，這顯示許多人住在小村莊或自己的土地上。這種防禦性聚落與宗教崇拜場所分離開來的特色，很類似他們在亞平寧山區的老家，而不是鄰近的坎帕尼亞更為都市化的生活方式。

儘管這時期的經濟復甦，但也是充滿衝突的時代。大約在西元前三九〇到三八〇年間，卡拉布里亞的希臘人城市就遭受來自義大利境外的威脅。敘拉古的僭主戴歐尼修斯一世企圖將他日益壯大的西西里帝國，擴張到義大利，敘拉古的部隊入侵了洛克里、利吉歐、克羅通和一些較小的希臘人居住地。在此期間，他還解散了義大利聯盟這個在義大利的希臘人彼此提供軍事合作的組織。但在戴歐尼修斯失敗後，這地區的權力中心又迅速轉移到塔蘭圖姆城身上。義大利聯盟在塔蘭圖姆的領導下重新組織起來，並且在塔蘭圖姆的殖民地赫拉克利亞的狄蜜特神廟裡，建立起財庫和會所。塔蘭圖姆的崛起確保了往後相當長時間的穩定，但從西元前三六〇年開始，塔蘭圖姆和其他希臘城市又遭受來自盧坎尼人、布魯提人和其他族群日益沉重的壓力，後者開始侵犯希臘人的土地。梅塔龐圖姆、洛克里和赫拉克利亞在三五六年時都被鄰近的義大利國家攻擊，有鑑於此，塔蘭圖姆聘僱了傭兵來為他們作戰，由希臘或馬其頓的將軍來領軍，這種策略在這個時代的希臘世界其實不罕見。塔蘭圖姆身為希臘世界最富有的城市之一，可以輕鬆負擔起如此開銷，但事實證明這些受僱的將軍們實在難以掌控，而且他們經常是以自身的利益為優先考量。有些將軍則確實發揮了預期效果。例如伊庇魯斯的國王亞歷山大，即亞歷山大大帝的妹夫，就在三三三年至三三〇年之間的一系列戰役中擊退了盧坎尼亞人，並向北一路推進到帕斯埃圖姆。在進軍過程中亞歷山大還引起了羅馬的關注，最終他在三三〇年的潘多西亞（Pandosia）戰役中陣亡。其他將軍則不太成功。斯巴達貴族克里奧尼穆斯（Cleonymos）背叛了他的希臘僱主，與盧坎尼人結盟，並在三〇二年洗劫了梅塔龐圖姆。最後，羅馬的征服從三四〇年以降成為了最具影響力的事件，這場征服帶給羅馬和義大利其他地區天翻地覆的變化。

羅馬人、拉丁人和薩莫奈人，西元前三四三年至三三八年

羅馬在西元前四世紀中葉所面臨的根本問題是，它擴展權力和影響力的方向跟薩莫奈人是一樣的，他們都想拿到肥沃的利律斯河谷和坎帕尼亞的沃圖努斯河谷（Volturnus）的下游。羅馬和薩莫奈人都是充滿活力的強權，野心和領土利益都不斷擴大，因此衝突也許是不可避免的，但是我們很難確切知道他們第一次衝突的具體原因和詳細經過，以及聯盟和敵對的模式。羅馬和薩莫奈人在西元前三五四年簽訂了條約，確立從薩莫奈流入坎帕尼亞北部的利律斯河，是羅馬和薩莫奈人勢力範圍的界線，但是到了三四〇年代後期時，羅馬已經在這個界線以南發展了相當規模的利益和關係網絡。

羅馬跟薩莫奈人的三次戰爭中的第一場是有爭議的，因為有關這場戰爭的紀錄很少。儘管羅馬人確實在一段時間向薩莫奈人發動戰爭和襲擊，但李維的敘述很混亂，而且所寫的內容跟日後幾場

薩莫奈人的戰爭過程多有重複。根據李維（Livy 7.29-38）的說法，坎帕尼亞在三四三年時曾遭受襲擊，薩莫奈人在此期間攻擊了位在沃圖努斯河谷的西地西尼人聚落，接著再轉向卡普阿。卡普阿向羅馬尋求幫助，這讓已經跟薩莫奈人結盟的羅馬陷入尷尬的兩難局面，面對羅馬拒絕伸出援手的局面，卡普人採取「無條件投降」（deditio）的方式來迫使羅馬非出手幫忙不可，這種投降方式便是將他們的城市和領土無條件交給羅馬人處置。這迫使羅馬必須保護他們，並成為他們與薩莫奈人開戰的藉口。這一連串的事件相當令人費解，因為卡普阿是義大利最強大的城市之一，似乎不太可能被薩莫奈人逼得走投無路，非採取這種激烈的手段不可。「無條件投降」是一種極端的做法，通常是戰敗的敵軍使用的。這可能是李維用自己認為最正面的角度來解釋羅馬違約的方式，但卡普阿也確實有可能曾向羅馬發出呼救，希望羅馬能打破跟薩莫奈人的條約義務。

這場戰爭最初進展順利。羅馬打了幾次成功的戰役，兩名執政官都因為擊敗了薩莫奈人而被授予凱旋式。然而，羅馬西元前三四二年的政治動盪影響了軍隊，在這問題被解決之前，雙方的戰事基本上暫停了下來。當戰火於隔年重啟時，薩莫奈人提出了停戰要求，於是雙方重新簽訂了條約（Livy 8.1-5）。這種突然締結和約的方式確實耐人尋味。在羅馬方面，它可能反映了貴族和平民之間政治關係的不穩定和衝突。《傑努奇烏斯法》在三四二年通過了，進一步限制了貴族政治的權力，而伴隨這項立法而來的公民騷亂，也可能已經蔓延到了軍隊。不過，這也可能反映出羅馬與拉丁人日益緊張的局勢，這種緊張局勢在同一時間內爆發為公開戰爭，使得削減其他承諾成為明智之舉。

緊接著的拉丁戰爭在很多方面上都是第一次薩莫奈戰爭的延伸。羅馬結束跟薩莫奈人的衝突讓雙方的關係有了一百八十度轉變，這顯示出這時期聯盟的流動性和短暫性質。羅馬又再次跟薩莫奈人結盟，聯合對抗由拉丁人、沃爾西亞人、坎帕尼亞人和西地西尼人組成的聯盟，他們之所以會發起反抗是因為擔心羅馬勢力的增長，而且也因為羅馬已經侵吞鄰國一部分的領土。李維認為，拉丁人憤憤不平於自己被當成臣民，而不是盟友，這樣的解釋雖然是時代錯置的，但拉丁姆南部和坎帕尼亞北部的人民加入反抗一事，確實也透露出人們對羅馬崛起為地區霸主的普遍焦慮。

這整場拉丁戰爭從西元前三四一年持續到三三八年，其間發生了多場激烈（儘管是間歇的戰役）。在三四一年至三四〇年的激烈戰役中，羅馬軍隊打敗了沃爾西人的城市普里沃努姆，並兩度大敗拉丁人和坎帕尼亞人的軍隊。其中一場戰役爆發在名為維塞里斯（Veseris）的小地方，這同時是一個著名事件的發生場景，羅馬執政官之一的普留斯・德西烏斯・穆斯（Publius Decius Mus）在戰役中執行了獻身（devotio）的儀式，他把自己和敵軍都奉獻給了冥界眾神，然後向敵人發動衝鋒。他在帶領羅馬人奪得勝利時也為國捐軀了。他的犧牲是如此知名，以至於他同樣名為普留斯・德西烏斯・穆斯的兒子在二九五年於森提烏姆（Sentinum）戰役中指揮羅馬軍隊時，據說也受啟發要效仿父親。[1]羅馬成功壓下了這場拉丁反抗，隨後在三四〇年犒賞了那些沒有參與反抗的拉丁人，並嚴懲那些反抗的人。卡普阿的一些貴族獲得了榮譽羅馬公民的身分，拉維尼姆城則獲得了榮譽和特權。但在第二年，拉丁人又再次發動攻擊，不過在三三八年被平定。

這場戰爭從根本上改變了羅馬與拉丁人的關係。它也具有更廣泛的意義，因為羅馬所主導的協議構成了羅馬後來控制義大利的機制的整體基礎，我們將在第十三章更詳細討論這個問題。李維描述下的和平協議，符合我們對拉丁和坎帕尼亞城市在後來的地位的理解：

拉努維姆人被賦予公民身分，而且也將聖所歸還給他們，條件是拉努維姆公民應該跟羅馬人共享庇佑者朱諾．索斯皮塔（Juno Sospita）的小樹林。阿里希亞、諾門圖姆（Nomentum）和培杜姆（Pedum）的人民也在跟拉努維姆人一樣的條件下獲得公民身分。托斯卡倫人（Tusculans）保留了他們現有的公民身分，而叛亂的罪行僅針對少數煽動者，而不殃及整個國家。長期作為羅馬公民的韋萊特里人因為多次反叛而受到嚴厲的懲罰：他們的城牆被拆毀、元老院被拆除，並被強制住在台伯河的另一邊，而且有明文規定，若是有人被抓到跨越台伯河，贖金將是一千磅的青銅，而且俘虜他的人在贖金被支付前不能解開他的鎖鏈。殖民者被派到元老院的土地上（也就是從韋萊特里的元老那裡沒收的土地），並在登記之後，韋萊特里恢復到之前人口繁盛的舊貌。羅馬在安提姆建立了一個新殖民地，並且規定安提姆人如果願意的話，可以自願成為殖民者；安提姆人的軍艦被扣押、禁止出海，並且獲得公民身分。提布爾和普里尼斯特的人民被沒收了領土，這不僅因為他們如同其他拉丁人被指控參與叛亂，也因為他們出於對羅馬權力的厭惡，曾經跟野蠻民族高盧人聯合作戰。其他拉丁人民被剝奪了彼此之間的貿易、通婚和共同集會的權利。坎帕尼亞人（為了表揚他們的騎兵沒有跟拉丁人一齊反叛）、豐迪人和佛米亞人（因為他們一直給予羅馬人一條通過其領土的安全通道），獲得了不具選舉權的羅馬公民資格。羅馬決定給予庫邁和蘇維蘇拉人（Suessula）與卡普阿人同樣的權利和條件。（Livy 8.14）

1 作者注：這些事件的重複導致一些學者懷疑李維對它們的描述。

這協議的精髓在於隨著拉丁聯盟的解散、拉丁國家間舉行共同會議的權利被停止，而且已存在的協定都被宣布無效，任何可以凝聚拉丁人集體行動的中心至此全都被瓦解。在此之後，羅馬便位處一系列雙邊協議的中心，這些雙邊協議規定每個城邦只能跟羅馬建立關係，而且禁止與其他前聯盟成員有任何關係。協議有效破壞了拉丁人的集體認同，取而代之的是羅馬的支配。額外的懲罰針對的是一些特定的問題，例如必須消滅安提姆的海軍力量，他們的艦隊被剝奪，而且羅馬殖民者開始定居在安提姆，藉此消滅他們的海軍力量並懲罰叛亂領袖。韋萊特里則遭受更嚴厲的懲罰，因為他們已經擁有公民身分了，這讓羅馬人格外覺得他們面目可憎。

這項和平協議還有著許多創新的特徵。第一個是將羅馬公民身分擴展到比以前範圍廣泛許多的許多社區。第二個是打破拉丁作為法律地位、以及拉丁作為族群起源這兩者之間的關聯。從此時開始如果想成為拉丁人，可能只需要羅馬賦予這個人一套法律權利和義務，或這個人是來自擁有這些權利的社區，並不需要出生在拉丁姆和他的父母必須是拉丁人。最後，該協議擴展了平行原則（在羅馬業已建立），即羅馬公民身分是一種可轉移的法律地位，與血緣或族群無關。一個人可能生來就是羅馬公民，但也可透過其他各種方式獲得公民身分。這成為羅馬人與義大利境內外其他民族來往的一個重要因素。

從這時候開始，羅馬將戰敗的敵國還有自願結盟的國家都組織起來，這大致可分為三類：成為羅馬公民的國家、獲得拉丁地位的國家，以及簽訂聯盟條約的國家。羅馬透過這樣做建立起了自願或強制的聯盟網絡來擴大控制，從而避免了其他行政程序的需要。絕大部分的社區在當地事務的層面上維持自治。這也意味著羅馬在許多情況下避免了強加改革和限制自治這些極具爭議的做法。這種保持距離的統治方法替羅馬贏得寬宏大量的名聲，並維持一種方便的假象，即在新崛起的權力集團中自己是平起平坐的眾成員之首。我們以下將會看到這對義大利人有深刻影響。

第二次薩莫奈戰爭

羅馬為了鎮壓拉丁姆南部和坎帕尼亞北部的最後一波抵抗運動，在拉丁戰爭之後又進行了數年的小規模軍事行動。豐迪和普里沃努姆在西元前三三〇年至三二九年的一場短暫戰爭中被擊敗，其他幾個社區也是如此。羅馬還在這地區建立了許多殖民地，其中一個殖民地成為了日後衝突的焦點。[2]位在利律斯河谷的弗雷戈里（Fregellae）殖民地建立於三二八年。由於此地具有戰略意義，薩莫奈人早已在這裡建立據點，因此將弗雷戈里視為眼中釘。要釐清究竟發生了什麼，以及為什麼會發生是十分困難的。李維將戰爭爆發的責任歸咎於薩莫奈人，並將戰爭本身描述為單純的族群衝突，不過即便是他自己敘述的內在邏輯也無法支持這種說法。

根據李維（8.22.7-29.5）的說法，這場戰爭肇始於薩莫奈人煽動希臘人城市那不勒斯，在三二七年至三二六年之間對法勒努斯平原（Ager Falernus）的羅馬殖民者發動一連串攻擊。在羅馬宣戰

2 作者注：卡雷建立於西元前三三四年，是一個具有重要戰略意義的殖民地。在安提姆（三三八年）、特拉西納（三二九年）和普里沃努姆（三一八年）建立的殖民地較小，但安提姆和特拉西納在保護拉丁姆海岸方面發揮了至關重要的作用。

後，那不勒斯獲得來自諾拉的坎帕尼亞和薩莫奈的援軍，以及塔蘭圖姆的援助承諾。[3]這場仗既短暫又激烈。羅馬指揮官昆圖斯・普留斯・菲洛以襲擊那不勒斯的領地，並圍攻該城市揭開戰爭的序曲。這有效地製造了一場僵局。要圍攻那不勒斯並非易事，因為它的海港使它能得到海上的補給，但這計畫卻因為那不勒斯內部局勢不穩而受阻，來自塔蘭圖姆的預期增援部隊沒有抵達，而城內的薩莫奈和坎帕尼亞軍隊也因為自身因素而在某些區域不受歡迎。三二六年初，由希臘人查里拉歐斯（Charilaus）和奧斯坎人尼普修斯（Nympsius）率領的一群心懷不滿的那不勒斯人發動政變，幫羅馬軍隊打開了城門，但那不勒斯因為即時改變了陣營，所以親羅馬的新政權得到了一份條件特別優厚的條約。這份文件的細節並沒有被保存下來，但它在羅馬歷史上因為成為一個代名詞而流傳了下來：李維和西塞羅都稱它為「最平等／最有利的條約」（foedus aequissimum）。儘管李維是這麼說的，但那不勒斯內部顯然有一個重要派系支持薩莫奈人，而且它並不是出於外部影響才對抗羅馬。

我們幾乎沒有證據能證明薩莫奈人在三二五到三二〇年間有攻擊羅馬的領土，甚至是羅馬盟友的領土，倒是羅馬人多次入侵過薩莫奈人的領土，像是三二五年入侵薩莫奈，並在同年攻擊薩莫奈人的盟友維斯提尼（Vestini）。羅馬的《凱旋大事記》（*Fasti Triumphales*）記錄下了慶祝三二五年戰勝薩莫奈人的凱旋式，隔年羅馬又擊敗了他們兩次，但第一個階段的戰爭卻在三二一年戛然而止，因為羅馬遭逢了一場大災難。包括兩名執政官在內的羅馬軍隊被圍困在一個被稱為考丁叉路（Caudine Forks）的山間窄道裡，被迫投降（Livy 9.1-12）。[4]這是一次重大的恥辱，從此，「考丁叉路」成為了失敗和災難的代名詞。李維認為，兩位執政官是被薩莫奈人的詭計誘騙到陷阱裡，他們無法逃脫而且不願意冒險毀滅整支軍隊才選擇投降，但根據其他史料的記載，羅馬軍隊是被擊潰，而且被迫投降的。但無論細節如何，結局都是徹頭徹尾的羞辱。羅馬人被迫停戰，軍隊在被允許撤退回羅馬之前，他們身上的武器和盔甲都必須被剝除。所有的將士必須半裸地走過用長矛架出的拱門下，拱門象徵了一種臨時的枷鎖，通過枷鎖則是一種象徵奴役和侮辱的儀式。羅馬也不得不撤回在卡雷和弗雷戈里的殖民地。

接下來發生的事情則都是李維根據猜測而來的。李維說，休戰不是正常的和平條約，而是誓約（sponsio），這是一種莊嚴的誓言，其中宣誓人便是擔保人。這些誓約的內容是戰地指揮官制定的臨時停火協議，而這些誓約若要具有約束力，就必須得到有關國家統治者的批准。元老院收到消息後，極度震驚，因而撕毀了誓約，並將擔任起誓者的執政官移送給怒火中燒的薩莫奈人。接著，羅馬在西元前三二〇至三一八年集結軍隊要一雪恥辱，並且在阿普利亞北部打敗了薩莫奈人軍隊，釋放了羅馬戰俘，並迫使七千名被俘的薩莫奈人接受枷鎖儀式的羞辱。現代歷史學家始終爭執於這說法的合理性，許多史家認為這是羅馬歷史傳統中的捏造說法，藉此來掩蓋考丁叉路的恥辱，而且和約（以條約而不是誓約的方式締結）事實上一直維持到三一六年。另一些人指出，這個版本的說法呈現出一種為了保全面子的奇怪做法，因為它把羅馬人描繪成誓約的破壞者（這本身便是種可恥的

3 作者注：哈利卡納索斯的戴歐尼修斯（Dion.Hal.15.5.2-6.5）採取了更平衡的觀點，一些學者認為他可以接觸到坎帕尼亞或那不勒斯的說法，而其中的描述與羅馬的說法有所違背。像李維一樣，他認為薩莫奈人正在支持那不勒斯人，但是薩莫奈人不太可能因為那不勒斯人激起最初的衝突，而責備他們。

4 作者注：這地方的位置還無法被確定。李維認為位於考迪姆（Caudium）和加拉西亞（Calatia）之間，但這個區域與他的描述不符。一些現代學者認為它是阿爾庇亞（Arpaia）和阿列恩佐（Arienzo）之間的山谷，但這也不是定論。

行為，而且會惹惱神靈，因為宣誓是一種宗教儀式），而且根據三一九年／三一八年之間慶祝薩莫奈和阿普利亞勝仗的凱旋式紀錄，就提供了羅馬在該地區作戰的確切證據。

最終，我們雖然無法復原三二〇年到三一八年之間實際發生的事情，但羅馬與薩莫奈人的戰爭似乎確實暫時停止了，這可能是三一八年至三一六年間休戰協定的結果。然而，這並不意味著羅馬人處於和平狀態，他們仍繼續在盧坎尼亞和普利亞展開軍事行動，並且與這些地區的一些社區結盟，同時一些自三二六年以來便與羅馬有接觸的社區也跟羅馬恢復關係。羅馬人在這樣做的過程中，將自己的影響力擴展到了薩莫奈人的西部與南部，並且似乎有刻意要將他們孤立的政策。還有跡象顯示羅馬正在鞏固他們在坎帕尼亞的利益。透過創建了兩個新的投票部落（分別是烏芬蒂娜〔Oufentina〕和法雷納〔Falerna〕），並且讓坎帕尼亞的羅馬移居者和殖民者加入這些部落，使得這些社區更加緊密地融入羅馬國家中。

羅馬在三一五年到三一二年之間與薩莫奈人的戰爭是非常重要的。戰事開打於羅馬人在三一六年圍攻撒提庫拉（Saticula），薩莫奈人在三一五年發動了我們已知唯一的侵略行為，他們穿越利律斯河，在特拉西納附近的戰役擊敗了羅馬，並可能在反叛羅馬的奧隆奇人幫助下突襲了拉丁姆。然而，這支部隊在三一四年被擊敗，羅馬嚴懲了奧隆奇人，全面掃除他們的山地堡壘和聚落。在坎帕尼亞，羅馬人重新占領了弗雷戈里，這城市先前在三二一年被薩莫奈人奪去或者割讓給他們，而且羅馬人在尹特蘭納．李蘭納斯（Interamna Lirenas）、撒提庫拉和蘇維薩．奧倫卡（Suessa Aurunca）建立了許多的新殖民地，藉此鞏固了他們對該地區的控制。在三一二年，當監察官阿庇烏斯．克勞狄烏斯開始建造從羅馬到卡普阿（之後擴展到塔蘭圖姆，然後擴展到布林迪西姆）的阿庇亞大道之後，羅馬對此地區的控制就變得更強了。在普利亞，羅馬人攻下魯切利亞（Luceria），並於三一四年在此建立了殖民地。這些發展讓薩莫奈人陷入困境，迫使它們退出坎帕尼亞和普利亞。羅馬也首次襲擊了薩莫奈人的心臟地帶，攻擊潘特利人的主要聚落博維亞努姆（Bovianum），這聚落也正是薩莫奈人諸多城邦中最大的一個。

在三一二年之後，薩莫奈戰爭不再是羅馬人軍事行動的重點，不過直到三〇四年之前，他們仍然每年都與薩莫奈人交戰，儘管我們手上關於此戰爭的主要敘述，亦即李維和狄奧多羅斯的敘述，往往是雜亂無章而且自相矛盾的。這段期間有關薩莫奈戰爭諸事件的梗概是，羅馬人在三一〇年取得重大勝利後仍持續發動一系列小規模的軍事行動，直到薩莫奈人在三〇七年和三〇六年入侵了羅馬人控制的坎帕尼亞地區。這引發羅馬人在三〇六年至三〇四年之間入侵薩莫奈，最終占領了博維亞努姆、梭拉（Sora）和阿奎儂（Aquinum），而且薩莫奈人的軍隊徹底被擊潰。赫尼西人和艾逵人被擊潰，他們當中有些社區因為過去便曾反抗羅馬，所以遭到極殘忍的鎮壓。在三三八年被羅馬授予法律特權的一些社區，他們的特權也已經被撤銷。薩莫奈人在三〇四年與羅馬講和，雙方之間的條約恢復，這也替第二次薩莫奈戰爭劃下句點。

伊特魯里亞和翁布里亞以及第三次薩莫奈戰爭

當薩莫奈人從西元前三一一年開始處於下風之時，羅馬捲入了另一波戰爭當中。這些戰事的主要對手是伊特魯里亞人、翁布里亞人和亞平寧山區中部的人民，不過羅馬人也不時地發動對高盧人的軍事行動。李維和其他一些史家傾向用族群名字來稱呼這些不同的人群，但就像他們討論薩莫奈人的方式一樣，這是毫無幫助的，所以我們至今仍無法釐清羅馬究竟在跟哪些伊特魯里亞城市作戰，以及原因何在。卡厄瑞、武爾奇和塔爾奎尼這些南部城市和沿海城市相對不受影響，戰事主要發生在偏北的城市，如克魯希姆、佩魯西亞、阿雷托姆與沃爾西尼。這些社區在這一時期處於權力的頂峰，也因此成為羅馬的潛在競爭對手。他們與翁布里亞的地理位置相近，這便解釋了為何羅馬對這兩個地區的征服是如此緊密地交織在一起。但我們不太清楚的是，他們的作戰是個別城市分別進行，還是伊特魯里亞各城市聯合起來作戰。李維提到了一個由伊特魯里亞眾城市所組成的委員會，他們在沃爾西尼附近的凡奈姆．伏徒那聖所（Fanum Voltumnae）會面，並且有時會就外交和軍事問題做出聯合決定，但我們目前尚不清楚軍事合作是例外還是常態。

正如李維對薩莫奈戰爭的描述一樣，他急於將伊特魯里亞戰爭的爆發歸咎在伊特魯里亞人身上。他告訴我們，伊特魯里亞人在三一一年襲擊了位在羅馬以北五十公里的拉丁殖民地蘇特瑞姆，不過他並沒有說明為何他們要這樣做。次年，羅馬驅逐了圍攻的軍隊後挺進了伊特魯里亞。克魯希姆、阿雷托姆和佩魯西亞在瓦迪蒙湖（Lake Vadimon）和佩魯西亞的戰事後，與羅馬講和並簽訂了為期三十年的休戰協議。[5]這場戰役因羅馬指揮官昆圖斯．法比烏斯．馬克西穆斯．魯利亞努斯（Quintus Fabius Maximus Rullianus）的大膽舉動而聞名。他那說著一口流利伊特魯里亞語的兄弟[6]，被派去執行偵察任務，並通過難以穿越的奇米尼（Ciminian）森林進入了翁布里亞。他在翁布里亞深入到了卡馬瑞農（Camerinum），並說服它成為羅馬的盟友，從而使羅馬在翁布里亞有一個重要的立足點。這個故事的年代和地點都值得商榷（卡馬瑞農與奇米尼森林有相當距離），法比烏斯氏族的角色可能因為後代歷史學家法比烏斯·皮克托爾要提升家族聲望的緣故而被誇大。然而，羅馬跟卡馬瑞農簽的這條條約非常有名，因為其中的條款對羅馬非常有利，為日後的羅馬人熟知，所以聯盟本身確實可能存在，儘管法比烏斯的英勇事蹟可能是虛構的。

羅馬繼在西元前三一〇年的勝仗之後，又在三〇九年進一步取得軍事和外交的進展，包括成功的軍事行動、與塔爾奎尼續簽長期休戰協定，並且跟翁布里亞的奧克里庫魯姆（Ocriculum）結成聯盟。在三〇八年時，許多伊特魯里亞人和翁布里亞人聯合組成一支大軍，準備進軍羅馬。其中一位羅馬執政官，普留斯·德西烏斯·穆斯被迫返回保衛城市，而在薩莫奈作戰的另一位執政官昆圖斯·法比烏斯·馬克西穆斯則揮軍前往翁布里亞迎戰入侵者。法比烏斯擊敗梅凡尼亞（Mevania）附近的翁布里亞和伊特魯里亞軍隊，一些翁布里亞人被迫跟羅馬結盟。與其他事件的狀況相同，這場戰爭的具體細節十分混亂，但是此戰確實促成了某種解決翁布里亞問題的方案。因為直到三〇三年，才又有針對翁布里亞人的戰役。三〇六年至二九八年，羅馬的注意力再次轉移到亞平寧山區中部的居民身上。艾逵人在三〇四年被擊敗後，他們在山頂的聚落被摧毀，此後該地區的其他族群，像是佩利格尼人（Paeligni）、馬爾西人（Marsi）、馬祿奇尼人（Marrucini）和弗倫塔尼人，都迅速與羅馬結盟。

---

5 作者注：在這段時期，羅馬與伊特魯里亞關係的一個特點是和平是根據有期限的休戰協議達成的，而不是根據沒有時間期限的條約，後者是羅馬與義大利其他大部分地區關係的基礎。第十三章會探討這點的重要性。

6 作者注：據說他被送到卡厄瑞，在法比烏斯氏族的一位賓友（guest-friend）家裡接受教育，而且能夠說和讀伊特魯里亞語（Livy 9.36.3）。李維補充說，年輕的羅馬貴族被送到伊特魯里亞接受教育的情況在西元前四世紀時並不少見。

戰後，羅馬人將控制權擴展到了台伯河谷，和坎帕尼亞一樣，這得益於建立了大量羅馬殖民地。翁布里亞地區城市化的程度在羅馬統治前的時代十分低，因此有許多土地可以分配給新來的移居者。羅馬也在亞平寧山建立起殖民地，包括卡索利（Carseoli）和阿爾巴・富森（Alba Fucens），而拉丁姆南部的一些社區，包括阿琵農（Arpinum）、弗魯西諾（Frusino）和特雷布拉・蘇分納斯（Trebula Suffenas）在內，都獲得了有限形式的羅馬公民資格（civitas sine suffragio，不具投票權），這將他們與羅馬緊密聯繫在一起。這一時期的殖民地分為兩類：羅馬公民殖民地（coloniae civium romanorum）和拉丁人殖民地，兩者在規模、功能以及法律地位都有很大差異。在西元前四世紀和三世紀末期，阿普利亞、翁布里亞，以及亞平寧山脈的殖民地主要是拉丁殖民地，這些殖民地的面積比羅馬公民殖民地大得多。這一解決方案有助於打破法律地位上的「拉丁人」與拉丁語或是拉丁民族之間的聯繫。我在第十三章將更詳細討論各類型的解決方案間的差異。

羅馬擴張的兩條方向，擊敗薩莫奈人以及擊敗義大利中部諸族群，在西元前二九八年合而為一。羅馬自三〇二年以降的每一年都在伊特魯里亞和翁布里亞打仗，但所謂的第三次薩莫奈戰爭要到二九八年才爆發。開戰的原因是羅馬與盧坎尼人結成盟友，而後者遭到薩莫奈人攻擊而要求羅馬保護他們（Livy 10.11-12; Dion. Fial. 17/18.1.1-3）。羅馬似乎很快就打了幾場勝仗，因為在《凱旋大事記》和李維的記載中，都記錄下其中一位執政官格奈烏斯・弗爾維烏斯・千圖馬盧斯（Gnaeus Fulvius Centumalus）戰勝了薩莫奈人還有伊特魯里亞人（Livy 10.12-13）。然而，這也呈現出一個有趣的歷史難題，說明當證據相互矛盾時研究者要確定並調和它們有多麼困難。西元前二九八年，有另一位執政官盧基烏斯・科內留斯・西庇阿・巴巴圖斯（Lucius Cornelius Scipio Barbatus），他的葬禮銘文中寫著他已經征服盧坎尼亞並占領了薩莫奈的兩個城鎮，但在李維的說法中，巴巴圖斯當時人正在伊特魯里亞打仗。根據判斷，巴巴圖斯的葬禮銘文可能指的是另一年發生的戰役，但有鑑於李維在描述第三次薩莫奈戰爭的時候，有很多地方都十分混亂，因此更有可能的狀況是巴巴圖斯至少曾在薩莫奈打過幾場戰役。

雙方在西元前二九七和二九六年繼續纏鬥，羅馬軍隊在這段時間大規模攻擊薩莫奈，但在二九六年末卻傳來不好的消息。由薩莫奈人、伊特魯里亞人、翁布里亞人，乃至於一些高盧人組成的反羅馬聯盟，在二九五年於翁布里亞的森提烏姆召開會議（Livy 10. 24-31）。正如李維對這場戰事的大部分敘述一樣，他記錄下的森提烏姆戰役也十分令人困惑。李維寫下在翁布里亞的軍事行動，包括羅馬在克魯希姆或卡馬瑞農這兩個地方的失敗，緊接著提到雙方在森提烏姆展開對峙。我們目前還不清楚羅馬面對的是伊特魯里亞人、翁布里亞人、薩莫奈人和高盧人的聯軍，又或者伊特魯里亞人和翁布里亞人並未參與聯軍，但根據《凱旋大事記》記載，昆圖斯．法比烏斯．馬克西穆斯所獲得的凱旋式是因為他跟伊特魯里亞人、薩莫奈人和高盧人作戰後取得了勝利，這說明上述這群人組成了一支聯軍。森提烏姆在古代以交戰軍隊規模格外龐大而聞名。一些希臘歷史學家所說的數目並不大可信[7]，但康奈爾估計羅馬軍隊可能在三萬六千人上下，這以當時的標準來說相當龐大，而根

7 作者注：兩支軍隊的總人數為六十五萬人，這個數字大得令人難以相信，希臘歷史學家薩摩斯島的杜利斯（Duris of Samos）說有十萬人被殺的說法，也一樣難以被採信。李維估計死亡人數為三萬三千七百人（其中有八千七百名羅馬人）。

據史料，敵對勢力的人數要來得更多。然而，羅馬人在普留斯・德西烏斯・穆斯和昆圖斯・法比烏斯・馬克西穆斯的指揮下占了上風，而且這場戰役被視為是整場戰爭的轉捩點。在接下來的兩年裡，羅馬在伊特魯里亞、翁布里亞和薩莫奈各地都進行了激烈的戰鬥，薩莫奈人軍隊最終在二九三年於阿奎羅尼亞（Aquilonia）被徹底擊潰（Livy 10.32-45）。要重建起戰爭的最後幾年的細節並不容易，因為李維對這段時期的記載流傳至今的只有每一卷的簡短摘要。但有一點是清楚的，羅馬占領了薩莫奈的大片土地，逼得他們在二九〇年講和。

西元前二九〇年到二六四年之間，衝突仍在其他地方持續進行著。二九〇年，馬尼烏斯・庫里烏斯・登塔圖斯（Manius Curius Dentatus）征服了薩賓人和普雷圖蒂（Praetutti），二八〇年和二七〇年之間，羅馬持續著針對伊特魯里亞、翁布里亞和高盧人的軍事行動，期間羅馬人擊敗了武爾奇（二八〇年）、卡厄瑞（二七三年），然後是沃爾西尼（二六四年），高盧人也在二八三年的瓦迪蒙湖戰役被徹底擊敗。伊特魯里亞和翁布里亞當中大多數的城市成為了羅馬的盟友，儘管有些城市遭受到嚴厲的處置。卡厄瑞失去了大部分土地，並且在二七三年時被賦予不具選舉權的羅馬公民身分。薩賓人和普雷圖蒂獲得了不具投票權的不完整羅馬公民身分，並且被沒收了大量領土，羅馬藉此將領土擴展到義大利半島全境。羅馬這次所取得的大量新領土讓他們有機會進行新一波的大規模殖民，藉此安撫和控制新占領的地區，並且透過土地贈予來獎勵羅馬人民。新殖民地成立於韋諾西亞（Venusia，二九一年）、坎帕尼亞北部的明圖爾奈（Minturnae）和西努薩（Sinuessa，二九六年），以及翁布里亞的數個地點（完整列表請參見附表七和附表八）。但是羅馬征服戰爭並未因為平息了薩莫奈和義大利中部地區的衝突而劃下句點。

皮洛士戰爭：羅馬與希臘人的對峙

羅馬在西元前二八一年捲入了義大利南部的一場衝突，從後見之明看來這場衝突在很多層面上都是一個分水嶺。正是這起事件促成羅馬征服了義大利最後一塊他們仍然無法控制的地區，也就是希臘人控制的布魯蒂姆、盧坎尼亞南部和普利亞等地區。羅馬在這場戰爭結束之後便成為了真正的國際大國，控制著整個義大利半島。這起事件也讓羅馬首次跟希臘人發生衝突，而且讓羅馬軍隊可以禁受希臘化時代希臘軍事力量的考驗，更具體地說，是對抗當時最頂尖的將軍之一，伊庇魯斯國王皮洛士（Pyrrhus）。

皮洛士領導了一支由專業傭兵和義大利希臘人城市民兵組成的軍隊，因此，他的出現使得羅馬第一次要在戰場上面對最先進的希臘軍隊，他們裝備了包括戰象在內的各式武器。儘管我們的史料將這場戰爭中的羅馬軍隊描繪成一路都占了上風，但很顯然羅馬也有面臨到相當危急的時刻。事實證明這是一場漫長而艱難的對抗，皮洛士在戰爭期間給予羅馬多次沉重的打擊，但是卻沒有足夠的資源能夠將羅馬扳倒。同樣顯而易見的是，羅馬必須為戰爭的爆發承擔大部分的責任，儘管塔蘭圖姆人被史家說成是這次衝突中的反派角色。

羅馬出於戰略考量早已在阿普里亞北部地區有發展，這是他們與薩莫奈人戰爭中的一部分。羅馬在西元前三二六年時跟該地區的一些城邦發展出同盟關係，而且這地區在三二〇年至三一七年又正處於羅馬和薩莫奈人衝突的最前線（Livy 9.14.1-9, 9.26.3; Dion. Hal. 17.5.2）。在此期間，羅馬又繼續與阿爾庇（Arpi），特亞特（Teate）、卡努斯姆（Canusium）和伏倫特姆（Forentum）等城邦結盟（或是強制結盟），藉此確保自己握有阿普利亞和薩莫奈之間邊界的主導權。大量的奧斯坎人在西元前四世紀時遷移到該地區的部分地方，尤其是在特亞特附近，所以薩莫奈人在那具備一定的支持，而羅馬人試圖藉由開闢第二條戰線來包圍薩莫奈人的主力。爆發衝突的另一個因素是義大利南部在這段期間的不穩定性。敘拉古的戴歐尼修斯企圖將敘拉古的統治延伸到卡拉布里亞，這份野心破壞了該地區希臘人城市的穩定，而且義大利的希臘人的領導權從大概三五〇年以後便拱手讓給了塔蘭圖姆。但是塔蘭圖姆人並不受其他希臘人的歡迎，而且他們為了解決問題而提出來的一些策略反而造成了其他問題。到了四世紀後期，使用傭兵在整個希臘世界都很普遍了，塔蘭圖姆人也試著聘僱希臘將軍來緩解來自義大利鄰國的戰事壓力，而這些將軍多以自由僱傭軍的身分作戰。一些將軍取得了相當大的成功，但同時他們也很難被控制住，對聘僱他們來保護自己的希臘人城市而言，這些傭兵所造成的威脅可能跟本來自己要去對抗盧坎尼人和布魯提人一樣嚴重。

因此，就西元前二八〇年代的局勢而言，塔蘭圖姆是義大利這地區的主導國家，但羅馬基於戰略考量而對普利亞懷有強烈的野心，而且羅馬對義大利南部的盟國也有著承諾。這樣的狀況不可避免導致雙方的利益衝突，而這恰好發生在二八五年。圖里對塔蘭圖姆的統治感到不滿，派遣了代表團到羅馬，要求他們保護自己來對付專橫的鄰國，以及不斷進逼他們的布魯提人和盧坎尼人的侵犯。羅馬同意並派遣部隊駐守該城，但是憤怒的塔蘭圖姆人在二八二年將這些部隊驅逐出境。隔年二八一年，又發生了更為嚴重的危機，此時一隊羅馬戰艦中隊出沒於塔蘭圖姆，並被塔蘭圖姆人的艦隊攻擊，其中一半船隻被擊沉（App., Samn. 7.1-2）。當羅馬特使提出抗議時，塔蘭圖姆人卻對他們的抗議置之不理。[8]在經過支持談判的鴿派與更為強硬的鷹派在政治上短暫的衝突之後，塔蘭圖姆向羅馬宣戰了。然後，塔蘭圖姆人一如他們在西元前四世紀的慣常做法，去尋求外國將領的協助。

羅馬艦隊為何當時會出現在塔蘭圖姆呢？根據阿庇安的說法，它正在進行偵察任務，並且違反了一項存在已久的條約，其中規定羅馬船隻不應越過拉啟尼姆海岬（Cape Lacinium），也不准進入塔蘭圖姆灣（Gulf of Tarentum），但實際上，我們對這條約的其他細節、其確切時間或是脈絡，仍然一無所知。羅馬直到那時為止始終對海權興趣缺缺，這也讓這事件顯得特別古怪。雖然西元前三一一年時羅馬便首次任命兩名官員（即雙海軍官（〔duoviri navales〕）來監督羅馬的初級小型艦隊，但直到二六四年的第一次布匿戰爭爆發時，羅馬仍然缺乏強大的海軍力量。羅馬艦隊的出現在這背景下意味著某種不明智的蓄意挑釁，因為塔蘭圖姆是地中海最強大的海上強權之一。如果羅馬在道德和外交的原則上理虧，這也許可以解釋為什麼古代作家要煞費苦心地詆毀塔蘭圖姆人。

塔蘭圖姆人邀請皮洛士來義大利一事，符合希臘人過去解決外部威脅的政策，但從這次戰爭的早期階段便可以清楚看出這將是一場更大的衝突。他們選擇了皮洛士，這從許多方面來看都是相當明智的。他是亞歷山大大帝的表弟[9]，並且是希臘歷史上較有異國情調的人物之一，也因此許多後

---

8 作者注：塔蘭圖姆人回絕了羅馬大使一事，在古代史料中被描述為酒後騷亂，羅馬大使在騷亂中被希臘暴徒肆意侮辱，此外他們邀請皮洛士前來支援的行為，也被史料描述是軟弱和怯懦的行為。這顯然是古代作家在詆毀這個時期軍事實力仍相當可觀的塔蘭圖姆人，並且想對塔蘭圖姆人找傭兵一事做出不好的詮釋。

9 審定注：皮洛士與亞歷山大同輩，應是表兄弟的關係。

世的傳記作家和歷史學家在描繪皮洛士時都任他們的想像力盡情馳騁。皮洛士是當時最優秀的將領之一，蒲魯塔克描述他雖然外表凶悍、令人生畏，但有著高尚的品格，在戰鬥中勇敢無畏，與羅馬人談判時光明磊落，並且願意釋出友好的姿態，例如不索取贖金便釋放戰俘（Plut., Pyrr. 3）。關於皮洛士和他的首席政治顧問、睿智善良的齊納斯（Cineas）的許多軼事，都早已成了文學傳統中的一部分，但要拼湊出這場戰爭過程的完整圖像，卻是十分困難的。甚至我們連皮洛士參戰的動機也無法確定。據說他是想要征服西方，建立一個帝國來效仿他的表哥亞歷山大大帝，但皮洛士同時是敘拉古僭主阿加托克利斯（Agathocles）的女婿，他也有可能將目光投向接替其王位的機會（Plut., Pyrr. 14.2-7; Diod. 40.4）。無論皮洛士的動機為何，他都對羅馬構成了強大的威脅，因為他得到了來自義大利和東方在財政和軍事上的大力支援。敘利亞國王安條克（Antiochus）和埃及的托勒密（Ptolemy）為他的軍事行動提供財政援助，塔蘭圖姆提供他軍隊和資金，並且協助運送他的一萬名步兵、一千名騎兵和二十頭大象的大軍到義大利。皮洛士與居間的塔蘭圖姆人，透過與薩莫奈人和某些伊特魯里亞城市協調出一些共同的利益，在義大利內部建立起了強大的反羅馬聯盟，這迫使羅馬必須同時在好幾個地區作戰。但矛盾的是，在義大利的希臘人卻不一定支持皮洛士，一些城邦，主要是克羅通、洛克里和萊吉姆就選擇支持羅馬，認為這是擺脫塔蘭圖姆支配的機會。

戰爭的頭幾個月相當平靜。羅馬人派遣了一支由盧基烏斯・埃米利烏斯・巴布拉（Lucius Aemilius Barbula）指揮的軍隊，指示他們摧毀塔蘭圖姆的領土但不要與其交戰，希望塔蘭圖姆能選擇講和。與此同時，塔蘭圖姆持續為戰爭做準備。皮洛士讓城市進入備戰狀態，禁止戲劇表演、引入普遍徵兵制，並且要求其他公民提供財政捐助。[10]在埃米利烏斯的帶領下，羅馬的主力軍隊留在韋諾西亞來牽制住薩莫奈人，但是另一位執政官瓦萊里烏斯・拉埃維努斯（Valerius Laevinus）開始向皮洛士進軍，最終在赫拉克利亞雙方遭遇。由於羅馬軍隊的數量遠超過皮洛士的軍隊，後者提議要進行塔蘭圖姆人和羅馬人之間爭端的仲裁（arbitration），這是希臘化時代外交的一個正常特徵。但拉埃維努斯拒絕了仲裁並發動進攻，最後是由皮洛士取得勝利，羅馬人被迫退到韋諾西亞。但是赫拉克利亞之戰也是所謂的「皮洛士式勝利」（Pyrrhic victory）的原型，皮洛士因為軍隊損傷慘重所以無法乘勝追擊。但儘管如此，這場勝仗相當引人注目，所以被大肆紀念，在塔蘭圖姆的宙斯神廟、多多納（Dodona）的宙斯神廟、雅典和林多斯（Lindos）的雅典娜神廟，都有慶祝勝利的獻祭。

赫拉克利亞之戰勝利的代價是損失龐大的軍力，但這場仗也為皮洛士和他的盟友取得了政治上暫時的均勢。克羅通和洛克里驅逐了當地的羅馬駐軍，並與義大利南部的大部分奧斯坎人一起加入了皮洛士陣營。利吉歐可能也想這樣做，但是羅馬派來保護這座城市的駐軍阻止了這局面（App., *Samn.* 9.1-3, 12.1）。這支由坎帕尼亞盟軍而非羅馬軍隊組成的部隊，透過屠殺希臘精英分子掌握住了局面，並為了自己的利益接管了利吉歐。

羅馬人現在幾乎完全處於守勢。皮洛士和他的盟友也許是為了抵達那不勒斯，而迅速向北往坎帕尼亞推進，但被拉埃維努斯阻擋。皮洛士隨後向距羅馬南部六十公里的阿納尼亞進軍，目的是圍

10 作者注：包括伊庇魯斯王室的矛頭徽章，以及宙斯的飛鷹和閃電在內這些與皮洛士有關的符號，都以圖像形式出現在這個時代的塔蘭圖姆錢幣上。皮洛士還利用了其他的文化象徵，聲稱由於伊庇魯斯王室是阿基里斯的後裔，因此他是荷馬時代希臘人理所當然的繼承者，注定要征服羅馬的特洛伊人後裔。

攻羅馬，或者跟與羅馬敵對的伊特魯里亞人軍隊會師。然而，皮洛士幾乎陷入了圈套，因為羅馬剛剛跟伊特魯里亞人達成和議，所以他將會暴露在被兩支羅馬軍隊包夾的危險下。最終，皮洛士放棄了進軍，退回到塔蘭圖姆並試圖談和，不過這段是有問題的，因為史料留下的資料都集中在有關皮洛士和齊納斯的道德軼事上（Plut., *Pyrr.* 16）。談和主要的要求似乎是：保證義大利南部居住的希臘移民的自由和自治、羅馬和皮洛士間的聯盟，以及羅馬必須歸還從薩莫奈人、盧坎尼人和布魯提人手中奪來的所有土地。元老院最初傾向接受這些條款，因此我們可以判斷出皮洛士在這個時間點所處的優勢地位。然而，阿庇亞大道的建設者阿庇烏斯・克勞狄烏斯・凱克斯主導了和談，並表示出強烈的反對。[11]他出面干涉擬定條約決定了一切，於是硝煙又再度重啟。

在談判失敗後，皮洛士開始從希臘移民的城市籌集資金和軍隊，展開另一場戰役[12]，他在二七九年前進至阿普利亞，並且向北推進到薩莫奈。他進軍的路線被駐紮在韋諾西亞的蘇皮西烏斯・薩維里奧（Sulpicius Saverrio）和德西烏斯・穆斯率領的羅馬軍隊封鎖住，而且在奧斯庫魯姆（Ausculum）又打了一仗。就像在赫拉克利亞的戰役一樣，這也是一場「皮洛士式勝利」，皮洛士遭受了相當損失，使他無法乘勝追擊並被迫再次撤退到塔蘭圖姆。此時，一些外部因素開始發揮作用。伊庇魯斯的強大鄰國馬其頓陷入內戰，這使得皮洛士在國內處於不穩定的狀態，而塔蘭圖姆的希臘移民城邦盟友之間也有許多衝突。對皮洛士而言，這個不穩定狀態因為敘拉古邀請他領導攻打西西里島西部迦太基人而解除，不過對義大利人的狀況而言，就不一定如此。敘拉古的僭主阿加托克利斯在二八九年過世，皮洛士宣布自己的兒子（阿加托克利斯的孫子）成為敘拉古的僭主，並前往西西里島，但在塔蘭圖姆留下一支駐軍。

在西元前二七八年到二七六年之間，羅馬人步步蠶食了皮洛士控制的領土，擊敗了盧坎尼人、布魯提人、薩莫奈人和希臘人。皮洛士在二七六年企圖揮軍返回義大利重新掌控局勢，但他在返回義大利途中卻遭到迦太基艦隊的伏擊，損失慘重（Plut., *Pyrr.* 22; App., *Samn.* 12.1-2）。皮洛士在依舊支持他的洛克里登陸，並試圖奪下利吉歐，但並未成功。此外，皮洛士因為掠奪了位在洛克里的冥后波瑟芬妮（Persephone）神廟的珍寶，引起了希臘人的不滿。儘管奧斯坎和希臘人對皮洛士的支持一落千丈，他仍然發動了最後一次的戰役，跨越盧坎尼亞向北進軍。皮洛士於二七五年在馬文圖姆（Malventum，今日的貝文內托）遭遇到馬尼烏斯．庫里烏斯．登塔圖斯的軍隊，並且吃下了慘痛的敗戰。在此戰之後他撤退回塔蘭圖姆，不久後又回到伊庇魯斯，在塔蘭圖姆留下一支駐軍，命他的兒子赫勒諾斯（Helenus）和他的副手米洛（Milo）領軍。赫勒諾斯在二七四年至二七三年間受命返回馬其頓，米洛則在此又繼續待了幾個月。塔蘭圖姆持續與羅馬對峙到二七二年，直到最後被攻克。

---

11 作者注：在伊特魯里亞的阿雷托姆發現的一組銘文中，曾提到阿庇烏斯．克勞狄烏斯反對跟皮洛士結盟，銘文上聲稱「他阻止跟皮洛士國王簽訂和平協定」。然而，這組銘文是奧古斯都時代的作品，而且令人起疑的是，它的行文措辭跟奧古斯都時代羅馬廣場阿庇烏斯雕像上的銘文很接近，因此不少人懷疑它究竟是西元前三世紀原作的複本，還是後來的奧古斯都時期的創作。

12 作者注：這一時期的塔蘭圖姆錢幣的重量減少了，這反映經濟上壓力。一份記錄下洛克里的奧林匹亞宙斯神廟賬目的碑文顯示，神廟的寶庫支付了大筆款項，很可能就是支付給皮洛士。這筆款項涉及的金額合計約兩百九十五噸白銀，最大單筆支付兩千六百八十五泰倫（talent，大約六十九點五噸）。

羅馬掌控大局：西元前二七〇年的義大利

在皮洛士戰爭結束後，義大利半島的大部分地區都處在羅馬的控制下。羅馬接著又花了好幾年的時間才將阿普利亞最南部的抵抗勢力掃蕩一空，《凱旋式大事表》，即羅馬凱旋式的正式紀錄，列出了在二六七至二六五年間四次慶祝戰勝薩倫蒂尼人（Sallentini）的凱旋式，薩倫蒂尼是羅馬對該地區人民的稱呼。在此之後，羅馬的霸權正式確立，直到漢尼拔戰爭期間義大利南部發生大規模叛亂才再次受到挑戰。

在征服戰爭後，人們對於羅馬的義大利對手的遭遇知之甚少，因為現存的李維的史書對這幾年的描述只有簡短的總結，其他的史料也同樣是斷簡殘編。塔蘭圖姆在二七二年投降，成為羅馬的盟友（可能還包括塔蘭圖姆的其他盟友），但李維的《節錄》（*Epitome*）中只記載了塔蘭圖姆被占領，締結了和平協定，但並未提到其他希臘城市的下場。拜占庭歷史學家佐納拉斯（Zonaras, 8.6）告訴我們，塔蘭圖姆的城牆在戰後被拆除，而且開始被要求上繳貢賦，不過這可能是他把後來在二一二年與二〇九年發生的事件，給混在了一起，因為塔蘭圖姆在漢尼拔戰爭期間反叛羅馬，而在二〇九年遭到了嚴厲的懲處。此外，羅馬征服後的政治後果可能還包括了反羅馬的政要遭到流放、親羅馬的政權建立，像是洛克里就竭盡全力公開聲明他們忠於羅馬，發行了一系列的錢幣，上頭描繪了勝利女神尼姬（Nike）為羅馬女神加冕，還有毗斯緹斯（Pistis，代表信任）的字樣。除了與敵對希臘國家達成協議，羅馬還必須要解決其盟友利吉歐的問題。戰爭開始時，羅馬派來保護利吉歐的坎帕尼亞人部隊橫行霸道，屠略了許多當地的希臘精英並控制坎帕尼亞城，雖說主事者德西烏斯・維伯利烏斯（Decius Vibellius）後來被利吉歐人設計殺害，但在整場皮洛士戰爭中利吉歐始終處於坎帕尼亞人的控制下。羅馬最終在二六五年驅逐叛逆的駐軍，賠償利吉歐公民，並處決剩下的坎帕尼亞人部隊。另方面，我們完全不知道希臘移民組成的「義大利聯盟」的下場為何，目前還沒有找到它被解散的紀錄，但同樣也沒辦法證明它延續下去。我們從二七二年至二一八年之間留下的一些細節可以看出和平協議的條件並沒有那麼苛刻。希臘移民城邦仍保有他們的陸軍和海軍，因為他們在西元前三和二世紀還多次提供船隻和部隊來支援羅馬，最著名的一次，是他們在二六四年的第一次布匿戰爭期間將羅馬軍隊運到了西西里島。

羅馬是透過由各種聯盟所組成的網絡來控制從戰爭中獲得的新領土。該網絡是由一項大規模的殖民計畫所支持，該計畫會將規模大小不一的羅馬移居者部署在被征服地區的戰略要地。羅馬在翁布里亞和皮切奴策劃了一個大規模的殖民計畫，其中將羅馬公民殖民地建立在塞尼・加利亞（Sena Gallica，二八三年）、卡斯托・諾烏姆（Castrum Novum，二八〇年代初期）和愛思（Aesis，二四七年）；面積更大的拉丁殖民地則建立在納尼亞（Narnia，二九九年）、尹特蘭納・納哈斯（Interamna Nahars，年代不詳但可能是三世紀初）、阿里米努姆（Ariminum，二六八年）和斯波勒西姆（Spoletium，二四一年）。在南部的新移居點全都是拉丁殖民地，分別建立在魯切利亞（三一四年）、韋諾西亞（二九一年）、帕斯埃圖姆（二七三年）、貝內文圖姆（二六八年）和布林迪西姆（二四四年），這讓羅馬建立起對薩莫奈和阿普利亞北部關鍵戰略要點的控制，也藉此掌握位在布林迪西姆的一個主要港口。這是個極具野心的計畫，牽涉到數千名殖民者的遷徙，除了會削弱被遷居地區的當地居民之外，同時也將徹底改變這些社區的文化、人口，以及土地和財產所有權。[13]

西元前四世紀末和三世紀初同時也是首次有大規模公路建設計畫的時期，這項工程與殖民計畫密切相關。兩項最早的工程，即連接羅馬和卡普阿的阿庇亞大道的第一階段，還有連接提布爾與切費尼亞（Cerfennia）的瓦萊里烏斯大道（Via Valeria），分別開始於三一二年和三〇七年，這顯然是為了要改善與坎帕尼亞和亞平寧山區的聯繫。在二八五年，也就是殖民地在此建立後不久，阿庇亞大道便延伸到韋諾西亞，另一條道路是凱基里烏斯大道（Via Caecilia），它在二八三年將庫里斯·薩比尼（Cures Sabini）和卡斯托·諾烏姆連結了起來，這條道路的修建時間恰巧落在羅馬在翁布里亞的殖民遷居時期。此外，二八〇年代還有兩條克洛狄烏斯大道（Via Clodia）落成，不過我們無法確知這兩條路的路線細節。上述這六項工程可能看似規模不大，但卻是羅馬日後令人印象深刻的道路網絡的濫觴。這些道路使得部隊得以快速移動，並且使訊息能迅速被傳遞到義大利各地，日後的發展也證明了這確實是羅馬掌控各地的有力工具。這兩個特點（殖民化和道路建設）也對義大利造成變革性的影響。殖民地會改變某個地區或社區的社會、文化和人口特徵，而靠近（相反地，遠離）道路系統可能會增強或是削弱社區的經濟表現，以及政治和行政上的地位。羅馬在皮洛士戰爭結束之後不僅取得了軍事上的主宰地位，並且開始以更深刻的方式改變義大利。

13 作者注：估計數字有所不同，但一些學者，特別是康奈爾認為有多達七萬名羅馬殖民者在西元前二九〇年到二六四年之間遷居到殖民地上，但其他學者認為這個數字太高了。無論絕對數字是多少，羅馬所強加的人口流動的規模顯然相當巨大，而且深具破壞性。

第十三章　合作還是征服？聯盟、公民權和殖民

由於羅馬在義大利征服了大片土地，這也就形成了一個重大且日益吃緊的後勤問題：一個行政資源有限的城邦國家，要如何能夠有效控制附庸國？這個問題早在西元前五世紀晚期就已經浮現出來，但是現在的情況變得很緊迫。因此到了三世紀初的時候，找出一個有效的解決方案已經勢在必行。

解決的方案是一種放任式管理的創新體系，這制度讓羅馬仍舊可以作為統治者，但是無需親自管理新領土的庶政。有些被征服的地區經由各種方式被直接併入羅馬國家，或是被羅馬移居者給殖民，不過另一些地區則保留了相當高度的自由。這一巧妙的解決方案使得羅馬既可以在現實中占據主導地位，同時也不會因為試圖實施更嚴格的控制而引發人們的怨恨。事實證明，它是一個非常強大和穩定的體系，為羅馬統治義大利和進一步擴張提供了基礎。這個解決辦法持續了兩百多年，縱使這個體系在二世紀時，因為羅馬人日益苛刻的行為和義大利人隨之而來的不滿而受到破壞。所謂的同盟者戰爭（Social War，對抗同盟者〔socii〕的戰爭）在西元前九一年爆發，當時許多義大利人

起身反抗，迫使羅馬接受了他們提出的更大程度的平等要求，並且將羅馬公民權擴大到所有義大利人。

這些不僅僅是枯燥的行政事務。它們是有關義大利和羅馬彼此之間的社會、經濟和文化關係，以及羅馬擴張的本質的一些深刻問題。羅馬的控制體系從根本上塑造了義大利的文化和政治發展，而且該體系讓我們得以思考一些有意思的問題，像是擴張戰爭對羅馬和被征服地區究竟有何影響。羅馬和義大利其他地區之間的關係，是羅馬後來得以發展為帝國的重要基礎，而且這關係清楚說明了羅馬統治對義大利居民的實際意義。

掌控義大利：公民、拉丁人、殖民者以及盟國

在羅馬擴張的最初階段，被征服的領土直接併入羅馬人的領土，即由羅馬直接擁有和統治的領土（the ager romanus），但隨著羅馬領土的擴大，這種做法便無法繼續下去。在西元前五世紀時開始出現一種新模式。羅馬不再吞併戰敗的敵人，而是與他們簽訂和平條約，並讓他們繼續自治，不過有些條約具有附帶條件。羅馬有時會沒收手下敗將的一部分領土，並且安排一小批羅馬殖民者移居至此。在其他情況下，例如像是在處理伊特魯里亞地區的國家和法利斯坎人（Faliscans）時，羅馬並未費心去制定條約，只是簡單地談判並訂下休戰協定（indutiae），規定各方在一段固定時間內暫停敵對行動，但是有關係的各方之間並沒有建立起任何永久關係。這些休戰協定的持續時間各不相同，有短暫的停火（旨在讓羅馬從敵對狀態中獲得喘息空間），也有長期的協議。例如，羅馬在

三〇八年與伊特魯里亞的許多國家簽訂了為期僅一年的休戰協定，不過也有像是羅馬與維伊（四三三年）和沃爾西尼（三九〇年）簽訂的二十年停戰協定，與佩魯西亞、科爾托納（Cortona）和阿雷托姆簽訂的三十年協定（以上都是三一〇年簽訂），還有與卡厄瑞（三五三年）的一百年協定。[1]

到了西元前四世紀中葉，這些協議開始變得更有體系。三四〇年至三三八年的拉丁戰爭是背後的催化劑。強硬地安排殖民者移居到叛逆的拉丁人和坎帕尼亞人的國家之中，無疑是種懲一儆百的做法，但這種移居措施也是一種更強大、更持久的協議，確保了羅馬與最近鄰國之間的穩定與和平關係。在前一章中概述的戰後移居有幾個新特點。它賦予了「拉丁」（Latinity）一種新的形式，並且使羅馬公民身分正式成為合法的、可以讓後代繼承的地位。羅馬透過由條約與聯盟組成的複雜網絡，將所有義大利人與自己聯繫在一塊。

羅馬公民身分和義大利人

受羅馬管轄的各地區在西元前三三八年的協定中被劃分成了不同類別，其中人數最少的一類是羅馬公民。這個群體的核心是羅馬城的居民，他們的羅馬公民身分是基於血緣與族群。然而，正如前面章節所討論的那樣，羅馬人對公民身分的態度相對開放，但也具有高度的法律主義態度。公民

1 作者注：這些長期的休戰，可能是為了能調度羅馬軍隊去防守薩莫奈人的入侵。長達百年的休戰可能意味著儘管羅馬沒有承諾一項更正式的和平協議，但他們設想了一種更持久的和平，雖說實際上休戰並沒有持續那麼長的時間。

身分不是根據出生地來定義，而是羅馬法中的一種特殊地位，可以由國家的法律來授予（在極端情況下也可以撤回）。

從三三八年起，有兩種羅馬公民身分。完整的羅馬公民身分（civitas optimo iure）賦予一位羅馬人公民和政治權利，這包括了能夠在羅馬對法律投票、選舉地方官和競選公職。但除此之外，三三八年的解決方案還創造出了一種新的無投票權公民身分（civitas sine suffragio）。此身分能享有羅馬人的公民權利，但不具備任何政治權利。具有這種地位的人可以要求羅馬法保護，並且具有羅馬公民的地位，但是擁有此身分者也被要求盡公民義務，包括服兵役和（可能要）繳稅，但不被允許在羅馬投票或是擔任公職。具備這種身分的社區因此喪失了獨立和自治，而同時又不讓他們（特別是統治階層）取得在羅馬的影響力作為補償。這種受限制的公民身分可能是為了在不需要提供太多好處的情況下強化羅馬的控制，而且這是僅限於四世紀晚期和三世紀的特殊情況。據我們所知，在三世紀中葉之後便沒有不再有人被授予無投票權公民身分，而且在二世紀早期，大多數擁有這種地位的社區，很可能都靜悄悄地被提升擁有完整權利的羅馬公民。[2]

要獲得公民身分有許多途徑。個人或小團體可以被授予選舉權，作為替羅馬效力的獎勵。例如在拉丁戰爭期間始終忠於羅馬的坎帕尼亞貴族，就在三四〇年獲得羅馬公民身分。到了西元前二世紀，義大利人有可能透過在羅馬長期定居來獲得羅馬公民的部分權利，不過目前還不清楚這種做法是從何時開始的。這是一八〇年代的元老院所關注的問題，但是我們沒有什麼證據能夠證明這種做法出現在約二〇〇年之前，而給予個人羅馬公民身分，或透過移居羅馬獲得公民身分，其牽涉到的範圍則相對較小。給予羅馬公民身分最常見和最普遍的方法是利用殖民計畫，以及（或是）將公民身分直接授予整個社區。

授予公民身分對一個社區可能會造成相當大的影響。被羅馬國家吸收，意味著喪失了根本的獨立自主。從被授予羅馬公民權的那一刻起，這個社區便成為羅馬帝國的一部分，行動自由在許多方面上也從此受到限制。這些自治城（municipia），亦即具有全部或部分羅馬公民身分的社區，被羅馬視為有著繳稅和服兵役的義務（munera），而且他們在與其他社區有所聯繫時，也必須服從羅馬的指揮。兵役尤其是羅馬公民義務的核心。當時的羅馬軍隊是公民民兵，四十五歲以下的成年男性公民在國家有需要時必須服役，並且每年都會徵召部隊，藉此從中挑選士兵。獲得羅馬公民身分的其他義大利國家的役齡男子，跟上述的情況一樣，他們在有需要時必須要服役，這讓羅馬獲得了額外的兵源。在軍事問題上以及與其他國家的關係中，羅馬公民身分的授予可能會帶來重大變化和限制。

儘管失去了自主權，自治城仍然是當地的自治社區，它們仍主管自己的內政，儘管在組織上有大規模的變革。新獲得公民權的社區很可能會放棄當地的法律形式，轉而採用羅馬法。這些居民必須在下一次羅馬人口普查中登記為公民，並被分配到一個投票部落，如此他們才可以行使在羅馬投票的權利。[3]前羅馬時期的政府形式被加以調整，使其接近羅馬本身的政府形式。大多數公民社區

2 作者注：李維提到豐迪、佛米亞和庫邁在西元前一八八年獲得了完整公民身分。

3 作者注：西元前三三八年獲得選舉權的人是在三三二年的人口普查中登記的。登記程序可以在當地進行，透過當地官員編製的人口普查，然後送到羅馬。

由兩名每年選舉產生的高階行政長官管理（稱為雙人市長〔duoviri〕），並且由低階行政長官和一個來自該城精英階層的地方委員會來輔佐，這制度大致相當於羅馬執政官、低階行政長官和元老院。他們負責管理社區的日常事務，處理諸如維持秩序、議決地方法律、審理法律案件、監督公共財政，以及維護城市建築物等方面的事務。

理論上，具有羅馬公民身分的城市居民有權在羅馬選舉中投票並參與羅馬的立法程序。但實際上，居住在羅馬城以外的羅馬公民能夠行使這些權利的程度，可能是有限的。雖然公民的首次登記和羅馬公民的定期普查是在當地進行的，並且是以書面形式提交給羅馬，但是能夠遠距離投交選票的機制卻不存在。個人為了行使政治權利，必須在選舉當日或是在人民大會投票通過立法的日子，親自出現在羅馬。一些在西元前三三八年獲得公民身分的拉丁城市距離羅馬很近，因此能夠前去參加選舉或投票。例如，托斯卡倫、拉努維姆和拉維尼姆都在距離羅馬二十到三十公里的範圍內，根據羅馬標準這是一天的路程，但羅馬城以外的羅馬人要參與立法或選舉過程，卻很可能受到社會階層的限制。我們聽說許多義大利貴族在羅馬擁有房子，經常在那裡停留上一段時間，並與羅馬的貴族們建立聯繫。毫無疑問如果他們來自擁有羅馬公民身分的國家，他們就能行使自己的政治權利，但是來自羅馬城以外的普通羅馬人，他們參與的可能性就要小得多。

這就提出了一個問題：獲得羅馬選舉權的社區居民，他們作為羅馬公民的感受為何，以及對成為公民之後所帶來的日常變化又是如何？我們大部分的史料都是從羅馬人的角度來看待這個問題，它們都是從積極正面的角度來加以解讀，把被授予羅馬公民身分視為一種榮譽，提高了社區的地位和聲望。另一方面，人們的態度隨著時間推移而有著顯著變化。我們的大部分資料都是撰寫於羅馬公民獲得許多福利的時期。隨著地中海帝國的擴張，羅馬人與非羅馬人之間的地位差距擴大，導致公民身分變得非常搶手，也就在此時元老院愈來愈不願意進一步擴大公民的範圍。然而在西元前四世紀和三世紀這期間，情況卻截然不同。成為羅馬人的好處不再那麼顯著，接受（或者被強加）另一個國家的公民身分所造成的喪失固有獨立性，被視為是地位的喪失。羅馬公民的身分在這個時期似乎不再是種特權，而更像是種負擔和懲罰。人們厭惡喪失自決權和喪失集體身分的程度可以從一些社區的抗議清楚看出，他們反對要被合併成為沒有選舉權的羅馬公民。例如李維指出在三〇四年時，艾逵人就痛苦地抱怨他們不願成為羅馬公民，並擔心他們要被迫接受這決定。他們說，赫尼西人雖然曾試圖拒絕，但是仍被強迫成為羅馬公民來作為懲罰。三三八年的拉丁人和坎帕尼亞人被強加上「沒有選舉權的羅馬公民身分」，也被他們視為是種懲罰，而且被迫接受的社區當然也會感受到它的威脅。羅馬聯盟這個架構內的自治受到重視。羅馬公民身分被認為是對另一個國家公民生活的一種侵犯，人們因此可能會非常不滿，尤其是沒有選舉權的羅馬公民，因為這些人並未獲得政治權利來補償他們失去的獨立性。

從長遠來看，羅馬公民身分無疑是有益的，特別是對那些善於利用公民身分提供的經濟和政治機會的統治精英而言。當成為羅馬公民的好處變得更大時，具有公民身分的社區在二世紀時發現自己無庸置疑處在優勢地位，但在四世紀到三世紀這段期間，許多義大利人卻猶豫於要用獨立來換取羅馬公民地位，羅馬人和義大利人都將其視為懲罰而不是種恩惠。

拉丁人和拉丁公民權

西元前三三八年解決方案的另一項創新特點是，它創造了一套具備法律和公民權利意義的拉丁公民權。從那時起，作為一名拉丁人不再是代表這個人的原籍地或民族身分，而是這個人被國家所賦予的一系列合法權利。當然，這個新的法律定義確實包括了許多拉丁民族和社區，而且最早被授予拉丁公民權的確實是那些位在拉丁姆的社區，不過它確實讓拉丁公民權與拉丁民族脫鉤開來。與羅馬公民地位不同的是，拉丁公民權在西元一世紀之前很少被單獨授予，它主要是透過殖民的方式傳播的（關於拉丁和羅馬殖民地，以及它們之間的區別，見下文）。

從本質上而言，新的地位是與羅馬有關的法律權利和義務的集合。拉丁人有權與羅馬公民通婚（conubium），這意味著這種婚姻下的孩子是合法的，可以繼承父親的地位，而且家庭財產的遺囑或交易將受到羅馬法律的保護。他們還擁有與羅馬人貿易的權利（commercium），這給予了他們與羅馬人的經濟往來時的法律保護。最後，他們在西元前三世紀的某個時機點獲得了移居羅馬、居住在羅馬，並且能夠透過長期居留來獲得羅馬公民身分的權利。有多少拉丁人在布匿戰爭之前行使過這種移民權（羅馬人所謂的移民權），其確切數字仍不清楚。我們並沒有聽說它被認為是個問題，但這究竟是因為它未曾發生，還是因為元老院不擔心這個問題，也都沒有清楚的答案。相比之下，由於定居在羅馬的拉丁人在西元前二世紀時數量增加，這便成為一個受到高度關注的問題。

擁有拉丁公民權的社區的主要義務，是在被要求時必須以軍事力量支持羅馬。由於拉丁人不是羅馬公民，所以他們並不是羅馬軍隊的一員，而是在本地的部隊編制中作戰，並且由自己的軍官來指揮。然而，我們有充分的證據證明拉丁人是羅馬的重要軍事資源。李維所寫的史書是一年一年的編年史，他經常在每年的前言介紹中提供許多資訊，例如該年度的執政官、元老院對軍事指揮權以及省份的指派，以及每位將軍被允許招募多少軍隊。[4]這些資訊當中幾乎總是將部隊人數細分為特定人數的羅馬人、拉丁人和義大利人，這顯示羅馬軍隊每年都需要大量的拉丁軍隊來援助。

擁有羅馬公民身分的社區是羅馬國家的一部分，並擁有部分自治權；拉丁殖民地的情況則不盡相同，後者仍然是完全獨立和自治的國家，縱使他們會被要求採用與羅馬相近的政府形式和公民組織形式。這些地方由選舉產生的年度行政官委員會（多數情況下為行政長官組成的四人委員會〔quattuorviri〕）管理，轄下有一個由地方領袖組成的委員會輔佐。公共事務的語言改為採用拉丁文，即使是在母語非拉丁文的社區也是如此。[5]這並不是出於法律上的強制要求，就我們所知這似乎是自發的，儘管它可能受到了羅馬的鼓勵。

4 作者注：在李維描寫西元前四世紀的史書中，這種類型的列表相對較少，但是他在三世紀和二世紀的敘述中卻愈來愈頻繁地使用這些列表，而且具備一致的格式說明它們必然是從某種形式的官方紀錄中取得的。李維很可能是從早期的歷史學家（可能是瓦萊里烏斯．安提亞斯）那裡取得的，而後者又是從官方紀錄中轉錄出來的。

5 作者注：羅馬的重組無疑推動了拉丁語在義大利的傳播。具有正式羅馬公民身分的國家和具有拉丁地位的國家，被預期要在公共事務中使用拉丁語，雖然奇怪的是，這似乎並未適用於那些有著不具選舉權的羅馬公民資格的城市。庫邁和卡普阿的奧斯坎語官方銘文顯示奧斯坎語仍然是西元前三世紀的官方語言，但根據李維的說法，庫邁在西元前一八八年獲得完整的公民身分，同時請求允許採用拉丁語為城市的官方語言。

新的拉丁城市和殖民地是羅馬控制義大利的基礎，因為它們與羅馬有著密切的政治、社會和文化聯繫。拉丁人軍隊成為羅馬戰鬥力量的一個關鍵因素，這一點在羅馬與漢尼拔的戰爭於二〇九年進入白熱化時，表現得最為淋漓盡致：此時有十二個拉丁國家宣稱他們不再有能力幫助羅馬，這引起元老院的恐慌，這不僅僅是出於軍事損失，還因為元老院擔心羅馬最親密的盟友和支持者的忠誠可能會動搖。這有關的殖民地是內皮、蘇特瑞姆、阿迪亞、卡雷、阿爾巴、卡索利、梭拉、蘇維薩、塞蒂亞（Setia）、西爾策依、納尼亞，以及尹特蘭納．李蘭納斯，其中許多都位於羅馬附近。幸運的是，其他二十三個國家並沒有倒戈，但這起事件充分說明了羅馬軍事力量中拉丁部隊的重要性。戰後，羅馬對這些拉丁人施行的報復性懲罰就凸顯元老院的憤怒，當羅馬在二〇五年之後重新控制義大利時，當時不合作的殖民地的年度軍事配給量就增加了一倍，他們的部隊被派往海外服役，而且服役時間還被延長。

在軍事事務之外，拉丁人在法律上所具有的權利使得他們跟義大利其他地方相比起來，跟羅馬在社會和經濟聯繫上更為緊密。尤其是在社會精英層面，有法律保護的貿易和商業促進了經濟互動，而且羅馬承認羅馬公民跟外族通婚生下來的子女是合法的，這也有助於維持羅馬與拉丁社區之間的親屬關係。拉丁城市和殖民地在傳播羅馬文化的許多方面也發揮了重要作用，諸如羅馬的政府形式、使用拉丁語，以及羅馬式的城市生活，這些我們將在下面詳細討論。

盟友和聯盟

被羅馬征服或透過談判達成自願聯盟的其餘義大利國家仍然保有獨立。他們與羅馬的關係受條約的管轄，這些條約都是雙邊協議，羅馬藉此建立了以自己為中心的牢固同盟網絡。羅馬透過堅持跟各成員國單獨談判，這麼一來就削弱了多邊聯盟，諸如薩莫奈人的聯盟或拉丁人的聯盟。但當然不同群體的義大利人之間也存在著由非正式關係和聯盟構成的網絡，而且有時會因不同條約中的要求條件相互抵觸而引起複雜的利益衝突。但是羅馬不承認這些非正式關係，並且藉由維持自己是所有義大利人之間的一個共同聯絡點來維持主導權。

據我們所知，支撐這種結構的條約內容非常公式化，而且非常籠統。目前唯一倖存的證據是哈利卡納索斯的戴歐尼修斯版本的四九三年卡西烏斯條約，這在上文中曾討論過（參見第十章），條約規定羅馬人和拉丁人應該保持和平與友誼，並在遭到另一國家攻擊時提供彼此軍事協助。這些條款與西元前四世紀和三世紀羅馬和義大利國家的條約中的內容一致。例如，塔蘭圖姆在二七〇年的皮洛士戰爭結束時成為了羅馬的盟友，但它仍被允許保持獨立（Livy *Per.* 15）。[6]可是我們手中條約的大多數證據都跟較晚的時代有關。李維（Livy 27.21.8, 29.21.8）在描述第二次布匿戰爭一些為漢

---

6 作者注：*Per.* 指的是《摘要》（*Periochae*），也就是李維這本書當中每一卷的簡短摘要。這些是十一卷至十九卷和四十六卷以降唯一流傳下來的版本。

尼拔而戰的義大利社區時，說他們都擁有自治權和自己的法律，而且這些都是羅馬在和平條約中所保證的。至今，我們仍有一些記錄羅馬與各盟友之間若干條約條款的銘文，但這些銘文的時代是西元前二世紀，內容所指的是羅馬與希臘世界的聯盟，而不是與其他義大利人的聯盟。[7]不過上述的條約內容跟卡西烏斯條約中的內容非常相近，主要的不同之處在於省略了一些合約條款，這些條款可能是針對五世紀拉丁地區的具體情況而制定的，後來才要修改了條款。總的來說，羅馬與義大利盟國之間條約的條款，似乎跟卡西烏斯條約和西元前二世紀條約中的條款相同。

羅馬盟友的主要職責是在戰爭時支持羅馬，或是向羅馬軍隊提供軍隊，或是拒絕幫助羅馬的敵人。嚴格地說，條約是共同防禦條約，羅馬同意協助任何被第三方攻擊的盟友，而作為回報，盟國同意在羅馬遭到攻擊時協助。這是基於羅馬人對正義之戰（bellum iustum）概念，即在受到攻擊時進行自我保護。如果一場侵略戰爭中首先發動進攻的是羅馬，那麼從定義上而言這場戰爭便不是正義的，因此嚴格來說，盟友並沒有義務要提供幫助。但毋庸置疑隨著羅馬力量的茁壯，這些聯盟的防禦性質被違背的狀況遠多於被遵守。羅馬人從盟友和拉丁人那裡徵召軍隊成了一年一度的大事，因為羅馬在許多地方都有戰略考量，使得他們每年都必須投入戰事，因此成立一支常備軍也終究是勢在必行。如果羅馬的盟友之一受到威脅，羅馬可以號召整個聯盟來支持，以上這一原則很快就確立了。隨著盟國網絡的不斷增長，羅馬為了支持這些盟友的利益而介入調停的機會，也因此愈來愈多。從理論上講，這些條約是平等雙方之間的聯盟，但是從西元前三世紀開始，羅馬的力量與任何其他盟友之間的差距愈來愈大，這確保羅馬很快成為主導的一方。與此同時，只有「正義」之戰或防禦性戰爭才能被宗教習俗所認可的觀念，開始消失了。到了西元前二世紀，當羅馬擴張到地中海東岸和西岸時，愈來愈多的義大利盟友被要求支持擺明的征服戰爭。

在其他方面，盟國是獨立自主的國家。在西元前三世紀末之前，羅馬人似乎很少干涉盟國的內部事務，除非這件事情對羅馬人的利益，或是對某個盟國的忠誠構成威脅，不過若真的有這種威脅發生，懲罰有可能會相當嚴厲。例如在三一四年，阿普利亞城市魯切利亞起義反抗羅馬。當叛亂被鎮壓時，其帶頭的領導人被處決，而且羅馬在那建立起了一個拉丁殖民地。這種刻意維持一定距離的關係在二世紀開始有所改變，羅馬在此時期對盟國的政策，變得干涉性更強也更為嚴苛，但在二〇〇年前，羅馬會密切去關注其盟國內部事務的相關證據相對不多。他們保留了自己的法律和政府形式，可以按照自己的意願行事（但也始終規定他們不能做任何違背羅馬意願或利益的事）。諸盟國可以保留自己的語言和文化，但因為羅馬所占據的統治地位，以及必須跟羅馬人（包括官員和其他人）進行交流和互動的實際需求，這意味著整個義大利地區都逐漸籠罩在羅馬文化之下。

羅馬對義大利的控制及其性質

現在很明顯，羅馬對義大利的控制大體上便是一個軍事同盟。它透過一系列條約鬆散地將羅馬與義大利其他地區聯繫起來，從而確保了統治地位，其主要目的是保護羅馬免受攻擊，並方便羅馬

7 作者注：銘文保存了羅馬與卡拉迪斯（Callatis）、阿斯提帕萊阿（Astypalaia）和米蒂利尼（Mytilene）之間的條約文本，其中的條款與我們對羅馬與義大利各國家之間條約的了解是一致的，但我們沒有這些條約的直接書寫證據。

能運用義大利的兵員。其他義大利人（無論是盟國、拉丁人還是羅馬公民）的主要職責是在必要時向羅馬提供軍事支援。而這本身透過間接手段擴大了羅馬的行政控制。波利比烏斯描述高盧人在西元前二二五年對義大利北部的入侵時，讓元老院大為震驚，以至於它向所有盟友派遣了信使，要求他們對其總兵員進行人口普查。在這次戰役中，入侵者在戰場上被擊敗，並且不需要所有可用的義大利軍隊都集合，但是波利比烏斯對此事件以及其他軍事徵召的描述，為我們提供了關於羅馬與其盟國之間關係的寶貴資訊：

> 無論如何，我必須著手描述當時可用的徵兵和部隊人數。每位執政官指揮著四個羅馬公民軍團，一個軍團由五千兩百名步兵和三百名騎兵組成。每一支執政官部隊可指揮的盟國部隊共有步兵三萬人、騎兵兩千人。暫時來羅馬援助的薩賓人和伊特魯里亞人軍隊共有四千名騎兵和五萬多名步兵。羅馬人聚集了這些部隊並將他們駐紮在伊特魯里亞的邊界，由一名法務官指揮。居住在亞平寧山脈的翁布里亞人和薩爾西納人（Sarsinates）的徵兵額總計約為兩萬人，而且還有兩萬威尼托人和切諾曼尼人（Cenomani）。……能夠作戰的兵力名單如下：拉丁人，八萬名步兵和五千名騎兵；薩莫奈人，七萬名步兵和七千名騎兵；雅皮吉人和梅薩比人，五萬名步兵和一萬六千名騎兵；盧坎尼人，三萬名步兵和三千名騎兵；馬爾西人、馬祿奇尼人、弗倫塔尼人和維斯提尼人，兩萬名步兵和四千名騎兵。（Pol. 2.24）

儘管希臘和羅馬歷史學家給出的軍隊人數有待商榷，但波利比烏斯所提供的數據也並非完全不可信。[8]他們生動地說明了羅馬人在西元前三世紀晚期擁有的巨大後備兵力，這正是羅馬能夠撐過與皮洛士（二八一年至二七〇年）和漢尼拔（二一八年至二〇〇年）的激戰，並征服出橫跨整個地中海的帝國的關鍵因素。它們除了顯示羅馬願意要求其盟國進行全國成年男性的人口普查，也代表其盟國有能力進行這種普查。這本身就說明羅馬的征服對義大利國家施加了一定程度的行政責任，並且要求它們採取一些方式來對其公民進行造冊與登記。

我們至今仍不清楚羅馬是用什麼機制來確保條約規定能付諸實行。一些史料中有提到了「穿長袍者名單」（**formula togatorum**），這與軍事徵召有關。這份清單似乎是有責任提供羅馬軍隊的盟國和拉丁國家的清單，但它的原先內容可能其實更為詳細，或許是羅馬有權要求多少士兵的造冊，或是對波利比烏斯所描述的每個國家最大兵員的估額。無論是前者或後者，羅馬似乎保留了某種形式的盟國兵力清冊，如果軍事上的需要出現，它有權要求徵召多少人。

波利比烏斯詳細描述了羅馬軍隊每年是如何集結的，軍隊會以兵員的單位和財富等級來編制，同年選出的盟軍也是以同樣的方式集結，不過這是理想化的說法，可能並沒有反映出實際情況。李維在書中關於西元前二世紀的部分中寫到，元老院在年初分配部隊給每個指揮官，詳細規定從羅馬公民、拉丁人和盟國徵召的步兵和騎兵的最高人數，但很少會去限制他們所來自的地區。每個盟國提供的部隊似乎是由將軍個別指揮。當元老院真的去干預某個特定國家所承擔的義務時，這通常都

8 作者注：彼得・布倫特（Peter Brunt）的研究是針對羅馬共和歷史上這個問題最全面的討論，其中也包括討論這裡引用的波利比烏斯提出的數字。

是特殊情況下的結果：例如在二〇五年時一些拉丁殖民地被懲罰的方式，就是將加倍其負擔的義務。

由於義大利沒有一個中央政府，羅馬必須做出一些特別的安排來規範盟國的行為，並且讓他們確實履行軍事義務。但儘管如此，羅馬在軍事上的要求造成了更廣泛的影響。盟國為了滿足羅馬在軍事上的要求，他們必須要具備行政能力來對其公民進行定期和準確的普查。有大量證據顯示羅馬人和其他義大利人在三世紀和二世紀並肩作戰，這有助於打破彼此之間的藩籬，並且有助於傳播羅馬文化的一些重要方面，特別是拉丁語的使用。雖然盟國軍人是以各地的編制參戰，但他們的軍官仍然需要有能力來與羅馬軍官溝通。到了三世紀末，義大利仍然高度區域化，距離文化上全面羅馬化還很遙遠，但是軍事聯盟和兵役的需求無疑推波助瀾了某方面羅馬化的傳播。

羅馬殖民

從被征服的敵人占領的領土上建立殖民地的做法，在古代被認為是羅馬成功成為一個大國的關鍵。西塞羅稱殖民地是「帝國的堡壘」，李維認為因為殖民地讓羅馬公民人數增加，所以讓羅馬力量也隨之增強。馬其頓國王腓力五世（Philip V）在二一七年寫給色薩利的拉里薩城（Larissa）的一封信，就證實了殖民與羅馬權力之間的這種聯繫。他在信中說：「羅馬人……當他們解放奴隸時，准許他們具有公民身分，並且給予他們擔任某些行政長官的權利，透過這種方式，羅馬人不僅擴大了自己國家的規模，而且還能夠在近七十個地方建立殖民地。」（*SIG* 543）[9]

顯然，殖民是傳播羅馬權力和羅馬文化的重要手段。它改變了義大利社區的組織方式，因為他們會被迫採用更接近羅馬的法律和政府形式。我們有很多關於殖民地如何建立的詳細說明，以及愈來愈多出土碑銘和考古證據可以證明它們對殖民地區有影響力。據估計，到西元前二四一年止，義大利總面積的三成左右被劃歸為由羅馬直接擁有和統治的領土（見圖二十五）。至少有十九個拉丁殖民地和十個羅馬殖民地在三三八年至二四一年之間成立，涉及重新安置的估計有七萬一千三百名成年男性（即超過十五萬人），僅僅拉丁殖民地就超過七千平方公里的領土。殖民化是一個對義大利的大部分地區和義大利生活的許多方面產生革命性影響的過程。然而，最近關於殖民化的研究成果則對過去許多的假設提出了質疑，像是殖民地是如何被建立、殖民地城市的發展，以及如何與殖民地的土著居民互動等方面。[10]

羅馬人傳統上將殖民地分為兩組（拉丁人和羅馬人），與羅馬國家有不同的行政和法律關係。顧名思義，羅馬殖民地是羅馬公民的殖民地。他們正式成為羅馬國家的一部分，只擁有有限的地方自治權。他們的領土被視為由羅馬直接擁有和統治的領土，他們的居民擁有羅馬公民身分。相比之

9 作者注：希臘人對羅馬公民身分概念的看法，尤其是給予被解放的奴隸公民身分的看法，是矛盾的（參見Dion. Hal.4.24）。然而腓力五世的信似乎指出，公民人數的增加（主要是透過解放奴隸）為羅馬人提供了派遣到殖民地所需的人力，從而增加了羅馬的力量。被解放的奴隸是否可能成為行政長官則沒有明確的定論。他們在後來的共和時期被禁止擔任行政長官，但目前還不清楚西元前三世紀的情況是否如此。

10 作者注：最近針對這一辯論提出看法的論文集可見T. D. Stek and J. Pelgrom (eds) *Roman Republican Colonization: New Perspectives from Archaeology and Ancient History* (Rome, 2014)。

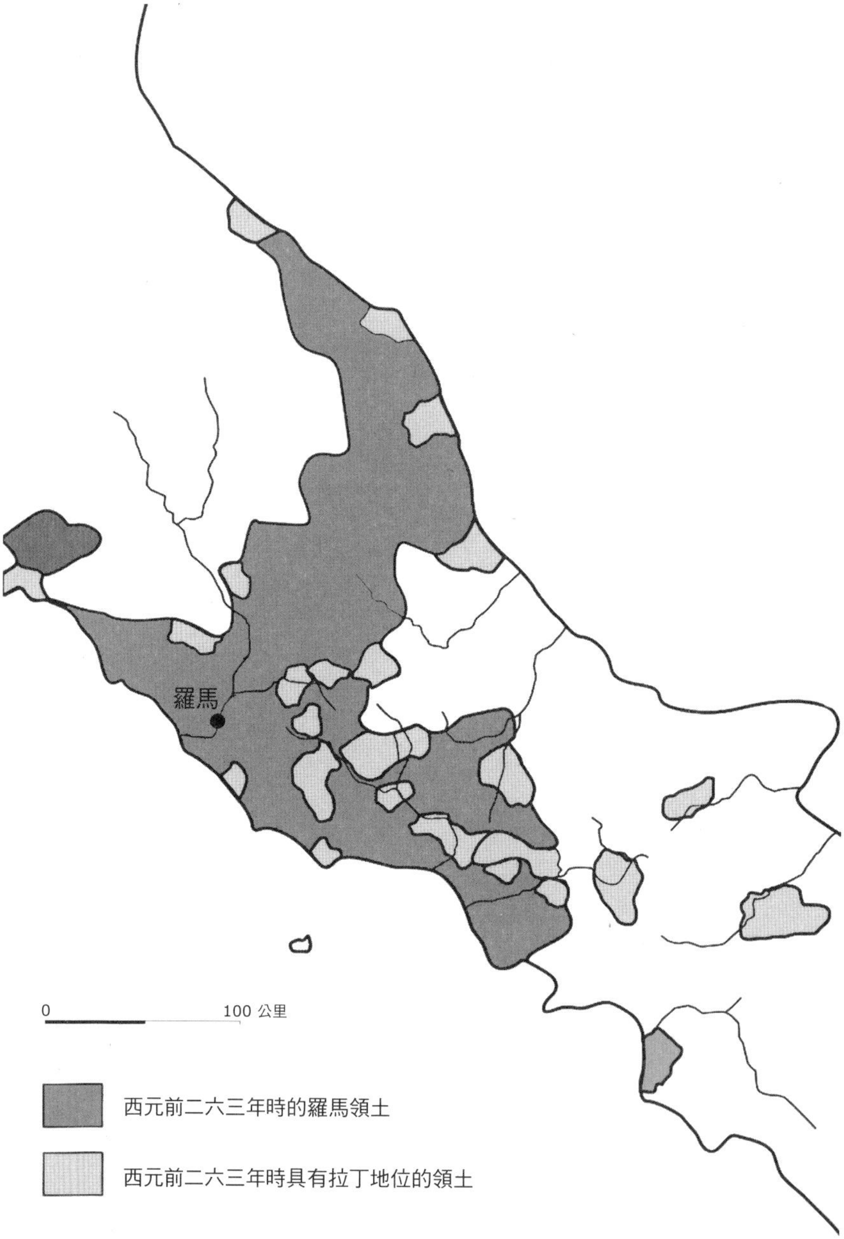

圖25 西元前二六三年羅馬和拉丁領土的範圍。

附表8　羅馬殖民地，西元前三三八年至二四五年。

年份（西元前）	殖民地	區域／領土
338	安提姆	沃爾西
329	特拉西納	沃爾西
318	普里沃努姆	拉丁姆
296	明圖爾奈	奧隆奇
296	西努薩	奧隆奇
290-286	卡斯托・諾烏姆	皮切奴或是伊特魯里亞
283	塞尼・加利亞	翁布里亞
247	愛思	翁布里亞
247	艾爾斯姆	伊特魯里亞
245	弗雷戈那	伊特魯里亞

下，拉丁殖民地的面積更大，是獨立和自治的國家。除了法律地位和羅馬關係的根本差異之外，還有其他重要的區別。大多數羅馬殖民地因為面積太小，而不能成為獨立的自治社區，這正是他們依然是羅馬國家的一部分，並保留著羅馬公民身分的原因。李維提供了數據並指出這些社區多由兩百到三百名移居者組成，他們通常會移居到現有的社區中，而不是組成一個新的社區。每位殖民者會被分配到一塊大小適中的土地（通常為五到十尤格，大致相當於二點五至五公頃，或六至十二英畝），這是從被擊敗的社區，或其內部的反羅馬分子那裡沒收來的。相比之下，拉丁殖民地要大得多，而且多半是（雖然並非總是）新城市，同樣是建立在從羅馬的敵人手中沒收的土地上。雖然有些西元前二世紀的殖民地比較大，但它們似乎通常由約兩千五百至六千名移民組成。

一些較小的羅馬殖民地的用處，似乎就是安

插它們在軍事上易受攻擊或特別麻煩的那些地區，建立起永久性的據點，而且是在羅馬直接擁有和統治的領土（ager romanus）裡。在西元前四世紀，羅馬在許多沿海社區建立起殖民地，如安提姆、明圖爾奈和塔拉西納，這些地方容易受到來自海洋的攻擊。這些地方被指定為海洋殖民地（coloniae maritimae），而且不同尋常的是，殖民者被從羅馬軍隊中除役。這些殖民地充當了駐地的駐軍，監視當地居民並保護他們免受攻擊。如果大型社區建立在羅馬直接擁有和統治的領土之外，這地方的人就會被賦予拉丁人地位，並且是獨立的自治社區。在許多情況下，這些都是城市化水準較低的地區，而且拉丁殖民化的一個影響是將羅馬式的城市社區傳布到各地。最近的研究顯示（特別是佩爾格羅姆〔Pelgrom〕和史戴克），共和早期和中期的殖民地地位遠比以前所認定的更具流動性，而且殖民地和羅馬之間的法律關係和軍事義務可能更為靈活。一個殖民地的建立還有其地位與地點，這些決策背後的考量似乎是受到各種短期壓力的驅使，有可能是戰略要求，也可能是派系和個人的政治利益考量，而不是根據某種具有一致性的擴張戰略。

有鑑於拉丁殖民地相對來說面積較大，這當中就出現了一個問題：殖民者來自何處，羅馬如何在不耗盡自己人口的情況下，成功地將大量的遷居者派往各地。其中許多人是羅馬公民，他們放棄了公民身分以換取土地，成為新社區的公民，因此具備拉丁人的地位。正如前文腓力五世的信中所寫的，一群被流放的奴隸以及沒有土地的羅馬人，他們都有可能成為殖民者，但是這些群體人數太少，無法用來解釋西元前四世紀與三世紀派往各處的所有殖民者。其他殖民者可能是來自盟國。在一場成功的戰役之後，戰利品（土地和可移動的戰利品）會被羅馬和盟軍瓜分。土地可以單獨分配給個人，不過通常是被用來建立殖民地，而且由於盟友有權分享被沒收的土地，他們似乎有資格加

附表9　拉丁殖民地，西元前三三四年至二六三年（引用Brunt 1971，根據李維的數據）。

年份（西元前）	殖民地	地區	移居者（成年男性）	領土（平方公里）
324	卡雷	坎帕尼亞	2,500	100
328	弗雷戈里	拉丁姆	4,000	305
314	魯切利亞	阿普利亞	2,500	790
313	撒提庫拉	薩莫奈	2,500	195
313	蘇維薩．奧倫卡	拉丁姆	2,500	180
313	龐蒂亞群島	（拉丁姆）	300	10
312	尹特蘭納．李蘭納斯	拉丁姆	4,000	265
303	梭拉	拉丁姆	4,000	230
303	阿爾巴．富森	亞平寧山脈中部	6,000	420
299	納尼亞	翁布里亞	2,500	185
298	卡索利	亞平寧山脈中部	6,000	285
291	韋諾西亞	阿普利亞	6,000	800
289	阿德里亞	亞平寧山脈中部	4,000	380
273	帕斯埃圖姆	盧坎尼亞	4,000	2,540
273	科薩	伊特魯里亞	2,500	340
268	阿里米努姆	翁布里亞	6,000	650
268	貝內文圖姆	薩莫奈	6,000	575
264	費爾莫	皮切奴	4,000	400
263	埃塞爾尼亞	薩莫奈	4,000	485
總計			71,300	7,135

入新的殖民地。因此，拉丁殖民地可能是羅馬人和盟友的混合體，他們都放棄了原來的公民身分，成為殖民地的公民，不過因為新社區的拉丁地位，所以具有拉丁人權利。如果我們假設拉丁殖民地的定居者包括盟友以及羅馬人，那麼這有助於解釋羅馬如何能在四處建立起為數眾多的大型殖民地，並且強調了殖民地在羅馬人和其他義大利人之間的重要融合模式中的作用。

古代作家將殖民地的建立，描述為按照既定的儀式來進行的周密過程。羅馬作家奧盧斯・格利烏斯（Aul. Gell., *NA* 16.13）甚至將殖民地描述為迷你羅馬，因為它們複製羅馬城的許多重要特色。乍看之下，這說法似乎有憑有據。殖民通常被描述為一個由國家驅動的過程，這是有意識決策下的產物，同時高度組織化。首先，元老院授權建立殖民地，確定它應該建立在何處，應該是什麼樣的殖民地，以及應該派遣多少殖民者。監督殖民地建立的委員通常被任命為三人委員會，他們負責招募殖民者、分配土地、起草殖民地憲章來建立殖民地的法律和政府。在殖民地是個新聚落的情況下，由行政長官進行鳥卜，並且設立了儀式邊界將城市中心與其領土分開。此後，殖民地主要的宗教崇拜被建立起來，土地受到調查和分配給殖民者，並且在城市行政組織上建立了新的形式。殖民地的行政組織跟羅馬一樣，以當地元老院和每年選出的行政長官為基礎，通常是由兩位長官（有時則有四個官員）組成的委員會，儘管細節會因地而異。一些殖民地內部還會分區，以羅馬城內不同區域來命名，例如卡雷的一則銘文中提到的「埃斯奎利諾區」（vicus Esquilinus）。總體而言，這種模仿是一個高度組織化的過程，旨在複製羅馬城本身的各個方面。

但是，這些說法並不像表面看起來那麼簡單。記載著殖民地建立儀式以及其他殖民組織形式的史料，大多數都完成於西元前一世紀之後或更晚。這些史料經常將不同背景和時期的建立儀式混為一談，或者描繪的其實是時代稍晚的做法。此外，學者針對殖民地遺址的調查提出了一個重要問題，即殖民地在最初階段是否真的像有時被呈現的那樣具有成熟的組織與結構。許多殖民地只有在建立後的相當長一段時間後，才具備典型的方正城市規劃以及重要的羅馬式建物，正如傑米．塞維爾（Jamie Sewell）所指出的，這可能是出於羅馬與地中海世界日益擴大的連結，希臘城市規劃的影響驅動了這股連結，而不是殖民地希望複製羅馬或要推廣任何有關羅馬化的理想。根據目前的證據，殖民化是否像以前所認為的那樣是一個如此高度組織化和國家支持的行為，這是值得懷疑的。建立於六世紀和四世紀初之間的早期的殖民地，可能是個人以更加臨時的方式安置他們的支持者、侍從或部隊的結果（這些團體的成員全為男性，然後會跟當地人口通婚）。五世紀時諸如阿庇烏斯．克勞狄烏斯這樣的氏族來到羅馬，這件事就說明了在這個時代一群人可以輕易遷徙到一個新的國家。建立殖民地的過程無疑確實變得更加系統化，大多數殖民地在其組織和外貌上也都採用了許多類似羅馬的特徵，不過這可能是一個長期過程，反映出三世紀和二世紀殖民地和城市形態觀念的變化，而不是羅馬人根據某個建立殖民地具體「藍圖」的結果。

羅馬殖民對被殖民的社區的影響，會隨著地理位置和環境的不同而有很大差異。根據現有的考古和銘文證據，我們開始有能力可以針對一些殖民地的發展過程進行詳盡的追溯。殖民可以深刻地改變一個社區的社會結構。許多義大利城邦都很小，即使如幾百位殖民者的一小群人，也會對這種規模的社區產生衝擊，而若是引入數千名移居者（來自不同的族群背景、講不同的語言），便意味著改變和破壞。其中一個有較好紀錄留存的殖民地（龐貝城）建於西元前八〇年間，不在本書的討論範圍之內，但值得注意的是，龐貝的選舉銘文顯示殖民者很快就占據了政治權力的大多數位置，前殖民時期的精英迅速被取而代之。雖然我們沒有早期殖民地的類似證據，但是我們沒有理由認為，早期殖民者在將自己塑造成一個新的社會和政治精英這件事情上會比較遜色。在安提姆，殖民者和前殖民地居民最初似乎形成了兩個平行的社區，各自具備獨立的行政體系，而且我們知道在其他地區殖民者的地位是不同於（而且更高於）土著居民的。

殖民地無疑有助於傳播羅馬文化和羅馬形式的城市生活，但這是一個複雜的過程，不同地區甚至不同殖民地的經驗似乎存在很大差異。殖民地採用拉丁語作為官方語言，許多地方還特別建造了羅馬式的公共建築，只不過這些事情是否真的從殖民的最早期階段就有系統性的發生，則愈來愈令人懷疑。佩爾格羅姆和史泰克的研究便提出以下質疑：西元前四世紀和三世紀的殖民地是否真的在建立早期就已是組織成熟的城市？城鎮的中心因為太小所以無法容納所有的殖民者，許多人似乎住在該地區分散的各個社區中，並且使用所謂的「城市」區域作為會議場所和行政中心。當然，許多以前被認為是羅馬殖民地特色的重要建築物，其實是直到後來的發展階段才被加入的。

例如，卡必托利亞（Capitolia，卡必托里山朱比特的神廟）因為是羅馬國家的中心崇拜，通常被認為是在建城後不久就作為羅馬統治的象徵而興建起來。但最近的研究顯示在許多殖民地的情況中這都是日後的發展，許多建築其實都是在殖民地建立很久之後才興建的，而且在某些情況下甚至根本沒有建造。在其他城市的情況中，卡必托里山朱比特的崇拜則是與具有強烈地方性的其他崇拜共存著。在阿爾巴·富森，地方上重要的海克力斯和朱比特一起被崇拜，這說明宗教的連續性至少和羅馬的神靈和習俗一樣重要，或者說甚至更重要。政治聚會和當地元老院會議期間建造的建築物，像是庫里亞大會（curia）和民眾大會（comitia）在許多殖民地興建起來，大多數是圍繞著棋盤狀的街道和廣場組織而成的，這立刻就會被人認出是令人熟悉的、具有都市計畫的羅馬城市的文化原型。然而，該論點的問題是，羅馬城本身的發展卻相當不具規律和缺乏計畫，與殖民地的布局截然不同，弗雷戈里、阿爾巴．富森、科薩（Cosa）和帕斯埃圖姆的挖掘工作就顯示它們的城市規劃並不如過去所認為的那麼整齊劃一。殖民化並未在各地建造出羅馬城的複製品，它其實是傳播了一種城市生活的形式，而這種形式與羅馬自身的發展方式實際上非常不同，這種情形可能反映了希臘在城市生活上的想法影響羅馬和義大利愈來愈大。

我們可以研究兩個時代相同、但對比鮮明的例子來理解殖民地所造成的影響。科薩和帕斯埃圖姆都是在西元前二七三年成立的拉丁殖民地，但他們的情況卻截然不同。建立在伊特魯里亞海岸的科薩是一個新社區。相比之下，帕斯埃圖姆有著悠久的歷史，是希臘殖民者在六世紀初建立的，而且它在羅馬殖民時期是個繁榮的社區，居住的居民則是混居在一起的希臘人和盧坎尼人。

雖然帕斯埃圖姆（見圖二十六）本已是一個成熟的城市，不過從所有的建築、設施和組織來看，羅馬殖民的影響是立竿見影的。[11]西元前三世紀的銘文將行政長官稱為「四人委員會」（quattuorviri），這是一個羅馬的頭銜，因此顯示市政機構已經按照羅馬的方式進行了重組。帕斯埃圖姆這地方在羅馬人來到之前的語言，像是希臘語和奧斯坎語都迅速消失了，而且所有的公共銘文

11 作者注：相比之下，盧坎尼人在西元前五世紀晚期的占領，似乎沒有造成那麼大的創傷，儘管希臘作家傾向於將其描述為暴力事件。希臘人和奧斯坎人繼續說著希臘語，希臘的宗教崇拜依舊持續著，而且富人的墓葬混雜著希臘和盧坎尼亞風格，說明這座城市的統治精英在族群和文化上變得混融。

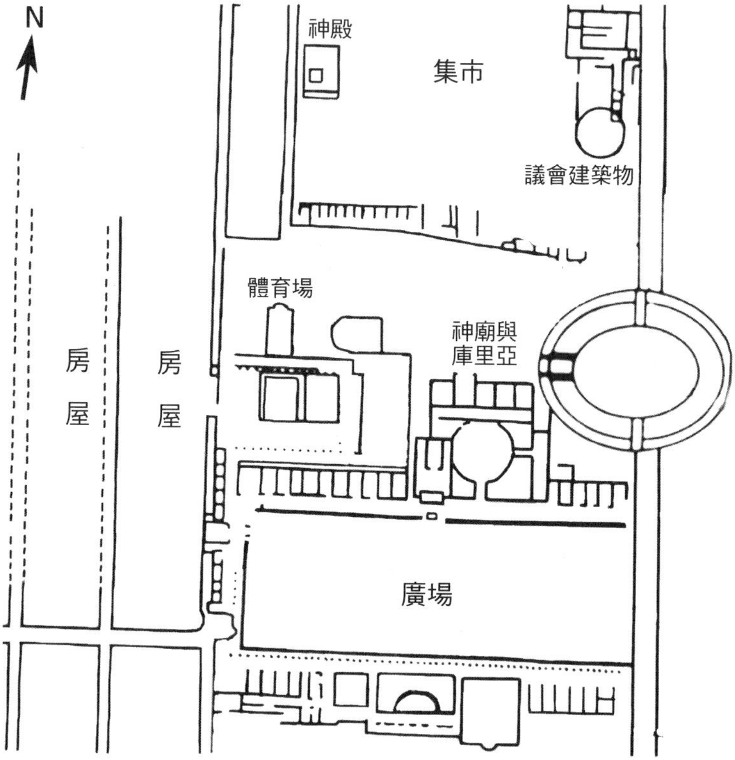

圖26 帕斯埃圖姆：廣場和周邊地區的平面圖。

都改為使用拉丁文。這座城市的結構也發生了很多變化。類似於希臘的廣場或市場的agora，是這座城市早期公共生活的中心，如今已被廢棄不用，而且一個用於議會和市民聚會的公民集會所也被拆除。相反地，它旁邊的一個龐大矩形區域被清除一空後，全新的廣場在其上被建造起來。這裡有兩座羅馬風格的神廟，其中一座可能是獻給朱比特·卡必托里納（Jupiter Capitolinus），另一座則是獻給羅馬人的智慧女神敏斯（Mens Bona）。其他新增的建築是用來舉辦政治集會與新殖民地元老院會議的庫里亞會堂／公共聚會所、浴場，以及體育場。整個區域周圍都是商店和迴廊（porticoes）。總的來說，它是新政治秩序一種強有力的聲明，而且無論是在實際上或是在象徵意義上，都將希臘—奧斯坎風格的城市中心邊緣化了。新秩序在公民生活的其他方面也清楚可見。新的羅馬文化被建立起來，儘管一些前羅馬的宗教場所仍繼續被使用，但它們之中的宗教活動也出現了變化。例如，在赫拉的神殿，許多信徒現在奉獻的是母子祈願小像（這顯示有一個新的生育崇拜被建立了），而不是傳統的赫拉神像。其他宗教崇拜雖表現出更大程度的連續性，但是祈願物上的銘文從奧斯坎文轉變為拉丁文，也反映出崇拜者是殖民者而不是當地人。

位在羅馬東北方一百四十公里處的科薩，狀況則完全不同。這是一座新建的城市，位於能夠俯瞰海岸和小港口的山頂上（見圖二十七）。雖然靠近伊特魯里亞小鎮的遺址，但是在殖民地本身的遺址上卻幾乎沒有任何前羅馬人社區曾經存在的痕跡。科薩有大約兩千五百名殖民者，從土地測量網格的痕跡顯示他們每人都獲得了六羅馬尤格（約一點五公頃）的小塊土地。由於這是一個新城鎮，殖民地的創建者有更多的自由空間來規劃它，縱使陡峭的地形造成了一些限制。

和許多羅馬殖民地一樣，它有一個基於網格狀街道的棋盤式城市規劃，將城市劃分成大致相等的方形地塊。由於地形陡峭，廣場被放置在城市的一側，而不是像常見的那樣被放置在城市中心。這座城市周圍有一點五公里長的城牆，有四座城門，占地面積十三點二五公頃。除了作為防禦工事和城鄉邊界的明顯功用之外，這些城牆對於任何接近科薩的人而言，都是羅馬權力和控制的有力聲明。在城市的最高點周圍還有第二道內牆，作為位於山頂的科薩主神廟周圍的額外防禦工事。

堡壘中最早的建築不是一座神廟，而是一塊被圍起來的方形土地。這具有相當重要的意義，因

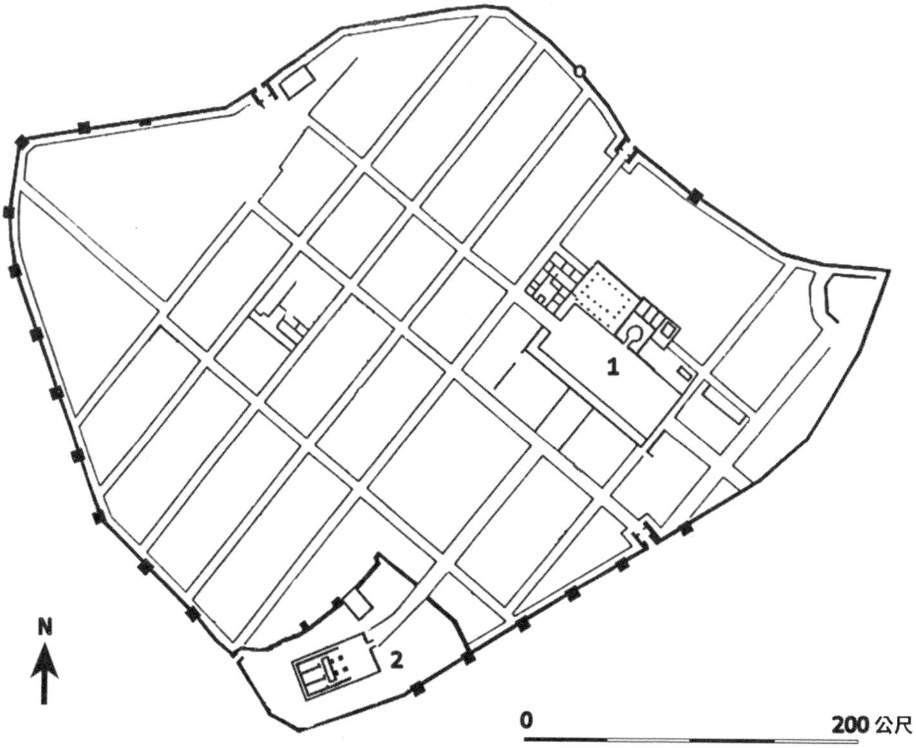

圖27 科薩平面圖：一、廣場；二、波圖努斯的衛城和神廟。

為當殖民地建立的時候，一個重要的儀式便是進行占卜，要進行這個儀式需要有占卜師站在殖民地的最高點所圍起一塊地中。大部分最早的公共建築都集中在這個廣場上，而且重點擺在與新殖民地政府有關的建築。廣場東北側的一座重要建築群，包括一個圓形的公共聚會所，可以用為當地元老院的會議場地，也有可能舉辦殖民者的大會。與許多殖民地不同，科薩的廣場上沒有神廟，但是在公共聚會所的一側的露天區域中有一座祭壇。廣場的東南角還有另一座小神殿，以及一座可能是監獄的小型建築。

研究者理解科薩發展的一個棘手問題在於，這個西元前三世紀的殖民地的相關考古證據非常少。雖然最初的挖掘者法蘭克・布朗（Frank Brown）認為科薩是一個「典型的」羅馬殖民地，但晚近芬特雷斯（Fentress）、博德爾（Bodel）和其他人的調查顯示，只有城牆、公共聚會所、聚會所的圍牆、監獄的年代是三世紀；所有其他建築物包括住房在內，都應該是西元前一九七年第二批殖民者到來之後才興建的。調查人員從中得出結論，幾乎沒有證據可以證明二七三年至一九七年之間曾有大量殖民人口存在，而且三世紀的殖民行動要麼是規模比史料中所記載的要小得多，要麼就是行動不太成功，第一批殖民者很快就放棄了這個地方。

在帕斯埃圖姆，我們可以看到新殖民地的首要任務是建立起城市的羅馬身分，並且在必要時要遮蔽住先前在此的社區的重要標誌。接著殖民者建立起羅馬的宗教崇拜，並且興建與羅馬政府風格密切相關的公共建築供殖民地政府使用，如此公共空間的組織方式反映了羅馬人對城市生活的看法。羅馬政府的形式被採用，拉丁語言成為公共事務的標準用語。殖民地並不是直接完全將羅馬城本身照搬過來的複製品，但是它們在傳播羅馬語言和文化，以及羅馬生活方式方面上發揮了重要作用。然而，科薩的緩慢發展顯示殖民地發展之間存在很大差異，並且不可能建立起一個單一的通用模型來描述它們是如何成長和如何與當地居民互動的。

這將我們引入了近年來關於古羅馬的學術研究，以及羅馬與被征服民族之間關係研究中，最困難的一個問題，亦即羅馬文化是如何傳播，以及羅馬如何與被統治的人民產生文化互動。這個主題傳統上稱為「羅馬化」（Romanisation）的過程，近年來引起了巨大的爭議，使得許多歷史學家現在認為「羅馬化」不再那麼適合用來描述此過程。下列說法大體而言是合理的：因為「羅馬化」這個術語常被用來描述一個自上而下的單向過程，其中被假定有一套定義明確的文化習俗都是由更先進的羅馬人傳播的，從城市生活和羅馬風格的建築、羅馬銘文、使用拉丁文，以及採用羅馬式的名字到個人風格，像是穿托加公民袍。這些習俗被在文化上還不那麼精緻的（有時是徹頭徹尾的野蠻人）義大利人和行省人民逐漸採用。[12]

處理「羅馬化」概念的一個關鍵問題在於它主要是描述性的而不是分析性的。另一種解釋是它假設了非羅馬人大部分是被動的，會不加批判地消費羅馬文化和習俗。更為晚近和更為細緻的研究方法，例如華萊士—哈得里爾（Wallace-Hadrill）、馬丁利（Mattingley）、羅斯（Roth）和威切爾（Witcher）等人的研究，則賦予與羅馬互動的人更大的能動性，強調他們會主動選擇要採用羅馬文化的哪些方面，以及他們要如何使用它們。他們探討人們如何以及為何有可能在本地和羅馬文化行為之間切換，而且這兩種行為會持續地共存下去，並且研究羅馬／當地文化的混合發展。有關羅馬文化和非羅馬文化在古代義大利各種情況下的互動，若企圖建立起一個總體模型來進行討論是相當困難的。然而，關鍵在於我們應該將這種相互作用，以及由此產生的變化，視為羅馬人與其他人之間的文化對話，而且羅馬的風俗習慣在這種情況下是被選擇性地採用，並且經常被轉化為羅馬文化和非羅馬文化共存的一種混合形式。它也不是線性或單向的過程。身為（或成為）羅馬人涵蓋了一系列不同的狀況，諸如族群身分、法律地位、採用羅馬物質文化或羅馬的生活方式，絕不是一成不變的。由於社會和經濟的發展，以及與希臘人、伊特魯里亞人和坎帕尼亞人等其他文化的接觸，羅馬文化自身在本書所涵蓋的時期內發生了變化，其他義大利人也同樣發生了變化。

羅馬和其他義大利國家的文化會在西元前三世紀開始在某些方面趨於融合，但區域語言和文化仍然富有活力。殖民地因為地理位置和社會地位的不同，它們與羅馬人和羅馬政府的聯繫有相當大的差異。義大利國家統治精英與羅馬精英的聯繫相當密切，特別是拿來和義大利農人或工匠跟他們在羅馬的同行相比的話。精英們有共同的利益和關注，例如需要保護和增加家庭財產和經濟利益、保持他們的社會地位，以及要跟其他貴族相互競爭比較。貴族家庭經常會彼此通婚，不同國家的貴族之間藉此建立起家庭關係和社會義務網絡。顯赫的卡普阿貴族帕皮律烏斯・庫爾索就藉由婚姻關係進入了克勞狄烏斯氏族，並且在卡普阿和羅馬都有著非常好的人際關係網絡（雖然這並未阻止他在二一五年領導卡普阿反抗羅馬）。這種不同類型的社會關係網絡，無論是家庭關係、賓主之誼還是其他聯繫，都有助於維持羅馬人和義大利人之間的連結，以及義大利中不同國家和地區人群之間的紐帶，並打破他們之間的文化藩籬。除了距離羅馬很近的地區，精英階層以下的義大利人和羅馬人之間的接觸可能是相當有限的。然而羅馬與其一定範圍內的鄰國經常有人員和貨物的流通，像是拉齊奧、伊特魯里亞南部和薩賓境內的鄰國。

從西元前三世紀開始，服兵役在傳播羅馬文化方面上發揮了重要作用。羅馬軍隊不再只由羅馬人組成，其中成員有愈來愈多的成員是由盟國那裡召集來的特遣隊。例如有一支行為不檢的「羅馬」駐軍在二八五年占領了利吉歐，但這個部隊實際上不是羅馬人，而是來自坎帕尼亞的盟軍部隊。他們在自己的部隊編制中戰鬥，並由他們自己的軍官指揮，不過在戰役期間，羅馬軍隊和義大

12 作者注：法蘭西斯・哈菲爾德（Francis Haverfield）在二十世紀初提出羅馬化的概念，作為用來解釋羅馬文化在各省（而非義大利）影響的一種理論模型，它帶有將文明引入野蠻文化的濃重色彩。

利軍隊之間必然會有相當多的連結，特別是在雙方的指揮官之間。這成為西元前二世紀義大利各單位之間接觸和整合的一股特別強大的力量，因為在此時的戰爭通常會持續很多年，不過即使當打仗的時間在三世紀開始漸漸縮短時，這種連結仍舊相當重要。到了漢尼拔在二一八年入侵義大利時，像波利比烏斯和李維這些歷史學家能夠從迦太基軍隊身上看到與羅馬軍隊的鮮明對比，他們形容迦太基軍隊是迦太基人與不同來源盟國的大雜燴，彼此並不具有共同的語言或身分，而羅馬軍隊當中的羅馬人和義大利人則都具有共同的血緣，他們藉此克服了彼此的語言和族群差異。[13]包括羅馬人在內的所有義大利人在面對外國威脅時顯然都存在著共同的親屬感，雖說義大利地區和個別的社區仍繼續保留著自己文化的許多元素，一直到二世紀和一世紀。

羅馬的快速擴張所造成的行政問題讓他們必須要設法解決，雖然本章所描述的控制體系是由每次隨機應變的方式逐漸發展而成，而且似乎頗為麻煩，但是它非常穩定和成功。該體系也賦予義大利在羅馬世界一個獨特的地位。羅馬對義大利以外地區的征服是從三世紀中葉的西西里開始，而被征服的地區往往都是在元老院的直接監督下成為行省。行省內有一位羅馬總督和政府，並且經常有羅馬軍隊駐紮。相比之下，義大利仍然是一個鬆散結合的盟友和殖民地集合，直到義大利人在西元前九一年至八九年之間發動反抗，這才迫使羅馬將其公民身分擴展到整個半島。

聯盟的靈活性是使羅馬如此有效率的關鍵之一。羅馬與其他義大利人簽訂的條約，除了提供軍事保護還有在需要時提供類似援助之外，它們對羅馬的承諾很少。然而，這本身就有助於推動羅馬的擴張主義，並且透過雙邊防禦協定的聯盟網絡擴大羅馬的影響力，從而導致了一個會不斷延續下去的戰爭循環。隨著盟友的數量愈多，羅馬的利益和安全，或者它的某個盟友的利益和安全受到外來威脅的可能性就愈大，羅馬召集軍隊參戰的可能性就愈大。結果是羅馬開始被牽扯入與羅馬城距離愈來愈遠的戰爭，並且因此獲得了愈來愈多的聯盟、糾葛和義務。與此同時，這些聯盟的軍事性質使羅馬獲得了大量的義大利兵源，讓羅馬軍隊有能力承擔更大的挑戰。這個過程最終導致羅馬於西元前二六四年發起了在義大利境外的第一次冒險，當時羅馬與西西里島的邁薩拿（Messana，今日的墨西拿）結成聯盟，導致了第一次布匿戰爭，並且因此奪下西西里島將其作為羅馬的第一個海外保護國。其後，第二次布匿戰爭主要發生在義大利本土，由於漢尼拔重創了羅馬，並試圖破壞羅馬與義大利人的聯盟，因此讓羅馬的統治處在前所未有的壓力之下。與此同時，值得我們注意的是儘管羅馬在義大利的聯盟的性質錯綜複雜，但是羅馬和殖民地的網絡卻十分穩固，是羅馬日後建立帝國的堅實基礎。

13 作者注：李維（Livy 28.12.2-4）和波利比烏斯（Pol. 2.19.1-4）都讚揚漢尼拔在組建這樣一支不同的軍隊方面取得的成就，但他們暗中會用對漢尼拔不利的角度，來拿他跟羅馬和義大利的軍隊做比較。

第四部

從城邦崛起為義大利霸權

From city-state to Italian dominance

第十四章　征服的影響：西元前三四〇年至一六四年的羅馬

羅馬在西元前五世紀的政治機構仍處在實驗階段，但我們可以看到羅馬的政府機構在四世紀和三世紀時，已開始進一步朝著共和時期中晚期政府型態的方向發展。《李錫尼烏斯—色克都斯法》明確規定了執政官為最高行政長官，而三四二年的《傑努奇烏斯法》限制了個人擔任最高職位的次數和頻率，不過這些措施似乎要在相當長一段時間之後，才開始對平民的生活造成影響。在三六六年至二九一年之間的一百四十二任執政官任期中，有十四人擔任了五十四任的執政官（占百分之三十八），他們中的大多數人多次擔任這個職位。儘管《傑努奇烏斯法》有施加了限制，但這狀況直到二九〇年才開始有改變，從此之後便很少有人能再多次擔任執政官。成員人數大幅增加的羅馬貴族一同共享高階行政職位和隨之而來的權力、威望和地位。到了三世紀中葉，羅馬人的生活不再由鳳毛麟角的世襲貴族主宰。儘管政權仍由一個寡頭集團控制著，不過該集團的成員開始來自更多不同的家庭，這些家庭的權力日益與元老院逐漸增長的影響力連結在一起。

元老院影響力的擴張並不是必然的發展結果。西元前三一二年到二九一年之間是段動盪和進行政治實驗的時期，元老院的統治地位在此期間被一群有力人士挑戰，他們嘗試透過與人民大會合作來取得權力，但是元老院在二九一年之後逐漸成為羅馬的主導力量。這些挑戰元老院權力的有力人士中，最著名的是阿庇烏斯・克勞狄烏斯・凱克斯，他那不平凡的政治生涯被記錄在奧古斯都時期所修復的一則致敬銘文中：

> 阿庇烏斯・克勞狄烏斯・凱克斯，蓋烏斯之子，曾擔任監察官、兩任執政官、獨裁官、三任攝政、兩任法務官、兩任高階市政官、財務官、三任軍事護民官。他從薩莫奈人手中奪取了許多城鎮，並且擊敗了由薩賓人和伊特魯里亞人組成的軍隊。他阻止了羅馬與皮洛士國王締結和平協定。他在檢察官任期中鋪設了阿庇亞大道，並為羅馬修建了一條水道橋，並修建了一座貝羅納[1]神廟。（*CIL* 6.40943）

如果關於這些職位先後順序的銘文是正確的話（銘文沒有說明他擔任這些職位的年份），可以看出儘管阿庇烏斯出任過許多通常在執政官之前要擔任的官位，他似乎跟前人的先例不同，並未在卸任這些職位後再去競選執政官。相反地，他在西元前三一二年成為監察官，這個高階職位在日後往往保留給曾經擔任過執政官的那群人。監察官的主要職責之一是審查和修改元老院的成員資格。

1　譯者注：貝羅納（Bellona）是古羅馬神話中職司戰爭的女神。每年六月三日是慶祝日。她的主要特徵是戴在頭上的軍用頭盔，她經常手持劍、矛或盾，乘坐四馬戰車進入戰場揮舞火炬或鞭子。

另一項職責是監督公地的租賃，以及大型公共工程建設契約的發包。此外，雖然阿庇烏斯曾經擔任過重要的軍事指揮官，但從未被授予凱旋式，他的主要聲譽是來自擔任監察官的政績，他完成了許多影響深遠的改革，還有一系列備受矚目且昂貴的公共工程，包括建造阿庇亞大道和阿庇亞水道橋，這是羅馬的第一條主要道路和水道橋。這些建設在許多層面上都是相當必要的，因為羅馬在南方的軍事行動需要有能夠調度部隊的道路，而且羅馬城發展迅速，因此亟需更好的基礎設施。但據說它們的成本太高，國庫因此耗盡一空。

現存有關阿庇烏斯改革活動的紀錄是彼此矛盾的，而且這些改革在政治上的重要性也有待釐清。這些紀錄也受到某種文學傳統的影響，這個傳統將克勞狄烏斯這貴族家族中的成員都描繪的傲慢又反動，深怕失去貴族的地位和特權。如李維所述（他承認有關阿庇烏斯的改革存在著各種不同說法），阿庇烏斯令人不安地融合了反動和激進的民粹，而且他的政治改革都飽受爭議。阿庇烏斯在審查元老院成員資格時，被指控出於子虛烏有的理由和黨派之見，而不錄用符合資格的優秀人才。與那些被排除在外的人相比，獲得晉升的元老被認為是能力不足的。阿庇烏斯的同事蓋烏斯·普勞提烏斯（Gaius Plautius）憤而辭職，留下阿庇烏斯獨自擔任監察官直到三〇八年。最後，執政官在三一一年拒絕經過阿庇烏斯審查的元老院名單，他們繼續使用三一二年之前的成員名單來召集元老院，阿庇烏斯對元老院成員資格的改革便因此失敗告終。

頗有爭議的是，阿庇烏斯在此之後又試圖重新組織部落大會和百人團大會等投票單位。羅馬公民在這個時代被分成三十一個部落，部落成員資格取決於一個人來自哪個城市或羅馬領土。新的殖民地或新獲得公民權的公民則按地區登記，法律上作為羅馬領土的義大利地區被劃分成不同的投票部落。但並非所有部落都是平等的。其中四個被稱為「城市部落」（urban tribes），其餘的部落被稱為「鄉村部落」（rural tribes），後來在西元前二四一年時的最終數量達到三十一個。最初的劃分是為了區分來自羅馬城的公民和居住在隸屬於羅馬的各地區公民，但它很快就變成了一種社會地位上的區分。大多數土地所有者根據他們所在地方登記在農村部落，而一些地位低下的社會群體，例如像是自由奴隸或沒有土地的成員則被限制在城市部落中。選舉或立法投票的結果會透過集體投票來決定，是根據支持或反對的部落總數，而不是總體人數，因此二十七個（後來增加為三十一個）農村部落的立法和選舉權力會遠比四個城市部落要大得多，因此這四個部落在投票總是落敗。阿庇烏斯的改革似乎試圖重新分配無土地城市居民到所有的部落之中，這些居民當中有許多人可能是自由奴隸或其後代，而不是將他們限制在影響力不大的城市部落中。李維認為這是種撕裂性的做法，評論道：「公民團體從那時起被分割成兩半，一半是明智的群眾，他們支持和堅持公理，『廣場派』〔Forum faction〕採取的則是另一種看法。」（Livy 9.46.13）不過李維的這種劃分其實是時代錯置的，因為反映的是西元前一世紀的政治思想。

然而與元老院的改革不同，這些變革似乎早已經被實踐且一直在運作，直到西元前三〇四年才被推翻。導致這種逆轉的事件是格奈烏斯．弗拉維烏斯（Gnaeus Flavius）在三〇四年的選舉中被選為高階市政官。弗拉維烏斯是自由奴隸的兒子，他從書記員做起，是第一位當選最高職等行政長官的奴隸後裔。他實踐了重要的法律改革，使公眾更容易參與公共事務，並發布了一份行事曆，上頭清楚說明了官員將在那幾天審理案件（即聽訟日，dies fasti），以及一份記載著法律程序的文件。傳統的羅馬貴族並不太歡迎這些作為，但弗拉維烏斯真正的問題是在於他的家世背景，這導致某些人拒絕對他表示行政長官應得的榮譽和禮遇。他的當選還引發反動勢力對部落改革的反撲，監察官推翻了這些改革，並且重新確立了將無地者、奴隸後裔和其他社會不受歡迎的人限制在四個城市部落中的做法。李維手上有好幾種關於此事件的不同說法，其中一種說法是把弗拉維烏斯和阿庇烏斯．克勞狄烏斯連結在一起。根據這種說法，弗拉維烏斯在擔任公職之前一直是阿庇烏斯．克勞狄烏斯的書記，而且在克勞狄烏斯擔任監察官時被選為元老。因為弗拉維烏斯的出身卑微，阿庇烏斯的這種舉動引發了眾人的怒火。

阿庇烏斯接著在西元前三〇七年成為執政官，這比一般情形要遲得多，並且在二九七年再次擔任執政官，並因為質疑選舉結果而引發了另一場政治風暴。如果嚴格遵照一名貴族執政官搭配一名平民執政官的法律規定，選舉結果應當是阿庇烏斯和平民盧基烏斯．沃魯米尼烏斯．福拉瑪（Lucius Volumnius Flamma）當選。然而，人們強烈要求昆圖斯．法比烏斯．魯利亞努斯連任執政官，但這就兩方面而言是不可能的。他無法成為候選人，因為現任執政官必須主持選舉，此外他也是一名貴族，所以跟阿庇烏斯聯合執政是違法的。根據李維的說法，阿庇烏斯建議廢除禁止不能有兩位貴族擔任執政官的法律，藉此讓魯利亞努斯也能當選，不過他並未成功。

在阿庇烏斯．克勞狄烏斯擔任監察官時的作為當中，激進改革的部分遠多於反動的部分。他提議改革元老院和議會，重申了議會的重要性，並且似乎鼓勵羅馬人民在更多方面的政治參與，他的公共工程也造福了羅馬人民，提供他們就業機會和便利設施。這也會有拉高聲譽和增加追隨者的作用。他後來的政治生涯則更充滿風波，包括試圖推翻禁止在同年選舉兩名貴族執政官的法令，以及他反對《奧古尼烏斯法》，該法將開放平民加入祭司團。他的這些作為大多數都是反動的、保護貴族特權的，這立場與他早期的政治生涯有矛盾。這使得一些學者（特別是懷斯曼）完全否認了與阿庇烏斯．克勞狄烏斯有關史料的真實性，福西泰則認為許多被認為與阿庇烏斯．克勞狄烏斯有關的改革，事實上與西元前八〇年代的蘇拉改革有著可疑的相似之處。但這種說法不免太極端了，他早期的職業生涯不僅合情合理（就其所擔任的職位和所承擔的公共工程而言），並且也獲得其他史料的證實；不過，要讓人接受他後期政治生涯的記載，就比較困難。康奈爾很有說服力地將阿庇烏斯．克勞狄烏斯描繪為一位富有魅力的政治家，他試圖尋求更多羅馬人民的支持，並挑戰元老院日益增長的影響力，但大多數關於他後期政治生涯的敘述都是必須要加以駁斥的。這些事件最清楚呈現出的一點便是西元前四世紀晚期是羅馬的一個過渡時期，關於羅馬國家的形態，以及元老院和人民的角色在這個時期內有許多無法解決的爭論。

在西元前二八〇年代早期（可能是二八七年左右）又爆發了社會和政治動盪，因而出現了一項解決方案，即《霍騰西烏斯法》，這法律通常被認為是「社會階層的鬥爭」中的最終解決方案。但儘管如此，人們對該法知之甚少。[2]據說，是引發平民分離的經濟壓力和大規模的債務催生出了這道法律。一位名叫昆圖斯．霍騰西烏斯（Quintus Hortensius）的平民領袖被任命為獨裁官，並且藉由立法解決了這次危機，人民大會的決議一直到此時才總算獲得完整的法律效力。據說霍騰西烏斯也解決了債務問題（Dio frag.37），但這說法還相當不清楚，因為狄奧記載中的這個片段所指的不確定是否為霍騰西烏斯。

2 作者注：這道法律的資料來源特別成問題，因為只有李維的摘要和狄奧．卡西烏斯的片段流傳下來。

正如所謂的「社會階層的鬥爭」中發生的眾多紛擾，二八七年左右的危機是經濟和政治問題的混合體。債務、動亂和國家分裂的背景看起來與五世紀和四世紀的事件驚人地相似，而且提出的做法有一些也與過去的法律類似。[3]然而，《霍騰西烏斯法》在後來的羅馬史料和羅馬法簡編中都有被提及，這使人很難將其視為歷史記載上的錯誤，不過當中有些細節確實很難依其字面意義照單全收。公民的動亂可能是因一系列的作物歉收引起，而不是共和早期的那類債務危機。有紀錄顯示在西元前三世紀早期發生過幾次饑荒、作物歉收和疫病流行，這可能能夠支持這一解釋。但是《霍騰西烏斯法》的具體內容仍然有待解答。鑑於三世紀早期的政治動盪，平民可能認為他們需要重申人民大會立法權的原則，即便此權力表面上已經存在了，但這並不能完全解答上述的難題。大約在法律頒布後的七個世紀之後，古文物學家馬克羅比烏斯（Macrobius）認為《霍騰西烏斯法》可能包含了附加條款，其中包括一項規定，即法院必須要在市集日審理案件，這或許是為了方便那些住所距離羅馬較遠的人利用法院，而這些人可能只有在出售他們的農產品時才會前來羅馬。[4]如果情況確實是如此，那麼《霍騰西烏斯法》或許是為了重申人民大會的權威，並使人們更容易行使其政治權利。

無論《霍騰西烏斯法》確切內容如何，它彷彿在早期共和國的動盪中確確實實地劃下分水嶺。從此之後，我們可以看到一個已經在一定程度上與西元前二世紀和一世紀共和政府類似的政體出現。執政官於此時已經被確立為首席行政長官；執政官掌握了國家的主要行政權力，精英階層中有更多人能夠出任此職，絕大多數的人一生只有擔任一次的機會。獨裁官這個職位基本上已經被廢棄不用，目前所知三世紀時的少數獨裁官乃是出於軍事緊急狀況。晉升體系（Cursus honorum）決定了從政者擔任政府職位的次序，一直要到西元前一八〇年的《維利烏斯任職最低年齡法》（*Lex*

Villia Annalis）才開始正規化，不過任官的先後順序在第三世紀中葉時已經變得更加穩定。西元前三六七年成立的法務官隸屬於執政官，主要負責司法工作。[5]法務官的工作以聽取訴訟和監督法庭為主。然而，執政官和法務官皆擁有統帥權（imperium，即指揮權之意），因此有指揮軍隊的權力。第二個法務官創立於西元前二四六年，而在第一次迦太基戰爭中，為了滿足在西西里和薩丁尼亞等新征服領土的需要，法務官的數量在二二七年又再次增加。自此，法務官發展成了由許多資深官員組成的團體，在權力上低於執政官，職責包括指揮軍隊、出使外國，以及在二六四年之後統治行省，還有監督羅馬的法院。當法務官職位剛設立時，執政官享有很高的聲望，這可能是因為每年只有一人當選。但世家貴族自此之後始終壟斷這個職位，要直到昆圖斯．普留斯．菲洛在西元前三三七（或三三六年）才成為第一位平民法務官。此外，由於向貴族開放了高階市政官（市政官過去是平民的職位），市政官從兩位增加到四位，但隨著平民受到的限制逐漸減少，高階市政官和平民市政官之間的區別很快便不存在了，結果是每年會有一組四人的市政官被選出，他們負責維護羅馬的日常運行，諸如維護建築物和街道、監督市場和商店、舉辦競賽和慶典，以及維護法律和秩序等等。位居這些官員之下的是財務官這最低階的行政長官，他們主要負責財政相關事務。到了西元前

3 作者注：這與西元前四四九年的《瓦萊里烏斯—賀拉修斯法》和三三九年的《普留斯法》（*Lex Publilia*）有部分相似之處。

4 作者注：在馬克羅比烏斯流傳至今的作品當中，最主要作品為《農神節》（*Saturnalia*），寫成於西元五世紀，是羅馬節日和宗教相關資訊的集合。

5 作者注：請參見本書第十一章的相關討論。

四世紀末，羅馬逐漸發展出一套追求公職生涯的人所會經歷的行政長官職位，由財務官→市政官或護民官→法務官→執政官次序組成的架構。

羅馬人民的大會仍然是人民藉由投票來擬定與通過法律（部落大會），或是選舉官員（百人團大會）的機構，但它們的重要性在西元前三世紀和二世紀期間日漸降低。儘管它們仍然具有至高無上的地位，而且《霍騰西烏斯法》也重申了人民大會是首要立法機構的這個原則，但人民在政治運作過程中的作用基本上是被動的。人們無法主動召開會議，只有當高階行政長官（執政官、法務官或護民官）召集時才能召開會議。人們只能聽召集會議的行政長官發言，接受或是拒絕提交給他們的提案（或候選人），但無權就提案進行辯論、提出修正案或反提案、提名擔任公職的候選人。不過行政舉措若未經人民大會批准則無法成為法律，這給予了人民在立法或選舉中最終的發言權，但他們無權主動提案，也沒有參與政治辯論的權利。

羅馬人民的大會因為羅馬領土的增長，以及政府在征服義大利期間所發生的變化，而受到了巨大的影響。大多數擁有土地或重要社會地位的人登記在農村部落，這使得無地者和地位較低的人（特別是羅馬的城市人口）集中於四個城市部落。這降低了他們在選舉和投票的影響力，因為數量更多的農村部落很容易可以投票否決他們。這時候的羅馬領土遼闊，許多公民都居住在遠離羅馬的地方，這也限制了他們的政治參與。投票和選舉必須在一天之內完成，因此任何希望參與投票或選舉的人都必須確保自己在大會開會當天身處羅馬。在沒有任何便利通訊或運輸工具的世界裡，這實際上將政治參與限縮在那些有能力經常前往羅馬，或能花時間停留在羅馬的人，換句話說，就是富人和出身名門的人。雖然《霍騰西烏斯法》和其他類似的法律確立了人民大會具有最高地位這個原則，但實際上它的影響力有限。

西元前三世紀的一個關鍵發展是元老院成為羅馬這個國家深具影響力的一股新力量。我們目前手上大多數的史料都是寫成於元老院已具有高度影響力的時期，這些史料都認為元老院在羅馬早期歷史時便已經具備程度相當的重要性，但實情可能並非如此。正如第七章和第九章所討論的那樣，元老院可能起源於國王的諮詢委員會，後來轉變為執政官的諮詢機構。元老擁有崇高的個人地位，正如在西元前三九〇年高盧人入侵的故事所描繪的，高盧人在與元老會面時，對他們的尊容留下了深刻的印象，但我們對於元老究竟是如何被挑選，以及元老院扮演什麼角色，卻所知甚少。

這種情況到了西元前四世紀後期開始改變。平民被允許擔任高階行政長官，而且因為這樣子的關係，宛如平民的「國中之國」，可以跟世家貴族機構合併入相同的制度中，這兩種改革不可避免地激起巨大漣漪。在四世紀後期，幾乎可以肯定是三一八年，這年通過的《奧維尼烏斯法》（*Lex Ovinia*）是關鍵性的變革。這道法律將決定元老院成員資格的權責移交給監察官，這意味著元老不再能夠僅倚賴行政長官的善意，就能繼續維持元老的身分。監察官有權提名任何品行優良的人（也能夠以不道德作為由拒絕或開除元老），但實際上，元老院主要是由許多前行政長官組成。向平民開放高階行政長官職位，造成進入元老院的平民愈來愈多。

元老院的職責是辯論國家事務，並提供建議給執政官和其他行政長官，但元老院不具備行政權力，他們的決定，即所謂的「元老院決議」（senatus consulta）也不具有法律效力，因為通過法律是部落大會的特權。儘管元老院不具備正式權力，但卻具有很強的道德權威和政治影響力。元老一旦獲准進入元老院，成員資格通常是終身的，而且元老不再需要倚賴行政長官的庇護或批准。其結果是元老院這個組織獲得了更大的獨立性。大多數元老被任命是因為他們已經擔任過行政長官，因此整個元老院都得益於擔任前行政長官期間所積累的專業知識和道德權威。元老院的決定相當具影響力，所以行政長官或人民大會都無法視而不見。元老院在西元前三世紀是如何運作的，還有它與人民大會和行政長官的關係，我們對這些議題的理解都還存著不小的進步空間，但它的權力在此期間似乎有所增長，獲得了在軍事和外交政策的控制權、可以接見外國使節和特使、決定每年徵召的軍隊的規模和組成，並且分配職務和軍隊給執政官。除此之外，元老院還可決定土地的分配、殖民地的建立、掌控國家財政、維持公共秩序和控制宗教事務等等。到了西元前二世紀時，根據希臘歷史學家波利比烏斯對於親身所見的羅馬制度的描述（Pol. 6.11），他認為元老院是羅馬國家中最強大、最具影響力的機構。

元老院發展成為羅馬公共生活的主導機構的一個原因，便是這個變得日益複雜的國家的實際需求。羅馬的規模日益擴大，領土和軍事利益也不斷擴張，因此需要許多具軍事和行政方面的專門人才。兩名執政官及其指揮下的低階行政長官不可能既指揮各地戰事，又承擔起管理這個不斷擴大的國家所需的複雜行政任務。因此，他們提出了行政長官在其一年任期結束後，可以延長其權力一段時間的做法，以便在執行某一特定任務時保持軍事或行政上的連續性。前任執政官或前任法務官的統帥權皆以這種方式被延長，並且被要求擔任行省長官或是相似的任務，這些做法日後都成為常規。藉著將指揮權的擁有與執政官或法務官的職務分離開來，使得一位延任執政官（proconsul）或延任法務官（propraetor）（這是擁有指揮權之卸任官員為人所知的名稱）在職務結束後，可以繼續執行他們原有的一些權力，羅馬因此創造出一個曾經擁有權力、具有威望及經驗歷練的更豐富人才庫，來執行軍事戰役和治理羅馬不斷擴張的帝國。如此一來，在一年任期屆滿後被延長統帥權（prorogatio）的第一個例子出現在三二六年，昆圖斯．普留斯．菲洛的任期在這年屆滿，但他針對那不勒斯戰爭的統帥權卻得到延長，這讓他成為首位延任執政官。權力在這種情況下是要透過人民大會投票來授予的，但是授予權力、決定任務分配和終止統帥權的等等權利，日後卻成為了元老院的特權。到了西元前三世紀後期，元老院對官員的政治生涯發揮了集體性的影響力，並且成為專業知識和道德權威的源頭，不過因為李維針對三世紀早期的敘述已經佚失，所以我們很難確定此發展的確切時間表。這些改變積累起來的結果是元老院在西元前三世紀中葉成為羅馬政府的重要機構。

祭司團和國教的發展

許多祭司團已經建立了相當一段時間，不過我們對於西元前四世紀和三世紀這段時間有更多的證據，因此可以說明祭司團成員在此時是如何被挑選，以及祭司團是如何運作的。三個主要的祭司團是大祭司團、占卜師團，以及十人祭司團（decemviri sacris faciundis，又可稱為總管聖事祭司團，最初成員為兩人，在三六七年增加到十人），每個祭司團扮演不同角色並有不同的錄取標準。祭司成員會從元老階級中選拔，並且為終身職。此外，還有其他宗教團和兄弟會，如塞利祭司團（戰神瑪爾斯的祭司）、阿爾瓦勒兄弟會祭司團，和具有更專業角色的祭司團，例如負責宣布和平與戰爭的隨軍祭司團（fetiales），以及負責預言的內臟占卜祭司團（haruspices）。祭司是相當有聲望和影響力的職位，祭司團的成員資格成為許多人趨之若鶩的特權。羅馬的團體制保留了集體責任原則，這支撐起羅馬這國家中的許多層面。由於祭司團的成員終身任職，所以他們累積起了宗教專業知識可供元老院和行政長官參考。例如，占卜師團由九人組成，他們會就觀鳥占卜提供建議，而十人祭司團是一個管理西比爾書和其他神聖物品的委員會。[6]

這三個祭司團中最重要的是大祭司團，結構也最複雜。最初，成員資格可能僅限於世家貴族，但在西元前三〇〇年後，世家貴族和平民的人數則不相上下。它由首席祭司領導，其中成員包括祭典之王（他接管了國王的一些宗教職責）、維斯塔貞女，以及諸神祭司（flamines，特定宗教崇拜的祭司，其中最重要的是狄阿利斯祭司，朱比特神廟的祭司）。[7]它有重要的功能，即在神聖法律的各方面提供諮詢，包括家庭法的許多方面。當一名成員死亡導致職位空懸時，祭司團的現有成員負責提名他或她（在維斯塔貞女的情況下）的繼任者，這使他們具備成員資格的控制權。祭司團和宗教兄弟會向平民百姓開放，這使得平民出身的人在三〇〇年後獲得了重要的權力、聲望和影響力。

羅馬不存在隔絕於社會之外的專職祭司這種概念。[8]國家宗教與國家的生活密切相關，這是針對儀式的遵守，而非信仰的問題，而且祭司團的成員資格除了宗教意義外還具有政治意義。獲得祭司職位的重點不在於宗教使命或是受渡受洗（儘管有些人，例如占卜師必須獲得專業知識才能履行職責），這是公職生涯的重要部分，與當選行政長官或慶祝凱旋式同等重要。歌功頌德的銘文和墓誌銘會列出祭司職位、行政長官職位，以及其他榮譽和成就。諸如奠酒祭神和犧牲之類的儀式通常是由高階行政長官主持（若是在戰場的狀況便是將軍），而不是祭司。

「鳥卜」是透過觀察飛鳥行動等方法來諮詢眾神的意志，這使人能夠從中深入理解祭司的性質，以及儀式與政治權力之間的密切聯繫。只有高階行政長官（如執政官和法務官）才能進行占卜，他們有義務在重大的政治或軍事行動之前進行鳥卜並解釋結果。這賦予了他們相當大的權力，主持的行政長官可能會（並且在某些情況下的確如此）根據個人利益考量來詮釋占卜結果。很重要的一點是貴族們會為了掌握鳥卜的控制權而爭得你死我活，而且一直要到平民獲得擔任執政官的權利很久以後，他們才被授予加入大祭司團的資格。西元前三六七年至三四二年期間所出現的許多空位期和獨裁統治，可能便是為了企圖破壞正常的行政長官機制，藉此阻止平民行政長官行使主持鳥卜的權利。

宗教節日和競賽在西元前三世紀時已經成為羅馬生活的重要組成部分，儘管我們對於早期羅馬是否慶祝這些節日與競賽，以及若果真如此，我們對它們的細節知道的仍然不多。舉行競技祭典（ludi）的習俗可能起源於與凱旋式慶典有關的一次性事件，勝利的將軍宣誓將此祭典作為送給神靈的禮物，但這種說法也還是猜測成分居多。羅馬節（ludi romani）被認為是塔克文・布里斯克斯建立的，又或者是源自雷吉魯斯湖戰役之後的慶祝勝利活動（Livy 1.35. 9, 7- 71; Cic., *Div.* 1.26），但這兩種假設都無法被證實。競賽祭典的最早證據是一道哈利卡納索斯的戴歐尼修斯的描述（Dion. Hal. 7. 72），而這他聲稱是根據法比烏斯・皮克托爾而來。而平民祭典賽會（ludi plebeii）有時則被

6 作者注：名稱的改變反映了這一點，從兩人委員會到十人委員會，以及更為晚期的十五人委員會。

7 作者注：就像負責聖物的祭司團一樣，祭司團的成員在西元前一世紀從九個擴大到十五個，來回應對它的更大要求。

8 作者注：最接近的例子是維斯塔貞女，她們發誓保持貞潔，並且投入於奉事維斯塔女神三十年，住在維斯塔神廟旁的一間特殊房子裡。但在任期結束之後，她們可以自由離開並重新回到她們的家庭或是結婚。

拿來跟「第一次分離」連結在一起，但是我們沒有確鑿證據能證明這種將起源說得如此早的說法。然而，競技祭典到了西元前三世紀時已經被確立為年度的大事，而非不定期舉辦的慶典。獻給朱比特的羅馬節在九月中旬舉行，並且歷時數天。在這幾天內會有一次慶典遊行，當中的隊伍會帶著神像，舉辦戰車競賽、賽跑和戲劇表演（Livy 24. 43. 7）。到西元前三世紀末時，人們還會慶祝其他幾種慶典，包括平民祭典賽會、穀神節（ludi cereales，榮耀穀神刻瑞斯）、阿波羅節（ludi apollinares，榮耀阿波羅）和地母女神節（ludi megalenses，榮耀地母女神），雖然除了平民祭典賽會之外，這些大部分的節慶都是從布匿戰爭時期才開始的。

羅馬軍隊

羅馬的對外戰事在西元前四世紀、三世紀時仍然十分頻仍，這種需求使得羅馬軍事組織必須要做出一些變革。幾乎每一年都有戰事在進行，而且牽涉到的範圍愈來愈廣。到四世紀中葉，羅馬經常需要在義大利的不同地區維持數支軍隊，通常由執政官領軍，雖說法務官理論上也具有指揮軍隊的權力。義大利盟友若是被要求便有義務提供軍事援助，這可以讓羅馬得以轉移部分軍事負擔到其他國家，但軍隊的核心依舊是羅馬人，到了四世紀末，即使是兩個軍團也顯然無法滿足同時要在許多地方作戰的需要。此外，羅馬也積累了對抗具備不同戰術和作戰方式的敵人的經驗，因此認清自己非常依賴由全副武裝步兵組成方陣的這種戰鬥方式。羅馬軍隊的這種戰法對擁有類似武器和戰術的大多數義大利人十分有效，但是在面對高盧人時便讓自己陷入苦戰，因為高盧人軍隊是以更小、更機動的部隊單位來作戰的。

羅馬透過結構性改革和採用新的裝備和武器來解決這些問題。較輕的鍊甲或青銅胸甲取代了沉重的青銅裝甲；保護範圍更大的長方形或橢圓形的盾牌取代了古老的圓盾；標槍和投擲長矛也取代了為近距離戰鬥設計的長矛。軍隊在西元前三一一年進行重組。每年徵召的軍團數量從兩個增加到四個，而且由人民大會選出軍事護民官來協助指揮這些部隊的執政官。羅馬步兵的規模因此從四千人提升為六千人，還有騎兵（過去是個相當小的單位）也擴大到一千八百人。每天會發放軍餉來補償每名士兵在服役時的收入損失，而且每個騎兵的馬匹都是由公費提供的，這項改革正視了日益漫長的戰事對羅馬軍人所造成的經濟壓力。每個軍團再細分為由一百二十人為單位的中隊（maniples），這使部隊的部署更快、更靈活，並且讓指揮官擁有更多的戰術空間。從義大利盟國中籌集的軍隊不被納入軍團之中。他們與羅馬軍隊一起作戰的方式是接受羅馬將軍作為最高指揮，不過待在自己的部隊中並由自己的軍官指揮。

由兩位軍官組成的委員會（雙海軍官〔duoviri navales〕）的制度也在此時成立，他們負責指揮羅馬的小型海軍。羅馬的力量乃是基於多個重型步兵軍團，並輔以較小的騎兵部隊和輕型支援部隊。不過，羅馬在海上的利害關係雖然存在，但實在相當有限。西元前四世紀的哲學家狄奧弗拉斯托斯（Theophrastus, *Historia plantarum* 5.8.1-2）相信羅馬人派遣了一支由二十五艘船組成的船隊，在科西嘉島上建立了殖民地，但是他沒有提供關於此事的任何確切年份或背景，儘管羅馬在四世紀末期確實收購了一支海軍。沃爾西人的城市安提姆擁有強大的船隊，而且和許多伊特魯里亞沿海城市一樣，它強大的海軍力量聲名遠播。在羅馬征服安提姆並且於三三八年建立殖民地後，被沒收的安提姆艦隊便成為羅馬海軍成軍的基礎。[9]但這仍然是一支小型艦隊，只有兩個中隊的船隻，由新建立的雙海軍官來監督和指揮。艦隊似乎主要用於阻止海盜，以及保護拉丁姆沿岸不受海上襲擊者的攻擊，不過它有時也會前往更遠的地方。皮洛士戰爭爆發的原因之一，便是羅馬艦隊派出一支中隊進行探索任務，而該中隊在違反條約的情況下不明智地駛入塔蘭托灣，並被更強大的塔蘭圖姆艦隊迅速擊潰，遭受重大損失。徵用安提姆船隻和建立主管海軍的委員會都顯示羅馬已經意識到發展艦隊的需要，但此時羅馬的海軍能力與規模仍然相對較小，泰奧弗拉斯托斯雖然提到羅馬對科西嘉島戰略價值的興趣，但羅馬在此時並沒有實力挑戰塔蘭圖姆、敘拉古或迦太基等更強大的海軍力量。在第一次布匿戰爭爆發於西元前二六四年後，形勢迅速發生變化。這場戰爭主要是在西西里島進行的，羅馬尷尬地被迫向在義大利南部的希臘人盟國乞討和租用船隻，才能把其軍隊運送到西西里。羅馬手上沒有西元前三世紀最先進的五列槳座戰船，直到二六四年以後羅馬才因為不得不正面對決強大的迦太基艦隊，所以才啟動了一個快速的造艦計畫。在那之前，羅馬人的注意力都集中在擴大和改革軍隊組織上。

社會變革：新貴族的出現

隨著貴族和平民之間的區別逐漸消失，一個新的羅馬精英階層開始出現，這個新精英階層是建立在曾擔任高級職位，而不是根據血統或是特定社會階層的成員。最高的社會和政治地位不再需要出身自世家貴族家庭，甚至也不需要來自最顯赫的幾個平民家庭。相反地，它取決於是否進入了顯貴階層。顯貴階層（nobilis）的成員資格是來自曾擔任過最高官位，即執政官，或者是作為前執政官的後裔。這意味著貴族這個身分從象徵一個人的出身，變成了象徵一個人的成就，而且從理論上講，任何有資格擔任公職的羅馬人（即任何出生為自由公民的男性）皆可進入顯貴階層。然而實際上顯貴階層是個寡頭集團，只有相對少數的外來者能進入，世襲原則也並未就此從羅馬社會和政治中消失。名氣、政治威望（道德和政治權威，相對於源自特定政治職務的權力）和地位是好幾代人的累積，而且出身於顯貴階層家族，家族成員擔任元老的歷史又淵源流長，對於任何希望從政的人而言，這種背景都是巨大的優勢。家庭成員中沒有元老的「新人」（New Men），確實有資格且也能夠獲選執政官。提圖斯・科倫康尼亞斯（Titus Coruncanius）、馬尼烏斯・庫里烏斯（Manius Curius）和蓋烏斯・法布里奇烏斯（Gaius Fabricius）都是「新人」，他們在這個時代共擔任了六次執政官（Cic., *Am.* 18, 39, *Sen.* 43, *Nat. Dear.* 2.165），但隨著元老院的重要性與日俱增，幾個顯赫的元老家庭的權力和影響力也隨之水漲船高。在羅馬競選公職需要財富（特別是土地所有權）和人脈網絡。在這個時代要成為元老院的成員還沒有正式的財產資格限制，儘管後來確實引入了相關限制，但是從政確實需要大量的個人財富。出任公職並不會得到任何薪俸，而且有頭有臉的人被期待要向人民慷慨解囊。以個人財產建造新公共設施的那些人不僅展示了他們的慷慨大度，而且也抬升了自己的聲譽。負責任何正式宗教節慶的行政長官皆處在有利的位置，因為這種節慶中往往都有民眾的慶祝活

9 作者注：一些安提姆船艦的青銅包層船頭還具有象徵性作用。他們被帶到羅馬作為戰利品，並用於裝飾廣場的演講平台，這個平台後來被稱為廣場的發言台，是拉丁語中船頭的意思（rostra）。

動或競賽。慷慨解囊贊助公共娛樂活動，便是種確保自己廣受愛戴的方式。

羅馬貴族非常重視鞏固和展示他們的地位。在一個位置突出的地點擁有一座令人印象深刻的房子，用來招待朋友和盟友、接收侍從和依附者，這是威望和社會身分的重要象徵。人們對成就的肯定也至關重要，而且最好以能長期存在的方式來紀念它。在慶祝凱旋式這個令人難忘的時刻中，將軍便是這場合的中心，他帶領著他的部隊還有跟隨在後的俘虜和戰利品，沿著從戰神廣場到朱比特神廟的這條特殊路線向眾神獻祭，不過將這一時刻紀念起來則一樣重要。許多打勝仗的將軍皆把他們的戰利品投入建造神廟或其他紀念碑，要讓人們記得他們的豐功偉績，此外，還有一個明顯的轉變是神廟從由國家出資建造，轉變為主要來自個人的奉獻和支付（大多是得勝的將軍，不過有時候會是行政長官或祭司）。這可能是某種有社會安全閥功能的形式。一個擁有統帥權的將軍可以獨自控制從戰役中奪下的戰利品，而在西元前三世紀初的戰爭中，這些戰利品的價值迅速增加。將這些資金投入和資助興建新神廟是可以被接受的做法，它提供了捐贈者一種能夠紀念自我的方便形式，但同時是一種公共設施，是種不太可能激起人們嫉妒或不安的活動。在三世紀，許多將軍用他們的戰利品來支付神廟和其他紀念碑的費用，與二世紀形成了鮮明的對比，因為在後面這段時期戰利品很少用於公共場所，都被保留作為私人用途。

社會聲望必須要持續不斷地積累，而且展示祖先和現在自己這代的成就相當重要。貴族家庭在他們的家中陳列著祖先的蠟像面具，在葬禮的場合上，他們的家人會在隊伍中佩戴這些蠟像面具。這目標是要讓場上的所有人看到這個家族顯赫輝煌的過去，而且用這種象徵性手法讓前幾代的祖先見證他們後人的成就。波利比烏斯（Pol. 6.53）曾生動描繪了一場貴族葬禮，展示出該家族的顯赫地位以及對死者的哀悼。這場葬禮包括了以祖先面具為焦點的遊行、頌揚死者成就的悼詞、火葬，並且將骨灰埋葬於位置醒目的莊嚴墳塚中。雖然這是在描繪西元前二世紀的做法，但是我們沒有理由相信這是那個時代的新習俗。愈來愈多的人在墓誌銘上刻上自己曾擔任的所有政治職務和獲得的榮譽。這些墓誌銘、家族系譜、傳統紀錄都是建立家庭地位的重要手段，不過它們的內容被認為存在不少溢美和虛構成分。李維就指出，它們並不是可靠的資料來源。

與古羅馬一樣，政治聯盟和社會關係往往是以家庭來進行的事務。收養（即使是成年子女）和貴族家庭之間的通婚也很常見。雖然除了女祭司以外，女性被禁止承擔任何公共角色，但她們對羅馬貴族的家庭風氣養成是很重要的，因此羅馬的貴婦還是重要人物。女性有義務遵守羅馬女性美德的規範、經營自己的家庭，灌輸給孩子羅馬價值觀，並盡可能支持家庭的利益。作為一個有權有勢的家庭成員，她占據了一個有影響力的位置，而且羅馬早期歷史的許多軼事都跟女性表現出的堅強和主動有關。這些說法在歷史上是否屬實其實並不是重點，因為它們展示了人們對羅馬高貴女性的期望，也就是對羅馬的忠誠，並利用她的影響力支持她的家庭。

從社會階層的鬥爭中產生的新貴族階層更具開放性，因為它是建立在財富和成就上頭，而不是基於個人是否出身自特定家庭群體。新人照理說能夠（並確實如此）進入顯貴階層，但這種情況愈來愈罕見。世代相傳所積累的地位和羅馬人對祖先和傳統的崇敬，都意味著那些擁有元老地位的家庭往往會形成一個難以進入的寡頭統治集團。所謂的社會階層的鬥爭的結果是一個顯貴階層的興起，其成員既包括世家貴族家庭也有平民家庭，影響力則建立在財富和元老的地位之上。

經濟和社會變革

羅馬從西元前三四〇到二六四年間開始，收穫其征服義大利所帶來的經濟回報。薩莫奈戰爭和皮洛士戰爭背後的財政支出相當可觀，但它們帶來了巨大的經濟收益。由於戰利品、土地和奴隸的積累，國家和個人財富急劇增加。下一節要討論的大規模公共建築計畫，其經費來源主要便來自戰爭戰利品，同時也證明了這時期戰爭帶來的經濟利益。此外，精英階層個人財富的不斷增加則表現在他們對奢華的房屋、墓葬和公共工程的投資。

羅馬沒收了手下敗將的領土，這使得羅馬直接擁有和統治的領土急劇增加。現代學者的估計指出，在西元前三三八年至一六四年之間，羅馬的領土面積從五千五百二十五平方公里增加到兩萬六千八百零五平方公里。這些土地中的一部分作為公地繼續由國家擁有，但其中大部分被重新分配給羅馬公民和盟國作為大規模殖民計畫的一部分，提供給七十萬到八十萬成年男性及其家屬。對於精英階層而言，土地也是在各種財富形式中最富聲望和受尊敬的，證據是精英在西元前二九八年因違反了《李錫尼烏斯—色克都斯法》而被處以罰款，這說明羅馬的富人在此之前便已經熱衷於積累土地。考古證據也指出在義大利的大多數地區，從提供家戶消費作物的農場和莊園轉變成以生產經濟作物的別墅，要到西元前一世紀才開始出現，但儘管如此仍有證據顯示，土地所有權的模式正在變化，而且較大的農場和莊園早在西元前四世紀後期就開始發展了。與後來的別墅相比，這些較大的農場和莊園規模其實說不上大，但它們是種有價值的投資形式。

儘管新土地提供了發展農業的機會，但很顯然羅馬已經大到無法仰賴自給自足了。羅馬共和的人口在西元前三三八年到二六四年間從三十五萬增加到九十萬。羅馬城的人口根據估計在九萬到十九萬之間，不過無論人口的確切數字為何，人們普遍認為從四世紀中期以降的一百年間羅馬人口大約增加了兩倍。要支持這種規模的人口需要大量的糧食，據估計每年羅馬進口的糧食可能多達一萬一千噸。

貿易和工藝生產的規模也在擴張。羅馬生產了一系列商品，例如採用優質黑色釉面料製成的陶器，其中一些可以被認出是出自特定的工廠和製造商。其中一個製造商尤其多產。它名為小印章工廠（Atelier des Petites Estampilles），因為它大部分的作品都裝飾有小的印記圖案，除了餐具，羅馬陶藝家還製作了一種被稱為「眾神的高腳杯」（pocolum deorum）的杯子形式，其得名自上頭往往都刻有某位神明的名字，並且會被當作祈願奉獻物。生產金屬物品的證據較少，但仍具有說服力。主要證據是在普里尼斯特的一個墓穴中發現的被稱為「青銅桶」的圓柱形青銅器皿（見彩圖二十二），製造時代可以追溯到約西元前三一五年。普里尼斯特以作為生產青銅桶（有時稱為普里尼斯特青銅桶）的中心而特別著名，但所謂的菲科羅尼青銅桶（Ficoroni cista）則相當不尋常，因為它的銘文上寫著它並非在普拉尼斯特而是在羅馬製作，工匠名為諾維斯・普勞提烏斯（Novius Plautius）。此外，裝飾有雕刻和精心模壓手柄的青銅鏡和青銅桶，在此時代也大量生產於義大利中部。[10]這些工藝品的樣式和技術都屬於伊特魯里亞風格，但其上裝飾性的場景往往也混合了當地神

10 作者注：這些奢侈品中有許多是在女性墓葬中發現的，可能是在成年或結婚時作為禮物贈送的。

話和希臘神話。它們說明了藝術的風格、技術和工藝跨越了國家和地區界線的程度，同時也展現出由拉丁人、伊特魯里亞人、羅馬人和法利斯坎人所共有的義大利中部視覺文化的發展，而且表現出這文化也已經深受到希臘人的影響。與普里尼斯特和伊特魯里亞許多地方的墓葬不同，羅馬的墓葬中只有少數豪華青銅物品，如鏡子和禮物，而且我們也不清楚究竟諾維斯・普勞提烏斯是不是唯一的工匠，又或者這其實是蓬勃發展的羅馬青銅工業唯一倖存下來的證據。古代記載中有提到這時代大型青銅雕像的製造，例如在公共聚會所裡頭的畢達哥拉斯和阿爾西比亞德斯的雕像，以及卡必托里山朱比特神廟屋頂上用來取代舊朱比特赤陶像的朱比特銅像（Livy 10.23.10-11），上述都顯示羅馬當時確實有發展青銅製造業。

這些商品的分布顯示出羅馬是義大利中部城市的經濟網絡的一部分。我們可以在羅馬及周邊地區找到赤陶雕像和小型祈願祭壇等陶器，這顯示坎帕尼亞、拉丁姆和伊特魯里亞等地的城市是羅馬重要的貿易夥伴。其他物品，如黑釉陶器會被出口到整個西地中海，像是西西里島、法國南部、西班牙東部和北非，這證明了經濟和商業聯繫網絡的範圍相當大。羅馬是大量進口商品，如農產品和製成品的淨消費者，並且對商品和服務具有磁鐵般的吸力，但同時也出口商品到相當多地區。

羅馬在當時已經是一個貨幣經濟體，使用的是標準重量的青銅貨幣條（見彩圖二十），在西元前三世紀時，羅馬首次鑄造錢幣。最早的羅馬錢幣是銀製的，上頭有「屈於羅馬人」（Romaion）的希臘字樣，大約在三二六年鑄造於那不勒斯。他們所採用的重量標準與那不勒斯錢幣相同，主要在坎帕尼亞流通。大約在三一〇年羅馬第二次發行錢幣，這次上頭的圖案是「羅馬諾」（Romano，有時縮寫Roma）的拉丁字樣，也在坎帕尼亞和大希臘發行並流通。有許多不同重量的鑄鐵青銅圓盤，一般被稱為「重銅阿斯」（aes grave），與這些錢幣在市場上同時流通直到三世紀中葉，重銅阿斯在此時被改造進入羅馬所特有的貨幣體系，其量衡與面額是根據羅馬磅（Roman pound）而來的。錢幣採用了新的符號，Roma（羅馬）的字樣成為了辨識的標準。羅馬在西元前三世紀中葉建立了自己的鑄幣廠，並且開始在羅馬鑄幣。羅馬在某一年，可能是一六九年，鑄造了大量銀幣，在正面上鑄印著與羅馬關係密切的海克力斯神，背面則是母狼和雙胞胎（見彩圖二十一）。

由於羅馬本來就已經有使用條形貨幣的貨幣體系，所以他們採用鑄造錢幣主要不是出於經濟需求。當國家需要進行大規模的交易，例如支付大型公共工程或支付軍隊的費用時，就會發行錢幣。造幣的發展除了反映羅馬現在擁有更多的銀條可以用來鑄幣，也反映出投資重大工程的金額不斷提高，以及需要定期支付軍隊薪餉。錢幣也是種自我推銷的形式，羅馬透過發行錢幣來聲明自己在世界上的地位。羅馬在西元前三二六年發行錢幣絕非出於偶然，它可能是為了紀念羅馬跟有影響力的希臘盟友那不勒斯簽訂條約，在羅馬鑄造的第一批錢幣帶有母狼的圖像也不是出於偶然，這個圖像日後成為羅馬力量和身分的象徵。

除了在西元前三四〇年至二七〇年間戰爭中積累起來的土地和動產之外，羅馬在三世紀所發生的極具變革性的社會和經濟變化，便是奴隸數量大幅增加。古羅馬從早期開始就是一個擁有奴隸的社會，關於奴隸制的法律亦被列入《十二銅表法》。[11]正如在別處討論的，羅馬早期有兩種在法律形式上截然不同的奴隸制。債奴發生是當債務人被債主拘禁，並要他以勞動代替支付，但這項制度

11 作者注：在漢尼拔戰爭結束後奴隸數量大幅增加，但有強力證據證明這個數字在西元前四世紀和三世紀已經有所成長。

附表10 第三次薩莫奈戰爭中奴役的戰俘（根據Harris 1979）。

年代（西元前）	民族和地點	擄獲的奴隸人數
297	奇梅達	2,900
296	默甘提亞	2,100
296	羅穆列亞	6,000
296	薩莫奈人	1,500
296	伊特魯里亞人	2,120
296	薩莫奈人	2,500
295	薩莫奈人和高盧人	8,000
295	薩莫奈人	2,700
294	米利奧尼亞	4,700
294	羅塞萊	約2,000
293	阿米特努	4,270
293	杜羅尼亞	少於4,270
293	阿奎羅尼亞	3,870
293	科米尼烏姆	11,400
293	韋利亞、赫庫蘭尼姆、帕朗比努	約5,000
291	塞皮努姆	少於3,000
總計		約66,330

在西元前三二六年被廢除。動產奴隸（Chattel slaves）的狀況則是完全歸其主人所有，沒有法律上的權利或自由，奴隸若不是生來就是奴隸，就是因為其他方式被奴役。羅馬的義大利征服戰爭將戰俘充為奴隸的做法，造成動產奴隸的人數在西元前四和三世紀大量增加。薩莫奈和伊特魯里亞戰爭期間淪為奴隸的戰俘人數高達數萬人。羅馬光是在二九七年至二九三年的

第三次薩莫奈戰爭中獲得的奴隸，估計就超過六萬六千人，到了三世紀中葉時，奴隸可能占羅馬總人口的百分之十五左右。即使我們將古代作家所給的數字有模糊性這點納入考量，奴隸的數量在大約三五〇到二六四年之間也有顯著的增長。

這創造了一大批改變羅馬經濟和社會的廉價勞動力。農業上的奴隸勞動力促進了經濟生產，使土地被更密集地的耕種，並且造成更大的農場和莊園的發展。擁有廉價的勞動力也推動了大型公共工程的進行，像是羅馬西元前四世紀的城牆，即所謂的「塞爾維烏斯牆」的建造就是項需要採石、運輸和鋪設數百萬塊大型凝灰岩塊的大型工程。本章稍後還將描述其他的公共建築工程。

然而，奴隸並不僅僅是負擔繁重工作的勞力。許多奴隸成為家庭傭人，而且根據估計，除了最貧窮的家庭，大多數羅馬家庭都擁有幾個奴隸，貴族家庭的奴隸數量則更多，其中包括具備專業技能的奴隸，他們能擔任書記、教師、行政人員和許多其他職位。他們對個人家庭和羅馬國家的許多運作面向上都至關重要。奴隸的湧入不僅增加了羅馬的人口，還改變了羅馬的經濟潛力；這也對其文化和族群多樣性產生了影響，因為這些奴隸大多來自義大利的希臘人或奧斯坎人居住地區。

矛盾的是，正因為奴隸群體沒有合法權利，他們對公民群體造成了很大的影響。並不是所有的奴隸都在他們的餘生中一直保持著被奴役的狀態，很多人透過「奴隸解放」（manumission）的做法而被釋放，這不僅賦予了他們自由，還賦予了他們不完整的羅馬公民身分。奴隸可以透過多種方式獲得解放：獎勵良好的表現；存下足夠的小額津貼來向主人購買自己的人身自由；還有些奴隸則是在其主人過世後獲得自由。一個人在遺囑中釋放一部分奴隸並不罕見。從事繁重體力勞動的奴隸可能不太容易倖存到被解放，不過在西元前三五七年時要解放奴隸開始會被課徵百分之五的稅，這代表著被解放的奴隸人數已經多到可以產生大量稅收。

獲得解放的奴隸不僅被賦予自由，還被授予羅馬公民身分，雖然他們在法律上的不平等依然存在，例如被禁止擔任公職。他們並不會完全從以前的主人那裡解放出來，而是作為侍從來與前主人家保持聯繫，而且會採用主人的名字來作為他們與其家庭保持連結的標誌。[12]以一個大家庭而言，這產生了創造出龐大侍從群體的有用效果，而且這些侍從會被期望協助並且支持庇護者，無論是家務事或是政府的業務。希臘人認為羅馬人對待解放奴隸的待遇既引人注目、又有點奇特。腓力五世在寫給拉里薩城的信中就提到能夠藉由釋放奴隸來增加公民群體的這種能力，是羅馬堅強實力的一個重要來源。相比之下，哈利卡納索斯的戴歐尼修斯非常驚訝，羅馬居然開放前奴隸取得公民身分，但是卻沒有將公民身分自動授予像他這樣傑出和學識淵博的希臘人。羅馬人對於已解放奴隸的焦慮，集中在他們會對社會和政治造成的影響之上，像是當前奴隸的兒子格奈烏斯．弗拉維烏斯在三〇四年被選為市政官一事，但羅馬人不會徹底反對前奴隸取得公民權利。

城市發展：三世紀的羅馬城

羅馬不斷擴大的領土以及蓬勃發展的經濟，兩者所帶來的影響可以從城市基礎設施的改革中看出來。人口增長產生了深遠的影響，提供了大量的勞動力（自由民和奴隸），促進了羅馬的經濟福祉，但也帶來許多後勤補給的問題。要供應食物給人口介於十萬到二十萬之間的城市是不小的難題，糧食需要定期進口，而且供水也是一大考驗。羅馬有充足的天然泉水供應，比如朱圖娜泉，但這遠遠不足夠。阿庇烏斯・克勞狄烏斯・凱克斯在西元前三一二年發包興建公路和水道橋，四十年內就需要再蓋額外的水道橋，還有馬尼烏斯・庫里烏斯・登塔圖斯在二七二年建造了龐大的舊阿尼奧水道橋（Aqua Anio Vetus），以上都證明了羅馬對基礎設施投資的迫切需求。這些水道橋似乎主要蓋在地面下，但阿庇亞水道橋的一部分經過了拱形拱廊，就像許多後來的水道橋一樣。它們是備受矚目的公共建設項目，經費從薩莫奈戰爭和皮洛士戰爭中獲得的戰利品中來支付，這同時為羅馬的威望與權力，以及其日益增長的城市地位提出了富有實用功能的有力證明。[13]

為了處理更多的進口貨物和食品，必須興建更多的碼頭和倉庫（見圖二十八），陸路運輸緩慢且昂貴，因此台伯河是將貨物運入城市的重要動脈。奧斯蒂亞發展為羅馬的主要港口是稍晚的事情，任何透過海上抵達奧斯蒂亞的貨物都必須運往上游的羅馬。古代資料描述了在屠牛廣場附近的台伯河港區域的擴建。這次擴建的遺跡幾乎都已經不存在了，不過在這個時期建造的港口守護神波圖努斯神廟，證明了台伯河港的重要性，並證實了文字史料。神廟目前存世的部分大多興

12 作者注：在通常情況下被釋放的奴隸會接受奴隸主的本名和氏族名，並保留自己的名字作為家族名。例如說，西元前三世紀的詩人李維烏斯・安德羅尼庫斯（Livius Andronicus）是一位被俘虜的塔蘭圖姆人（可能是在塔蘭圖姆於二七二年被攻下的時候），並隨後被釋放，除了他的希臘出生名安德羅尼庫斯外，還取了他的前主人的名字李維烏斯。被釋放的男性和女性的墓誌銘可以用縮寫字母L來辨識（liberti，意思是被某某人釋放的男性或女性），而不是通常的縮寫F（fili，意思是某某人的兒子或女兒）。

13 作者注：羅馬的水道橋成為羅馬力量和公民自豪感的象徵，並在整個古代世界享有盛名。在西元九七年負責供水的帝國行政官員尤利烏斯・弗朗提努斯（Julius Frontinus）撰寫了一篇關於水道橋的文章，聲稱它們是比金字塔更為偉大的成就（Front., *Aq.*, 16, 87–8）。

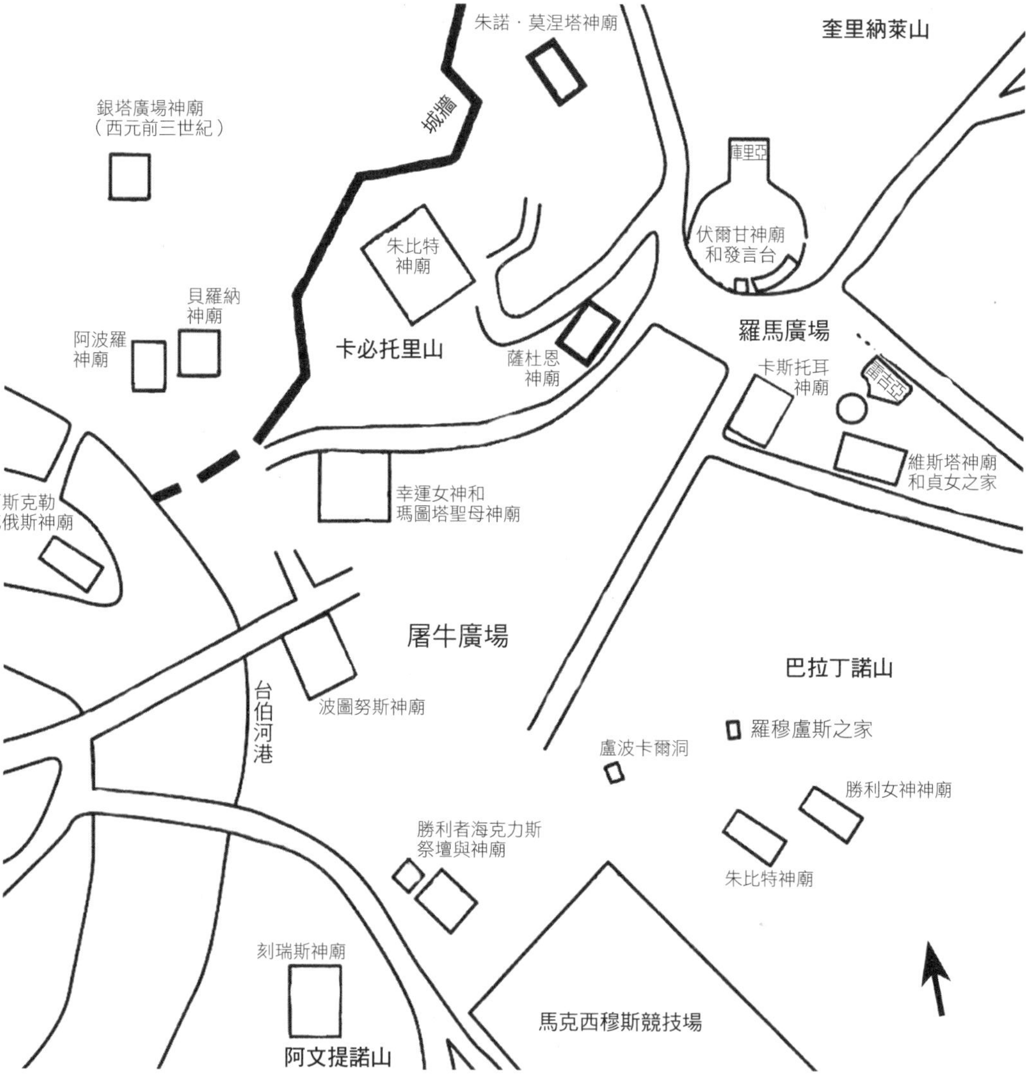

圖28　羅馬：羅馬廣場、巴拉丁諾山和屠牛廣場的平面圖，西元前二六四年。

建於西元前一世紀，但它是建立在四世紀末或三世紀初的地基之上。這個建物名為「恩波利姆」（Emporium）[14]，是在三世紀後期於一個新的港口區域開始建造的，並且位在阿文提諾山下的台伯河上。這提供了比台伯河港更大的可供擴展的空間，在布匿戰爭期間和西元前二世紀初期，恩波利姆發展成為擁有許多碼頭和倉庫的區域。

來自征服戰爭的所得也資助了其他建設計畫，特別是神廟。至少有十四座神廟興建於西元前三世紀，但真實的數字肯定比這還多，數據說可能多達三十二座。[15]有些年份是得知於考古證據，但我們有關於神廟建築的大部分資訊是來自李維之手，而且由於他對西元前三世紀歷史的記載當中存在很多一大段的空白，因此我們所知的新建或整修的神廟清單也很可能不齊全。不過，這可以透過考古證據來加以補充，例如，在屠牛廣場和港口附近的波圖努斯神廟和勝利者海克力斯神廟的早期階段、霍里特里努姆廣場（Forum Holitorium，蔬果市場）中的司珀斯神廟（Spes）和朱諾神廟，以及在銀塔廣場（Largo Argentina）所發現的一群小型神廟，它們位在古羅馬戰神廣場的原址上。

許多從考古證據中得知的神廟，特別是慶祝勝利的神廟都是相當小的建物，由當地凝灰岩建造並且以赤陶裝飾。大理石一直要到下個世紀才被普遍用於羅馬建築。神廟的形式在義大利中部很常見，它由一個平台和台階組成，而台階能通往有圓柱門廊和單獨房間的小神廟，銀塔廣場（見彩圖

14 審定注：意為「貨棧」。

15 作者注：齊奧爾科夫斯基在 *The Temples of Mid-Republican Rome* 一書中討論了這一困難數據該如何被詮釋。除了附表十一所列的神廟之外，一些估計數字中還包括另外的十八座神廟，它們的年代可能落在西元前二九三年至二一八年之間。

附表11 西元前三世紀於羅馬建造的神廟。

年份（西元前）	神廟	地點
四世紀末／三世紀初	波圖努斯神廟	台伯河港
四世紀末／三世紀初	勝利者海克力斯神廟	台伯河港（？）
302年	薩盧斯神廟	奎里納萊山
三世紀初	銀塔廣場神廟C	戰神廣場
296年	勝利者貝羅納神廟	戰神廣場
295年	勝利者朱比特神廟 服從者維納斯神廟	奎里納萊山（？） 馬克西穆斯競技場
294年	勝利女神神廟 堅守者朱比特神廟	巴拉丁諾山 巴拉丁諾山
293年	奎里努斯神廟 幸運女神神廟	奎里納萊山 台伯河右岸
291年	阿斯克勒庇俄斯神廟	台伯島
278年	蘇瑪努斯神廟	馬克西穆斯競技場
272年	康蘇斯神廟	阿文提諾山
268年	特魯斯神廟	埃斯奎利諾山
267年	帕勒斯神廟	未知
264年	維爾圖努斯神廟	阿文提諾山
三世紀中	司珀斯神廟	霍里特里努姆廣場
三世紀中	雅努斯神廟	霍里特里努姆廣場
三世紀中	銀塔廣場神廟A	戰神廣場

二十三）的A神廟和C神廟就相當典型。然而，其他神廟的空間可能更大，例如堅守者朱比特神廟（Jupiter Stator，西元前二九〇年），它的大小足以容納元老院會議。有些神廟的裝飾令人印象深刻，像是薩盧斯神廟（Salus）因其繪畫而聞名（Val. Max. 8.14.6），還有奧古尼烏斯兄弟購置了銀碗，將其放置在朱比特神廟（卡必托里山）中，並奉獻了一尊新的朱比特青銅像來取代神廟屋頂上舊的赤陶像（Livy 10.23）。

建造神廟與對外的征服戰爭以及與神廟奉獻者的個人威望密切相關。大多數神廟都是為了感謝軍事行動成功而向眾神獻上的祭品，花費是由戰利品來支付。很多這類神廟都是奉獻給與戰爭和征服有關的神（勝利女神、勝利者海克力斯、勝利者朱比特、勝利者貝羅納），或者與羅馬的身分和傳統密切相關的神（康蘇斯、帕勒斯、奎里努斯），或者是在將軍和軍隊慶祝凱旋式的遊行路線沿線的那些神廟。在這個時代，戰役中的戰利品便屬於得勝將軍的財產，他可以隨意處置。他會奉獻一部分或全部的戰利品來修建一座神廟答謝戰爭的勝利，他的這種做法不僅榮耀了眾神，同時也提升了自己的威望和公眾形象。這種類型的神廟便是對軍事成就和凱旋式的永久紀念。有關於勝利神廟如何成為強大家族的紀念碑，一個最引人注目的例子是由阿庇烏斯．克勞狄烏斯．凱克斯立誓奉獻的貝羅納神廟，他的做法是將自己祖先的盾牌和肖像裝飾在神廟之中（Ovid, *Fast.* 6.201-8; Pliny, *NH* 35.19）。

因為戰利品和令人印象深刻的青銅雕像進入了羅馬的公共空間，這座城市的景觀又進一步有了轉變。這些戰利品當中包括取自被擊敗敵軍的物品，例如取自沃爾西尼的雕像和取自薩莫奈人的戰利品，便展示於瑪圖塔聖母神廟中，這些物品在三一〇／三〇九年和二九三年於廣場中展出，不過其中許多物品都是不久前才製造的。一些青銅雕像是用來榮耀神明，像是海克力斯和朱比特在卡必托里山上的巨大雕像，而另一些雕像則是用來紀念偉人，如三〇六年的執政官昆圖斯・馬奇烏斯・特繆魯斯（Quintus Marcius Tremulus）的騎馬雕像（Pliny, *NH* 34.23）。它們不僅反映了神廟和公共空間的巨大規模，而且反映出羅馬所掠奪到的大量青銅，因為這是必須的原物料。

羅馬精英的社會和政治野心，以及展示家庭地位的必要性，這兩者深刻影響了羅馬的城市發展。這個時期的私人住宅幾乎都沒有被保存下來，但是正如第十一章所討論的那樣，古代的記載顯示在一個著名的地點擁有巨大又引人矚目的房子，這對於貴族家庭的自我形象、政治和社會地位是非常重要的。我們有更強有力的證據證明貴族家庭會耗費巨資在新落成、莊嚴的家族陵墓上頭。這些陵墓包含在地下或半地下墓室中埋葬好幾代人的空間，但是有一個可見的上層建築，使陵墓成為引起路人注目的地標性建物，並且因此突出了擁有者的重要性。法比烏斯氏族墓葬與西庇阿氏族墓葬是保存最完好的兩個例子，兩者都橫跨了西元前三世紀，因此在某些部分超出了本書的時間範圍，但它們也讓人得以從中獲得有關共和時代中期貴族世界觀的寶貴訊息。

法比烏斯氏族墓葬的保存並不理想。這座古墓葬和另一座相似年代的古墓葬在埃斯奎利諾山上的聖尤西比烏斯教堂（S. Eusebio church of Esquiline）下方被發現，但建物外部結構幾乎沒有保存下來。建築物內部有一個單獨的墓室，裝飾著壁畫（一些現存最早的羅馬墓畫），一般認為年代是西元前三世紀。[16]雖然這些壁畫只有部分碎片倖存至今，但它們是在描繪歷史事件，可能是關於薩莫奈戰爭，包括圍城和投降的場面，但學者對其確切涵義至今仍然沒有共識。其中一個人物旁邊的說明指出他是法比烏斯氏族成員，可能是昆圖斯・法比烏斯・魯利亞努斯，他是第二次薩莫奈戰爭期間羅馬的重要將軍之一。一種可能性是這是座由公共資助的墓葬，藉此表彰他的成就。[17]

更為人所知而且保存得更好的西庇阿氏族墓葬，則表現出這一時期的貴族在競爭激烈的自我推銷上頭投入了多少精力。墓葬位在阿庇亞大道，本身便是羅馬大規模墓地搬遷計畫中的一部分。埃斯奎利諾山上的墓地在這個時代已經很少被使用，現在大部分的人的墓葬都在羅馬城門之外，特別集中在那些從羅馬延伸出去的道路沿線。任何人經由通往坎帕尼亞南部的新公路進入或離開羅馬時，都會經過像西庇阿這樣的貴族家庭的墓葬，它們成為引人注目的地標。陵墓可見的部分由支撐上部結構的高裙樓組成，不過柱子和壁龕的這些裝飾興建於西元前二世紀中葉。在高裙樓下方是一個巨大的矩形墓室，其中有容納骨灰甕和石棺的龕位，還有必須經由平台下的通道才能進入的空間，其中大約可以埋葬三十個人。墓葬最早的部分建於三世紀初，第一位埋葬於此的人是西庇阿·巴巴圖斯，他是二九八年的執政官，並在二八〇年左右去世。這座墓一直使用到二世紀後期，並在一五〇年左右進行了擴建和翻新，其正面被新增上希臘式柱子和雕像。此時大多數的死者都被安葬在大型石棺中，其上都有記錄著死者的政治生涯和成就的墓誌銘。人們可以從這些內容深入洞察貴族的價值觀，以及共和時代中期貴族的世界觀，而且這些墓誌銘替家庭成就和聲望提供了強有力的證明。西庇阿·巴巴圖斯的墓誌銘是年代最久遠的，其上寫道：

16 作者注：法比烏斯氏族之墓及其壁畫可以追溯到薩莫奈戰爭的時代，但是現在一些學者認為它們是比較後來才興建的，並且不會早於西元前二世紀。不過，這些壁畫的繪製時間並沒有確鑿的證據。

17 作者注：西塞羅曾暗示公共墓葬可以建立在埃斯奎利諾山上（Cic., *Phil.* 9.13）。

科內留斯·盧基烏斯·西庇阿·巴巴圖斯，格奈烏斯之子，他是一個強壯而聰明的人，其美德與其相貌極為相稱，他曾經擔任過執政官、監察官和市政官，他也擊敗了陶拉西亞（Taurasia）、奇紹那（Cisauna）以及薩莫奈，他征服了盧坎尼亞全境，並擄獲許多人質。（*CIL* 6.1284）

上述清楚說明了對於西元前三世紀羅馬新興貴族而言，這個身分最核心的特質為何以及他們要從何處獲得聲望和地位，答案是家庭的世代傳承、道德修養，以及有張令人印象深刻的歷任政治職務清單和傑出、成功的軍事紀錄。諸如西庇阿氏族墓葬和法比烏斯氏族墓葬便是關於其家庭地位的公共紀念碑，展示了家族許多世代在市政和軍事成就的紀錄，貴族從此展示中獲得了社會和政治地位。羅馬新貴族建立在擔任公職和幾代人所累積之成就，他們的出現創造出頌揚此長期成就的紀念性需求。

西元前三世紀羅馬的文化

毫無疑問，羅馬擴張和西元前四世紀末、三世紀初的社會政治變化，推動了城市的快速增長和建築熱潮，並且對羅馬文化產生了諸多層面的影響。米歇爾·哈姆（Michel Humm）認為，勝利奉獻在四世紀和三世紀的盛行（無論是以戰利品來興建神廟、勝利紀念碑或雕像，還是在羅馬展示搶奪來的武器、戰利品和藝術品），是羅馬受到不斷增加的希臘化程度的影響，以及羅馬力圖模仿希臘人紀念勝利的方式。但這解釋有待商榷。毫無疑問希臘文化的一些實踐對羅馬的影響深遠，但這些做法似乎根源自羅馬精英之間的競爭，尤其是在軍事上的競爭，同時還根源自羅馬在此時期不斷擴大的征服，而不是根源自羅馬採用了希臘習俗。

然而，在羅馬文化中的許多其他地方都可以看到希臘文化的影響。古代史料便描述了一些來自希臘的實踐，例如戰車競賽和建立雕像來紀念傑出人士。希臘人興建神廟奉獻給抽象的美德，還有他們替這些美德建立宗教崇拜的做法也被羅馬吸收，像是薩盧斯神廟（代表健康）和勝利女神神廟（代表勝利），此外還有標榜有治癒效果的希臘醫神阿斯克勒庇俄斯崇拜，這座神廟於二九一年在台伯島上完工。羅馬還多次派遣特使去諮詢希臘神諭，這顯示羅馬正在參與希臘世界的外交和宗教活動。甚至，希臘對個人習慣的影響力也都變得很明顯。一些著名的羅馬人採用了希臘姓氏，最著名的是昆圖斯·馬奇烏斯·菲利普斯（Quintus Marcius Philippus），他在二八一年擔任執政官。瓦羅和老普林尼（Varro, *RR* 2.11; Pliny, *NH* VII.59）也聲稱，男性剃光鬍鬚之所以成為西元前三世紀羅馬的流行時尚，是因為西西里島的希臘人理髮師湧入羅馬。蒲魯塔克（Plut., *Cam.* 22）則觀察到四世紀的哲學家赫拉克利德斯·彭提烏斯（Herakleides Ponticus）將羅馬描述為一座希臘城市，這說明了希臘文化的影響力。希臘城市可能指的是希臘人建立了羅馬這個傳統，而不是對當代羅馬文化基於實情的評論，但總而言之希臘對羅馬知識文化有相當大的影響。人民大會的權力應該要擴大一事，有一部分的羅馬政治人物表達了贊同的意見，這可能是受到希臘政治思想的影響，最著名的是阿庇烏斯·克勞狄烏斯與昆圖斯·普留斯·菲洛，此外阿庇烏斯也以當時希臘人寫作的方式來撰寫軼事和道德書籍。人們對希臘哲學，特別是畢達哥拉斯主義興趣相當濃厚，米歇爾·哈姆將此追溯到羅馬征服塔蘭圖姆之後，此處在西元前四世紀之後蓬勃發展著畢達哥拉斯的哲學。

考古證據也證實了希臘文化在物質文化層面上的影響。在法比烏斯氏族墓葬中的壁畫和西庇阿氏族墓葬中發現的石棺，上頭都很清楚可以看到希臘藝術風格和技術，而菲科羅尼青銅桶（見彩圖二十二）等物品上的裝飾，透露出了羅馬對希臘神話的理解和欣賞，以及裝飾著希臘物品的商品具有著銷售市場。某些西元前三世紀的神廟建築，例如銀塔廣場的A神廟和C神廟，雖然它們在形式上是義大利傳統風格，但也顯示出受希臘影響的證據。

這些文化上的變化反映了兩個更大的趨勢。首先，希臘的藝術風格和知識文化在當時影響了整個義大利中部。伊特魯里亞和拉丁姆其他地區的雕塑、繪畫和青銅器，都採用了希臘化的風格和希臘主題，這些風格跟主題同時也被義大利各地傳統吸收。伊特魯里亞和普里尼斯特兩地區的鏡子和青銅桶上的裝飾圖案，就來自於希臘神話和當地神話和傳統的混融，有時這種混融會形成一種具有獨特地方風格的希臘神話和傳統。例如，一具西元前四世紀的青銅桶上的描繪場景，上頭就結合了許多荷馬傳奇人物，像是海倫、阿基里斯、克律塞伊斯（Chryseis）、俄瑞斯忒斯（Orestes）和廷達瑞俄斯（Tyndareus），還有一個名為薩奇·盧克斯（Seci Lucus）的人，顯然是一個拉丁語或義大利名字，他的身分不明。在另一個例子中，與阿賈克斯（Ajax）和阿伽門農（Agamemnon）一起出現的人物被標記名為索雷西奧斯（Soresios），這可能是指來自土生土長於梭拉的人，這是一個位在拉丁姆與薩莫奈邊界上的地方。我們對這些場景的涵義尚不清楚，但它們證明了希臘文學和神話的知識在義大利中部相當普遍，而且它與當地傳統和神話融為一體，形成了希臘和地方元素的獨特混合體。由於羅馬深嵌在義大利中部的文化環境中，毫無疑問它透過伊特魯里亞和奧斯坎地區文化的媒介受到希臘文化的影響。第二個趨勢是從四世紀後期以降，羅馬與希臘世界的直接接觸程度愈來愈高。在皮洛士戰爭結束時，大希臘已被羅馬人控制，與坎帕尼亞的關係甚至更長久，特別是希臘人城市那不勒斯和庫邁。羅馬開始積極與希臘世界中的更多地方互動，例如向希臘各國家派遣外交使團，並且與希臘幾個重要的神廟建立宗教聯繫。

羅馬人對這些影響有哪些反應，以及他們應對這些影響的方式，都提供給我們一些重要的線索。最早的造幣可以清楚說明問題的複雜性。第一批銀幣無疑源自於羅馬與希臘人坎帕尼亞的聯繫，特別是與那不勒斯的聯繫。它們使用希臘的重量標準、設計，而且在第一次發行時上頭所刻的字還是希臘文。這些錢幣固然從許多方面是使用了希臘的技術和慣例，但發行錢幣的目的是為了呈現羅馬的獨特身分，例如說，這些錢幣主要是為了在羅馬以外的地區流通而鑄造，而且似乎並沒有在羅馬城使用過。而當錢幣是為了在羅馬流通而鑄造時，它們便具備更清楚的羅馬特色，會使用羅馬的重量標準和面額，並且刻有羅馬的獨特象徵：母狼。羅馬文化不是依樣畫葫蘆地模仿希臘，而是加以調整並適應羅馬自己在政治文化上的考量，且增加獨特的羅馬特色。

正如麥克穆倫（Macmullen）最近指出的，羅馬文化中存在著強烈的保守主義，並且有著對傳統的羅馬習俗和價值觀的深刻依戀，但這與創新、適應和接受新影響的意願是相輔相成的。毫無疑問，羅馬人採用了希臘文化中他們認為有用或契合的部分，而且希臘人對羅馬文化的影響在西元前四世紀和三世紀時也與日俱增，但羅馬人會清楚取捨自己需要的部分。上面討論的造幣發展就證明了這點，他們不是被動接受希臘文化和思想，而是在採納某些方面的同時也拒絕某些方面，並且會調整其他部分來跟羅馬規範和習俗調適。西元前三世紀的羅馬仍然承襲著義大利中部的社會和文化規範，並且選擇性地採用希臘的習俗、商品和文化，但這並不意味著孤立主義或缺乏互動，而應該說是一種對傳統羅馬文化的強烈情感和依戀。希臘文化在羅馬人的生活中的影響日益明顯，但它只是西元前三世紀羅馬文化中眾多的元素之一。

第十五章　結語：西元前二六四年的羅馬、義大利和帝國的開端

義大利在這本書開頭所處理的時代，是一個由許多不同族群和文化組成的地區，其中許多族群和文化正在逐漸邁向城市化。羅馬在當時是散居於台伯河南岸的聚落，只是眾多正在發展的社區之一，與台伯河北部更強大、資源更豐富的鄰國相比之下並不起眼。從西元前八世紀至六世紀，伊特魯里亞人是義大利中部最具活力的經濟和文化力量，而希臘人殖民地則在南部蓬勃發展。其他地區的自然資源更豐富，並且與地中海世界其他地區聯繫更為緊密，但是到了西元前一六四年，羅馬已經成為一座氣勢恢宏、與世界各地有緊密利益往來的城市，羅馬對於義大利的統治地位已不容挑戰，並且即將成為世界強國。

綜觀整個義大利半島的歷史，我們可以追溯出西元前九、八世紀的城市社區原型的發展，並且可以觀察到它們在七至六世紀這段期間發展為日益複雜的城市國家；此外還伴隨著文化的變化，鐵器時代的戰士精英在東方化時期轉變為富裕的貴族，然後轉變為更開放的貴族，透過出身、財富和選舉產生的職位來行使權力。與此同時，經濟和文化交往的模式也在不斷變化，這反映在七世紀的

東方化精英階層、六世紀和五世紀伊特魯里亞文化對義大利的影響，以及從四世紀開始的義大利精英階層的希臘化程度愈來愈高。

羅馬的發展與義大利全島的發展趨勢緊密相關。羅馬在西元前八至七世紀已發展成一個原初城市聚落，然後發展成為一個城市國家，統治者可能是主要家族的首領們。在塔克文家族接連擔任國王的這段時期，羅馬確立了自己成為拉丁姆地區的強權。國王被驅逐所造成的動盪可能使這一進程暫時停頓了下來，但是在塔克文家族流亡之後所引入的那種尚處於萌芽狀態、甚至可以說是實驗性的選舉制政府體系，卻發展成了更為複雜的體系。共和政府建立了一個更加穩定的選舉制度，羅馬的統治精英從以世襲貴族特權為基礎的精英階層，轉變為以財富、成就和出身為基礎的寡頭貴族。五世紀和四世紀的動盪首先開啟了一段以更大程度的民眾參與為特徵的實驗時期，但隨後又產生一個由元老院階層（領導家族組成的寡頭集團）主導的政府制度。隨之而來的是羅馬政權殘酷無情的崛起，以及開始往拉丁姆以外擴張。即使羅馬史料中無可避免帶有羅馬對自身優越性的信仰，以及史料中會掩蓋任何停滯和挫折，這依然是一項了不起的成就。

對於研究者而言，這段時期的羅馬歷史始終存在一個問題：因為我們手上絕大多數的詳細證據和所有歷史敘述，要麼與羅馬有關，要麼就是來自羅馬的史料，因此關於羅馬的發展是否是大多數義大利國家的發展典型，我們對這問題很難有定論。羅馬在面對西元前五世紀和四世紀的經濟衰退、社會和政治變革的挑戰時，其處理方式是否比鄰國和對手更優越？或者說，羅馬的發展與坎帕尼亞和伊特魯里亞的類似國家之間是否存在重大差異？晚近的研究則強調，過去曾被視為羅馬征服和「羅馬化」結果的一些發展（例如四世紀和三世紀土地使用的變化和大型莊園的興起，或義大利亞平寧地區定居模式的變化），在一定程度上是獨立於羅馬發展的趨勢，並且在整個義大利中部和南部都有類似的現象。然而，羅馬在某些層面似乎是獨一無二的。

在羅馬的起源傳統中便已經出現對外人的開放性，例如羅穆盧斯建立了避難所和綁架薩賓婦女等等故事。願意接納外人為公民，這在義大利半島並不罕見，伊特魯里亞人國家也有類似的例子，但這些例子大多是貴族及其追隨者，他們透過現有的社會關係順利轉變為另一個國家的公民。羅馬的不同之處在於至少在西元前三四〇到三三八年的拉丁戰爭之後，羅馬大範圍地擴展了公民權。在這之後，一群人（往往是整個社區）被吸收到羅馬國家中的情況並不少見。這種可以靈活擴大公民群體的能力和由此產生的額外人力，在古代就已經被認為是羅馬成功的因素。

羅馬這種處理不斷擴大的領土和處理被征服地區的策略，因此與義大利其他地區建立了獨特的關係。義大利的其他國家在地方聯盟的基礎上發展了國家間的合作，不過這種合作在政治和軍事上的影響力有限。相比之下，羅馬複雜的聯盟、殖民地和直接統治網絡，則使其擁有無與倫比的影響力和控制力。到了西元前四世紀末，它無情地瓦解了所有其他替代性的權力結構，並確保義大利每一個國家最緊密聯繫的對象都是羅馬。這個尚處於萌芽階段的帝國的好處很快便顯現出來。由於條約規定義大利人必須在羅馬的戰爭中提供幫助，羅馬現在擁有了無與倫比的軍隊儲備。從戰敗的敵人手中沒收土地的做法，使羅馬的領土擴大到包括義大利中部的大部分地區，這為其創造了重要的經濟資源。殖民地的建立或羅馬公民權的擴展，讓許多地區建立了與羅馬的永久聯繫，而且殖民地提供了許多較貧困的公民土地，這些土地也提供了富人投資和建造大量房產的機會。奴隸的湧入改變了羅馬的人口結構，這同時代表著大量的廉價勞動力；而征服戰爭期間帶回來的財富使得雄心勃勃的公共工程得以開展，同時也使精英階層富裕起來。

這樣子迅速的崛起讓人開始思考，為什麼羅馬要如此積極擴張，而且從相當早期就開始了？羅馬文化和社會的許多因素注定了它會積極擴張。羅馬貴族之間的競爭非常激烈，軍事上的成功是獲得和維持威望的關鍵要素。貴族階級的成員承受著無比壓力，要求他們追上或是超越與祖先和同時代人的成就。一位戰功彪炳的將軍可望獲得公眾的讚譽和榮譽，例如獲得凱旋式，這提高了他的聲譽，而且如果他未來計畫參選公職，也會增加當選的可能性。戰爭帶來的戰利品轉化為個人財富，並且讓羅馬人有機會積累房產宅第和享受奢華的生活，此外也讓某些個人與家庭有能力興建引人注目的公共工程，從而確立自己的重要地位。羅馬共和時期的許多神廟都是將軍奉獻的，他們用戰利品來感謝神明並宣傳個人成就。羅馬精英階層從征服戰爭中顯然獲得了巨大利益，包括土地、財富和威望。整體而言，西元前四世紀的征服戰爭帶給了羅馬領土和戰利品，這使羅馬國家的富裕程度遠遠超出早期羅馬人所能想像的程度，而且整個公民群體都從中受益。羅馬有能力支付軍隊的薪餉，並且在西元前二六四年因作戰之必要而建造軍艦，並訓練了一批海軍。國家對公共建築的投資改變了城市景觀，沒有土地的公民則從大規模殖民計畫中受益。

羅馬在義大利與其他國家聯盟的性質讓他們能夠繼續擴張，因為它確保了羅馬可以獲得大量的軍事人力，但它不斷擴張的領土範圍也意味著到了西元前二七〇年時，它需要去保護牽涉範圍極廣的利害關係。由於戰爭需要神明的批准，只有為了自衛而進行的戰爭才會得到神的認可（所謂正義之戰），所以羅馬所進行的戰爭，在羅馬人自己看來本質上是防禦性的，是為了保護自己和盟友的利益。隨著羅馬的領土利益和同盟網絡的增長，羅馬捲入進一步衝突的範圍也在擴大，羅馬也擔心失去對盟友的控制，這也因此讓戰事像永恆的循環一樣不斷進行。促使羅馬人兼併義大利，並最終建立地中海帝國的背後有著複雜動機，這是侵略、機會主義和防禦主義綜合起來的產物。羅馬這座城市在這幾世紀之間歷經了巨大轉變。假設在八世紀的時候有訪客造訪羅馬，他會看到一個由許多獨立茅草屋組成的社區，這些茅草屋之間被宗教的集體活動區域分隔，並以簡陋的圍牆為界。但到了六世紀，映入造訪羅馬的遊客眼簾的是一座防禦森嚴的城市，有排水和鋪設石子的廣場，還有具地標意義的神廟。簡樸的住宅與貴族的大型豪邸共存，沿著饒富盛名的聖道和廣場的邊緣延伸與建。這座城市發展迅速，建築物的規模也愈來愈大，裝飾著鮮艷的彩繪赤陶鑄模。羅馬已發展成為一座蓬勃發展的國際大都市，從伊特魯里亞和希臘世界引進工匠和進口商品，並吸引了其他地區的強國，如迦太基的關注。

到了西元前五世紀中葉，羅馬的政治地貌已逐漸成型。廣場進一步發展，新的神廟也相繼建成，其中有些神廟，例如黛安娜神廟和阿文提諾山上的刻瑞斯、利貝爾和利貝拉神廟，都具備特定的社會和政治聯繫背景。但儘管如此，這時期的經濟衰退和文化重組意味著羅馬沒有像六世紀那樣急遽增長。精英階層的文化變得更簡樸，財富也不再以外張的方式被炫耀。羅馬仍然是一座令人印象深刻的城市，但卻時常受到糧食短缺和社會紛爭的困擾。

羅馬在西元前三四二到一六四年間的發展，便像是一則隨著征服利益的顯現、財富和權力不斷增加的故事。與此同時，四世紀中葉的改革和貴族／平民之間分歧程度的降低，迎來了一段在社會和政治上發揮重大變革的時期。元老院在此之前所扮演的角色並不明確，它從這時代開始發揮更大的影響力；一個新整合完成的貴族階層也在此誕生，這群貴族的共同點是都曾出任過高階職位，而不是過去封閉精英的世襲成員身分，並且發展了新的方式來維護權力和地位。諸如競賽、軍事凱旋式等公共活動，以及葬禮等家庭儀式，都成了展示重要個人及其家庭豐功偉業的機會。征服義大利所帶來的影響在許多方面變得顯而易見。羅馬現在擁有龐大的人力資源，使它的軍事能力讓其他義大利其他國家難以望其項背。羅馬領土的迅速擴張帶來了明顯的經濟利益，像是多年下來許多勝仗所帶來的掠奪品，但它也引發了人口結構的變化，對羅馬和義大利其他地區都產生了重要影響。從戰爭獲得的土地和戰利品使羅馬及其精英突然之間富裕了許多；與希臘世界和迦太基的更密切接觸，使羅馬接受到來自義大利以外更廣闊世界的文化的影響；而湧入羅馬的大量新移民也改變了這座城市的人口結構。

到西元前三世紀時，羅馬與過去相比已經有著天差地遠的變化。它已經發展成為義大利最大的社區之一，擁有最先進的城牆、眾多地標性神廟和公共建築、令人印象深刻的私人住宅，以及排水道、道路和引水道等市政設施。人口變得更加多樣化，有來自義大利和其他地區的移民。羅馬在根本上仍然是義大利中部的城市，跟它有最緊密的經濟和文化聯繫仍是它的鄰近國家，但希臘文化的影響（無論是看得見的，或是智識上的）變得日益明顯。此時的羅馬還不能與當代希臘世界的城市，如雅典、以弗所或亞歷山卓的宏偉壯麗相媲美，甚至也無法與其他少數義大利城市如塔蘭圖姆和卡普阿相提並論，甚至據說在西元前二世紀，著名的政治家西庇阿．伊米利阿努斯（Scipio Aemilianus），一位知名的親希臘人士，也對羅馬在相比之下的土裡土氣感到極為羞愧。但儘管如此，羅馬吸收了來自義大利和地中海的文化影響，其領導人正忙於將新占領領土的收益投資於加強城市和自己家族的利益上頭。

在距離義大利更遠的地方，羅馬勢力和野心的發展正使它與西地中海的一個更成熟的勢力——迦太基有了更密切的接觸，並且開始出現衝突的可能。與邁薩拿（今日的墨西拿）的結盟使羅馬在西西里島有了立足點，但也因此將羅馬捲入希臘和迦太基人為爭奪該島控制權，而發生的長期且複雜的鬥爭之中。

這給羅馬帶來了一系列新的挑戰——如何對抗西地中海最強大的海上強權、如何在義大利之外發動戰爭，以及最終要思考如何治理它的第一個海外省份。這些問題超出了本書的範圍，而屬於本系列下一本書的主題。不過使羅馬走上了征服世界帝國之道路的，便是於西元前二六四年爆發的第一次布匿戰爭，羅馬與迦太基爭奪西地中海統治權的史詩性戰爭的第一階段。

羅馬年代和年代表

羅馬早期歷史中比較複雜和困難的一個方面是它的年代表，或者更精確地說是多個彼此互有衝突的年代表。與大多數討論羅馬歷史的現代研究一樣，本書中所使用的年代是所謂的瓦羅年表（Varronian chronology）。年表中有許多都是現代讀者熟悉的：在這個系統中，羅馬建立於西元前七五三年，共和體制的第一年是五〇九年，高盧人在三九〇年劫掠羅馬，第一位平民執政官出現於三六六年。然而，還有許多不同的年代表，每個說法都有其各自的問題。讀者應該要特別注意，以下將每位執政官在位期間定年的年代表，只是其中一種可能。

羅馬人以該年的行政長官（通常是執政官）的名字來確定事件的年代。因此，事件可以被說是發生於「蓋烏斯．凱撒和盧基烏斯．埃米利烏斯．保盧斯擔任執政官期間」，這便對應到西元一年。為了以現代編年法來定位過去事件發生的時間，我們需要有一份可靠的執政官清單，這才能讓我們可以從西元一年來推算西元前的年代。古文物學家阿提庫斯和瓦羅在西元前一世紀中期發展出來的年代先後順序的方法，被元老院採用為官方的定年法，這是從瓦羅認為羅馬成立的年代計算得出的成果。這套定年法也被《卡必托里大事記》沿用，這是奧古斯都所編纂的羅馬執政官名單，為羅馬編年提供了依據。然而，瓦羅將一些年份與某些執政官連結在一塊的說法是有問題，而且《卡必托里大事記》本身也存在許多問題。

大約從西元前三〇〇年開始，執政官年表中包含了一份完整而準確的執政官名單（或者執政護民官，這在某些年份是後者被選舉出來），使我們能相當準確地將羅馬執政官的年代，與現代採用的西元前紀年連結起來。然而，在三九〇年到三〇〇年之間這段時期有被所謂的「獨裁官年」（dictator years，三三三年、三二四年、三〇九年和三〇一年）歪曲的跡象，在這些年份中，被列為行政長官的是獨裁官而不是執政官，以及被稱為「無政府狀態」（the anarchy，三七五年至三七一年），據說此時的政治衝突阻礙了選舉進行。這兩者都被大多學者認為是後來的發明，它將虛構的「獨裁官年」插入其中，並將單一的選舉危機擴大為五年的「無政府狀態」。

虛構的起因在於希臘年表和羅馬年表對西元前四世紀的重要事件記載的差異，也就是高盧人劫掠羅馬一事。波利比烏斯（Polybios 1.6.2）可能依據四世紀、三世紀希臘歷史學家給出的年代，將劫掠的年份放在跟三八六年希臘歷史上著名的安塔西達斯和約（Peace of Antalcidas）[1]同年。但問題在於根據大事記的說法，高盧人劫掠發生於三八一年的執政護民官在位時，而不是三八六年，這

1 審定注：西元前三八六年安塔西達斯和約的背景是斯巴達在四〇四年擊敗雅典，贏得伯羅奔尼撒戰爭，以高壓手段行使霸權，引起其他希臘城邦集體反抗，讓斯巴達窮於應付。斯巴達於是轉而與波斯帝國合作，以犧牲亞洲希臘人的獨立及自由為代價，由波斯大王擔保，斯巴達執行以維持現狀為目的的「共同和平」（koine eirene）。這稱為「大王和平條約」，或以斯巴達談判特使之名稱為「安塔西達斯和平條約」，或逕稱為「共同和平條約」。

些額外的年份可能是為了協調大事記和安塔西達斯和約兩者的時間點。但不幸的是，如果我們放入了「獨裁官年」，並把可能發生選舉危機的時間從一年擴增到五年（「無政府狀態」），這會造成大事記和瓦羅年表因此將高盧人訂在三九〇年，兩者與大多數四世紀的史料會差了四年。

許多其他古代作家使用的年表與瓦羅的年表不同。例如，李維便採用不同的年表，省略了「獨裁官年」，但擴大了「無政府狀態」。希臘歷史學家有他們自己的年代體系，它是基於奧林匹克運動會的每四年一次的週期，以第一次奧運會（西元前七七六年）作為基準來計算年代。有一些人，例如哈利卡納索斯的戴歐尼修斯，也發展出一個謹慎而複雜的紀年系統，試圖將羅馬的大事記與奧運會的年份、雅典執政官名單中的年份連結起來。然而，所有這些年表都記錄了每年的執政官，這使我們能夠藉此協調彼此的年份，還有瓦羅和大事記中的年份。

大事年表

年份（西元前）	羅馬的重要活動	義大利的重要活動
九世紀	巴拉丁諾山和羅馬周圍其他山丘開始出現聚落；後來的古羅馬廣場區域出現墓葬。	義大利進入鐵器時代，伊特魯里亞、拉齊奧、坎帕尼亞和義大利南部發展出複雜的定居點。
八世紀	巴拉丁諾山和卡必托里山的聚落發展得更加複雜；廣場墓地取代了埃斯奎利諾山的墓地。	伊特魯里亞和義大利其他地方開始發展出原初城市聚落；希臘人在坎帕尼亞和義大利南部建立殖民地。

七世紀	巴拉丁諾山和其他山上的聚落發展成為單一的核心城市聚落；出現傳統上認為的早期王政時期（努瑪至安古斯・馬奇烏斯）。	伊特魯里亞的城市發展；東方化對義大利文化的影響增加；希臘人在義大利南部的殖民和擴張。
約六一五年至五三〇年	塔克文家族統治著羅馬；城市的擴張和地標化；塞爾維烏斯・圖利烏斯的改革。	伊特魯里亞勢力在義大利北部和坎帕尼亞擴張；凱爾特人開始遷入義大利北部。
五二五年		伊特魯里亞人被庫邁擊敗。
五一〇年至五〇九年	羅馬君主制衰亡，塔克文家族流亡海外，羅馬建立起共和國；羅馬與克魯希姆之間的戰爭；羅馬與迦太基簽訂第一份條約。	畢達哥拉斯主義者被流放，義大利希臘人區域的內亂。
約五〇五年	阿里希亞之戰，克魯希姆軍隊被庫邁和拉丁人擊敗。	
四九六年	雷吉魯斯湖戰役，羅馬擊敗拉丁人。	
約四九三年	羅馬與拉丁人簽訂卡西烏斯條約；平民的第一次分離和社會階層的鬥爭，設立護民官。	沃爾西人、艾逵人、赫尼西和薩賓人在拉丁姆遷移；羅馬與沃爾西人之間的戰爭。

四八六年	斯普里烏斯・卡西烏斯擔任執政官，土地和債務引發內亂。	
四八三年至四七四年		羅馬與維伊發生戰爭。
四七四年至四七三年		伊特魯里亞艦隊被庫邁和敘拉古擊敗，伊特魯里亞勢力在坎帕尼亞走向末路；薩莫奈人開始遷徙進入坎帕尼亞；希臘人與義大利人在義大利南部發生戰爭。
四五二年	羅馬代表團前往雅典考察法典。	
四五一年至四四九年	十人委員會和頒布《十二銅表法》、《瓦萊里烏斯—賀拉修斯法》。	
四四五年	頒布《卡努勒烏斯法》，貴族和平民之間的婚姻合法化。	
四四〇年至四三二年	饑荒和糧食短缺不斷發生。斯普里烏斯・邁利烏斯遭到暗殺。	薩莫奈人占領了卡普阿和坎帕尼亞的其他地區；羅馬和維伊之間的進一步戰爭。
四〇八年至三九三年		羅馬征服了維伊並控制住拉丁姆地區；薩莫奈人擴展到盧坎尼亞和布魯蒂姆。
三九〇年至三八六年	高盧入侵並劫掠羅馬。	

三八六年至三四六年	羅馬因債務和土地分配爆發內亂；制訂規範債務的法律（西元前三六七年）。	羅馬與伊特魯里亞人、拉丁人交戰，羅馬征服塔爾奎尼、法萊里、提布爾和普里尼斯特。
三五〇年至三四八年		高盧人進一步入侵；羅馬與迦太基簽訂第二份條約。
三四三年至三三八年		羅馬的第一次薩莫奈戰爭；羅馬與拉丁人的戰爭；三三八年羅馬簽訂奠定控制義大利基礎的和平協議。
三二七年至三〇四年		羅馬與那不勒斯的戰爭和第二次薩莫奈戰爭，三二一年羅馬在考丁叉路被擊敗；三〇四年羅馬擊敗薩莫奈人，征服伊特魯里亞。
二九八年至二九〇年		第三次薩莫奈戰爭；高盧入侵與森提烏姆之戰戰敗。
二八七年	頒布《霍騰西烏斯法》，社會階層的鬥爭結束。	
二八一年至二七〇年		皮洛士戰爭，羅馬征服了義大利南部。
二六四年		第一次布匿戰爭爆發。

關於史料的說明

一、考古學

我們目前關於羅馬以及義大利其他地區的最早期的歷史的了解，大部分都來自於考古證據。不斷膨脹的資料數量讓我們獲得了豐富資訊，但是這些資料同時也有局限性。其中最主要的原因是：我們對早期義大利的認識在很大程度上是依賴特定幾個遺址的殘存和發現。在諸如伊特魯里亞等十九世紀開始有系統調查的地區，這種做法導致了嚴重的失真。當時人們在挖掘時最關心的是去尋找埋有高水準藝術品的墓葬，因此墓地的挖掘工作往往優先於對聚落的挖掘。物質文化是被視為藝術史來研究的，而不是因為其背後蘊藏著更宏觀的社會和文化意義。然而，在過去的三、四十年裡，由於重點已經從墓地挖掘轉變為實地勘測，特別是聚焦在挖掘聚落上，我們對於伊特魯里亞城市的理解有了深刻的改變，例如對於像是伊特魯里亞城市的形成過程，以及伊特魯里亞人在城市中生活的具體細節。因此，之前不為人知的伊特魯里亞聚落例如多甘納拉（Doganella）得以重見天日；我們對於這些聚落的原有認識也隨之扭轉。關於義大利其他地區的研究也出現類似的改變，這種改變也出現在對義大利其他地區的研究，儘管南部的一些遺址（特別是在古代晚期被遺棄的一些希臘人聚落），仍然有進行更進一步大規模的挖掘和勘測的空間。[2]

像羅馬這樣自古以來便一直有人居住的地點，挖掘的挑戰更為嚴峻。對於研究羅馬歷史最早期幾個世紀發展的學者而言，羅馬考古紀錄本身的浩瀚和豐富性便十分棘手。羅馬的遺跡被埋在許多後來的建築物下方數公尺，這在大多數的情況下，只有在整建和城市發展的工程中才會重見天日。例如，羅馬地鐵系統的擴建大大增加了我們對古城的了解，但這些部分僅僅是沿著新地鐵線地區的零星部分。企圖要對羅馬的考古狀況提出一個全面性觀點，幾乎是不可能的。然而，透過挖掘後來的羅馬遺跡和後來的建築物，我們現在能夠比過去要更完整地描繪出早期羅馬的圖象。卡蘭迪尼在巴拉丁諾山的發掘便是個相當好的例子，這個發掘工作讓我們獲得了許多過去不曾知道、有關於羅馬在西元前八世紀和七世紀詳細情形的資訊。然而，我們也必須提醒自己，所有的考古證據都有其局限性，我們不能指望它能解答那些該由書面紀錄回答的問題（反之亦然）。考古學讓我們得以研究古代的經濟和社會行為。例如，它可以告訴我們農場的位置和種植的作物，因此也可以讓我們理

2 作者注：一些大規模實地調查計畫，例如由英國羅馬學院進行，南伊特魯里亞的調查和晚近的台伯河谷計畫，改變了我們對義大利中部重要地區的理解，還有以荷蘭為主的對龐廷（Pontine）地區和義大利東南部的調查，以及美國和義大利針對大希臘的長期調查計畫。

解這個地區的經濟狀況，不過它無法告訴我們誰是土地的擁有者、人們是根據什麼方能擁有土地，也無法讓我們知道土地是由佃農、奴隸還是自由農耕種的。考古學對於各種詮釋具備高度開放性，而且可以因為新的出土發現而被徹底改變。例如，要確定鐵器時代拉丁姆和羅馬具體年代的困難、對於伊特魯里亞城市發展概況的不斷修正，以及巴拉丁諾山的挖掘成果讓我們對羅馬有新的認識，以上三個都是很好的例子。考古學可以讓我們知悉社會或文化的整體趨勢，但它不能證明或否定特定事件，或是提供個別行為及其動機的答案。因此，我們必須依賴古代的史料，不過它們本身也有局限性。

二、史料及其年代

我們現存的有關早期羅馬歷史的記載，都是在事件發生許久之後才被書寫下來的。古代的希臘史家（他們當中有不少人對其他地區的文化有濃厚興趣），會評論義大利的事件和義大利人民的各個方面，其中便包括了羅馬人，這些紀錄提供給我們從西元前五世紀以降的一些零星且有限的資訊。然而，這些敘述是從外部觀察者的角度編寫的，而不是從他們所描述的文化內部的角度出發的。例如，我們沒有伊特魯里亞人所寫下的伊特魯里亞歷史（假設這種著作真的存在的話）[3]，我們實際上只有希臘人和羅馬人的觀察，他們對伊特魯里亞的文化和歷史的理解並不全面，而且他們在呈現這些歷史時，背後也有各自的利益考量。銘文是從早期義大利歷史中唯一倖存下來的直接文字紀錄，這提供給我們了解古代義大利的線索，但是西元前三世紀之前的銘文數量相對較少。[4]根據我們所知，有一百多名羅馬歷史學家的著作已經佚失，或者是只以片段和短引語的形式被保存下來，這個狀況便說明了有相當多與現存觀點不同的歷史紀錄已經不存在了。更引人注目的另外一點是，羅馬皇帝克勞狄烏斯在一篇留存至今的演講辭中，提到了另一個不為人知的伊特魯里亞歷史紀錄（參見本書第七章），而且這份紀錄中關於早期羅馬的描述，與羅馬人自己的傳統說法大相逕庭。

口述傳統可能在塑造羅馬神話和早期歷史上發揮了重要作用。加圖和瓦羅都認為，在宴會上表演名人和其事蹟的歌曲，是一種歷史悠久的傳統，儘管這意味著即使在加圖的時代，這種傳統也已經不再流行了（Cic., *Tusc.* 4.3）。戲劇表演也可能傳播了有關早期羅馬的故事。戲劇開始成為一種文學形式是在第一次布匿戰爭（大約西元前二四〇年）之後逐漸發展成熟的，但是李維（Livy 7.2）認為在西元前三六四年時戲劇表演的習俗便已經出現了，而所謂的歷史悲劇（fabulae praetextae），是在西元前二至一世紀時根據早期羅馬歷史與神話當中的主題來表演的戲劇。這些戲劇所呈現的內容是神話和民間傳說而不是歷史，不過它們確實能夠讓人更深入去理解羅馬的傳統是如何被塑造和傳播的。

3 作者注：康奈爾在一篇題為〈伊特魯里亞史學史〉（Annali di Scuola Normale di Pisa 6, 1976）的文章中指出，伊特魯里亞人很可能寫過歷史作品，並且有家族紀錄和編年史。

4 作者注：大多數銘文都是簡短的一句話，通常會寫在墓碑、祈願奉獻物或個人財物上，而且是用我們還無法完全理解的語言，但這些銘文仍提供給我們關於語言、神靈崇拜，以及家庭結構和關係的豐富訊息。一些較長的銘文記錄了法律和條約等文件，證明保存書面紀錄的做法並不僅限於羅馬。來自義大利大部分地區的現存非羅馬銘文都被收錄在Crawford, *Imagines Italicae*。

我們目前能見到的最早關於羅馬的記載是波利比烏斯的著作，這是一名希臘人寫於西元前二世紀中期的作品，他寫作的目的是為了要向希臘讀者解釋羅馬的具體狀況。儘管波利比烏斯的著作是關於三世紀末和二世紀的布匿戰爭，以及馬其頓戰爭的珍貴記載，但這本書裡頭有關早期羅馬歷史的篇幅卻相當有限。現存最早關於早期羅馬的敘事紀錄（儘管時代上有點差距）是李維和戴歐尼修斯的作品，兩者都寫於西元前一世紀末。此外，我們還可以透過其他更具體的材料來補充對這個時代的認識，這包括了像是波利比烏斯、西塞羅、瓦羅和其他許多人的著作，還有西元一世紀和二世紀的歷史學家、古文物學家和傳記作家的等等著作。但是，所有這些著作都是在事件發生後許久才寫成的，我們必須評估它們的內容，考慮它們的史料來源（如果有的話），以及這些作者是怎麼運用這些史料的。這些史料也讓研究者必須要思考以下問題：它們的資料來源是什麼，它們的可信度有多高？這些作品與王政時期或早期共和時期的羅馬歷史的相似程度有多少？以及，這些史料是如何形塑歷史學家的著作？

三、紀錄及其性質

早期羅馬國家（或個人）是否有保存檔案或紀錄是一個格外具有爭議性的課題。如果答案是有的話，這些紀錄是什麼時候開始被保存的？它們的可信度有多高？有多少數量被保存了下來？關於這些問題，古代的證據彼此矛盾，而現代史家的解釋也存在著嚴重分歧。

似乎確實有些紀錄存在，儘管以現代的標準來看它們是很簡略的，而且這些紀錄最早開始的年代也難以被確定。具系統性的紀錄數量相當有限，而且那些被保存下來的紀錄的內容和出版狀況也難以被確定。這些宗教紀錄被稱為《大祭司大事記》（*annales maximi*），由大祭司負責記錄，當中記載的是相當特定的內容。[5]《大祭司大事記》會列出一年中的重大事件，如饑荒或是像是日月蝕這樣的自然事件（會格外強調可能具有宗教意義的事物），也可能記載了該年度行政長官的名字。加圖和西塞羅（Cato, *FRHist* F80; Cic., Or. 2. 52）曾針對這些十分特定的內容發表過評論，他們的意見便被展示在廣場的白板上，其位置可能在雷吉亞官邸或大祭司官邸之外。當白板被寫滿之後，這些文字就會被存放到一個檔案中，儘管我們對於羅馬人存放檔案的具體做法幾乎是一無所知。羅馬文獻中或多或少透露出這類年度《大事記》最早可以追溯到共和時期初始，雖然一些現代史家認為有系統的紀錄保存最早要從西元前四世紀才開始。不過，我們比較能確定系統性紀錄是在何時結束的：它一直存續到西元前一二〇年，直到穆基烏斯．史凱渥拉終止了記錄活動。這些資料顯然是史凱渥拉的時期或後來的奧古斯都統治時期才出版的，據說《大事記》共有八十冊，這樣子的長度意味著它所提供的資料會比其他史料來得更豐富，同時也意味著它在出版時還增加了額外的資料，儘管這些資料並不完全可靠。

羅馬人還有記載了其他的官方紀錄，但我們對於這些紀錄的系統性程度知之甚少。西元前五世

---

5 作者注：《大祭司大事記》現存的部分，以及其他可能曾經包含其中的內容，相關討論請見在康奈爾編輯的 *The fragmentary Roman historians* 當中，約翰．里奇所寫的條目。里奇和歐克利兩人對李維的評論當中包含了對《大祭司大事記》的詳盡討論。

紀的法典《十二銅表法》本身便是種官方紀錄，而且西塞羅、波利比烏斯和戴歐尼修斯都曾指出，該法典中還保存了部分六世紀、五世紀的條約和法律。戴歐尼修斯（Dion. Hal. 6.95）就曾說過，西元前四九三年卡西烏斯條約的一份抄本仍然存世，波利比烏斯（Pol. 3.22）也聲稱他曾閱讀過羅馬和迦太基之間的早期條約，他指出條約的年份是西元前三〇九年，而且是用艱澀的古老語言寫成的。官方的宗教節日行事曆、人民大會和法院處理公共事務的日程，也都被保存了下來，每年的《大事記》（該年的行政長官名單和凱旋式的名單）也被保存了下來，縱使我們不太清楚它們具體上是如何被記錄的。《大事記》被保存在西元前十二年奧古斯都皇帝豎立的碑銘上[6]，這種呈現的方式可能意味著這些時代稍晚的羅馬人已經重組並且系統化了原始材料，藉此將自己推想的早期共和時代行政長官名單刻在官方紀錄之上。研究者對於這種材料是否能夠作為可信的西元前五世紀行政長官的紀錄，有著正反兩方意見。殘缺的行政官員名單如《安提姆大事記》（*fasti Antiates*，這是在安提姆出土的銘文，時代為西元前一世紀中葉），證明了羅馬每年的《大事記》不太可能是奧古斯都時代的產物。學者歐克利（S. Oakley）和史密斯（C. Smith）提出了有力的證據，指出我們應該正視這份行政長官名單中確實含有早期共和的一些真實歷史資訊，儘管這份名單中每年列有「兩名執政官」，這可能是記錄者企圖將羅馬後期政府的組成框架套用到制度較為混亂的稍早時代。此外，這份名單也有著不準確的紀錄，因為後來的行政長官可能會為了提高自身家族的聲譽，而加入不實資料。然而，也正如歐克利指出的，羅馬貴族不可能容忍任何大幅度的竄改行為，因為每位官員所擔任過的職務對其家庭地位和個人身分都至關重要。儘管《大事記》在奧古斯都時代很有可能為了符合當時人的預期而被重新排列順序過，但是其中似乎確實含有某些歷史事實。

除了國家會保存紀錄文件外，義大利的貴族家庭也會採取一些做法來保存自身的紀錄和家族歷史。當時家庭的地位強烈仰賴著從歷代祖先的顯赫成就所累積而來的榮譽，人們因此確實有強烈動機去記錄下祖先的成就，但是我們仍不清楚究竟有哪些具體的紀錄形式。它們可能包括家譜和喪葬悼詞被以書面或口說形式保存下來。有一組來自塔爾奎尼的銘文保存至今，一般被稱為「塔爾奎尼墓誌銘」，它記錄的可能是斯普里烏斯家族的歷史，他們是塔爾奎尼的主要家族之一；此外法比烏斯家族據說也將自己家族的歷史記錄下來。這類家族內的歷史傳承，可靠性是值得商榷的。口傳歷史本身就容易受到扭曲，真實記憶和傳統的傳承在經過一段時間之後，其確切內容極容易失去精確性。甚至是書面紀錄也存在著問題。由於它們的目的是要保存下關於家庭聲譽和成就的記憶，因此他們有著明確動機要去誇大事實和創造具正面意義的歷史，藉此提高家庭的地位和重要性。李維顯然知道並也曾使用過這些史料，不過他對這類家族歷史抱持懷疑的態度，並認為其中包含了許多捏造的材料（Livy 8.40.4,22.31.11）。

具有爭議性的問題另外還有：紀錄能夠被保存多久，以及這些紀錄除了特定的團體如祭司團成員以外，是否開放其他人查閱。一些古代作家（參見Livy 6.i.z; Plut., *Numa* 1.1）相信，在西元前四世紀早期的高盧人劫掠中，只有極少的公共和私人文件倖免於難，如果這個說法屬實的話，這就意

6 作者注：凱旋式年表和《卡必托里大事記》的倖存部分展出於羅馬的卡必托里山博物館。Oakley (*A Commentary on Livy*, Books VI–X, vol. 1) and Smith (in Beck et al. (eds), *Consuls and the Res Publica*) 提供令人信服的案例來論述大事記以作為歷史證據。

味著即使是最早期的歷史學家，也無法獲得有關早期歷史的資料，而且在此年代之前關於羅馬的所有歷史傳統，都應該被斥為虛構之說。不過，這種說法有兩個問題。首先，能證明羅馬城在高盧人入侵期間受到大規模焚燒或破壞的考古證據寥寥可數，這讓人不禁懷疑羅馬城是否遭受過大規模的破壞。懷斯曼認為，高盧人劫掠之說是古代作家捏造的一種假說，是為了要解釋為何沒有早於西元前四世紀初之前的紀錄；然而上頭所引述的幾位作者的說法則清楚呈現出，某些文獻證據確實曾經存在。早期的紀錄可能非常稀少，並且它們所記錄的範圍也相當狹隘，但我們沒有理由假設不存在任何紀錄。我這本書所採納的說法是有些紀錄是從西元前五世紀開始被記載的，但是這些紀錄的內容並不多。

關於現存的任何史料的作者，或是時代更早的作者是否能夠查閱到這些紀錄，這個問題相當難有確切的答案。我們目前還不清楚《大祭司大事記》的出版是為了要讓人們更容易查閱這些紀錄，或僅僅就是要把紀錄系統化，方便祭司團使用。公開這些紀錄在當時可能會引發爭議，因為原先只有握有政治權力的人才能接觸到這些東西。以下這部成文法典在西元前五世紀引起的長期爭論便生動地證明了這一點，格奈烏斯．弗拉維烏斯在西元前三〇四年（Livy 9.46）公布曆法和法律文件便引發了爭議，它背後也是同樣的道理。弗拉維烏斯的做法，以及穆基烏斯．史凱渥拉公開了《大事記》，諸如此類的事件都展現出有一群人試圖讓法律和宗教紀錄更容易被取得，但弗拉維烏斯的行為引起的騷動也清楚呈現出這是個極富爭議的議題。

然而，有為數不少具說服力的證據不僅指出了這些文獻從共和成立以來便已經存在了，而且一些流傳至今的史料也使用了這些文獻證據。戴歐尼修斯和波利比烏斯都引用了他們號稱是原始文本的條約內容，李維也定期在每年的歷史敘述中附上可能是從官方紀錄中取得的相關事實資訊。[7] 雖然我們從這些史書中所獲得的史料，可能已經基於後世假設而被重組和重新解釋過，但是我們並不具備有說服力的理由去否認這些史料中至少存在著一些西元前四世紀前的紀錄，也沒理由去否認所處時代較晚的作者有機會使用它們。

四、羅馬最早的歷史學家

雖然羅馬早期的歷史記載可追溯到西元前一世紀晚期或更晚，但早期的歷史除了斷簡殘編之外並沒有被保存下來。其中，最早的一部寫於西元前三世紀後期，這時間已經距離王政時期和共和初期有相當長的一段時間。羅馬的第一部歷史是用希臘文撰寫的，並受到當代希臘人寫作歷史的方法的影響，但羅馬人很快便發展出自己的寫作傳統。早期的希臘歷史學家，如希羅多德和修昔底德關注的是當代歷史，只有在敘事需要時才會離題去討論過去或非希臘人的其他族群。相比之下，羅馬歷史學家非常關注羅馬的歷史，並且他們在開始討論較為晚近的歷史前，大多會先用相當篇幅來概述早期羅馬的歷史。

羅馬第一位歷史學家昆圖斯．法比烏斯．皮克托爾在西元前三世紀晚期完成了他的著作，並且

---

7 作者注：Oakley (A Commentary on Livy, Books VI–X, vol. 1) 對於李維可能利用文件證據的觀點有長篇討論。波利比烏斯對提麥奧斯（Timaeus）和他的寫作方法的廣泛批評，占據了他著作第十一冊現存片段當中的大部分。

替大多數早期羅馬史家寫作方式樹立了榜樣。他是曾參與過西元前二二五年高盧戰爭的元老，並且是二一六年前往德爾菲的羅馬代表團的一員。他所寫的羅馬歷史很可能採用編年史形式書寫，逐年地敘述事件。這部作品僅被保留在其他作者的引文和參考文獻中，但其最早部分的內容被刻在西西里島陶爾米納（Tauromenion）公共圖書館發現的一件銘文上。它探討了羅馬的建立、羅馬早期歷史的梗概，以及從西元前二六四年至二一七年的歷史，這正好涵蓋了第一次布匿戰爭及戰後發生的諸多事情（Dion. Hal. 1.6. 2; Pol. 1.14.1; App., *Hann.* 116）。這種將羅馬的建城和早期歷史與當代歷史相結合的結構，除了借鑑了希臘化世界的希臘史學傳統，也承襲了羅馬傳統的編年紀錄。皮克托爾書中時代稍晚的部分，涵蓋了一些他曾經親身參與的事情，或是當代人仍記憶鮮明的事情，但我們不知道（如果有的話）他書中年代較早的部分所根據的史料為何。他的敘事結構，還有他的風格可能也是模仿自祭司的大事記，但我們並沒有直接證據證明他曾經翻閱過這些大事記。

法比烏斯·皮克托爾所著的歷史，其形式和風格給大多數西元前三世紀、二世紀的後繼史學家樹立了榜樣，例如盧基烏斯·辛西烏斯·阿利曼圖斯和奧盧斯·波斯圖米烏斯·阿爾布斯。他們和皮克托爾一樣都是元老，都曾擔任過公職。據我們所知，他們使用編年史結構編寫了自己當代的歷史，其中也包括了針對羅馬建城和早期歷史的敘述。如同皮克托爾，他們的寫作語言似乎也是當時公認的書寫語言希臘文，這也是（正如陶爾米納圖書館的館藏收有法比烏斯的作品所證實的）確保能讓希臘讀者理解的做法。他決定撰寫羅馬歷史的一個可能動機，是想讓希臘的讀者了解羅馬歷史。

皮克托爾的作品很可能被翻譯成拉丁文，但第一位用拉丁文寫作的歷史學家是老加圖，他是西元前二世紀初期到中期的主要公眾人物之一。他是傑出的將軍和政治家，也是著述豐富的作家，並對文化和知識抱有廣泛興趣。他除了歷史著作外還撰寫了關於農業、法律和軍事戰略的技術論文、討論主題廣泛的格言書籍，以及超過一百五十篇的演講，不過其中仍存於世的只剩下他的農業手冊《農業誌》（*De Agri Cultura*）。他的歷史著作《源起》（*Origines*）具有創新性，其中有些片段被保存了下來。他除了決定用拉丁文而不是希臘文來書寫之外，同時也是羅馬第一位以相當篇幅描寫義大利和羅馬的史家。雖然關於這本著作的內容和架構存在很多不確定之處，不過前三冊似乎涵蓋了包括羅馬在內，以及其他義大利族群和社區的淵源和成立經過，後面的幾冊則是涵蓋從迦太基戰爭以降到他自己所處時代的歷史。與大多數羅馬歷史學家不同，他的著作似乎是按照主題而非編年來進行。

西元前二世紀和一世紀的其他歷史學家，如卡西烏斯．赫米納（Cassius Hemina），卡爾普爾尼烏斯．皮索（Calpurnius Piso）、李錫尼烏斯．馬克爾（Licinius Macer）、瓦萊里烏斯．安提亞斯（Valerius Antias）等，他們的職業生涯和寫作歷史的方式都與皮克托爾非常相似。他們都是曾經擔任過公職的元老階級，我們從倖存至今的片段中可以看出，他們的著作在架構上採取編年體，從羅馬的建城和早期歷史開始寫起，以此作為更詳細的當代事件歷史的前奏鋪陳。隨著時代愈晚，這類歷史著作使用拉丁文寫作的比例也愈來愈高，儘管有些人仍繼續用希臘文寫作，像是加圖的同代人蓋烏斯．阿基利烏斯（Gaius Acilius）。

最後一個必須要探討的人物是波利比烏斯，儘管嚴格說來他並非羅馬歷史學家。波利比烏斯是希臘人，亞該亞同盟（Achaean League,）的領導人之一萊可塔斯（Lycortas）之子，他在羅馬征服希臘期間作為人質來到羅馬，不過作為著名政治家西庇阿．伊米利阿努斯（Scipio Aemilianus）的朋友，他後來幾乎在羅馬待了大半生。他所寫的歷史聚焦在漢尼拔戰爭和隨後的地中海東部戰爭，旨在向希臘讀者解釋羅馬文化和羅馬崛起的原因。雖然他的著作重點在義大利較後期的歷史，但是他的書中同樣包含了許多關於義大利早期歷史的評論。波利比烏斯的勤奮研究和在歷史探究上的聲譽，再加上他對西元前二世紀羅馬關鍵人物的熟悉，意味著他所納入的資訊（例如他書中收入的羅馬與迦太基早期所簽訂的條約）是一項寶貴的資源。

五、史料來源

儘管我們現在能確定找到可能的史料來源，像是文獻證據和早期的歷史學家，不過我們還是不能掌握李維、戴歐尼修斯和其他人究竟用了多少，以及如何利用這些史料。來自哈利卡納索斯的希臘人戴歐尼修斯一生大部分時間都住在羅馬，是奧古斯都時代古典復興的熱情支持者，他引用了許多稍早時代的材料。他流傳於世的代表作品是《羅馬古代史》（*Antiquitates Romanae*），這是部羅馬從西元前二六四年以降開始講述的歷史。他寫這本書的目的之一就是證明羅馬實際上是起源自希臘，並且強調了羅馬文化中的一些元素和希臘人的相似處。他在處理羅馬建城和王政時期的早期史部分運用了廣泛的資料來源，他列出了自己參考的前輩羅馬史家，除了引用這些史家外，他還引用了為數甚多的希臘作者，僅在第一冊中就總共有五十位作者。他書中許多引文是關於早期的羅馬儀式、節日和制度，而他對古文物資料的著重則顯示他可能大量使用了瓦羅的作品，以及瓦羅引用過的資料。戴歐尼修斯在處理一些問題時提供了來自不同史料中，對於一些著名事件的不同說法，藉此來表達他的道德觀點。他對這些早期紀錄的引用說明他相信羅馬的歷史建立在各個地區的紀錄上，而這些紀錄最終被擴展延伸，形成了羅馬第一部史書的基礎。他有時聲稱自己引用的是原始文件，如西元前四九三年的卡西烏斯條約。他博覽許多早期史料並細膩地加以運用，但是其最主要的目的是去解釋羅馬建城的各個面向，以及羅馬最早期的歷史。本書最後幾卷在討論西元前五世紀的局勢時，便很少引用早期的歷史學家了。

李維大致與戴歐尼修斯屬於同時代人，他寫了長達一百四十二卷的《羅馬史》，內容涵蓋了從羅馬建城到西元前九年的歷史。李維《羅馬史》留存至今的部分為全書的簡短摘要，以及一至十卷和二十一至四十三卷的全文。這本《羅馬史》的組織方式根據的是法比烏斯．皮克托爾及其後進史家所採用的編年原則，每年的記載都會交替記錄內政和外交事務。李維在記載每一年的開頭會先報導事實性的資訊，例如該年獲選的行政長官、元老院所頒布的命令，以及被觀察到的預兆奇蹟之類的宗教事務。其中大部分可能來自官方檔案，如《大祭司大事記》或年度《大事記》。這類型的主題還包括其他類似的項目，例如新建殖民地的紀錄、被徵募的軍隊和元老院事務，李維通常以一種相當簡樸的風格來報導，這可能是要與資料來源的文字風格相互一致。李維在他早期著作中使用了許多前輩羅馬史家，包括法比烏斯．皮克托爾，至於西元前二一八年以降時期的記載，他便大量引用波利比烏斯而不再使用其他羅馬史書，這可以透過比較這兩本著作來加以證實。他常抱持著高度讚賞的態度來引用波利比烏斯，但是在引用其他史料時則抱持著嚴格的批判態度。李維經常提到瓦萊里烏斯．安提亞斯的錯誤，並會提出與他不同的見解，而且李維也懷疑安提亞斯和李錫尼烏斯．馬克爾的說法，認為他們的說法是出自將功勞歸在自己祖先頭上的偏頗態度。顯然，他和戴歐尼修斯都會批判性地運用了許多早期羅馬史家的著作和官方檔案。

其他的歷史學家著作包括了一本布匿戰爭時代以前的羅馬史，它採用了宏觀的「世界歷史」方法，並且以早期歷史學家的研究為基礎。西西里的狄奧多羅斯（Diodorus Siculus）是西元前一世紀中期來自西西里島阿加律溫（Agyrium）的希臘人，他寫了一本四十卷的世界史，其中一部分內容完好地流傳至今，這包括從西元前四八二年至三〇二年這段期間的歷史，其中偶爾也會提及羅馬當時發生的事件。狄奧多羅斯對神話和民族說非常感興趣，並且保留下許多關於神話、傳說和不同習俗的資訊。他在寫作羅馬歷史時主要仰賴的是兩本佚名的著作，其中一個似乎是以敘事體寫作的史家，另一個則是以編年體寫作的史家，狄奧多羅斯從他們的作品中獲取了年代資訊和行政長官名單，他的年代表與許多其他作者的年代表有相當大的差異。

帝國時代早期的羅馬歷史學家作品中也有關於早期羅馬的評論，例如塔西陀和維萊伊烏斯．帕特爾庫魯斯（Velleius Paterculus）的著作，而另外兩位希臘歷史學家阿庇安和狄奧．卡西烏斯的著作中也有大量材料。阿庇安（西元二世紀早期）寫了一本從羅馬建城一路到他自己所處時代的羅馬歷史，而且本書是按照地理位置編排，而非依照年代順序而寫。他借鑑了一些早期史家的著作但是很少明確引用，而且，就像那個時代的許多希臘史家一樣，他可能對拉丁文史料知之甚少。他對薩莫奈戰爭和皮洛士戰爭的敘述雖然只有片段流傳至今，不過卻極富價值，因為李維對皮洛士戰爭的敘述流傳至今的只有一份簡短的摘要。狄奧．卡西烏斯（西元三世紀）以編年史的方式編寫了八十卷的羅馬人世界的歷史，這本書記載羅馬早期歷史的那幾冊，是透過拜占庭歷史學家佐納拉斯作品中對本書的片段摘錄和摘要才得以保存下來。雖然卡西烏斯沒有清楚交代他的資料來源，但是他在許多論點上（特別是與早期執政官有關的段落）與李維和戴歐尼修斯說法不同，他根據的史料可能是不同於其他兩人的早期資料。

歷史是一種文學體裁，所有撰寫早期羅馬史的歷史學家都有自己的動機和寫作歷史的方法，這些因素讓他們對事件的呈現充滿個人特色。最早的羅馬歷史學家那種簡短而樸實的風格可能是模仿自年度大事記，但是像波利比烏斯、戴歐尼修斯、狄奧多羅斯和李維等這些史家，則是受到希臘化傳統的影響，而此傳統的慣例是要寫出令人信服的敘事體裁，這也讓我們要閱讀他們的著作時增加了另一層複雜性。他們有不同的方法和目標，像是波利比烏斯非常重視探究個人，而且他的目標是要向希臘讀者解釋羅馬的力量；戴歐尼修斯寫作歷史是為了推動簡潔文雅的雅典語風（atticism），同時提倡羅馬人和希臘人出自共同源頭的觀點；李維則試圖描繪並且正當化羅馬的崛起。對於李維而言，（個人和集體的）性格是一切的中心，羅馬只有忠於其歷史悠久的德行方能夠取得勝利。李維對早期羅馬的敘述，除了強調許多個人和整體羅馬人的性格之外，還說明偏離祖傳德行的危險，他所敘述的許多事件以及對它們的解釋都是為了闡明這一點。他和大多數其他歷史學家都從自己所處時代的政治、社會和文化的角度，來呈現羅馬的早期歷史，也因此讓這些著作中存在著不同程度的時代錯置（anachronism）以及回溯投射（retrojection）。[8]這些對早期羅馬的描述假設了這時候的羅馬正如同共和時期晚期的發展狀況，已經存在一個具備成熟架構的政府，有著地位崇高並深具影

---

8 譯者注：用某些較晚方出現的事物挪移至較早的時代來加以解釋。例如，用現代書籍概念（具備明確開頭、順序以及結尾）來詮釋聖經或是論語。作者在這裡的意思則是用帝制時期的羅馬政制，來想像古代羅馬的情形所產生的扭曲。

響力的元老院；此外，他們對於西元前五世紀與四世紀的社會動盪的敘述，則是深受羅馬共和晚期政治和社會鬥爭的影響，所使用的語言也是共和晚期的語言。上述如此的解釋，並不意味著這些事件沒有發生過，只是我們不能夠接受其敘述中的細節，以及當中賦予早期羅馬人的行為和動機。

六、古文物學家和其他人

關於早期羅馬的資訊來源並不僅限於寫作敘事歷史的作家，語法學家、傳記作家、古文物學家甚至詩人都保存了有關早期羅馬的有用資訊。人們對西元前一世紀和西元一世紀早期的羅馬特別感興趣，像是西塞羅在他的著作中對早期羅馬的許多方面進行了評論，特別是在他關於法律和政府的論文中（如《論法律》、《論共和》）。他的同代人瓦羅是一位多產且極具影響力的人物，他對早期羅馬的歷史具有濃厚興趣，並在羅馬起源神話和年表的發展中發揮相當影響力，儘管他的眾多作品只有討論拉丁語和農業的著作完整流傳至今。希臘地理學家斯特拉波（西元前一世紀後期）的著作中保存下了關於古代義大利地形、起源神話、宗教崇拜和習俗的資料，這些資料來自他自己的旅行和經歷，以及早期希臘地理學家的相關著作。奧古斯都時代學者和古文物家維里烏斯．弗拉庫斯（Verrius Flaccus）從許多面向討論了早期羅馬的儀式和文化，包括有關預言和伊特魯里亞儀式的相關內容。他的作品主要是透過語法學家費斯圖斯（西元二世紀）編寫的摘要而被保存至今，這是關於早期羅馬各方面，以及早期羅馬信仰的資料寶庫。所有這些都保留了關於早期羅馬的珍貴資料，特別是關於歷史學家所不知道或忽視的儀式和年表等方面。

羅馬人奧盧斯・格利烏斯（西元二世紀）和希臘人阿特納奧斯（西元二世紀），這兩位語法學家編寫了關於各種主題的軼事、引文、筆記和短文的彙編，並保存下了本來會亡佚的一些著作的引文和片段，其中包括一些關於羅馬和義大利歷史和文化的內容。羅馬博物學家老普林尼（西元一世紀）創作了一本三十七卷的百科全書，涵蓋從藝術、地理、民族誌到自然科學的許多領域。《自然史》是有關義大利城市和人民歷史資料的寶貴來源。希臘傳記作家和散文家蒲魯塔克（西元二世紀）在他的《希臘羅馬名人傳》（原名《對比的傳記》〔*Parallel Lives*〕）中收錄了一些人物的傳記，包括羅穆盧斯、努瑪、瓦萊里烏斯・波普利柯拉、科利奧蘭納斯、卡米盧斯和皮洛士。皮洛士的傳記是相當有用的資源，因為像是李維、狄奧和阿庇安等人關於這段時期的敘述，都只剩下隻字片語或是完全佚失，而且此傳記可能是廣泛取材自許多早期希臘和羅馬歷史學家的相關著作。

最後，儘管詩歌乍看之下並不是早期羅馬歷史的史料來源，但是羅馬詩人對歷史神話和傳統有著濃厚的興趣，並且能讓人從中深入理解這些神話和傳統是如何發展起來的。最明顯的例子是維吉爾，他的《埃涅阿斯記》是各種埃涅阿斯神話中最著名的版本，而奧維德的《大事記》，則是採取羅馬家儀日曆作為全書的中心架構，這些都讓人們可以進一步深入理解羅馬神話的發展，以及奧古斯都時期的歷史傳統。最早的一些羅馬詩人（他們大多數都出身自羅馬以外的地方）的著作片段包含著一些有趣的資訊。昆圖斯・恩尼烏斯出身義大利東南部的魯迪埃（Rudiae），他移居到羅馬並且聲稱他有三顆心（tria corda的字面意思，這裡指的應該是他通曉三種語言：拉丁語、希臘語和他的母語奧斯坎語），並且寫了一首名為《年鑑》（*Annales*）的史詩談論羅馬從建立以來的歷史。雖然這是史詩而不是歷史，但是他對皮洛士戰爭的描述，彷彿是從當代人的角度，從對被受影響地區有深刻理解的角度所寫的，而且這首史詩深深影響了關於這個時期，以及更早時期的羅馬歷史傳統。

恩尼烏斯和他同時代的坎帕尼亞人奈維烏斯，是當時羅馬文學新發展的開拓者，而且在他們寫作的年代，正是羅馬歷史傳統受到了新的文學和文化影響而重新被塑造的時代。

非敘事性史料，像是語法學家、古文物家和詩人著作，對於羅馬歷史的重要性，是在於他們保留了日後未成為主流歷史的不同論點，這特別清楚展現在羅馬建城的神話傳統的流變發展。這些非敘事性史料保留下了六十多種不同版本的羅馬建城神話，其中的一些版本完全不同於後來最具影響力的羅馬建城神話，也就是人們熟知的埃涅阿斯和羅穆盧斯的故事。

七、研究古代史料的方法

關於早期羅馬歷史的古代敘述是否可用作歷史證據這問題，學界存在著眾多觀點。一些歷史學家，像是晚近的康奈爾、歐克利和福賽思，認為古代作家能夠取得關於古代（西元前六世紀至四世紀）的真實資訊，並且這些真實資訊可以從不斷增加的神話當中被分離出來。另一方面，其他學者例如懷斯曼則認為，像法比烏斯．皮克托爾這類最早期的歷史學家可能對西元前四世紀之前的任何歷史沒有真切的了解；此外他也將古代史料視為與羅馬人有關的各種神話和傳統的集合，這集合雖然與羅馬人對自身的理解、身分認同和歷史的看法相關，但是作為歷史證據卻幾乎不具價值。

卡蘭迪尼則主張另一種完全不同的觀點，他認為羅馬建城神話和早期國王神話可以被視為歷史，而且這些神話可以跟考古證據相結合，藉此重建羅穆盧斯及其繼承人時代的羅馬。這便帶來了一些方法論上的問題，其中最嚴重的一個問題可能是這種說法建構了一個循環論證，因為考古學和神話學的證據在卡蘭迪尼的論證中被用來相互證明。在試圖重建義大利早期的歷史時，必須結合考古證據和書面證據，若非如此，我們完全無法深入了解古代義大利或羅馬，像是本書的某些章節便十分倚重考古發掘的材料。但重要的是，在研究不同類型證據時要根據其本身的條件做個別思考。只有這樣，我們才能評估是否能夠整合它們以及該如何進行整合。同時，卡蘭迪尼的研究方法還假定神話傳統既古老又相對靜止。然而如上所述，羅馬人關於自己這座城市遙遠過去的歷史傳統並非一成不變的，有許多不同的說法並存著，而且有些說法當中並未提及羅穆盧斯。神話傳統可能（甚至相當可能）含有古代的史料，因為希臘歷史學家早在西元前五世紀就提到某幾種版本的神話，不過在義大利當地最早的證據不早於西元前六世紀，而且當中具有可信度的證據最早也不早於西元前四世紀。這些神話不斷地進化與改變，這在西元前四世紀時特別劇烈，例如雷穆斯的角色於此時首次出現，或者是在某些版本中被賦予全新的重要意義。此外，現在最著名和最廣為接受的故事是在西元前一世紀時被瓦羅等古文物學家建立起來的。在這樣的知識背景下，我們很難接受基於羅穆盧斯建立羅馬這個前提的考古重建。

我們所面對到的一個關鍵問題，在於無法確定最早的歷史是否有根據神話、記憶和口頭傳統以外的任何證據，因為上述的神話、記憶和口頭傳統都相當不可靠。懷斯曼假設，早期的共和國沒有任何紀錄存在，而高盧人摧毀羅馬城的故事是羅馬人為解釋此一鴻溝而編造出來的東西，不過懷斯曼這種說法難以令人信服。從西元前五世紀以降的希臘當代歷史中，就有足夠多提及羅馬早期歷史的文獻，儘管它們的數量確實不多，但已經足以說明羅馬的編年史傳統並不完全是編造出來的，而且它們也提供給我們一些有關與希臘人接觸的義大利人民（特別是伊特魯里亞人）的相關線索。此外，羅馬在西元前六和五世紀歷史記載當中，也藏有某些已經佚失的材料。有一份庫邁的史料被許多歷史學家公認為是庫邁統治者亞里斯多德摩斯的主要資料來源，而且由於亞里斯多德摩斯與塔克文家族有聯繫，我們也可以從中獲取關於塔克文家族晚期歷史的訊息。

然而，問題的關鍵在於年鑑和大事記這類公共檔案是否被普遍相信確實存在過、它們是否具有合理的可信度，以及它們是否被李維和其他史家作為背景資料來運用。如上所述，我的立場與歐克利、史密斯和康奈爾相同，我們認為共和時期早期確實存在某些紀錄，而且更早的時代應該不存在紀錄；但這些紀錄未必與後來在奧古斯都時代刊行的形式相一致，因為奧古斯都時代的人會大幅修改來符合當時人對於共和國發展過程的預設。儘管我們在解讀這些材料時應該認識到這是簡略的基本記載，但它們還是可能提供給我們某些資訊，像是行政官員的姓名和在職年份、法律和條約的名稱和年代、殖民地的年代和殖民者的數量、授予的凱旋式、哪些儀式被慶祝以及諸如此類的資料。

由於本書內容所跨越的時段如此之長，要找到一個既可以處理眾多問題、又能夠令人滿意的方法是相當困難的。不過，關於羅馬建城和早期國王的古老歷史傳統，我們最適切的做法顯然是將其視為代表羅馬集體認同的神話，而不要將其視為歷史。然而，在西元前六至四世紀，有一些來自希臘的確鑿證據，其中關於羅馬發展的說法是跟考古學證據充分一致的，這說明了其中確實包含了一些歷史資料。本書最後幾章所探討的年代，距離羅馬最早的歷史著作的時期不超過兩個世代，說明記憶和口頭證詞在這樣的時間長度下都還可以保存下來。由於對人物性格和動機的描述必須被視為文學或神話而不是歷史，因此我們必須要對流傳至今的那些敘事保持著相當謹慎的態度，儘管這些敘事所呈現的羅馬發展趨勢在許多層面上都與實物證據所呈現的模樣相互一致。本章最後也對古代史料進行了總結和討論，並且強調它們對於理解本書所討論那些時段的羅馬史相當有幫助，不過本書在討論關於西元前五世紀以降的羅馬史部分時，大致上是跟隨歐克利的做法[9]，亦即接受李維等人提出的整體輪廓大致上應該正確無誤，但我也認為關於具體事件、人物和動機的詳細敘述，則大多數都是文學上的虛構。

9 S. Oakley, A Commentary on Livy Books VI-X, vol. 1對這有所討論。

縮略語對照表

App., *Hann.*　阿庇安，《漢尼拔戰爭》（*Hannibalic War*）

App., *Samn.*　阿庇安，《薩莫奈戰爭》（Samnite Wars）

Arist., *Pol.*　亞里斯多德，《政治學》（*Politics*）

Athen., *Deip.*　阿特納奧斯，《宴飲叢談》（*Deipnosophistae*）

Aul. Gell., *NA*　奧盧斯·格利烏斯，《阿提卡之夜》（*Noctes Atticae*）

Cic., *Am.*　西塞羅，《論友誼》（*De Amicitia*）

Cic., *Att.*　西塞羅，《給阿提庫斯的信》（*Letters to Atticus*）

Cic., *Balb.*　西塞羅，《為巴爾布斯辯護辭》（*Pro Balbo*）

Cic., *Div.*　西塞羅，《論占卜》（*De Divinatione*）

Cic., *Dom.*　西塞羅，《論家庭》（*De Domo Suo*）

Cic., *Leg.*　西塞羅，《論法律》（*De Legibus*）

Cic., *Leg. Agr.*	西塞羅，《論土地法案》（*De Lege Agraria*）
Cic., *Nat. Deor.*	西塞羅，《論神性》（*De Natura Deorum*）
Cic., *Offic.*	西塞羅，《論責任》（*De Officiis*）
Cic., *Or.*	西塞羅，《論演說家》（*De Oratore*）
Cic., *Phil.*	西塞羅，《反安東尼：首篇腓利比克之辯》（*Philippic*）
Cic., *Rep.*	西塞羅，《論共和》（*De Republica*）
Cic., *Sen.*	西塞羅，《論老年》（*De Senectute*）
Cic., Tusc.	西塞羅，《圖斯庫倫辯論》（*Tusculan Disputations*）
CIL	《拉丁銘文集成》（Corpus inscriptionum Latinarum）
Dio	狄奧．卡西烏斯，《羅馬史》（*Roman History*）
Diod.	西西里的狄奧多羅斯，《歷史》（*Histories*）
Dion. Hal.	哈利卡納索斯的戴歐尼修斯，《羅馬史》（*Roman Antiquities*）
Festus	費斯圖斯，《疏詞》（*De verborum significatu*）
FRHist	提姆．康奈爾編，《羅馬歷史學家的著作殘篇》（*The Fragments of the Roman Historians*, Oxford, 2013）
Front., *Aq.*	弗朗提努斯，《論水道橋》（*De aquaeductu*）
Hdt.	希羅多德，《歷史》（*Histories*）
IG	《希臘銘文集成》（*Inscriptiones Graecae*）

Livy	李維，《歷史》（*History*）
Ovid, *Fast.*	奧維德，《大事記》（*Fasti*）
Paus.	保薩尼亞斯，《希臘誌》（*Description of Greece*）
Pliny, *NH*	老普林尼，《自然史》（*Historia Naturalis*）
Plut., *Cam.*	蒲魯塔克，《卡米盧斯傳》（*Life of Coriolanus*）
Plut., *Cor.*	蒲魯塔克，《科利奧蘭納斯傳》（*Life of Coriolanus*）
Plut., *Numa*	蒲魯塔克，《努瑪傳》（*Life of Numa*）
Plut., *Pyrr.*	蒲魯塔克，《皮洛士傳》（*Life of Pyrrhus*）
Plut., *Rom.*	蒲魯塔克，《羅穆盧斯傳》（*Life of Romulus*）
Pol.	波利比烏斯，《歷史》（*Histories*）
Propertius	普羅佩提烏斯，《哀歌》（*Elegies*）
SEG	《希臘碑文補編》（*Supplementum Epigraphicum Graecum*）
SIG	威廉・迪登伯格（William Dittenberger），《希臘銘文集》（*Sylloge inscriptionum graecarum,* Leipzig, 1883）
Strabo, *Geog.*	斯特拉波，《地理》（*Geography*）
Tac., *Ann.*	塔西陀，《編年史》（*Annals*）
Tac., *Hist.*	塔西陀，《歷史》（*Histories*）
Thuc.	修昔底德，《歷史》（*History*）

Val. Max.	《名人言行錄》（*Memorable Deeds and Sayings*）
Varro, *LL*	瓦羅，《拉丁語研究》（*De Lingua Latina*）
Varro, *RR*	瓦羅，《論農業》（*Res rusticae*）
Vell. Pat.	維萊伊烏斯・帕特爾庫魯斯，《歷史》（*History*）
Virg., *Aen.*	維吉爾，《埃涅阿斯記》（*Aeneid*）
Zon.	佐納拉斯，《歷史要略》（*Historical Epitome*）

圖片出處

隨頁圖

彩圖

background. (Photograph: Martin Hatfield)

15 Terracotta statue of Apollo from the sanctuary of Apollo at Portonaccio, Veii, late sixth century. (Museo Nazionale di Villa Giulia, Rome. Reproduced by permission of the Soprintendenza Archeologia del Lazio e dell'Etruria meridionale)

16 Lanuvium: painted terracotta architectural decoration (*antefix*), *c*. 520–470 BC. (British Museum. © The Trustees of the British Museum)

17 Cerveteri: street of 'terraced' tombs, sixth century BC. (Photograph: Kathryn Lomas)

18 Tomb of the Triclinium, Tarquinii, sixth century BC. (Photograph: Leemage / Getty)

19 Rome: cast of the Forum inscription, an inscribed stone pillar (*cippus*) found in a shrine beneath the Black Stone (*Lapis Niger*) in the Comitium. The inscription is probably a sacred law. Sixth century BC. (Reproduced by permission Soprintendenza Speciale per i Beni Archeologici di Roma)

20 Roman cast-copper currency bar, *c*. 280–250 BC. (British Museum. © The Trustees of the British Museum)

21 Roman silver coin (269–266 BC), showing the head of Hercules on the obverse and she-wolf and twins on the reverse. (British Museum. © The Trustees of the British Museum)

22 Ficoroni *cista*, Praeneste. Fourth century BC. (Museo Nazionale di Villa Giulia, Rome. Reproduced by permission of the Soprintendenza Archeologia del Lazio e dell'Etruria meridionale)

23 Rome, Largo Argentina. Third-century BC temples. (Photograph: Martin Hatfield)

24 Terracotta vase in the shape of a cockerel inscribed with the Etruscan alphabet, possibly an inkwell. South Etruscan, *c*. 650–600 BC. (akg-images / De Agostini Picture Library)

25 Canopic cinerary urn, from Clusium (Chiusi), sixth century BC. (akg-images / De Agostini Picture Lib. / G. Nimatallah)

26 Bronze and ivory chariot, found in tumulus burial near Monteleone di Spolleto. Etruscan, *c*. 575–550 BC. The bronze cladding (mounted on a modern sub-structure) depicts scenes from the life of Achilles. (akg-images / De Agostini Picture Library)

27 Paestum, tomb painting from Andriuolo cemetery, Tomb 58 (fourth century BC), showing a Samnite warrior. (akg-images / De Agostini Picture Library / A. De Gregorio)

28 Tomb of the Diver, Paestum, fifth century BC. Fresco depicting a symposium (drinking party). (akg-images / Erich Lessing)

延伸閱讀

有關早期羅馬和前羅馬時代的義大利參考書目浩如煙海，並且不斷擴大。下面給出的選擇絕不是全面的，但這可以說是對任何有興趣進一步探索這個主題的人的起點。

第一章　介紹早期羅馬

古代史料：古代義大利的地理和族群資料非常豐富，包括許多希臘和羅馬史家的簡短評論，但很少有詳盡的描述。Strabo, *Geography*, books 5 and 6提供了義大利地理和民族誌的概要，不過這是從後來的奧古斯都時代的角度出發的。Pliny, *Natural History*, book 3也對許多族群和地方進行了調查。T. J. Cornell, *The Fragments of the Roman Historians* (Oxford, 2013)內含Cato, *Origines*的倖存片段，這是羅馬人所寫的最早義大利民族誌。

現代研究：對古代義大利民族和文化地理的一個很好介紹是：G. J. Bradley, *E. Isayev and C. Riva (eds), Ancient Italy: Regions without Boundaries* (Exeter, 2009)，其中有討論古代義大利大部分主要文化和族群的章節，以及關於這個問題的新書籍：G. J. Bradley and G. Farney (eds), *A Handbook on the Ancient Italic Groups*正在準備出版中。簡要的概述

請見：K. Lomas, *Roman Italy, 338-AD 200: A Sourcebook* (London, 1996), 1-16，以及K. Lomas, 'Italy beyond Rome', in A. Erskine (ed.), A *Companion to Ancient History* (Chichester, 2009)。有關更全面的討論請參閱E. T. Salmon, *The Making of Roman Italy* (London, 1982), J. M. David, *The Roman Conquest of Italy* (Oxford, 1996)，以及M. Pallottino, *A History of Earliest Italy* (London, 1991)。關於伊特魯里亞起源的學術研究狀況，相當好的討論請見G. Bagnasco Gianni（現代觀點）、D. Briquel（古代資料）和G. Kron（ＤＮＡ證據），皆收於J. M. Turfa (ed.), *The Etruscan World* (London, 2013)。

第二章　布置舞台：鐵器時代的義大利

古代史料：這段義大利歷史的大部分史料都是考古學。最早的希臘殖民地敘述可見：Hdt. 1.163-65, 8.62; Thuc. 6.2-5; Strabo, *Geog*., books 5 and 6; Livy 8.22.5-7; Diod. 8.21-3。關於伊特魯里亞人的起源請見Hdt. 1.93-6; Dion. Hal. 1.30; Strabo, *Geog*. 5.2.2-4：義大利西部最早的銘文出版於 R. Arena (ed), *Iscrizionigreche arcaiche di Sicilia e Magna Grecia*, 5 vols (Pisa, 1988-96)，以及G. Bagnasco Gianni, *Oggetti iscritti di epoca orientalizzante in Etruria* (Florence, 1996)。

現代研究：介紹伊特魯里亞人和他們的祖先的英語著作包括G. Barker and T. Rasmussen, *The Etruscans* (Oxford, 1998)和S. Haynes, *Etruscan Civilization: A Cultural History* (London, 2000)。在以下論文集當中的多篇論文對微蘭諾威文化有很好的總結，像是G. Bartoloni to M. Torelli (ed.), The Etruscans (London, 2000)，以及J. Turfa (ed.), *The Etruscan World* (London, 2014)。Torelli與Turfa所編輯的論文集提供了伊特魯里亞人生活和文化各方面的豐富資訊，S. Bell and A. Carcopino (eds), *A Companion to the Etruscans* (Chichester, 2016)一書也同樣如此。Ridgway、Salmon和Asheri在*The Cambridge Ancient History*, vol. 4: *Persia, Greece and the Western Mediterranean, c. 1200 to 479* (Cambridge, 1988)中所撰寫的章節同樣提供了本章所涉及到的主題的精采概述。關於拉提爾鐵器時代的介紹可見：R. R. Holloway, *The Archaeology of Early Rome and Latium* (London and New York, 1994)，以及C. J. Smith, 'Latium and the Latins', in G. J.

Bradley, E. Isayev and C. Riva (eds), *Ancient Italy: Regions without Boundaries* (Exeter, 2009), 161-78。關於希臘殖民，請見D. R. Ridgway, The First Western Greeks (Cambridge, 1992)，探討了在皮帖庫塞的殖民地，而R. Osborne, *Greece in the Making, 1200-479* (London, 1998) 書中關於殖民化的章節，介紹了近來有關殖民化性質的爭論。關於殖民化性質的更詳細討論可見：G. Bradley and J. P. Wilson (eds), *Greek and Roman Colonization: Origins, Ideologies, Interactions* (Swansea, 2006)，以及L. Donnellan, V. Nizzo and G. J. Burgers (eds), *Conceptualising Early Colonisation* (Brussels, 2016)。J. Boardman, *The Greeks Overseas; Their Early Colonies and Trade*, 4th edn (London, 1990)仍然是概述了希臘與古老地中海的關係的佳作。最後，對鐵器時代關鍵遺址之一的突破性研究請見A. M. Bietti Sestieri, *The Iron Age Community of Osteria dell'Osa* (Cambridge, 1992)。

第三章　羅穆盧斯、埃涅阿斯和羅馬的「建城」傳說

古代史料：Ennius, *Annals* 77-96; Cic., *Rep.* 2.2-10, *Offic.* 3.40-41; Livy 1.1-17; Dion. Hal., 2.1-56; Plut. *Rom.*; Ovid, *Fast.* 4.807-858; Propertius 4.4.73-4; Virg., *Aen.*, esp. book 8; Augustine, *City of God*, 3.6 and 15.5。

現代研究：英語世界中，討論早期羅馬的文學傳統和考古證據的最佳作品可能是T. J. Cornell, *The Beginnings of Rome* (London, 1995)和G. Forsythe, *A Critical History of Early Rome* (Berkeley, 2005)。P. Wiseman的*The Myths of Rome* (Exeter, 2004)和*Unwritten Rome* (Exeter, 2008)在羅馬建城這個議題上提供了另一種觀點。有關考古學的有用概述和最近考古發現的摘要可見C. J. Smith, 'Early and archaic Rome'，收錄於J. Coulston and H. Dodge (eds), *Ancient Rome: The Archaeology of the Eternal City* (Oxford, 2000)，以及'The beginnings of urbanisation in Rome', in B. Cunliffe and R. Osborne (eds), *Mediterranean Urbanization, 800-600* (London, 2005), 91-112，以及I. Edlund Berry, 'Early Rome and the making of "Roman" identity through architecture and town planning', in J. D. Evans (ed.), *A Companion to the Archaeology of the Roman Republic* (Malden, MA, 2013)。C. J. Smith, *Early Rome and Latium* (Oxford 1996)、F. Fulminante, *The*

Urbanisation of Romeand Latium Vetus: From the Bronze Age to the Archaic Era (Cambridge 2014)，以及R. R. Holloway, *The Archaeology of Early Rome and Latium* (London and New York, 1994)，提供關於羅馬和拉丁姆的更詳細討論。Fulminante的著作對早期羅馬的考古研究做了出色的總結。Carandini充分地闡述了他的想法在*La Nascita di Roma* (Florence, 1997)當中，不過本書只有義大利文版本，但是更為晚近的綜述作品A. Carandini, *Rome: Day One* (Princeton, NJ, 2011)已被翻譯成英文。上述的許多書目當中都有對Carandini觀點的批評，但是關於他的方法的困難的最全面的討論是Carmine Ampolo, 'Il problema delle origini di Roma rivisitato: concordismo, ipertradizionalismo acritico, contesti', in *Annali della Scuola Normale Superiore di Pisa, Classe di Lettere e Filosofia* 5.1 (2013)。E. Fentress和A. Guidi則提供了一個簡短但同樣精闢的批評。Peter Wiseman詳細討論了早期羅馬的神話。特別是*Remus: A Roman Myth* (Cambridge, 1995)和*The Myths of Rome* (Exeter, 2004)。E. Dench, *Romulus' Asylum: Roman Identities from the Age of Alexander to the Age of Hadrian* (Oxford, 2005)是對羅馬各種文化認同發展，以及創立神話在此過程中所起的作用的詳盡研究。對早期羅馬史料的介紹請見：R. M. Ogilvie and A. Drummond, 'The sources for early Roman history', in *Cambridge Ancient History*, 2nd edn (Cambridge, 1988), VII: 1-29; T. J. Cornell, *The Beginnings of Rome: Italy and Rome from the Bronze Age to the Punic Wars* (London, 1995); and G. Forsythe, *A Critical History of Early Rome* (Berkeley, CA, 2005)。James Richardson和Federico Santangelo所編輯的論文集*The Roman Historical Tradition: Regal and Republican Rome* (Oxford, 2014)匯集了許多著名學者的論文，這是入門羅馬早期起源爭論很好的途徑。網站Lupa Capitolina Electronica (http://lupacap.fltr.ucl.ac.be)是一個關於羅馬建城的資料寶庫。

第四章　國際貴族的崛起：義大利和東方化革命

古代史料：Dion. Hal. 2.44; Pol. 6.2.10; Livy 1.33-4; Hesiod, *Works and Days* 38-9, 220-21。

現代研究：有關羅馬和義大利中部的東方化時期的簡要概述可見T. J. Cornell, *The Beginnings of Rome,* Chapter 2，M.

Pallotino, *A History of Earliest Italy* (London, 1991)則對義大利其他地區有所著墨。C. Riva, *The Urbanization of Etruria* (Cambridge, 2010)，對伊特魯里亞的這一時期以及證據所提出的解釋性問題進行了深入的討論。其他討論伊特魯里亞人的實用著作，請見Haynes, *Etruscan Civilization*，以及Barker and Rasmussen, *The Etruscans*; Torelli, *The Etruscans*，以及Turfa, *The Etruscan World*。對坎帕尼亞的介紹可見M. Cuozzo, 'Ancient Campania', in G. J. Bradley, E. Isayev and C. Riva (eds), *Ancient Italy: Regions without Boundaries* (Exeter, 2009), 224-67，在同本書中C. J. Smiths所寫的章節回顧評述了拉丁姆的證據。關於穆爾洛重要發掘的定期更新以及出版物清單，請見http://poggiocivitate.classics.umass.edu/index.asp.

第五章　東方化時期的羅馬和早期的國王

古代史料：Livy 1.16-34; Dion. Hal. 2.57-3.43; Plut. *Numa*; Varro, *LL*, 5.55,5.142-59, 7.9-10; Cic., Div. 1.3。

現代研究：關於東方化時期羅馬的討論可見Cornell, *The Beginnings of RomeForsythe, A Critical History of Early Rome*, Chapter 4; C. J. Smith, *Early Rome and Latium* (Oxford, 1996)，以及同樣是Smith所寫的一個章節，收錄於J. Coulston and H. Dodge (eds), *Ancient Rome: The Archaeology of the Eternal City* (Oxford, 2000), 16-41；以及F. Fulminante, *The Urbanisation of Rome and Latium Vetus: From the Bronze Age to the Archaic Era*。Carafa關於戶外集會、伏爾甘神廟和維斯塔貞女之家的著作，介紹了最近的考古研究，但同樣深受卡蘭迪尼富有爭議的解釋方式的影響。N. Terrenato在Barchiesi and Scheidel, *The Oxford Handbook of Roman Studies*當中的篇章中提出對羅馬城市化方法的批評。學界關於聖歐莫柏諾的研究現狀可見D. Diffendale, P. Brocato, N. Terrenato and A. Brock, 'Sant'Omobono: an interim *status quaestionis*', *Journal of Roman Archaeology* 29 (2016), 7-14。聖歐莫柏諾計畫的網站（http://sites.lsa.umich.edu/omobono/）提供了關於發掘和出版物的最新資訊。

第六章　城市革命：西元前六世紀義大利的城市和國家

古代史料：Athen., *Deip.* 12.517 d-f; Dion. Hal. 3.61, 4.49, 7.5-8; Strabo, *Geog.* 5.4.3, 6.1.1-5, 6.1.12-14; Hdt. 7.170; Pol. 12.5-7; Diod. 12.9-12。

現代研究：C. J. Smith, *The Roman Clan* (Oxford, 2006)詳細研究的主題是六世紀社會的發展，特別是家族／氏族組織。在N. Terrenato and D. Haggis (eds), *State Formation in Italy and Greece* (Oxford, 2011)中由Terrenato所寫的部分，對此議題提供了另一種觀點。有關伊特魯里亞人，參見Barker and Rasmussen, *The Etruscans* (Oxford, 1998)，以及Haynes, *Etruscan Civilization: A Cultural History* (London, 2000)。逐個地區討論伊特魯里亞力量的擴散請見G. Camporeale (ed.), *The Etruscans outside Etruria* (Los Angeles, CA, 2004); M. Torelli (ed.), *The Etruscans* (London, 2000); J. Turfa, *The Etruscan World* (London, 2013)，以及S. Bell and A. Carpino, *A Companion to the Etruscans* (Chichester, 2016)，當中收錄了關於伊特魯里亞文化和社會許多方面的文章。這一時期希臘殖民地的經典敘述，T. J. Dunbabin, *The Western Greeks* (Oxford, 1948)如今已經有些過時。更短但更晚近的討論請見R. Osborne, *The Making of Greece*; K. Lomas, *Rome and the Western Greeks*。G. Pugliese Carratelli (ed.), *The Western Greeks* (London, 1996); L. Cerchiai, L. Jannelli, and F. Longo (eds)*The Greek Cities of Italy and Sicily* (Los Angeles, 2002)都是優秀的考古資料來源。

第七章　僭主和邪惡的女人：羅馬、塔克文王朝和君主制的衰落

古代史料：Livy 1.35-60; Dion. Hal. 3.56-4.86; Pol. 3.22.11-12。

現代研究：西元前六世紀羅馬的參考書目汗牛充棟，大部分考古資料僅以義大利文出版。用英文提供的研究，請見T.J. Cornell, *The Beginnings of Rome: Italy and Romefom the Bronze Age to the Punic Wars* (c. 1000-264 BC) (London, 1995); C. J. Smith, *Early Rome and Latium* (Oxford, 1996)，以及G. Forsythe, *A Critical History of Early Rome* (2005)，這些研

究對於歷史和考古證據以及這些證據本身的問題有著極好的討論，J. H. Richardson and F. Santangelo (eds), *The Roman Historical Tradition: Regal and Republican Rome* (Oxford, 2014)，是此主題經典的論文集。有關最近的討論，請參閱G. Bradley, *Early Italy and Rome* (Edinburgh, forthcoming)。對早期羅馬的解釋和重建提供了一種可讀性很強的批評之作，請見T. P. Wiseman, *The Myths of Rome* (Exeter, 2004)和*Unwritten Rome* (Exeter, 2008)。考古證據的介紹參見C. J. Smith, 'Early and Archaic Rome', in J. Coulston and H. Dodge (eds), *Ancient Rome: The Archaeology of the Eternal City* (Oxford, 2000), 16-41，而Fulminante, *The Urbanisation of Rome*，以及Gabriele Cifani的各種研究（在參考書目中列出）則是對該時期物質證據的更深入分析。

第八章　「西元前五世紀的危機」和義大利面貌的變化

古代史料：Hdt. 6 23; Thuc. 6.44, 6.103; Livy 4.24-37, 5.33-6, 9.13.7; Pol. 2.14-20, 2.39; Diod. 11.51-3, 12.8-12, 12.76; Athen., *Deip.* 12.522d, 14.632a; Paus. 10.10,13.10。

現代研究：M. Pallottino, *A History of Earliest Italy* (London, 1991)是對西元前五世紀變化的一個很好的概述之作。E. T. Salmon, *Samnium and the Samnites* (Cambridge, 1967)是對薩莫奈人的綜合研究，但在考古學上的證據上已相當過時。最新的英文專著研究是E. Dench, *From New Men to Barbarians: Greek, Roman, and Modern Perceptions of Peoples from the Central Apennines* (Oxford, 1995)。關於薩莫奈人的簡短介紹，請參見E. Bispham, 'The Samnites', in G. J. Bradley, E. Isayev and C. Riva (eds), *Ancient Italy: Regions without Boundaries* (Exeter, 2009)。同一卷還包含有關坎帕尼亞（M. Cuozzo著），盧坎尼亞（E. Isayev著）和凱爾特人義大利（R. Haussler著）的實用章節。E. Isayev, *Inside Ancient Lucania: Dialogues in History and Archaeology* (London, 2007)更詳細的介紹了盧坎尼人。大幅收錄了新版本的奧斯坎文，翁布里亞文和早期拉丁文銘文，並且附有評論和討論，請參閱*Imagines Italicae: A Corpus of Italic Inscriptions* (London, 2011)。

第九章　艱難的過渡：早期的羅馬共和國

古代史料：Livy books 2-5; Dion. Hal. books 5-8; Cic., *Rep.* 2.61; Tac., *Hist.* 3.72; Pliny, *NH* 34.139; Aul. Gell., *NA* 15.27; Crawford, Roman Statutes, no. 40（《十二銅表法》）。

現代研究：Cornell, *The Beginnings of Rome*, Chapter 10，以及Forsythe, *A Critical History of Early Rome*, Chapters 6-7，兩者都是對於早期共和國和社會階層的鬥爭的極佳概述。*The Cambridge Ancient History*, vol 7.2涵蓋了大部分相同的領域，不過敘述則是更為深入。對共和早期羅馬社會的發展，尤其是圍繞世家貴族和平民的問題，進行了富有挑戰性和詳盡的批判，可參閱C. J. Smith, *The Roman Clan*, Chapter 8。有關社會階層的鬥爭，K. Raaflaub, *Social Struggles in Archaic Rome: New Perspectives on the Conflict of the Orders*是收錄了關於此鬥爭各方面的優秀論文集。Mitchell、Eder 和 Raaflaub撰寫的章節特別有用。Beck、Dupla、Jehne和Pina Polo所編輯的論文集也對早期共和國及其官僚制度的發展提供了新的見解。

第十章　征途上的羅馬：拉丁姆及其他地區的戰爭

古代史料：Livy, books 2-5; Dion. Hal. 6.95 and books 15-20; Diod. 11.51-3。

現代研究：有關羅馬早期擴張的平易近人的敘述，請見T. J. Cornell, 'Rome and Latium', in *Cambridge Ancient History* (Cambridge, 1989), vol. 7.2, 309-50，以及*The Beginnings of Rome*。學者對早期殖民化的考古證據及其影響的評估，請參閱：P. Attema (ed.), *Centralization, Early Urbanization and Colonization in First Millennium Italy and Greece* (Leuven, 2004)，以及Termeer, 'Early colonies in Latium (ca 534-338 BC): a reconsideration of current images and the archaeological evidence', *BABESCH* 85 (2010), 43-5。

第十一章　通往權力之路：從羅馬到義大利

古代史料：Livy, books 5-7。

現代研究：晚近關於社會階級的討論可見Cornell, *The Beginnings of Rome*, Chapter 13; Forsythe, *A Critical History of Early Rome*, Chapters 8-9，以及R. Develin, 'The integration of plebeians into the political order after 366', in K. Raaflaub (ed.), *Social Struggles in Archaic Rome* (Berkeley, CA, 1986), 327-52。關於羅馬城市的發展，請參閱 T. J. Cornell in J. C. Coulson and H. Dodge (eds), *Ancient Rome: The Archaeology of the Eternal City* (Oxford, 2000), and I. Edlund Berry, 'Early Rome and the making of "Roman" identity through architecture and town planning', in J. D. Evans (ed.), *A Companion to the Archaeology of the Roman Republic* (Malden, MA, 2013), 406-25。有關羅馬各個建築物和地區的資訊，請參閱M. Steinby (Ed.,) *Lexicon Topographicum Urbis Romae* (Rome, 1993-2000)。

第十二章　薩莫奈戰爭和義大利全境的征服

古代史料：Livy, books 9-10; Diod. 10.104; Dion. Hal. books 15-20; Plut. *Pyrrhus*; App., *Samn.*7-12; Dio 9.39-41; Pol. 3.24.。

現代研究：關於薩莫奈戰爭和皮洛士戰爭的優秀敘述，請見*Cambridge Ancient History* (vol. 7.2)和T. J. Cornell, *The Beginnings of Rome*, Chapter 14。E. T. Salmon, Samnium and the Samnites也對薩莫奈戰爭有廣泛的討論，儘管現在已經有點過時了，特別是它在考古證據上的討論。關於羅馬對伊特魯里亞和翁布里亞的征服，請參閱W. V. Harris, *Rome in Etruria and Umbria*，以及更為晚近的G. J. Bradley, *Ancient Umbria*：關於皮洛士戰爭以及皮洛士與義大利南部的關係，請參閱K. Lomas, *Rome and the Western Greeks, 350-AD 200: Conquest and Acculturation in Southern Italy*。S. Oakley, 'The Roman conquest of Italy', in J. Rich and G. Shipley (eds), *War and Society in the Roman World* (London, 1993)這本書，是對征服還有其對羅馬和義大利人的影響的優秀概述。M. P. Fronda, *Between Rome and Carthage*

(Cambridge, 2010), Chapter 1指出羅馬在西元前三世紀對義大利征服的程度，並不如大多數現代敘述說得那麼深入穩固。H. Jones (ed.), *Samnium: Settlement and Cultural Change*收錄了一系列有關薩莫奈的文章。對於任何對李維的戰爭描述細節感興趣的人而言，歐克利對李維的大量評論（S. Oakley, *A commentary on Livy Books VI-X*, Oxford, 1998-2005）是相關資料的一座寶庫。

第十三章　合作還是征服？聯盟、公民權和殖民

古代史料：Livy 8.11-15, 9.41-5; Vell. Pat. 1.14-15; Dion. Hal 6.95; Pol. 2.23, 6.12-26; Cic., *Balb.*; Cic, *Leg. Agr.* 6.23。

現代研究：關於義大利行政組織的權威之作仍然是A. N. Sherwin-White, *The Roman Citizenship*, 2nd edn (Oxford, 1980)。至於較為晚近的一項研究，雖然其重點是西元前一世紀以降的發展，可參閱E. Bispham, *From Asculum to Actium: The Municipalisation of Italy from the Social War to Augustus* (Oxford, 2007)。在征服義大利的背景下對這一主題更全面的概述，請參閱E. T. Salmon, *The Making of Roman Italy* (London, 1982); T. J. Cornell, *The Beginnings of Rome* (London, 1995)，以及J. M. David, *The Roman Conquest of Italy* (Oxford, 1996)。最後，翻譯的史料集（附有討論）可參閱 K. Lomas, *Roman Italy, 338-AD 200: A Sourcebook* (London, 1996)。關於羅馬殖民統治的一個優良（雖然有點過時）入門書是E. T. Salmon, *Roman Colonisation under the Republic* (London, 1969)，最近關於殖民化性質的辯論，請參閱 G. J. Bradley, 'Colonisation and identity in Roman Italy', and E. Bispham, 'Coloniam deducere: How Roman was Roman colonisation in the Middle Republic'，兩者都收錄於G. J. Bradley and J. P. Wilson (eds), *Greek and Roman Colonisation: Origins, Ideologies and Interactions* (Swansea, 1996)。關於殖民的最新討論，請參閱J. Pelgrom and T. Stek (eds), *Roman Republican Colonization: New Perspectives from Archaeology and Ancient History* (Rome, 2014)。帕斯埃圖姆的挖掘工作成果發表於由法國羅馬學院（Ecole Franpaisc de Rome）出版的一系列挖掘報告，然而，更為容易取得的有關這座城市歷史的英文敘述，請參閱J. G. Pedley, *Paestum: Greeks and Romans in Southern Italy* (London, 1990)。關於科薩的

優秀導論，請參閱F. E. Brown, *Cosa: The Making of a Roman Town* (Ann Arbor, MI, 1980)，更全面和最新的概述參見F. E. Brown, E. H. Richardson and L. Richardson, *Cosa III, The Buildings of the Forum: Colony, Municipium, and Village* (University Park, PA, 1993)。更為晚近的研究方法，請參閱E. Fentress andj. P. Bodel, *Cosa V: An Intermittent Town, Excavations 1991-1997* (Ann Arbor, MI, 2003)。

第十四章　征服的影響：西元前三四〇年至二六四年的羅馬

古代史料：Livy book 10 and summaries of books 11-15; Dion. Hal. books 15–20。

現代研究：有關西元前四世紀末和三世紀的過渡，請參閱Cornell (Chapter 15), Forsythe（Chapters 9-10) and Staveley（'Italy and Rome in the early third century', in *Cambridge Ancient History*, vol. 7.2)。軍事發展的總結請見J. Rich和L. Rawlings在P. Erdkamp, *A Companion to the Roman Army* (Oxford, 2007)中收錄的篇章。關於羅馬的希臘化，請參閱*Roma medio-Repubblicana: Aspetti culturali di Roma e del Lazio nei secoli IV e III a.C.* (Rome, 1973)，以及R. W. Wallace, 'Hellenization and Roman society in the late fourth century: a methodological critique', in W. Eder (ed.), *Staat und Staatlichkeit in der frühen römischen Republik* (Stuttgart, 1990)。關於羅馬城市不斷變化的性質的討論，請參閱T. J. Cornell在 J. C. Coulson and H. Dodge (eds), *Ancient Rome: The Archaeology of the Eternal City* (Oxford, 2000)一書中的章節，以及I. Edlund Berry, 'Early Rome and the making of "Roman" identity through architecture and town planning', in J. D. Evans (ed.), *A Companion to the Archaeology of the Roman Republic* (Malden, MA, 2013), 406-25。對於個別建築，請參閱 M. Steinby (ed.), *Lexicon Topographicum Urbis Romae* (Rome, 1993-2000)。

遺址、博物館和網路資源指南

早期義大利的遺址，尤其是早期羅馬的遺址，遠不如晚期的共和或羅馬帝國時代保存得好。然而，有許多有趣的遺址和博物館當中有著早期材料。本指南並非全面，但提供了重要遺址和館藏的介紹。許多較小的博物館和更偏遠的地點和紀念碑的開放時間有限制，特別是在冬季，因此建議上網查詢最新消息。

許多義大利博物館和考古遺址的網站不是由個別博物館營運的，而是由每個地區的國家考古機構營運。網址經常會有變化，不過有許多網站提供博物館和網站鏈接的資訊，包括：www.beniculturali.it（點擊 Luoghi della Cultura）、http://www.musei.it/、http://www.museionline.it。

其他有用的網站包括Fasti Online（http://fastionline.org/），義大利最新發掘數據庫，Gnomon Bibliographic Database（http://www.gno-mon-online.de/），以及VRoma（http://www.vroma.org/），一個專門討論羅馬城的線上資源。The Perseus Digital Library（http://www.perseus.tufts.edu/hopper/）、Lacus Curtius（http://penelope.uchicago.edU/Thayer/E/Roman/home.html）和Livius（http://www.livius.

org/），這幾個網站是古羅馬圖像、文章和翻譯文本的絕佳資源。

倫巴底／皮埃蒙特／利古里亞

這個地區還留在原位的早期歷史遺跡數量相對較少，不過有些還可以在蒙索利諾・迪格拉西卡考古區（Area Archeologica Monsorino di Golasecca）看到。有許多博物館收藏了來自戈拉塞卡人、凱爾特人和早期羅馬時期的大量材料。科莫的市立博物館（Museo Civico）藏有大量的前羅馬時代的文物，韋爾巴尼亞（Verbania）的佩薩吉歐博物館（Museo del Paesaggio）、熱那亞的利古里亞考古博物館（Museo di Archeologia Ligure）和米蘭的兩間博物館（考古博物館〔Museo Archeologico〕藏有羅馬時期的發現物，史前發現物則收藏在斯福爾扎古堡〔Castello Sforzesco〕）。較小的當地博物館包括了塞斯托・卡倫德、戈拉塞卡和梅爾戈佐（Mergozzo）等地的博物館。

威尼托／上阿迪傑（Alto Adige）

兩個最重要的博物館收藏是埃斯泰的阿特斯蒂諾國立博物館（Museo Nazionale Atestino）和帕多瓦的隱士博物館（Musei Civici agli Eremitani）。兩者都收藏了大量的威尼托發現物。更遠的地方，阿德里亞的考古博物館（Museo Archeologico）、羅維哥（Rovigo）的市立博物館和夸爾托達爾蒂諾（Quarto d’Altino）的阿爾蒂諾博物館（Museo di Altino）擁有數量較少但重要的希臘、伊特魯里亞和威尼托藏品，蒙特貝盧納（Montebelluna）的考古博物館和維琴察（Vicenza）的市立博物館也是如此。最後，在位於皮耶韋．迪卡多雷（Pieve di Cadore）市政廳的博物館裡，可以看到來自北威尼托的一組迷人的威尼托文物。很少有考古遺址對遊客開放，但在夸爾托達爾蒂諾可以參觀兩個已被挖掘過的區域，而且在埃斯泰的護老院（Casa di Ricovero），也有開放威尼托的墓園的計畫。

艾米利亞．羅馬涅（Emilia Romagna）／馬爾凱（Marche）

位於波隆那附近的馬爾扎博托的伊特魯里亞遺址是保存最完好的伊特魯里亞城市之一，也是市中心被全面挖掘的少數幾座城市之一。波隆那的考古博物館收藏了來自馬爾扎博托和伊特魯里亞人在菲爾辛納的早期聚落的大量文物。位於安科納（Ancona）的馬爾凱國家考古博物館（Museo Archeologico Nazionale delle Marche）收藏了來自該地區的令人印象深刻的史料，包括史前和羅馬時期的物品，而且韋魯基奧的考古博物館擁有豐富的伊特魯里亞和其他前羅馬時代的文物。

托斯卡納

某些伊特魯里亞北部城市的遺跡可以在廣闊的考古公園中被探索，例如說羅塞勒（Roselle）和菲耶索萊（Fiesole）的考古公園。奧爾貝泰洛（Orbetello）附近的科薩是義大利保存最完好、發掘狀況也最好的羅馬殖民地之一。在丘西（Chiusi）、阿雷佐（Arezzo）、佛羅倫斯和菲耶索萊也有很好的博物館收藏。來自伊特魯里亞南部的大量發現物都被收藏在羅馬的博物館中，尤其是朱莉亞別墅（Villa Giulia）和格里高利．伊特魯里亞博物館（Museo Gregoriano Etrusco）這兩間博物館。然而，大多數主要的伊特魯里亞中心也有自己的博物館，儘管有些博物館位在最近的城鎮，而不是位在考古遺址。

翁布里亞

該地區最大的博物館是佩魯賈（Perugia）、奧維埃托和斯波萊托（Spoleto）的考古博物館，所有博物館都藏有大量的翁布里亞和羅馬文物。著名的伊庫維姆牌銘就收藏在古比奧（Gubbio）的市立博物館。卡蘇雷（Carsulae）、奧特里科利（Otricoli）、奧維埃托、科爾恰諾（Corciano），以及佩魯賈這些地方的遺址可以入內參觀，雖然在某些情況下，大部分可見的遺址時代都落在共和國晚期或帝國時期。

拉齊奧和羅馬

拉齊奧北部（古代伊特魯里亞人定居點）有許多伊特魯里亞遺跡。最壯觀的伊特魯里亞人墓地位在卡厄瑞（今天的切爾韋泰里）、沃爾西尼（今天的奧維埃托，可見以上翁布里亞的部分）、塔爾奎尼（今天的塔爾奎尼亞），以及武爾奇和維伊的考古公園，其中包括古城區。許多陵墓是開放給遊客探索，雖然一些條件較不穩定的陵墓只能透過預約參觀。有開放參觀的較小遺址包括了阿索城堡（Castel di Asso）、諾爾恰（Norchia）、聖喬維納萊和費倫托（Ferento）。重要的博物館藏品包括維泰博的考古博物館、巴爾巴拉諾・羅馬諾（Barbarano Romano）的伊特魯里亞博物館（Museo Etrusco）、奇維塔卡斯泰拉納（Civita Castellana）的阿格羅法里斯科與桑伽羅要塞考古博物館（Museo Archeologico dell'Agro Falisco e Forte Sangallo）、博爾塞納的博爾塞納湖領土博物館（Museo territoriale del Lago di Bolsena），以及切爾韋泰里、塔爾奎尼和武爾奇等地的博物館。羅馬東北部的薩賓文化，可以在蒙泰萊奧內・薩比諾（Monteleone Sabino）的特雷布拉木圖埃斯卡考古博物館（Museo Archeologico di Trebula Mutuesca），以及位在薩比納（Sabina）的法拉（Fara）的考古博物館中參觀。海克力斯（又稱作Tivoli）和幸運女神帕萊斯特里納（Fortuna Primigenia）神廟的遺址都可以參觀，國家考古博物館也可以參觀。

如今我們可以看到為數相對較少的羅馬早期遺址。古羅馬廣場和巴拉丁諾山都很容易抵達，但大多數現存的建築物都是年代稍晚的。然而，卡必托里博物館在地下室有一個很好的展示區包括朱比特神廟的地基，其中一部分可以追溯到西元前六世紀。陳列室還收藏了古羅馬的發現物，以及一些古老的神廟重建後的雕塑。大量伊特魯里亞物品收藏於梵蒂岡博物館底下的格里高利・伊特魯里亞博物館，以及朱莉亞別墅。較小的伊特魯里亞和義大利物品可以在伊特魯里亞和義大利古文明博物館（Museo delle Antichita Etrusche ed Italiche）中找到。來自羅馬原史時代（protohistoric）的主要藏品收藏於戴克里先浴場博物館（Museo Nazionale Romano in the Baths of Diocletian），以及路易吉・皮戈里尼史前和民族誌博物館（Museo Nazionale Preistorico Etnografico 'Luigi Pigorini'）。

在羅馬郊區的菲迪尼和加貝伊可以看到與羅馬早期相關的，極少數現存建築中的兩座。加貝伊最近的挖掘工作已經挖掘出一座西元前六世紀的建築，而加貝伊另一座西元前八世紀房屋的獨特保存條件，讓考古學家得以重建了這座建築。此外，我們還可以參觀盧克斯・菲諾尼亞（卡佩納）的神聖墳墓，以及密涅瓦的神廟和拉維尼姆（波梅齊亞，Pomezia）所謂的埃涅阿斯之墓，那裡還有一個考古博物館。普拉提・卡迪馬（Pratica di Mare，薩特里克姆），安齊奧（Anzio）、阿爾泰納（Artena）和拉努維奧（Lanuvio）也有博物館，其中包含拉丁姆早期的物品。

在拉丁姆南部，塞普拉諾（Ceprano）的考古博物館收藏了來自早期羅馬殖民地的史料，而在明圖爾奈和普里韋爾諾（Priverno）的考古區域保存了大量古代聚落的實物遺跡。阿拉特里、科里（Cori）、卡西諾（Cassino）、阿爾皮諾（Arpino）、佛米亞（Formia）和豐迪的城市博物館都收藏了該地區前羅馬和羅馬的發現物。

阿布魯佐／莫利塞

這些地區有特別豐富的羅馬和前羅馬考古遺址。阿米特努（Amiternum）、佩圖瑞農（Peltuinum）和阿爾巴・富森（都靠近拉奎拉〔L’Aquila〕）的古代遺址都可以參觀，基耶蒂（Chieti）以南的蒙特內洛多莫（Montenerodomo）附近的尤凡努溫（Iuvanum）殖民地也可以，以及斯基亞・迪亞布魯佐（Schiavi d’Abruzzo）和蘇爾蒙（Sulmon）兩地的神廟也都可以參觀。我們還可以參觀位在埃塞爾尼亞附近的皮耶特拉邦丹泰（Pietrabbondante）的薩莫奈人神廟遺址，瓦伊拉諾山（Monte Vairano）

的山堡（位在坎波巴索〔Campobasso〕附近的布索〔Busso〕），和薩莫奈人和羅馬人在塞皮努姆（Saepinum，今日的塞皮諾）的殖民地。此外，在基耶蒂的阿布魯佐國家考古博物館（Museo Archeologico Nazionale d’Abruzzo），以及拉西維特拉考古博物館（Museo Archeologico La Civitella），兩間都收藏了重要的前羅馬時期的藏品。其他重要的博物館包括阿爾費德納的阿爾費德納市立博物館（Museo Civico Aufidenate）、阿韋扎諾（Avezzano）的拉皮達里奧・馬西卡諾博物館（Museo Lapidario Marsicano），專門收藏該地區的金石。在莫利塞，還有坎波巴索的薩莫奈博物館（Museo Sannitico），塞皮諾的塞皮諾—阿爾蒂利亞考古博物館〔Museo Archeologico di Saepinum-Altilia〕），以及韋納夫羅（Venafro）的考古博物館，這些都是重要的博物館。

坎帕尼亞

雖說那不勒斯的古代遺址相對較少倖存下來，但在大教堂（Duomo）附近仍可看到古老劇院的部分遺址，並且在聖洛倫佐・馬焦雷（San Lorenzo Maggiore）教堂下面還有羅馬城市的迷人遺跡。在庫邁、帕斯埃圖姆（波賽頓尼亞）和韋利亞（伊里亞），坎帕尼亞的其他三個希臘殖民地還有更多的遺址。在更內陸的地區，我們可以參觀薩莫奈人和坎帕尼亞人在阿里亞諾・伊爾皮諾（Ariano Irpino）、坎帕尼亞的康薩（Conza）和米拉貝拉・埃克拉諾（Mirabella Eclano）的遺址，以及羅馬人在卡雷（卡爾維里・利索塔〔Calvi Risorta〕）的殖民地。蓬泰卡尼亞諾的古皮仙夏城考古公園（Parco archeologico urbano dell’antica Picentia）保留了該地區的前羅馬文化和前薩莫奈人文化的遺跡，而且羅馬的西努薩（今日的蒙德拉戈內〔Mondragone〕）殖民地的遺跡也向公眾開放。那不勒斯的國立博物館是義大利最頂尖的文物收藏之一。其他重要的藏品包括帕斯埃圖姆、庫邁、韋利亞的博物館，阿韋利諾的伊爾皮諾博物館（Museo Irpino），貝內文托（Benevento）的桑尼奧博物館（Museo del Sannio），以及位在蒙內薩爾基奧的聖尼奧．卡迪諾國立考古博物館（Museo Archeologico Nazionale del Sannio Caudino），位在聖瑪利亞．卡普阿．韋泰雷（Santa Maria Capua Vetere）的古卡普阿考古博物館（the Museo Archeologico dell'antica Capua），還有位在諾拉、蒙德拉戈內、諾切拉（Nocera）和阿利費（Allife）各地的博物館。位在伊斯基亞島皮帖庫塞的拉科．阿梅諾考古博物館（Museo Archeologico di Pithecusae at Lacco Armeno），收藏了義大利最早的希臘殖民地的迷人物品，但沒有留下任何可見的遺址。

巴西利卡塔

該地區的主要希臘遺址，諸如梅塔龐圖姆、赫拉克利亞（今日的梅塔蓬托〔Metaponto〕和波利科羅〔Policoro〕），已被大規模挖掘，並且開放參觀。梅塔蓬托和波利科羅的博物館展示了這些遺址。在更內陸的地區，也可以參觀塞拉．迪瓦里奧和羅薩諾．迪瓦里奧的盧坎尼人遺址（均位在巴西利卡塔附近），也可以參觀西元前三世紀韋諾西亞的羅馬殖民地。波坦察（Potenza）的巴西利卡塔國家考古博物館（Museo Archeologico Nazionale della Basilicata）展出了該地區的大量發現品。在格魯門托諾瓦（Grumento），考古遺址上的大部分遺跡都是後來的羅馬城市，但是阿爾塔山谷國家博物館（Museo Archeologico Nazionale dell'Alta Val d'Agri）包含了殖民地的早期歷史的材料。

普利亞

塔蘭圖姆古城的遺跡相對較少。然而，塔蘭托的國家博物館是義大利最重要的文物收藏品之一。古代格尼西亞（Gnathia，今日的艾格納齊亞〔Egnazia〕）的梅薩比殖民地非常值得一遊，桑納切山的考古公園也是珀塞提人最大的殖民地之一。位在馬利納．迪洛卡（Marina di Leuca）附近的格羅塔．波奇納拉洞穴（The caves of Grotta Porcinara），以及位在奧特朗托（Otranto）郊外二十公里的格羅塔德拉波西亞洞穴（The caves of Grotta della Poesia），都是非常古老的宗教崇拜遺址，也向公眾開放。普利亞有大量的博物館收藏了前羅馬和羅馬早期的有趣藏品，非常值得一遊。規模較大的有雷切的薩倫托大學考古歷史博物館（Museo Storico Archeologico of the Universita del Salento）、布林迪西的法蘭西斯科．里貝佐省考古博物館（Museo Archeologico Provinciale Francesco Ribezzo）的收藏品，其他包括阿列吉歐（Alezio）、梅薩涅（Mesagne）、奧里亞、烏真托（Ugento）、奧斯圖尼（Ostuni）、格拉維納和焦亞．德爾科萊（Gioia del Colle）等地的城市博物館也都收藏了來自各地區的有趣物品。

卡拉布里亞

位在雷焦・卡拉布里亞（Reggio di Calabria）的國立博物館藏有希臘和羅馬時代雷焦的古代文物，包括了著名的里亞切（Riace）青銅器，此外，在維博・瓦倫蒂亞（Vibo Valentia）、克羅托內（Crotone）和錫巴里（Sibari）有一些專門展示該地區希臘人殖民地的博物館。卡坦扎羅（Catanzaro）的布雷蒂和伊諾特里博物館（Museo dei Brettii e degli Enotri）收藏了位於卡拉布里亞的非希臘人遺址的大量資料。洛克里、克羅通和錫巴里斯等古代殖民地的遺址，以及位於斯科爾西溫（Scolacium）的較小希臘殖民地（包括後來的羅馬殖民地）都已被大規模挖掘，並且都可以參觀。

書目

Adam, R. and Briquel, D., 'Le miroir prénestin de l'Antiquario Comunale de Rome et la légende des jumeaux divins en milieu latin à la fin du IVe siècle avant J.-C.', *Mélanges de l'École française de Rome–Antiquité* (*MEFRA*) 94 (1982), 33–65

Alföldi, A., *Early Rome and the Latins* (Ann Arbor, MI, 1965)

Ammerman, A. J., 'On the origins of the Forum Romanum', *AJA* 94 (1990), 427–45

Ammerman, A. J., 'The Comitium in Rome from the Beginning', *AJA* 100 (1996), 121–36

Ampolo, C., 'Analogie e rapporti fra Atene e Roma arcaica. Osservazioni sulla Regia, sul rex sacrorum e sul culto di Vesta', *La Parola del Passato* 26 (1971), 443–60

Ampolo, C., 'Servius rex primus signavit aes', *La Parola del Passato* 29 (1974), 382–8

Ampolo, C., 'Demarato. Osservazioni sulla mobilità sociale arcaica', *Dialoghi d'Archeologia* 9–10 (1976), 333–45

Ampolo, C. (ed.), *Italia omnium terrarum parens: la civiltà degli Enotri, Choni, Ausoni, Sanniti, Lucani, Brettii, Sicani, Siculi, Elimi* (Milan, 1989)

Ampolo, C., 'Il problema delle origini di Roma rivisitato: concordismo, ipertradizionalismo acritico, contesti', *Annali della Scuola Normale Superiore di Pisa, Classe di Lettere e Filosofia* 5.1 (2013), 218–84

Asheri, D., 'Carthaginians and Greeks', *Cambridge Ancient History*, vol. 4: *Persia, Greece and the Western Mediterranean, c.525 to 479* (Cambridge, 1988), 739–90

Attema, P. (ed.), *Centralization, Early Urbanization and Colonization in First Millennium Italy and Greece* (Leuven, 2004)

Aubet, M. E., *The Phoenicians in the West: Politics, Colonies and Trade,* 2nd edn (Cambridge, 2002)

Badian, E., 'The Early Historians', in T. A. Dorey (ed.), *Latin Historians* (London, 1966)

Bagnasco Gianni, G., *Oggetti iscritti di epoca orientalizzante in Etruria* (Florence, 1996)

Barker, G. (ed.), *A Mediterranean Valley: Landscape, Archaeology and 'Annales' History in the Biferno Valley* (Leicester, 1995)

Barker, G., and Rasmussen, T., *The Etruscans* (Oxford, 1998)

Bartoloni, G., 'The origins and diffusion of Villanovan culture', in M. Torelli (ed.), *The Etruscans* (London, 2000)

Beard, M., North, J. A., and Price, S. R. F., *Religions of Rome*, 2 vols (Cambridge, 1998)

Beck, H., 'The early Roman tradition', in J. Marincola (ed.), *A Companion to Greek and Roman Historiography* (Malden, MA, 2007)

Beck, H., 'From Poplicola to Augustus: senatorial houses in Roman political culture', *Phoenix* 63 (2009), 361–86

Beck, H., Duplà, A., Jehne, M., and Pina Polo, F. (eds), *Consuls and the 'Res Publica': Holding High Office in the Roman Republic* (Cambridge, 2011)

Bell, S., and Carcopino, A. (eds), *A Companion to the Etruscans* (Chichester, 2016)

Beloch, K. J., *Der italische Bund unter Roms Hegemonie: staatsrechtliche und statistische Forschungen* (Leipzig, 1880)

Berger, S., *Revolution and Society in Greek Sicily and Southern Italy* (Stuttgart, 1992)

Bernard, S. G., 'Continuing the debate on Rome's earliest circuit walls', *Papers of the British School at Rome* 80 (2012), 1–44

Bickermann, E., 'Origines gentium', *Classical Philology* 47 (1952), 65–81

Bietti Sestieri, A. M., *The Iron Age Community of Osteria dell'Osa* (Cambridge, 1992)

Bietti Sestieri, A. M., *L'Italia nell'età del bronzo e del ferro: dalle palafitte a Romolo (2200–700 a.C.)* (Rome, 2010)

Bispham, E., 'The Samnites', in G. J. Bradley, E. Isayev and C. Riva (eds), *Ancient Italy: Regions without boundaries* (Exeter, 2009)

Boardman, J., *The Greeks Overseas: Their Early Colonies and Trade,* 4th edn (London, 1990)

Bordenache Battaglia, G., and Emiliozzi, A., *Le ciste prenestine* (Rome, 1990)

Bourdin, S., *Les peuples de l'Italie préromaine: identités, territoires et relations interethniques en Italie centrale et septentrionale (VIIIe–Ier s. av. J.-C.)* (Rome, 2012)

Bradley, G., 'Colonization and identity in Republican Italy', in G. Bradley and J.-P. Wilson (eds), *Greek and Roman*

Colonization: Origins, Ideologies, Interactions (Swansea, 2006), 161–188

Bradley, G. J., *Ancient Umbria* (Oxford, 2000)

Bradley, G. J., Isayev, E., and Riva, C. (eds), *Ancient Italy: Regions without Boundaries* (Exeter, 2009)

Bradley, G. J., and Farney, G. A. (eds), *A Handbook on the Ancient Italic Groups* (Amsterdam, 2017)

Bremmer, J., 'The Suodales of Poplios Valesios', *ZPE* 47 (1982), 133–47

Bremmer, J., 'Romulus, Remus and the foundation of Rome', in J. Bremmer and N. Horsfall (eds), *Roman Myth and Mythography* (London, 1987), 25–48

Briquel, D., 'Le système onomastique féminin dans les épigraphies de l'Italie préromaine, II', in S. Gély (ed.), *Sens et pouvoirs de la nomination dans les cultures hellénique et romaine,* II: *Le nom et la métamorphose* (Montpellier, 1992), 25–35

Briquel, D., *Mythe et révolution: la fabrication d'un récit: la naissance de la république à Rome* (Brussels, 2007)

Brown, F. E., *Cosa: The Making of a Roman Town* (Ann Arbor, MI, 1980)

Brown, F. E., Richardson, E. H., and Richardson, L., *Cosa III, The Buildings of the Forum: Colony, Municipium, and Village* (University Park, PA, 1993)

Brunt, P. A., *Italian Manpower 225 BC–AD 14* (Oxford, 1971)

Bruun, C., '" What every man in the street used to know": M. Furius Camillus, Italic legends and Roman historiography', in C. Bruun (ed.), *The Roman Middle Republic: Politics, Religion and Historiography. c. 400–133 BC* (Rome, 2000), 41–68

Buchner, G., *Pithekoussai*. 3 vols (Rome, 1993)

Burnett, A. M., 'The beginnings of Roman coinage', *Annali dell'Istituto Italiano di Numismatica* 36 (1989), 33–64

Camporeale, G. (ed.), *The Etruscans outside Etruria* (Los Angeles, CA, 2004)

Capuis, L., *I Veneti* (Milan, 1993)

Carafa, P., *Il Comizio di Roma dalle origini all'età di Augusto* (Rome, 1998)

Carandini, A., *La nascita di Roma*, 2 vols (Turin, 2003)

Carandini, A., *Rome: Day One* (Princeton, NJ, 2011)

Carter, J. C., *The Chora of Metaponto: The Necropoleis* (Austin, TX, 1998)

Cascino, R., Di Giuseppe, H., and Patterson, H. L. (eds), *Veii, The Historical Topography of the Ancient City: A Restudy of John*

Ward-Perkins's Survey (London, 2012)

Cazenove, O.,'Pre-Roman Italy, before and under the Romans', in J. Rüpke (ed.), *A Companion to Roman Religion* (Oxford, 2007), 43–57

Cerchiai, L., *I Campani* (Milan, 1995)

Cerchiai, L., *Gli antichi popoli della Campania: archeologia e storia* (Rome, 2007)

Cerchiai, L., Jannelli, L., and Longo, F., *The Greek Cities of Italy and Sicily* (Los Angeles, CA, 2002)

Cifani, G., 'La documentazione archeologica delle mure archaiche a Roma', *Mitteilung des Deutschen Archäologischen Instituts: Römishe Abteilung* 105 (1998), 359–89

Cifani, G. *Architettura romana arcaica: edilizia e società tra monarchia e repubblica* (Rome, 2008)

Cifani, G., 'Aspects of urbanism and political ideology in archaic Rome', in E. Robinson (ed.), *Papers on Italian Urbanism in the 1st Millennium BC* (Portsmouth, RI, 2014), 15–28

Cifani, G., 'L'economia di Roma nella prima età repubblicana (V–IV secolo a. C.): Alcune osservazioni', in M. Aberson, M. C. Biella, M. Di Fazio, P. Sánchez and M. Wullschleger (eds), *L'Italia centrale e la creazione di una koiné culturale? I percorsi della 'romanizzazione'. E pluribus unum? L'italie, de la diversité préromaine à l'unité Augustéenne,* vol. II (Bern, 2016), 151–81

Claridge, A., *Rome*, 2nd edn (Oxford, 2010)

Coarelli, F., *Il foro romano,* vol. 1: *Periodo arcaico* (Rome, 1986)

Coarelli, F., *Rome and Environs: An Archaeological Guide* (Berkeley, CA, and London, 2007)

Colantoni, E., 'Straw to stone, huts to houses: transitions in building practices and society in protohistoric Latium', in M. Thomas and G. Meyers, *Monumentality in Etruscan and Early Roman Architecture: Ideology and Innovation* (Austin TX, 2012), 21–40

Colonna, G., 'Nome gentilizio e società', *Studi Etruschi* 45 (1977), 175–92

Cornell, T. J., 'Aeneas and the twins: the development of the Roman foundation legend', *Proceedings of the Cambridge Philological Society*, 21 (1975), 1–32

Cornell, T. J., 'Etruscan historiography', *Annali della Scuola Normale Superiore di Pisa*, 6.2 (1976), 411–39

Cornell, T. J., 'The value of the literary tradition concerning archaic Rome', in K. Raaflaub (ed.), *Social Struggles in Archaic*

Rome (Berkeley, CA, 1986), 52–76

Cornell, T. J., 'Rome and Latium', in *Cambridge Ancient History*, vol. 7.2 (Cambridge, 1989), 309–50

Cornell, T. J., *The Beginnings of Rome: Italy and Rome from the Bronze Age to the Punic Wars (c. 1000–264 BC)* (London, 1995)

Cornell, T. J., 'Ethnicity as a factor in early Roman history', in T. J. Cornell and K. Lomas (eds), *Gender and Ethnicity in Ancient Italy* (London, 1997), 9–12

Cornell, T. J. 'The city of Rome in the Middle Republic (c. 400–100)', in J. C. Coulston and H. Dodge (eds), *Ancient Rome: The Archaeology of the Eternal City* (Oxford, 2000), 42–60

Cornell, T. J. 'Coriolanus: myth, history and performance', in D. Braund and C. Gill (eds), *Myth, History and Culture in Republican Rome: Studies in Honour of T. P. Wiseman* (Exeter, 2003), 73–97

Cornell, T. J., 'Political conflict in archaic Rome and the republican historians', in G. Zecchini (ed.), *'Partiti' e fazioni nell'esperienza politica romana* (Milan, 2009), 3–10

Cornell, T. J. (ed.), *The Fragments of the Roman Historians* (Oxford, 2013)

Coulston, J. C., and Dodge, H. (eds), *Ancient Rome: The Archaeology of the Eternal City* (Oxford, 2000)

Crawford, M. H., *Roman Republican Coinage* (Cambridge, 1974)

Crawford, M. H., 'The early Roman economy, 753–280', *L'Italie préromaine et la Rome républicaine: mélanges offerts à Jacques Heurgon* (Paris, 1976), 197–207

Crawford, M. H., *Coinage and Money under the Roman Republic: Italy and the Mediterranean Economy* (London, 1985)

Crawford, M. H., *Roman Statutes*, 2 vols (London, 1996)

Crawford, M. H., *Imagines Italicae: A Corpus of Italic Inscriptions* (London, 2011)

Crawley Quinn, J., and Wilson, A., 'Capitolia', *Journal of Roman Studies* 103 (2013), 117–73

Cuozzo, M., 'Ancient Campania', in G. J. Bradley, E. Isayev and C. Riva (eds), *Ancient Italy: Regions without Boundaries* (Exeter, 2009), 224–67

D'Agostino, B., 'Military organisation and social structure in archaic Etruria', in O. Murray and S. Price (eds), *The Greek City: From Homer to Alexander* (Oxford, 1990), 59–82

David, J.-M., *The Roman Conquest of Italy* (Oxford, 1996)

Davies, J., *Rome's Religious History: Livy, Tacitus and Ammianus on Their Gods* (Cambridge, 2004)

De Franciscis, A., *Stato e società in Locri Epizefiri: l'archivio dell'Olympieion locrese* (Naples, 1972)

De Grummond, N., and Edlund-Berry, I. (eds), *The Archaeology of Sanctuaries and Ritual in Etruria* (Portsmouth, RI, 2011)

Dench, E., *From Barbarians to New Men: Greek, Roman, and Modern Perceptions of Peoples of the Central Apennines* (Oxford, 1995)

Dench, E., 'From sacred springs to the social war: myths of origins and questions of identity in the central Apennines', in T. J. Cornell and K. Lomas (eds), *Gender and Ethnicity in Ancient Italy* (London, 1997), 43–51

Dench, E., *Romulus' Asylum: Roman Identities from the Age of Alexander to the Age of Hadrian* (Oxford, 2005)

De Polignac, F., *Cults, Territory and the Origins of the Greek City-State* (Chicago, IL, and London, 1995)

Develin, R., 'The integration of plebeians into the political order after 366', in K. Raaflaub (ed.), *Social Struggles in Archaic Rome* (Berkeley, CA, 1986), 327–52.

Di Fazio, M., 'Callimachus and the Etruscans: human sacrifice between myth, history, and historiography', *Histos* 7 (2013), 48–69

Diffendale, D. P., Brocato, P., Terrenato, N., and Brock, A. L., 'Sant'Omobono: an interim *status quaestionis*', *Journal of Roman Archaeology* 29 (2016), 7–42

Di Maria, F. (ed.), *Ardea, la terra dei Rutuli, tra mito e archeologia: alle radici della romanità: nuovi dati dai recenti scavi archeologici* (Rome, 2007)

Di Siena, A., *Metaponto* (Taranto, 2001)

Donnellan, L., Nizzo V., and Burgers, G.-J. (eds), *Conceptualising early Colonisation* (Brussels, 2016)

Drews, R., 'The coming of the city to central Italy', *American Journal of Ancient History* (*AJAH*) 6 (1981), 133–65

Drews, R., 'Pontiffs, prodigies, and the disappearance of the *annales maximi*', *Classical Philology* 83 (1988), 289–99

Dunbabin, T., *The Western Greeks: The History of Sicily and South Italy from the Foundation of the Greek Colonies to 480 B.C.* (Oxford, 1984)

Eder, W., 'The political significance of the codification of law in archaic societies: an unconventional hypothesis', in K. Raaflaub (ed.), *Social Struggles in Archaic Rome* (Berkeley, 1986), 262–300

Edlund Berry, I., 'Early Rome and the making of "Roman" identity through architecture and town planning', in J. D. Evans (ed.),

A Companion to the Archaeology of the Roman Republic (Malden, MA, 2013), 406–25
Erskine, A., *Roman Imperialism* (Edinburgh, 2010)
Fentress, E., and Bodel, J. P., *Cosa V: An Intermittent Town, Excavations 1991–1997* (Ann Arbor, MI, 2003)
Fentress, E., and Guidi, A., 'Myth, memory and archaeology as historical sources', *Antiquity* 73/280 (1999), 463–7
Flower, H. I., *Roman Republics* (Princeton, NJ, 2010)
Finley, M. I., 'The ancient city: from Fustel de Coulanges to Max Weber and beyond', *Comparative Studies in History and Society* 19 (1977), 305–27
Finley, M. I., *The Ancient Economy* (Berkeley, CA, and London, 1999)
Forsythe, G., *A Critical History of Early Rome: From Prehistory to the First Punic War* (Berkeley, CA, 2006)
Fox, M., *Roman Historical Myths: The Regal Period in Augustan Literature* (Oxford, 1996)
Frank, T., *An Economic Survey of Ancient Rome: Rome and Italy of the Republic*, vol. 1 (New York, 1933)
Franke, P., 'Pyrrhus', in *Cambridge Ancient History*, vol. 7.2 (Cambridge, 1989), 456–85
Fraschetti, A., *The Foundation of Rome* (Edinburgh, 2005)
Frayn, J., *Subsistence Farming in Roman Italy* (London, 1979)
Frederiksen, M., *Campania*, ed. N. Purcell (London, 1984)
Frier, B. W., *Libri annales pontificum maximorum: The Origins of the Annalistic Tradition* (Ann Arbor, MI, 1979)
Fronda, M. P., *Between Rome and Carthage: Southern Italy during the Second Punic War* (Cambridge, 2010).
Fulminante, F., *The Urbanisation of Rome and Latium Vetus: From the Bronze Age to the Archaic Era* (Cambridge, 2014)
Gabba, E., *Dionysius and the History of Archaic Rome* (Berkeley, CA, and Oxford, 1991)
Garnsey, P., *Famine and Food Supply in the Graeco-Roman World: Responses to Risk and Crisis* (Cambridge, 1988)
Garnsey, P., Hopkins, K., and Whittaker, C. R. (eds), *Trade in the Ancient Economy* (London, 1983)
Gierow, P., *The Iron Age Culture of Latium* (Rome, 1964–6)
Gill, D. W. G., 'Silver anchors and cargoes of oil: some observations on Phoenician trade in the western Mediterranean', *Papers of the British School at Rome* (*PBSR*) 56 (1988), 1–12

Ginge, B., *Excavations at Satricum (Borgo Le Ferriere) 1907–1910: Northwest Necropolis, Southwest Sanctuary and Acropolis* (Amsterdam, 1996)

Gjerstadt, E., *Early Rome*, 4 vols (Lund, 1953–7)

Gleba, M., *Textile Production in Pre-Roman Italy* (Oxford, 2008)

Glinister, F., 'Women and power in archaic Rome', in T. J. Cornell and K. Lomas (eds), *Gender and Ethnicity in Ancient Italy* (London, 1997), 115–27

Glinister, F., 'What is a sanctuary?' *Cahiers du Centre Gustave-Glotz* 8 (1997), 61–80

Gnade, M., and Rubini, M., *Satricum in the Post-Archaic Period: A Case Study of the Interpretation of Archaeological Remains as Indicators of Ethno-Cultural Identity* (Leuven, 2002)

Grandazzi, A., *The Foundation of Rome: Myth And History* (Ithaca, NY, and London, 1997)

Hanell, K., *Das altrömische eponyme Amt* (Lund, 1946)

Hansen, M. H. (ed.), *An Inventory of Archaic and Classical Poleis* (Oxford, 2004)

Harris, W. V., *Rome in Etruria and Umbria* (Oxford, 1971)

Harris, W. V., *War and Imperialism in Republican Rome, 327–70* (Oxford, 1979)

Häussler, R., 'At the margins of Italy: Celts and Ligurians in north-west Italy', in G. Bradley, E. Isayev and C. Riva (eds), *Ancient Italy: Regions without Boundaries* (Exeter, 2009), 45–78

Haverfield, F., *The Romanization of Roman Britain* (Oxford, 1923)

Haynes, S., *Etruscan Civilization: A Cultural History* (London, 2000)

Herring, E., 'Ethnicity and culture', in A. Erskine (ed.), *A Companion to Ancient History* (Chichester, 2009), 123–33

Herring, E., and Lomas, K., *The Emergence of State Identities in Italy in the First Millennium* (London, 2001)

Hodos, T., 'Intermarriage in the western Greek colonies', *Oxford Journal of Archaeology* 18 (1999), 61–78

Holloway, R. R., *The Archaeology of Early Rome and Latium* (London and New York, 1994)

Humm, M., *Appius Claudius Caecus: la république accomplie* (Rome, 2005)

Humm, M., 'Forma virtutei parisuma fuit: les valeurs helléniques de l'aristocratie romaine à l'époque médio-républicaine (IVe–IIIe siècles)', in H.-L. Fernoux and C. Stein (eds), *Aristocratie antique: modèles et exemplarité sociale* (Dijon, 2007), 101–26

Humm, M., 'Exhibition et "monumentalisation" du butin dans la Rome médiorépublicaine', in M. Coudry and M. Humm (eds), *Praeda: butin de guerre et société dans la Rome républicaine* (Stuttgart, 2009), 117–52

Humm, M., 'Il comizio del foro e le istituzioni della repubblica romana', in E. Corti (ed.), *La città: com'era, com'é, e come la vorremmo* (Pavia, 2014), 69–83

Isayev, E., *Inside Ancient Lucania: Dialogues in History and Archaeology* (London, 2007)

Izzett, V., *The Archaeology of Etruscan Society* (Cambridge, 2007)

Jehne, M., 'Who attended Roman assemblies? Some remarks on political participation in the Roman Republic', in F. M. Simón, F. Pina Polo and J. Remesal Rodríguez (eds), *Repúblicas y ciudadanos: modelos de participación cívica en el mundo antiguo* (Barcelona, 2006), 221–34

Joncheray, C., 'Les plans des cités étrusques à la période classique de la réalité fantasmée aux nouveaux critères d'interprétation', in S. Guizani (ed.), *Urbanisme et architecture en Méditerranée antique et médiévale à travers les sources archéologiques et littéraires* (Tunis, 2013), 121–32

Jones, H. (ed.), *Samnium: Settlement and Cultural Change* (Providence, RI, 2004)

La Genière, J. de, 'The Iron Age in southern Italy', in D. Ridgway and F. R. Serra Ridgway (eds), *Italy before the Romans* (London, 1979), 59–94

La Grande Rome dei Tarquini (Rome, 1990)

La Rocca, E., 'Fabio o Fannio: l'affresco medio-repubblicano dell'Esquilino come riflesso dell'arte rappresentativa e come espressione di mobilità sociale', *Dialoghi d'Archeologia* 2 (1984), 31–53

Leighton, R., *Tarquinia: An Etruscan City* (London, 2004)

Lomas, K., *Rome and the Western Greeks: Conquest and Acculturation in Southern Italy, 350 BC–AD 200* (London, 1993)

Lomas, K., *Roman Italy, 338 BC–AD 200: A Sourcebook* (London, 1996)

Lomas, K., 'Ethnicity and statehood in northern Italy: the ancient Veneti', in G. Bradley, E. Isayev and C. Riva (eds), *Ancient Italy: Regions without Boundaries* (Exeter, 2007), *21–44*

Lomas, K., 'Italy beyond Rome', in A. Erskine (ed.), *A Companion to Ancient History* (Chichester, 2009), 248–59

Macmullen, R., *The Earliest Romans: A Character Sketch* (Ann Arbor, MI, 2011)

Malkin, I., *The Returns of Odysseus: Colonization and Ethnicity* (Berkeley, CA, 1998)

Mattingly, D. J., *Imperialism, Power and Identity: Experiencing the Roman Empire* (Princeton, NJ, 2011)

Mehl, A. (trans. H.-F. Mueller), *Roman Historiography* (Malden, MA, 2011)

Meyers, G., and Thomas, M. L., *Monumentality in Etruscan and Early Roman Architecture* (Austin, TX, 2012)

Miles, G. B., *Livy: Reconstructing Early Rome* (Ithaca, NY, and London, 1995)

Mitchell, R. E., 'The definition of *patres* and *plebs*: an end to the struggle of the orders', in K. Raaflaub (ed.), *Social Struggles in Archaic Rome* (Berkeley, CA, 1986), 130–74

Momigliano, A., 'The rise of the plebs in the archaic age of Rome', in K. Raaflaub (ed.), *Social Struggles in Archaic Rome* (Berkeley, CA, 1986), 175–97

Morel, J.-P., 'Études de céramique campanienne, I: l'atelier des petites estampilles', *MEFRA* 81 (1969), 59–117

Murray, C., 'Constructions of authority through ritual: considering transformations of ritual space as reflecting society in Iron Age Etruria', in D. Haggis and N. Terrenato (eds), *State Formation in Italy and Greece: Questioning the Neoevolutionist Paradigm* (Oxford, 2011), 199–216

Northwood, S. J., 'Grain scarcity and pestilence in the early Roman republic: some significant patterns', *Bulletin of the Institute of Classical Studies* 49 (2006), 81–92

Oakley, S., 'The Roman conquest of Italy', in J. Rich and G. Shipley (eds), *War and Society in the Roman World* (London, 1993)

Oakley, S,. *The Hill-Forts of the Samnites* (London, 1995)

Oakley, S., *A Commentary on Livy, Books VI–X*, 4 vols (Oxford, 1997–2005)

Ogilvie, R. M., *A Commentary on Livy, Books 1–5* (Oxford, 1965)

Ogilvie, R. M., and Drummond, A., 'The sources for early Roman history', in *Cambridge Ancient History*, 2nd edn, vol. VII (Cambridge, 1988), 1–29

Osborne, R., 'Early Greek colonisation? The nature of Greek settlement in the west', in N. Fisher and H. Van Wees (eds), *Archaic Greece: New Approaches and New Evidence* (Cardiff, 1998), 251–69

Osborne, R., *Greece in the Making, 1200–479* (London, 1998)

Pacciarelli, M., *Dal villaggio alla città: la svolta protourbana del 1000 a.C. nell'Italia tirrenica* (Florence, 2000)

Pagliara, A., 'Gli "Aurunci" in Livio', *Oebalus* 1 (2006), 11–19

Pallottino, M., *A History of Earliest Italy* (London, 1991)

Palmer, R. E. A., 'The censors of 312 and the state religion', *Historia* 14 (1965), 293–324

Palmer, R. E. A., *The Archaic Community of the Romans* (Cambridge, 1970)

Patterson, H., et al., *Bridging the Tiber: Approaches to Regional Archaeology in the Middle Tiber Valley* (London and Rome, 2004)

Pébarthe, C., and Delrieux, F., 'La transaction du plomb de Pech-Maho', *Zeitschrift für Papyrologie und Epigraphik*, 126 (1999), 155–61

Pedley, J. G., *Paestum* (London, 1990)

Pelgrom, J., and Stek, T. (eds), *Roman Republican Colonization: New Perspectives from Archaeology and Ancient History* (Rome, 2014)

Perkins, P., and Attolini, I., 'An Etruscan farm at Podere Tartuchino', *Papers of the British School at Rome*, 60 (1992), 71–134

Pina Polo, F., *The Consul at Rome: The Civil Functions of the Consuls in the Roman Republic* (Cambridge, 2011)

Potter, T., *The Changing Landscape of South Etruria* (London, 1979)

Poucet, J., *Les origines de Rome: tradition et histoire* (Brussels, 1985)

Pugliese Carratelli, G. (ed.), *The Western Greeks* (London, 1996)

Purcell, N., 'Forum Romanum (the Republican period)', in M. Steinby (ed.), *Lexicon Topographicum Urbis Romae* II (Rome, 1995)

Quilici, L., and Quilici Gigli, S., *I Volsci: testimonianze e leggende* (Rome, 1997)

Raaflaub, K., *Social Struggles in Archaic Rome: New Perspectives on the Conflict of the Orders*, 2nd edn (Oxford, 2007)

Rallo, A. (ed.), *Le donne in Etruria* (Rome, 1989)

Rathje, A., 'Oriental imports in Etruria in the eighth and seventh centuries: their origins and implications', in D. Ridgway and F. R. Ridgway, *Italy before the Romans: Iron Age, Orientalizing, and Etruscan Periods* (Edinburgh, 1979), 145–83

Rawlings, L., 'Army and battle during the conquest of Italy (350–264)', in P. Erdkamp (ed.), *A Companion to the Roman Army* (Oxford, 2007), 45–62

Rich, J. W., 'Fear, greed and glory: the causes of Roman war-making in the middle Republic', in J. W. Rich and G. Shipley (eds),

War and Society in the Roman World (London, 1993), 38–68

Rich, J. W., and Shipley, G. (eds), *War and Society in the Roman World* (London, 1993)

Rich, J. W., 'Warfare and the army in early Rome', in P. Erdkamp (ed.), *A Companion to the Roman Army* (Oxford, 2007), 7–23

Rich, J. W., '*Lex Licinia, Lex Sempronia*: B. G. Niebuhr and the limitation of landholding in the Roman Republic', in L. de Ligt and S. Northwood (eds), *People, Land and Politics: Demographic Developments and the Transformation of Roman Italy, 300 BC–AD 14* (Leiden, 2008), 519–72

Richard, J.-C. 'Patricians and plebeians: the origin of a social dichotomy', in K. Raaflaub (ed.), *Social Struggles in Archaic Rome* (Berkeley, 1986), 105–29

Richardson, J. H., 'Rome's treaties with Carthage: jigsaw or variant traditions?', in C. Deroux (ed.), *Studies in Latin Literature and Roman History* XIV (Brussels, 2008), 84–94

Richardson, J. H., 'App. Claudius Caecus and the corruption of Roman voting assemblies: A new interpretation of Livy 9.46.11', *Hermes* 139.4 (2011), 455–63

Richardson, J. H., *The Fabii and the Gauls: Studies in Historical Thought and Historiography in Republican Rome* (Stuttgart, 2012)

Richardson, J. H., and Santangelo, F. (eds), *The Roman Historical Tradition: Regal and Republican Rome* (Oxford, 2014)

Ridgway, D. W., 'Italy from the Bronze Age to the Iron Age', *Cambridge Ancient History*, vol. 4: *Persia, Greece and the Western Mediterranean, c. 525 to 479* (Cambridge, 1988), 623–33

Ridgway, D. W., *The First Western Greeks* (Cambridge, 1992)

Ridley, R. T., 'The historian's silences: what Livy did not know – or did not choose to tell', *Journal of Ancient History* 1 (2013), 27–52

Riva, C., *The Urbanization of Etruria* (Cambridge, 2010)

Roma medio-Repubblicana: *aspetti culturali di Roma e del Lazio nei secoli IV e III a.C.* (Rome, 1973)

Roselaar, S., *Public Land in the Roman Republic: A Social and Economic History of 'ager publicus' in Italy, 396–89 b.c.* (Oxford, 2010)

Roth, R., *Styling Romanisation: Pottery and Society in Central Italy* (Cambridge, 2007)

Rüpke, J., *The Roman Calendar from Numa to Constantine: Time, History, and the fasti* (Hoboken, NJ, 2011)

Rutter, N. K., *Campanian Coinages, 475–380* (Edinburgh, 1979)
Rutter, N. K., *Historia Nummorum: Italy* (London, 2001)
Salmon, E. T., *Samnium and the Samnites* (Cambridge, 1965)
Salmon, E. T., *Roman Colonisation under the Republic* (London, 1969)
Salmon, E. T., *The Making of Roman Italy* (London, 1982)
Salmon, E. T., 'The Iron Age: the peoples of Italy', *Cambridge Ancient History*, vol. 4: *Persia, Greece and the Western Mediterranean, c.525 to 479* (Cambridge, 1988), 676–719
Santangelo, S., 'Fetials and their *ius*', *Bulletin of the Institute of Classical Studies* 51 (2008), 63–93
Scheidel, W., 'Human mobility in Roman Italy, I: the free population', *Journal of Roman Studies* 94 (2004), 1–26
Scott, R. T., 'The contribution of archaeology to early Roman history', in K. Raaflaub (ed.), *Social Struggles in Archaic Rome*, 2nd edn (Oxford, 2005), 98–106
Seager, R., '"Populares" in Livy and the Livian Tradition', *Classical Quarterly* 27.2 (1977), 377–90
Sewell, J., *The Formation of Roman Urbanism, 338–200 B.C.: Between Contemporary Foreign Influence and Roman Tradition* (Portsmouth, RI, 2010)
Shepherd, G., *'Fibulae and females: intermarriage in the western Greek colonies',* in G. Tsetskhladze (ed.), *Ancient Greeks: East and West* (Leiden, 1999), 267–300
Sherwin-White, A. N., *The Roman Citizenship*, 2nd edn (Oxford, 1973)
Small, A. (ed.), *An Iron Age and Roman Republican Settlement on Botromagno, Gravina di Puglia: Excavations of 1965–1974* (London, 1992)
Smith, C. J., *Early Rome and Latium* (Oxford, 1996)
Smith, C. J., 'Early and archaic Rome', in J. Coulston and H. Dodge (eds), *Ancient Rome: The Archaeology of the Eternal City* (Oxford, 2000), 16–41
Smith, C. J., 'The beginnings of urbanisation in Rome', in B. Cunliffe and R. Osborne (eds), *Mediterranean Urbanization, 800–600* (London, 2005), 91–112
Smith, C. J., *The Roman Clan: The 'gens' from Ancient Ideology to Modern Anthropology* (Cambridge, 2006)

Smith, C. J., 'The religion of archaic Rome', in J. Rüpke (ed.), *A Companion to Roman Religion* (Oxford, 2007), 31–42

Smith, C. J., 'Latium and the Latins', in G. J. Bradley, E. Isayev and C. Riva (eds), *Ancient Italy: Regions without Boundaries* (Exeter, 2009), 161–78

Smith, C. J., 'Thinking about kings', *Bulletin of the Institute of Classical Studies* 54.2 (2011), 21–42

Staveley, E. S., 'The political aims of Appius Claudius Caecus', *Historia* 8 (1959), 410–33

Staveley, E. S., 'Italy and Rome in the early third century', in *Cambridge Ancient History*, vol. 7.2 (Cambridge, 1989), 420–55

Steinby, M. (ed.), *Lexicon Topographicum Urbis Romae* (Rome, 1993–2000)

Steinby, M. (ed.), *Lacus Iuturnae* (Rome, 2012)

Stek, T. D., *Cult Places and Cultural Change in Republican Italy: A Contextual Approach to Religious Aspects of Rural Society after the Roman Conquest* (Amsterdam, 2009)

Stek, T. D., 'The importance of rural sanctuaries in structuring non-urban society in ancient Samnium: approaches from architecture and landscape', *Oxford Journal of Archaeology* 34.4 (2015), 397–40

Stevenson, T., 'Women and early Rome as exempla in Livy, *Ab Urbe Condita* book 1', *Classical World* 104.2 (2010), 175–89

Spivey, N., and Stoddart, S. *Etruscan Italy: An Archaeological History* (London, 1990)

Tagliamonte, G., *I sanniti: caudini, irpini, pentri, carricini, frentani* (Milan, 1996)

Termeer, M. K., 'Early colonies in Latium (ca 534–338 BC): a reconsideration of current images and the archaeological evidence', *BABESCH* 85 (2010), 43–58

Terrenato, N., 'The auditorium site in Rome and the origins of the villa', *Journal of Roman Archaeology,* 14 (2001), 5–32

Terrenato, N., 'Early Rome', in A. Barchiesi and W. Scheidel (eds), *The Oxford Handbook of Roman Studies* (Oxford, 2010), 507–18

Terrenato, N., 'The versatile clans: Archaic Rome and the nature of early city-states in central Italy', in N. Terranato and D. Haggis (eds), *State Formation in Italy and Greece: Questioning the Neoevolutionist Paradigm* (Oxford, 2011), 231–40

Thiermann, E., 'Die Nekropole Fornaci in Capua im 6. und 5. Jh. v. Chr. Neue Forschungen zu alten Grabungen', *Neue Forschungen zu den Etruskern,* BAR Int. Ser. (Oxford, 2010), 101–5

Toms, J., 'The relative chronology of the Villanovan cemetery of Quattro Fontanili at Veii', *AION (arch)* 7 (1986), 41–97

Torelli, M., *Elogia tarquiniensia* (Florence, 1975)

Torelli, M. (ed.), *The Etruscans* (London, 2000)

Tuck, A. J., 'The performance of death: monumentality, burial practice, and community identity in central Italy's urbanizing period', in M. Thomas and G. Meyers, *Monumentality in Etruscan and Early Roman Architecture: Ideology and Innovation* (Austin TX, 2012), 41–60

Tuck, A. J., 'Manufacturing at Poggio Civitate: elite consumption and social organization in the Etruscan seventh century', *Etruscan Studies* 17 (2014), 121–39

Tuck, A. J., Glennie, A., Kreindler, K., O'Donoghue, E. and Polisini, C. 'Excavations at Poggio Civitate and Vescovado di Murlo (Provincia di Siena)', *Etruscan Studies* 9.1 (2016), 87–148

Turfa, J. M. (ed.), *The Etruscan World* (London, 2013)

Walbank, F. W., Astin, A., Frederiksen, M. W., and Ogilvie, R. (eds), *The Cambridge Ancient History*, vol. 7.2: *The Rise of Rome to 220 B.C.* (Cambridge, 1989)

Wallace, R. W., 'Hellenization and Roman society in the late fourth century: a methodological critique', in W. Eder (ed.), *Staat und Staatlichkeit in der frühen römischen Republik* (Stuttgart, 1990), 278–92

Wallace-Hadrill, A., *Houses and Society in Pompeii and Herculaneum* (Princeton, NJ, 1994)

Wallace-Hadrill, A., 'Rethinking the Roman atrium house', in R. Laurence and A. Wallace-Hadrill (eds), *Domestic Space in the Roman World: Pompeii and Beyond* (Portsmouth RI, 1997), 219–40

Wallace-Hadrill, A., *Rome's Cultural Revolution* (Cambridge, 2009)

Walsh, P. G., *Livy: His Historical Aims and Methods* (Cambridge, 1961)

Ward, L. H., 'Roman population, territory, tribe, city, and army size from the Republic's founding to the Veientane war, 509–400', *American Journal of Philology* 111.1 (1990), 5–39

Ward-Perkins, J. B., 'Veii: the historical topography of the ancient city', *Papers of the British School at Rome* 29 (1961), 1–123

West, M. L., *Iambi et elegi Graeci* (Oxford, 1971)

Willemsen, S. L., 'A changing funerary ritual at Crustumerium (ca. 625 BC)', in A. J. Nijboer, S. Willemsen, P. A. J. Attema and J. Seubers (eds), *Research into pre-Roman Burial Grounds in Italy*, 35–50 (Leuven, 2013)

Williams, J. H. C., *Beyond the Rubicon: Romans and Gauls in Republican Italy* (Oxford, 2001)

Wilson, J. P., 'The nature of Greek overseas settlement in the archaic period: *emporion* or *apoikia*?', in L. Mitchell and P. Rhodes (eds), *The Development of the Polis in Archaic Greece* (London, 1997), 199–216

Wiseman, T. P., 'The she-wolf mirror: an interpretation', *PBSR* 61 (1993), 1–6

Wiseman, T. P., *Remus: A Roman Myth* (Cambridge, 1995)

Wiseman, T. P., 'Reading Carandini', *Journal of Roman Studies* 91 (2001), 182–93

Wiseman, T. P., *The Myths of Rome* (Exeter, 2004)

Wiseman, T. P., *Unwritten Rome* (Exeter, 2008)

Witcher, R. E., 'Globalisation and Roman imperialism: perspectives on identities in Roman Italy', in E. Herring and K. Lomas (eds), *The Emergence of State Identities in Italy in the First Millennium BC* (London, 2001), 213–25

Zanker, P., *The Power of Images in the Age of Augustus* (Ann Arbor, MI, 1988)

Zevi, F., 'Considerazioni sull'elogio di Scipione Barbato', *Studi Miscellanei* 15 (1970), 65–73

Ziolkowski, A., 'Les temples A et C du Largo Argentina: quelques considérations', *Mélanges de l'École française de Rome–Antiquité* 98 (1986), 623–41

Ziolkowski, A., 'Ritual cleaning-up of the city: from the Lupercalia to the Argei', *Ancient Society* 29 (1998–9), 191–218

Ziolkowski, A., *The Temples of Mid-Republican Rome and Their Historical and Topographical Context* (Rome, 1992)

重要名詞對照表

人名、神祇

Agamemnon 阿伽門農
Agathocles 阿加托克利斯
Ajax 阿賈克斯
Anchises 安喀塞斯
Ancus Marcius 安古斯·馬奇烏斯
Antenor 安忒諾耳
Antiochus 安條克
Aphrodite 阿芙蘿黛蒂（神祇）
Apollo Medicus 阿波羅·美提庫斯（神祇）
Appius Claudius Caecus 阿庇烏斯·克勞狄烏斯·凱克斯
Aprodita 阿波迪塔（神祇）
Aquilius 阿奎利烏斯
Archilochos 阿爾基羅庫斯
Aristodemos 亞里斯多德摩斯
Aristoxenos 亞里斯托克尼斯
Arruns Egerius Tarquinius Collatinus 阿努斯·埃格里烏斯·塔克文·科拉提努斯
Artemis 阿提米絲（神祇）
Ascanius 阿斯卡紐斯
Astarte 阿斯塔蒂（神祇）
Attus Clausus 阿圖斯·克勞蘇斯
Aulus Cornelius Cossus 奧盧斯·科內留斯·科蘇斯
Aulus Postumius Albus 奧盧斯·波斯圖米烏斯·阿爾布斯
Bacchiad 巴基阿德
Batas 巴塔斯（神祇）
Caelius Vibenna 凱里歐·維本納
Calpurnius Piso 卡爾普爾尼烏斯·皮索
Cassius Hemina 卡西烏斯·赫米納
Castor 卡斯托耳（神祇）
Cato 加圖
Cavtha 卡夫扎（神祇）
Ceres 刻瑞斯（神祇）
Charilaus 查里拉歐斯
Charondas 克隆達斯
Chryseis 克律塞伊斯
Cicero 西塞羅

Cincinnatus 辛辛納圖斯
Cincius Alimentus 辛西烏斯・阿利曼圖斯
Claudius 克勞狄烏斯
Cloelia 克洛莉雅
Consus 康蘇斯（神祇）
Curiatii 庫里亞斯
Damatira 達馬提拉（神祇）
Decius Vibellius 德西烏斯・維伯利烏斯
Demaratos of Corinth 科林斯的德馬拉托斯
Demeter 狄蜜特（神祇）
Dido 狄多
Diodorus 狄奧多羅斯
Diomedes 狄俄墨德斯
Dionysios of Halicarnassus 哈利卡納索斯的戴歐尼修斯
Diotimos 狄奧提摩斯
Drakon 德拉貢
Egeria 厄革里亞（神祇）
Egerius Baebius of Tusculum 托斯卡倫的埃格里烏斯・拜比亞斯
Eileithya 艾莉西亞（神祇）
Fabius Pictor 法比烏斯・皮克托爾
Ferentinae 菲雷提納（神祇）
Fortuna 福爾圖納（神祇）
Gaius Acilius 蓋烏斯・阿基利烏斯
Gaius Fabricius 蓋烏斯・法布里奇烏斯
Gaius Licinius Stolo 蓋烏斯・李錫尼烏斯・史托羅
Gaius Maenius 蓋烏斯・馬尼烏斯
Gaius Marcius Rutilius 蓋烏斯・馬奇烏斯・魯提利烏斯
Gaius Mucius Scaevola 蓋烏斯・穆基烏斯・史凱渥拉
Gaius Plautius 蓋烏斯・普勞提烏斯
Gaius Sulpicius Peticus 蓋烏斯・蘇皮西烏斯・佩提庫斯
Gnaeus Fulvius Centumalus 格奈烏斯・弗爾維烏斯・千圖馬盧斯
Gnaeus Marcius Coriolanus 格奈烏斯・馬奇烏斯・科利奧蘭納斯
Gnaeus Tarquinius 格奈烏斯・塔克文
Hannibal 漢尼拔
Helenus 赫勒諾斯
Hellanicus 赫拉尼庫斯
Hera 赫拉（神祇）
Hera Lacinia 赫拉・拉西尼亞（神祇）
Herakleides Ponticus 赫拉克利德斯・彭提烏斯
Herodotos 希羅多德
Hippodamos of Miletos 米利都的希波達莫斯
Hirumina of Perusia 佩魯西亞的海勒米娜
Horatius Barbatus 賀拉修斯・巴巴圖斯
Horatius Cocles 賀拉修斯・科克萊斯
Ino 伊諾（神祇）
Iulus 尤路斯
Janus 雅努斯（神祇）

Junius 尤尼烏斯
Juno 朱諾（神祇）
Juno Lucina 朱諾・盧西娜（神祇）
Juno Moneta 朱諾・莫涅塔（神祇）
Juno Regina 朱諾・蕾吉娜（神祇）
Juno Sospita 朱諾・索斯皮塔（神祇）
Jupiter Capitolinus 朱比特・卡必托里納（神祇）
Jupiter Optimus Maximus 「至高至大」朱比特（神祇）
Kore 科萊（神祇）
Kypselos 庫普塞魯斯
Lares 拉爾（神祇）
Lars Porsenna 拉斯・波森納
Lars Tolumnius 拉斯・托隆紐斯
Latinus 拉提努斯
Lavinia 拉維尼婭
Leukothea 琉科忒亞（神祇）
Licinius Macer 李錫尼烏斯・馬克爾
Livy 李維
Lucius Aemilius Barbula 盧基烏斯・埃米利烏斯・巴布拉
Lucius Aquilius 盧基烏斯・阿奎利烏斯
Lucius Cincius 盧基烏斯・辛西烏斯
Lucius Cornelius Scipio Barbatus 盧基烏斯・科內留斯・西庇阿・巴巴圖斯
Lucius Junius Brutus 盧基烏斯・尤尼烏斯・布魯圖斯
Lucius Minucius 盧基烏斯・米奴奇烏斯
Lucius Sextius Lateranus 盧基烏斯・色克都斯・拉特朗
Lucius Tarquinius Collatinus 盧基烏斯・塔克文・科拉提努斯
Lucius Tarquinius Priscus 盧基烏斯・塔克文・布里斯克斯
Lucius Volumnius Flamma 盧基烏斯・沃魯米尼烏斯・福拉瑪
Lucretia 盧克麗霞
Lucumo 盧庫莫
Lycortas 萊可塔斯
Manius Curius Dentatus 馬尼烏斯・庫里烏斯・登塔圖斯
Marcus Aquilius 馬庫斯・阿奎利烏斯
Marcus Camillus 馬庫斯・卡米盧斯
Marcus Camitilius 馬庫斯・卡米提盧斯
Marcus Fabius Ambustus 馬庫斯・法比烏斯・安布斯圖斯
Marcus Furius Camillus 馬庫斯・福留烏斯・卡米盧斯
Marcus Manlius Capitolinus 馬庫斯・曼利烏斯・卡必托利努斯
Marcus Popilius Laenas 馬庫斯・普留斯・萊納斯
Mars 瑪爾斯（神祇）
Mastarna 馬斯塔那
Mater Matuta 瑪圖塔聖母（神祇）
Meftis 梅費提斯（神祇）
Mercury 墨丘利（神祇）
Mezentius 梅贊提烏斯
Milo 米洛
Minerva 密涅瓦（神祇）
Nike 尼姬（神祇）
Nortia 諾爾提亞（神祇）

Novius Plautius 諾維斯・普勞提烏斯
Numa Pompilius 努瑪・龐皮留斯
Numitor 努米特
Nympsius 尼普修斯
Octavius Mamilius 屋大維・馬米留斯
Odysseus 奧德修斯
Ogulnius 奧古尼烏斯
Ops Consiva 俄普斯（神祇）
Orestes 俄瑞斯忒斯
Pales 帕勒斯（神祇）
Papirius Cursor 帕皮律烏斯・庫爾索
Peisistratos 庇西特拉圖
Persephone 波瑟芬妮（神祇）
Pistis 毗斯緹斯（神祇）
Pliny 普林尼
Plutarch 蒲魯塔克
Pollux 波魯克斯（神祇）
Polybius 波利比烏斯
Poplios Valesios 普留斯・瓦萊里烏斯
Portunus 波圖努斯（神祇）
Ptolemy 托勒密
Publilius Philo 普留斯・菲洛
Publius Decius Mus 普留斯・德西烏斯・穆斯
Publius Valerius Poplicola 普留斯・瓦萊里烏斯・波普利柯拉
Pummay 普梅
Pyrrhus 皮洛士
Pythagoras 畢達哥拉斯
Quintus Fabius Maximus Rullianus 昆圖斯・法比烏斯・馬克西穆斯・魯利亞努斯
Quintus Hortensius 昆圖斯・霍騰西烏斯
Quintus Marcius Philippus 昆圖斯・馬奇烏斯・菲利普斯
Quintus Marcius Tremulus 昆圖斯・馬奇烏斯・特繆魯斯
Quintus Servilius Ahala 昆圖斯・塞爾維利烏斯・阿哈拉
Quirinus 奎里努斯（神祇）
Reitia 雷伊蒂亞（神祇）
Remus 雷穆斯
Robigus 羅比顧斯（神祇）
Romulus 羅穆盧斯
Rutilius Hipukrates 魯提利烏斯・希波克拉提斯
Scipio Aemilianus 西庇阿・伊米利阿努斯
Servius Tullius 塞爾維烏斯・圖利烏斯
Sextus Tarquinius 色克都斯・塔克文
Solon 梭倫
Sostratos 索斯特拉特
Spes 司珀斯（神祇）
Spurius Cassius 斯普里烏斯・卡西烏斯
Spurius Lucretius 斯普里烏斯・盧克萊修
Sulpicius Saverrio 蘇皮西烏斯・薩維里奧
Suri 蘇里（神祇）
Sybil 西比爾

Tacitus 塔西陀
Tanaquil 塔娜奎爾
Tarquinia 塔克文尼亞
Tarquinius Superbus 塔克文・蘇佩布
Terminus 特耳米努斯（神祇）
Teucer 圖瑟（神祇）
Thefarie Velianas 塞法利・威利阿納斯
Theophrastus 狄奧弗拉斯托
Theopompus 狄奧彭普斯
Thesan 帖桑（神祇）
Tiberius Gracchus 提庇留・格拉古
Tiberius Junius Brutus 提庇留・尤尼烏斯・布魯圖斯
Timaeus 提麥奧斯
Tin 汀（神祇）
Tinia 提尼亞（神祇）
Titus Coruncanius 提圖斯・科倫康尼亞斯
Titus Junius Brutus 提圖斯・尤尼烏斯・布魯圖斯
Titus Tatius 提圖斯・塔提烏斯
Tullia 圖利亞
Tullus Hostilius 圖路斯・荷斯提里烏斯
Turan 杜蘭（神祇）
Turnus 圖努斯
Tyndareus 廷達瑞俄斯
Tyrrhenos 第勒努斯
Uni 尤尼（神祇）
Valerius Antias 瓦萊里烏斯・安提亞斯
Valerius Potitus 瓦萊里烏斯・波提圖斯
Varro 瓦羅
Veltha 韋爾沙（神祇）
Vitellia 維特利亞
Vitruvius Vaccus 維特魯威・瓦庫斯
Voltumna 伏徒那（神祇）
Vulca of Veii 維伊的伏爾卡
Vulcan 伏爾甘（神祇）
Zaleukos 扎萊烏庫斯
Zeus Batios 宙斯・巴塔斯（神祇）
Zis 齊斯（神祇）
Zonaras 佐納拉斯

地名

Acquarossa 阿夸羅薩
Adriatic Sea 亞得里亞海
Abruzzi 阿布魯其
Aciris 阿奇里斯河
Adria 阿德里亞
Aegina 埃伊納島
Aeolian Islands 埃奧利群島
Aesernia 埃塞爾尼亞
Aesis 愛思

Ager Falernus　法勒努斯平原
Ajaccio　阿雅克肖
Al Mina　阿爾米納
Alalia　阿拉利亞
Alatri　阿拉特里
Alba Fucens　阿爾巴・富森
Alba Longa　阿爾巴隆迦
Albano Laziale　阿爾巴諾・拉齊亞萊
Albegna　阿爾本加
Alfedena　阿爾菲德納
Allia　阿利亞
Allifae　阿利費
Alsium　艾爾斯姆
Amiternum　阿米特努
Anagnia　阿納尼亞
Ancona　安科納
Antemnae　安提美
Antium　安提姆
Apennines　亞平寧山脈
Apulia　阿普利亞
Aqua Ferentina　菲雷提納泉
Aquilonia　阿奎羅尼亞
Aquinum　阿奎儂
Aranth　阿拉斯
Arcora　阿爾科拉
Ardea　阿迪亞
Aricia　阿里希亞
Arienzo　阿列恩佐
Ariminum　阿里米努姆
Arno　阿爾諾河
Arnus　阿諾斯河
Arpaia　阿爾庇亞
Arpi　阿爾庇
Arpinum　阿琵農
Arretium　阿雷托姆
Astypalaia　阿斯提帕萊阿
Ateste　阿泰斯
Atria　阿提亞
Aufidena　阿爾費德納
Aufidus　奧非都斯河
Ausculum　奧斯庫魯姆
Aventine　阿文提諾山
Baratella　巴拉泰拉
Barium　貝琉姆
Basilicata　巴西利卡塔
Beneventum　貝內文圖姆
Bibele　比貝萊山
Bisenzio　比森齊奧
Bologna　波隆那
Bolsena　博爾塞納

Borgo Le Ferriere 博爾戈・雷費列雷
Bovianum 博維亞努姆
Bradanus 布拉達努斯河
Brundisium 布林迪西姆
Bruttium 布魯蒂姆
Buxentum 布克辛圖姆
Caelian 凱里歐山
Caere 卡厄瑞
Calabria 卡拉布里亞
Calatia 加拉西亞
Cales 卡雷
Callatis 卡拉迪斯
Calvario 卡瓦里歐
Camerinum 卡馬瑞農
Campania 坎帕尼亞
Canusium 卡努斯姆
Cape Lacinium 拉啟尼溫海岬
Capena 卡佩納
Capitoline 卡必托里山
Capua 卡普阿
Carovigno 卡羅維尼奧
Carseoli 卡索利
Carthage 迦太基
Castel di Decima 卡斯特爾・迪德西瑪
Castelletto Ticino 卡斯泰萊托・提契諾
Castrum Novum 卡斯托・諾烏姆
Caudine Forks 考丁叉路
Caudium 考迪姆
Caulonia 高隆尼亞
Cavallino 卡瓦利諾
Cavo 卡佛山
Cerfennia 切費尼亞
Cermalus 凱馬路斯山
Cerveteri 切爾韋泰里
Cimetra 奇梅達
Ciminian 奇米尼
Circei 西爾策依
Cispian 契斯庇安山
Clusium 克魯希姆
Clustumina 克魯斯圖美納
Cluviae 克魯維亞
Collatia 科拉提亞
Colophon 科洛封
Cominium 科米尼烏姆
Como 科莫
Cora 科拉
Corinth 科林斯
Cortona 科爾托納
Cosica 科西嘉島
Cremera 克雷梅拉河

Croton 克羅通
Crustumerium 克魯斯圖美倫
Cumae 庫邁
Cures Sabini 庫里斯・薩比尼
Dalmatia 達爾馬提亞
Daunia 道尼亞
Delphi 德爾菲
Dodona 多多納
Doganella 多甘納拉
Duronia 杜羅尼亞
Elba 厄爾巴島
Elea 伊里亞
Eryx 伊里克斯
Esquiline 埃斯奎利諾山
Este 埃斯泰
Etruria 伊特魯里亞
Euboea 尤比亞島
Fabrateria 法布雷特里亞
Faesulae 費耶索里
Falerii 法萊里
Falerna 法雷納
Felsina 菲爾辛納
Ferentinum 菲倫提魯姆
Ficana 菲卡納
Ficulea 菲庫利亞
Fidenae 菲迪尼
Firmum 費爾莫
Foce del Sele 塞萊河口
Formiae 佛米亞
Fornaci 弗納奇
Fratte di Salerno 弗拉泰・迪薩萊諾
Fregellae 弗雷戈里
Fregenae 弗雷戈那
Frusino 弗魯西諾
Fundi 豐迪
Gabii 加貝伊
Galdo 加爾多
Garigliano 加利格里阿諾河
Gela 傑拉
Giardino Romano 賈迪諾・羅馬諾
Giglio 吉廖島
Gnathia 格尼西亞
Golaseeca 戈拉塞卡
Gravina 格拉維納
Gravisca 格拉維斯卡
Grotta della Poesia 格羅塔・德拉波西亞
Grotta Porcinara 格羅塔・波奇納拉
Gulf of Taranto 塔蘭托灣
Hadria 阿德里亞
Heraklea 赫拉克利亞

Herculaneum 赫庫蘭尼姆
Hipponion 希波尼翁
Hipponium 希波尼尤姆
Iguvium 伊庫維姆
Incoronata 伊科羅娜塔
Interamna Lirenas 尹特蘭納・李蘭納斯
Interamna Nahars 尹特蘭納・納哈斯
Ionian Sea 愛奧尼亞海
Ischia 伊斯基亞島
Janiculum 賈尼科洛山
Karbina 卡賓納
Kyme 基米
Labici 拉比西
Lacco Ameno 拉科・阿梅諾
Lake Albanus 阿爾巴諾湖
Lake Bracciano 布拉洽諾湖
Lake Castiglione 卡斯蒂利奧內湖
Lake Nemi 內米湖
Lake Regillus 雷吉魯斯湖
Lake Vadimon 瓦迪蒙湖
Lanuvium 拉努維姆
Laos 拉歐斯
Larinum 拉里努姆
Larisa 拉里薩
Latial 拉提爾
Latium 拉丁姆
Laurentium 勞倫提烏姆
Laurentum 勞倫圖姆
Lavinium 拉維尼姆
Lazio 拉齊奧
Lecce 雷切
Leuca 雷烏卡
Liguria 利古里亞
Lindos 林多斯
Liris 利律斯河
Locri 洛克里
Locri Epizephirii 洛克里・艾皮澤菲里
Lucania 盧坎尼亞
Luceria 魯切利亞
Lucus Ferentinae 盧克斯・菲雷提納
Lucus Feroniae 盧克斯・菲諾尼亞
Luni sul Mignone 盧尼・蘇米尼奧內
Lupiae 魯皮亞
Malventum 馬文圖姆
Mantua 曼圖亞
Marcina 馬西納
Marsiliana d'albegna 馬斯利阿納・達貝納
Marzabotto 馬爾扎博托
Massalia 馬薩利亞
Medma 麥德馬

Messana　邁薩拿
Metapontum　梅塔龐圖姆
Milionia　米利奧尼亞
Minturnae　明圖爾奈
Molise　莫利塞
Monte Epomeo　埃波梅奧爾山
Monte Sannace　桑納切山
Motya　摩塔亞
Mount Albanus　阿爾巴諾山
Murgantia　默甘提亞
Murlo　穆爾洛
Mytilene　米蒂利尼
Narnia　納尼亞
Neapolis　尼亞波利斯
Nepet　內皮特
Nepi　內皮
Nicotera　尼科泰拉
Nola　諾拉
Nomentum　諾門圖姆
Nora　諾拉
Norba　諾爾巴
Nuceria　努切利亞
Ocriculum　奧克里庫魯姆
Oppian　俄彼安山
Oria　奧里亞
Osteria dell'Osa　奧斯特里亞・戴爾奧薩
Ostia　奧斯蒂亞
Otranto　奧特朗托
Oufentina　烏芬蒂娜
Paestum　帕斯埃圖姆
Palambinum　帕朗比努
Palatine　巴拉丁諾山
Pallano　帕拉諾山
Panopaeus　帕諾培烏斯
Pantanello　潘塔內羅
Pech-Maho　佩許美侯
Perusia　佩魯西亞
Picenum　皮仙農
Pietrabbondante　皮耶特拉邦丹泰
Pithecusae　皮帖庫塞
Po　波河
Podere Tartuchino　波得列・塔圖奇諾
Pometia　波梅提亞
Pompeii　龐貝
Pontecagnano　蓬泰卡尼亞諾
Pontiae islands　龐蒂亞群島
Populonia　波普洛尼亞
Porto Cesareo　切薩雷奧港
Praeneste　普里尼斯特
Praetuttii　普雷圖蒂

Privernum 普里沃努姆
Puglia 普利亞
Pyrgi 皮爾吉
Pyxus 皮克索斯
Quattro Fontanili 瓜特羅・豐塔尼利
Quirinal 奎里納萊山
Reno 雷諾河
Rhegion 瑞吉翁
Rhegium 利吉歐
Rhodes 羅得島
Rocavecchia 羅卡維奇亞
Romagna 羅馬涅
Rome 羅馬
Romulea 羅穆列亞
Rossano di Vaglio 羅薩諾・迪瓦里奧
Rubiera 魯別拉
Rudiae 魯迪埃
Rusellae 羅塞萊
S. Francesco 聖法蘭西斯科
Sacco 薩科河
Saepinum 塞皮努姆
Sala Consilina 薩拉・孔西利納
Salentina 薩蘭蒂納
Salento 薩倫托
San Giovanni 聖喬凡尼
San Giovenale 聖喬維納萊
Sangrus 桑格魯斯河
Sardinia 薩丁尼亞島
Saticula 撒提庫拉
Satricum 薩特里克姆
Satyrion 薩提里翁
Sena Gallica 塞尼・加利亞
Sentinum 森提烏姆
Serra di Vaglio 塞拉・迪瓦里奧
Sesto Calende 塞斯托・卡倫德
Setia 塞蒂亞
Sicily 西西里島
Sidon 西頓
Siena 西耶納
Signia 希尼亞
Silurus 西里魯斯河
Sinuessa 西努薩
Sipontum 西彭圖姆
Siris 西里斯
Sora 梭拉
Soracte 梭拉克特山
Spina 斯皮納
Spoletium 斯波勒西姆
Suana 蘇瓦納
Suessa Aurunca 蘇維薩・奧倫卡

Suessula　蘇維蘇拉
Sutrium　蘇特瑞姆
Sybaris　錫巴里斯
Syracuse　敘拉古
Taras　塔拉斯
Tarentum　塔蘭圖姆
Tarquinia　塔爾奎尼亞
Tarquinii　塔爾奎尼
Tarragona　塔拉哥納
Teanum Sidicinum　提亞努姆・西提西努姆
Teate　特亞特
Temesa　特墨薩
Tempsa　特姆薩
Terina　特里納
Terracina　特拉西納
Thessaly　色薩利
Thurii　圖里
Tiati　提阿提
Tiber　台伯河
Tibur　提布爾
Ticino　提契諾
Torre del Mordillo　托瑞・德莫迪洛
Tragliatella　特拉格利爾
Trebula Suffenas　特雷布拉・蘇分納斯
Trerus　特雷魯斯

Tuder　托迪
Tuscania　圖斯卡尼亞
Tusculum　托斯卡倫
Tyre　泰爾
Tyrrhenian Sea　第勒尼安海
Ugento　烏真托
Vairano　瓦伊拉諾山
Valesium　瓦雷西姆
Vaste　瓦斯特
Veii　維伊
Velia　韋利亞
Velitrae　韋萊特里
Venafrum　韋納夫努姆
Veneto　威尼托
Venusia　韋諾西亞
Verucchio　韋魯基奧
Veseris　維塞里斯
Vestini　維斯提尼
Vetulonia　維圖隆尼亞
Villanovan　微蘭諾威
Viminal　維米那勒山
Viterbo　維泰博
Volcanal　伏肯納
Volsinii　沃爾西尼
Volturnus　沃圖努斯河

Vulci 武爾奇
Zankle 扎恩可

族群

Achaeans 亞該亞人
Aequi 艾逵人
Aurunci 奧隆奇人
Bruttii 布魯提人
Campani 坎帕尼亞人
Carraceni 卡拉切尼人
Caudini 科迪尼人
Celts 凱爾特人
Cenomani 切諾曼尼人
Dauni 道尼人
Etrusci 伊特魯里亞人
Faliscans 法利斯坎人
Falisci 法里西人
Frentani 弗倫塔尼人
Greeks 希臘人
Hernici 赫尼西人
Hirpini 荷爾皮尼人
Insubres 因蘇布雷人
Latini 拉丁人
Ligures 利古里亞人
Lucani 盧坎尼人
Marrucini 馬祿奇尼人
Marsi 馬爾西人
Messapi 梅薩比人
Paeligni 佩利格尼人
Pentri 潘特利人
Peuceti 普策提人
Picentes 皮塞人
Raeti 阿萊提人
Rasenna 拉塞納人
Rutuli 盧圖利人
Sabines 薩賓人
Sallentini 薩倫蒂尼人
Samnites 薩莫奈人
Sarsinates 薩爾西納人
Senones 塞農人
Sidicini 西地西尼人
Sikels 西庫爾人
Tuscans 托斯坎人
Tyrrhenoi 第勒尼人
Umbrians 翁布里亞人
Veneti 威尼提人
Volsci 沃爾西人

【Historia歷史學堂】MU0043

羅馬的崛起：從鐵器時代到布匿戰爭

The Rise of Rome: From the Iron Age to the Punic Wars (1000 BC – 264 BC)

作　　者❖凱瑟琳・洛馬斯（Kathryn Lomas）
譯　　者❖陳建元
封面設計❖許晉維
排　　版❖張彩梅
校　　對❖魏秋綢
總 編 輯❖郭寶秀
責任編輯❖邱建智
行銷業務❖許芷瑀

發 行 人❖凃玉雲
出　　版❖馬可孛羅文化
104台北市中山區民生東路二段141號5樓
電話：02-25007696
發　　行❖英屬蓋曼群島商家庭傳媒股份有限公司城邦分公司
104台北市中山區民生東路二段141號11樓
客服服務專線：(886) 2-25007718；25007719
24小時傳真專線：(886) 2-25001990；25001991
服務時間：週一至週五9:00～12:00；13:00～17:00
劃撥帳號：19863813　戶名：書虫股份有限公司
讀者服務信箱：service@readingclub.com.tw
香港發行所❖城邦（香港）出版集團有限公司
香港灣仔駱克道193號東超商業中心1樓
電話：(852) 25086231　傳真：(852) 25789337
E-mail：hkcite@biznetvigator.com
馬新發行所❖城邦（馬新）出版集團 Cite (M) Sdn. Bhd.(458372U)
41, Jalan Radin Anum, Bandar Baru Seri Petaling,
57000 Kuala Lumpur, Malaysia
電話：(603) 90578822　傳真：(603) 90576622
E-mail：services@cite.com.my
輸出印刷❖中原造像股份有限公司
初版一刷❖2021年4月
定　　價❖780元

ISBN：978-986-5509-67-5

城邦讀書花園
www.cite.com.tw

國家圖書館出版品預行編目（CIP）資料

羅馬的崛起：從鐵器時代到布匿戰爭／凱瑟琳・洛馬斯（Kathryn Lomas）著；陳建元譯. -- 初版. -- 臺北市：馬可孛羅文化出版：英屬蓋曼群島商家庭傳媒股份有限公司城邦分公司發行, 2021.04
面；　公分 --（Historia歷史學堂；MU0043）
譯自：The rise of Rome : from the iron age to the punic wars (1000 BC – 264 BC)
ISBN 978-986-5509-67-5（平裝）
1.羅馬帝國　2.歷史
740.222　　110002901

The Rise of Rome: From the Iron Age to the Punic Wars
by Kathryn Lomas